Studium Jura

Herausgegeben von
Dr. Kay Windthorst
Wissenschaftlicher Assistent
an der Heinrich-Heine Universität Düsseldorf

Strafrecht
Besonderer Teil I

- Vermögensdelikte -

von

Dr. Olaf Hohmann

Wissenschaftlicher Assistent
an der Humboldt-Universität zu Berlin

und

Dr. Günther M. Sander

Richter am Landgericht
z. Zt. wissenschaftlicher Mitarbeiter am Bundesgerichtshof
und
Lehrbeauftragter

C.H. Beck'sche Verlagsbuchhandlung
München 1998

Die Deutsche Bibliothek – CIP-Einheitsaufnahme

Hohmann, Olaf:
Strafrecht, besonderer Teil I : Vermögensdelikte / von Olaf Hohmann und Günther M. Sander. - München : Beck, 1998
(Studium Jura)
ISBN 3-406-43612-9

ISBN 3 406 43612 9

Satz und Graphik: Herbert Kloos, München
Umschlaggestaltung: Adolf Bachmann, Reischach
Druck und Bindung: C.H. Beck'sche Buchdruckerei, Nördlingen
Gedruckt auf säurefreiem, alterungsbeständigem Papier
(hergestellt aus chlorfrei gebleichtem Zellstoff)

Unseren Eltern

Vorwort

Das Buch wendet sich vor allem an Studierende und Referendare und will bei der Vorbereitung auf die Staatsexamina helfen. Daher wird die Darstellung des Besonderen Teils auf die examensrelevanten Vorschriften und innerhalb derer auf die Fragen beschränkt, die erfahrungsgemäß zum Gegenstand von Prüfungsaufgaben gemacht werden. Es geht nicht um das Anleiten zum Auswendiglernen einer Vielzahl immer wieder leicht variierter Fälle, sondern um das Vermitteln der elementaren Grundzüge, deren Kenntnis das Lösen jeder Aufgabe ermöglicht.

Da im zweiten – und in Hamburg sowie Rheinland-Pfalz auch im ersten – Staatsexamen mit Ausnahme Baden-Württembergs Kommentare als Hilfsmittel bei der Lösung von Klausuraufgaben verwendet werden dürfen (in Bayern, Berlin, Brandenburg, Hessen, Mecklenburg-Vorpommern, Niedersachsen, Nordrhein-Westfalen, Saarland, Sachsen und Thüringen *Tröndle*, in Rheinland-Pfalz und Sachsen-Anhalt alternativ dazu *Lackner*, sowie in Bremen, Hamburg und Schleswig-Holstein letzterer ausschließlich), wird aus diesen bevorzugt zitiert, um bereits während des Studiums bzw. des Referendariats einen schnellen und sicheren Umgang mit diesen Werken zu fördern. Das setzt freilich ein selbständiges Nacharbeiten dieser – und anderer – Quellen voraus.

Besonders wichtig ist die Lektüre gerichtlicher Entscheidungen, da sich häufig erst dabei und in Kenntnis des konkret zugrundeliegenden Sachverhalts deren Tragweite verstehen läßt. Diese Arbeit sollte ergänzt werden durch die Beantwortung der am Ende jedes Kapitels gestellten Kontrollfragen, um den eigenen Lernerfolg zu überprüfen.

§ 19 wurde zusammen verfaßt. *Olaf Hohmann* hat die §§ 5 bis 7, 10, 11, 13 bis 15 und 18 bearbeitet, *Günther M. Sander* die §§ 1 bis 4, 8, 9, 12, 16, 17, 20 sowie 21. Dem lagen jedoch immer konstruktive und weiterführende Gespräche zugrunde, die das Buch zu einem gemeinsamen Werk machten.

Für wertvolle Hinweise gilt unser Dank Frau Assessorin und Diplom-Rechtspflegerin *Petra Malkowski*, den Vorsitzenden Richtern am Landgericht, Herrn *Peter Faust* und Herrn *Jörn Harte*, sowie Herrn Staatsanwalt *Axel Schmidt*. Ebenso herzlich bedanken wir uns bei Frau stud. iur. *Susan Vogel* und Herrn stud. iur. *Thomas Schweppe* für zahlreiche Anregungen und die kritische Durchsicht des Manuskripts. Schließlich danken wir unserem Lektor, Herrn *Dieter Küppers*, der uns stets freundlich und kompetent unterstützt hat.

Berlin, im Januar 1998

Olaf Hohmann
Günther M. Sander

Inhaltsverzeichnis

                                                                              Seite

Vorwort VII
Abkürzungsverzeichnis XVII
Verzeichnis abgekürzt zitierter Literatur XXI
Einleitung XXV

1. Teil: Diebstahl, Unterschlagung und unbefugter Gebrauch eines Fahrzeugs

§ 1. Diebstahl (§§ 242, 243) 1
   A. Grundlagen 1
   B. Tatbestand 2
      I. Objektiver Tatbestand 2
         1. Tatobjekt 2
         2. Tathandlung 5
      II. Subjektiver Tatbestand 16
         1. Vorsatz 16
         2. Absicht der rechtswidrigen Zueignung 16
      III. Versuchsstrafbarkeit 27
      IV. Besonders schwerer Fall (§ 243) 27
         1. Dogmatische Einordnung 27
         2. Benannte Regelbeispiele im einzelnen 28
         3. Subjektive Komponente 34
         4. „Versuch" des § 243 I? 34
         5. Ausschlußklausel des § 243 II 37
   C. Täterschaft und Teilnahme, Konkurrenzen sowie Verfolgbarkeit 39

   Kontrollfragen und Aufbau 40

§ 2. Diebstahl mit Waffen und (schwerer) Bandendiebstahl (§§ 244, 244 a) 42
   A. Grundlagen 42
   B. Tatbestände 42
      I. Diebstahl mit Waffen und Bandendiebstahl (§ 244) 42
         1. Objektiver Tatbestand 42
         2. Subjektiver Tatbestand 45
      II. Schwerer Bandendiebstahl (§ 244 a) 46
         1. Objektiver Tatbestand 46
         2. Subjektiver Tatbestand 47
   C. Täterschaft und Teilnahme, Versuch, Konkurrenzen sowie Verfolgbarkeit . . . 47

   Kontrollfragen und Aufbau 48

	Seite
§ 3. Unterschlagung (§ 246)	50
A. Grundlagen	50
B. Tatbestände	50
I. Unterschlagung (§ 246 I 1. Alt.)	50
1. Objektiver Tatbestand	50
2. Subjektiver Tatbestand	55
II. Veruntreuende Unterschlagung (§ 246 I 2. Alt.)	55
1. Objektiver Tatbestand	55
2. Subjektiver Tatbestand	55
C. Täterschaft und Teilnahme, Versuch, Konkurrenzen sowie Verfolgbarkeit	56
Kontrollfragen und Aufbau	57
§ 4. Unbefugter Gebrauch eines Fahrzeugs (§ 248 b)	59
A. Grundlagen	59
B. Tatbestand	59
I. Objektiver Tatbestand	59
1. Tatobjekt	59
2. Tathandlung	60
II. Subjektiver Tatbestand	61
C. Täterschaft und Teilnahme, Versuch, Konkurrenzen sowie Verfolgbarkeit	61
Kontrollfragen und Aufbau	62

2. Teil: Raub

§ 5. Raub (§ 249)	63
A. Grundlagen	63
B. Tatbestand	64
I. Objektiver Tatbestand	64
1. Diebstahlselement	64
2. Raubmittel	64
3. Finalität der Nötigungsmittel in bezug auf den Gewahrsamsbruch	66
II. Subjektiver Tatbestand	68
C. Täterschaft und Teilnahme, Versuch, Konkurrenzen sowie Verfolgbarkeit	69
Kontrollfragen und Aufbau	70
§ 6. Schwerer Raub und Raub mit Todesfolge (§§ 250, 251)	71
A. Grundlagen	71
B. Tatbestände	71
I. Schwerer Raub (§ 250 I)	71
1. Objektiver Tatbestand	71
2. Subjektiver Tatbestand	75
3. Täterschaft und Teilnahme, Versuch sowie Konkurrenzen	77
II. Raub mit Todesfolge (§ 251)	77

		Seite
1. Tatbestand		77
2. Täterschaft und Teilnahme, Versuch sowie Konkurrenzen		79

Kontrollfragen und Aufbau 81

§ 7. Räuberischer Diebstahl (§ 252) 83

- A. Grundlagen 83
- B. Tatbestand 83
  - I. Objektiver Tatbestand 83
    1. Diebstahl als Vortat 83
    2. Betroffensein auf frischer Tat 83
    3. Nötigungsmittel 86
  - II. Subjektiver Tatbestand 86
- C. Täterschaft und Teilnahme, Versuch, Konkurrenzen sowie Verfolgbarkeit 86

Kontrollfragen und Aufbau 89

3. Teil: Strafbarer Eigennutz

§ 8. Vereiteln der Zwangsvollstreckung und Pfandkehr (§§ 288, 289) 91

- A. Grundlagen 91
- B. Tatbestände 91
  - I. Vereiteln der Zwangsvollstreckung (§ 288 I) 91
    1. Objektiver Tatbestand 91
    2. Subjektiver Tatbestand 93
  - II. Pfandkehr (§ 289 I) 93
    1. Objektiver Tatbestand 93
    2. Subjektiver Tatbestand 94
- C. Täterschaft und Teilnahme, Versuch, Konkurrenzen sowie Verfolgbarkeit 94

Kontrollfragen und Aufbau 95

§ 9. Jagd- und Fischwilderei (§§ 292, 293) 97

- A. Grundlagen 97
- B. Tatbestände 97
  - I. Jagdwilderei (§ 292) 98
    1. Grundtatbestand (§ 292 I) 98
    2. Besonders schwere Fälle und qualifizierte Jagdwilderei (§ 292 II, III) . . 99
  - II. Fischwilderei (§ 293) 99
- C. Täterschaft und Teilnahme, Versuch, Konkurrenzen sowie Verfolgbarkeit 100

Kontrollfragen und Aufbau 100

Seite

4. Teil: Sachbeschädigung

§ 10. Sachbeschädigung (§§ 303, 304) 103

  A. Grundlagen 103
  B. Tatbestände 104
    I. Sachbeschädigung (§ 303 I) 104
      1. Objektiver Tatbestand 104
      2. Subjektiver Tatbestand 106
      3. Täterschaft und Teilnahme, Versuch, Konkurrenzen sowie Verfolgbarkeit 106
    II. Gemeinschädliche Sachbeschädigung (§ 304 I) 107
      1. Objektiver Tatbestand 107
      2. Subjektiver Tatbestand 107
      3. Täterschaft und Teilnahme, Versuch, Konkurrenzen sowie Verfolgbarkeit 107

Kontrollfragen und Aufbau 108

5. Teil: Betrug und Erschleichen von Leistungen

§ 11. Betrug (§ 263) 109

  A. Grundlagen 110
  B. Tatbestand 110
    I. Objektiver Tatbestand 110
      1. Täuschung über Tatsachen 110
      2. Irrtum 119
      3. Vermögensverfügung 121
      4. Vermögensschaden 135
    II. Subjektiver Tatbestand 143
      1. Vorsatz 143
      2. Absicht der rechtswidrigen Bereicherung 143
    III. Besonders schwerer Fall (§ 263 III) 146
  C. Täterschaft und Teilnahme, Versuch, Konkurrenzen sowie Verfolgbarkeit 147

Kontrollfragen und Aufbau 148

§ 12. Erschleichen von Leistungen (§ 265 a) 151

  A. Grundlagen 151
  B. Tatbestand 151
    I. Objektiver Tatbestand 151
      1. Leistung 151
      2. Tathandlung 152
    II. Subjektiver Tatbestand 154
  C. Täterschaft und Teilnahme, Versuch, Konkurrenzen sowie Verfolgbarkeit 155

Kontrollfragen und Aufbau 155

Inhaltsverzeichnis XIII

Seite

6. Teil: Erpressung, erpresserischer Menschenraub, Geiselnahme und räuberischer Angriff auf Kraftfahrer

§ 13. Erpressung und räuberische Erpressung (§§ 253, 255) 158
   A. Grundlagen 158
   B. Tatbestände 158
      I. Erpressung (§ 253 I) 161
         1. Objektiver Tatbestand 161
         2. Subjektiver Tatbestand 164
         3. Rechtswidrigkeit (§ 253 II) 165
         4. Besonders schwerer Fall (§ 253 IV) 165
      II. Räuberische Erpressung (§ 255) 165
   C. Täterschaft und Teilnahme, Versuch sowie Konkurrenzen 166

Kontrollfragen und Aufbau 167

§ 14. Erpresserischer Menschenraub und Geiselnahme (§§ 239 a, 239 b) 168
   A. Grundlagen 168
   B. Tatbestände 168
      I. Erpresserischer Menschenraub (§ 239 a I) 169
         1. Entführungstatbestand (§ 239 a I 1. Alt.) 169
         2. Ausnutzungstatbestand (§ 239 a I 2. Alt.) 171
         3. Erfolgsqualifikation, minder schwerer Fall und tätige Reue (§ 239 a II, III, IV) 171
      II. Geiselnahme (§ 239 b I 1. Alt. u. 2. Alt.) 172
   C. Täterschaft und Teilnahme, Versuch sowie Konkurrenzen 172

Kontrollfragen und Aufbau 173

§ 15. Räuberischer Angriff auf Kraftfahrer (§ 316 a) 175
   A. Grundlagen 175
   B. Tatbestand 175
      I. Objektiver Tatbestand 175
         1. Angriff 175
         2. Ziel des Angriffs 176
         3. Ausnutzung der besonderen Verhältnisse des Straßenverkehrs 177
      II. Subjektiver Tatbestand 178
         1. Vorsatz 178
         2. Absicht 178
      III. Minder schwerer Fall und tätige Reue (§ 316 a I 2, II) 178
   C. Täterschaft und Teilnahme, Versuch sowie Konkurrenzen 179

Kontrollfragen und Aufbau 180

7. Teil: Untreue und Mißbrauch von Scheck- und Kreditkarten

§ 16. Untreue (§ 266) 183

    A. Grundlagen 183
    B. Tatbestände 184
        I. Gemeinsame Voraussetzungen beider Untreuetatbestände 184
            1. Vermögensbetreuungspflicht 184
            2. Nachteilszufügung 186
        II. Mißbrauchstatbestand (§ 266 I 1. Alt.) 186
            1. Verfügungs- oder Verpflichtungsbefugnis 186
            2. Befugnismißbrauch 187
        III. Treubruchstatbestand (§ 266 I 2. Alt.) 189
            1. Zugrundeliegendes Treueverhältnis 189
            2. Verletzung der Vermögensbetreuungspflicht 190
        IV. Subjektiver Tatbestand 191
        V. Besonders schwerer Fall der Untreue (§ 266 II) 191
    C. Täterschaft und Teilnahme, Begehung durch Unterlassen, Versuch, Konkurrenzen sowie Verfolgbarkeit 192

Kontrollfragen und Aufbau 193

§ 17. Mißbrauch von Scheck- und Kreditkarten (§ 266 b) 194

    A. Grundlagen 194
    B. Tatbestand 194
        I. Objektiver Tatbestand 194
            1. Scheck- oder Kreditkartenüberlassung 194
            2. Mißbrauch der eingeräumten Möglichkeit 196
            3. Vermögensschaden 196
        II. Subjektiver Tatbestand 196
    C. Täterschaft und Teilnahme, Versuch, Konkurrenzen sowie Verfolgbarkeit 197

Kontrollfragen und Aufbau 197

8. Teil: Begünstigung und Hehlerei

§ 18. Begünstigung (§ 257) 199

    A. Grundlagen 200
    B. Tatbestand 200
        I. Objektiver Tatbestand 200
            1. Tatobjekt 200
            2. Tathandlung 202
        II. Subjektiver Tatbestand 203
            1. Vorsatz 203
            2. Vorteilssicherungsabsicht 203
    C. Täterschaft und Teilnahme, Versuch, Konkurrenzen sowie Verfolgbarkeit 204

	Seite
Kontrollfragen und Aufbau	205

§ 19. Hehlerei (§§ 259, 260, 260 a) ... 207

- A. Grundlagen ... 207
- B. Tatbestand ... 207
    - I. Objektiver Tatbestand ... 208
        - 1. Tatobjekt ... 208
        - 2. Tathandlungen ... 213
    - II. Subjektiver Tatbestand ... 220
        - 1. Vorsatz ... 220
        - 2. Bereicherungsabsicht ... 220
    - III. Qualifikationen ... 223
        - 1. Gewerbsmäßige Hehlerei, Bandenhehlerei (§ 260) ... 223
        - 2. Gewerbsmäßige Bandenhehlerei (§ 260 a) ... 223
- C. Täterschaft und Teilnahme, Versuch, Konkurrenzen sowie Verfolgbarkeit ... 223

Kontrollfragen und Aufbau ... 224

9. Teil: Unerlaubtes Entfernen vom Unfallort

§ 20. Unerlaubtes Entfernen vom Unfallort (§ 142) ... 227

- A. Grundlagen ... 227
- B. Tatbestand ... 228
    - I. Objektiver Tatbestand ... 228
        - 1. Gemeinsame Voraussetzungen aller Begehungsvarianten ... 228
        - 2. Die zwei Varianten des § 142 I ... 230
        - 3. Die zwei Varianten des § 142 II ... 233
    - II. Subjektiver Tatbestand ... 236
- C. Täterschaft und Teilnahme, Versuch, Konkurrenzen sowie Entziehung der Fahrerlaubnis ... 237

Kontrollfragen und Aufbau ... 239

10. Teil: Besondere Strafverfolgungsvoraussetzungen der Eigentums- und Vermögensdelikte

§ 21. Strafantrag und besonderes öffentliches Interesse an der Strafverfolgung (§§ 247, 248 a, 248 b III, 288 II, 289 III, 303 c usw.) ... 241

- A. Grundlagen ... 241
- B. Besondere Strafverfolgungsvoraussetzungen ... 242
    - I. Absolute Antragsdelikte ... 242
    - II. Relative Antragsdelikte ... 243

Kontrollfragen ... 244

Seite

Anhang: Klausurfälle
A. Klausurfall (1. Examen) „Unverhoffte Beute" 245
B. Klausurfall (2. Examen) „Kriminalpolizist auf Abwegen" 251

Sachverzeichnis 263

Abkürzungsverzeichnis

a. A.	anderer Ansicht
abl.	ablehnend
Abs.	Absatz
a. E.	am Ende
AG	Amtsgericht oder Aktiengesellschaft
Alt.	Alternative
Anm.	Anmerkung
AO	Abgabenordnung
Art.	Artikel
AT	Allgemeiner Teil
BayObLG	Bayerisches Oberstes Landesgericht
Bespr.	Besprechung
BGB	Bürgerliches Gesetzbuch
BGH	Bundesgerichtshof
BGHR	BGH-Rechtsprechung Strafsachen (zitiert entsprechend der Systematik der Sammlung)
BGHSt	Entscheidungen des Bundesgerichtshofs in Strafsachen (zitiert nach Band und Seite; Entscheidungen des Großen Senats für Strafsachen sind mit dem Zusatz „– GS –" gekennzeichnet)
BJagdG	Bundesjagdgesetz
BT	Besonderer Teil
BT-Dr.	Drucksache des Bundestags (zitiert nach Wahlperiode und Nummer)
BVerfG	Bundesverfassungsgericht
BVerfGE	Entscheidungen des Bundesverfassungsgerichts (zitiert nach Band und Seite)
bzgl.	bezüglich
BZRG	Gesetz über das Zentralregister und das Erziehungsregister (Bundeszentralregistergesetz)
bzw.	beziehungsweise
DAR	Deutsches Autorecht (zitiert nach Jahr und Seite)
d. h.	das heißt
DRiZ	Deutsche Richterzeitung (zitiert nach Jahr und Seite)
EGStGB	Einführungsgesetz zum Strafgesetzbuch
Einf. v.	Einführung vor
f., ff.	folgende
Fn.	Fußnote
Festschr.	Festschrift
GA	Goltdammer's Archiv für Strafrecht (zitiert nach Jahr und Seite)
GG	Grundgesetz für die Bundesrepublik Deutschland
ggf.	gegebenenfalls
GmbH	Gesellschaft mit beschränkter Haftung
grds.	grundsätzlich
GS	Großer Senat
GWB	Gesetz gegen Wettbewerbsbeschränkungen
HansOLG	Hanseatisches Oberlandesgericht
HGB	Handelsgesetzbuch
h. L.	herrschende Lehre

h. M.	herrschende Meinung
HRR	Höchstrichterliche Rechtsprechung (zitiert nach Jahr und Nummer)
Hrsg.	Herausgeber
Hs.	Halbsatz
i. d. S.	in diesem Sinne
i. e. S.	im engeren Sinne
i. S.	im Sinne
i. V. m.	in Verbindung mit
i. w. S.	im weiteren Sinne
JA	Juristische Arbeitsblätter für Ausbildung und Examen (zitiert nach Jahr und Seite)
JR	Juristische Rundschau (zitiert nach Jahr und Seite)
Jura	Juristische Ausbildung (zitiert nach Jahr und Seite)
JuS	Juristische Schulung (zitiert nach Jahr und Seite)
JZ	Juristenzeitung (zitiert nach Jahr und Seite)
KG	Kammergericht oder Kommanditgesellschaft
krit.	kritisch
LG	Landgericht
LH	Lehrheft
LK	Strafgesetzbuch. Leipziger Kommentar
m.	mit
m. a. W.	mit anderen Worten
MDR	Monatsschrift des Deutschen Rechts (zitiert nach Jahr und Seite)
MDR/D	Rechtsprechung des BGH bei Dallinger in MDR
MDR/H	Rechtsprechung des BGH bei Holtz in MDR
Nachw.	Nachweise
Nds.RPfl.	Niedersächsische Rechtspflege (zitiert nach Jahr und Seite)
NdsVBl.	Niedersächsische Verwaltungsblätter (zitiert nach Jahr und Seite)
n. F.	neue Fassung
NJW	Neue Juristische Wochenschrift (zitiert nach Jahr und Seite)
Nr.	Nummer
NStE	Neue Entscheidungssammlung für Strafrecht (zitiert nach Gesetz, §§ und innerhalb der §§ nach laufender Nummer)
NStZ	Neue Zeitschrift für Strafrecht (zitiert nach Jahr und Seite)
NStZ/J	Rechtsprechung des BGH bei Janiszewski in NStZ
NStZ-RR	NStZ-Rechtsprechungs-Report Strafrecht (zitiert nach Jahr und Seite)
NuR	Natur + Recht, Zeitschrift für das gesamte Recht zum Schutze der natürlichen Lebensgrundlagen und der Umwelt (zitiert nach Jahr und Seite)
NZV	Neue Zeitschrift für Verkehrsrecht (zitiert nach Jahr und Seite)
o. ä.	oder ähnlichem
OLG	Oberlandesgericht
OLGSt	Entscheidungen der Oberlandesgerichte in Strafsachen und über Ordnungswidrigkeiten (zitiert nach Gesetz, §§ und innerhalb der §§ nach Nummern)
RG	Reichsgericht
RGSt	Entscheidungen des Reichsgerichts in Strafsachen (zitiert nach Band und Seite)
Rn.	Randnummer
S.	Satz oder Seite
s.	siehe
SGB I	Sozialgesetzbuch (SGB) - Allgemeiner Teil -
SK	Systematischer Kommentar zum Strafgesetzbuch
sog.	sogenannte(r)

SprengG	Gesetz über explosionsgefährliche Stoffe (Sprengstoffgesetz)
StGB	Strafgesetzbuch
StPO	Strafprozeßordnung
str.	streitig oder strittig
StRG	Gesetz zur Reform des Strafrechts
StV	Strafverteidiger (zitiert nach Jahr und Seite)
StVG	Straßenverkehrsgesetz
StVO	Straßenverkehrs-Ordnung
TuT	Täterschaft und Tatherrschaft
u. a.	unter anderem oder und andere
usw.	und so weiter
u. U.	unter Umständen
Var.	Variante
vgl.	vergleiche
VRS	Verkehrsrechtssammlung (zitiert nach Band und Seite)
VVG	Versicherungsvertragsgesetz
WaffG	Waffengesetz
WEG	Wohnungseigentumsgesetz
WiKG	Gesetz zur Bekämpfung der Wirtschaftskriminalität
wistra	Zeitschrift für Wirtschaft. Steuer. Strafrecht (zitiert nach Jahr und Seite)
WM	Wertpapier-Mitteilungen
z. B.	zum Beispiel
ZPO	Zivilprozeßordnung
z.T.	zum Teil
zust.	zustimmend
z.Zt.	zur Zeit

Verzeichnis abgekürzt zitierter Literatur

Lehrbücher und Kommentare

Arzt/Weber, Strafrecht. Besonderer Teil. Lehrheft 4. Wirtschaftsstraftaten, Vermögensdelikte (Randbereich), Fälschungsdelikte. 2. Auflage, Bielefeld 1989 (zitiert: Arzt/Weber, LH 4)

Blei, Strafrecht II. Besonderer Teil. 12. Auflage, München 1983 (zitiert: Blei, II)

Haft, Strafrecht. Besonderer Teil. Die wichtigsten Tatbestände des Besonderen Teiles des Strafgesetzbuches. 6. Auflage, München 1997 (zitiert: Haft, BT)

Jagusch/Hentschel, Straßenverkehrsrecht. 34. Auflage, München 1997 (zitiert: Jagusch/Hentschel)

Kleinknecht/Meyer-Goßner, Strafprozeßordnung. 43. Auflage, München 1997 (zitiert: Kleinknecht/Meyer-Goßner)

Krey, Strafrecht. Besonderer Teil. Band 1. Besonderer Teil ohne Vermögensdelikte. 10. Auflage, Stuttgart 1996 (zitiert: Krey, BT-1)

Krey, Strafrecht. Besonderer Teil. Band 2. Vermögensdelikte. 11. Auflage, Stuttgart 1997 (zitiert: Krey, BT-2)

Lackner/Kühl, Strafgesetzbuch mit Erläuterungen. 22. Auflage, München 1997 (zitiert: Lackner/Kühl)

Maurach/Schroeder/Maiwald, Strafrecht. Besonderer Teil. Teilband 1. Straftaten gegen Persönlichkeits- und Vermögenswerte. 8. Auflage, Heidelberg 1995 (zitiert: Maurach/Schroeder/Maiwald, BT-1)

Maurach/Schroeder/Maiwald, Strafrecht. Besonderer Teil. Teilband 2. Straftaten gegen Gemeinschaftswerte. 7. Auflage, Heidelberg 1991 (zitiert: Maurach/Schroeder/Maiwald, BT-2)

Otto, Grundkurs Strafrecht. Die einzelnen Delikte. 4. Auflage, Berlin 1995 (zitiert: Otto, BT)

Palandt, Bürgerliches Gesetzbuch, 57. Auflage, München 1998 (zitiert: Palandt-Bearbeiter)

Roxin, Täterschaft und Tatherrschaft. 6. Auflage, Berlin 1994 (zitiert: Roxin, TuT)

Schönke/Schröder, Strafgesetzbuch. Kommentar. 25. Auflage, München 1997 (zitiert: Schönke/Schröder-Bearbeiter)

Strafgesetzbuch, Leipziger Kommentar. Großkommentar.
  Fünfter Band. §§ 185 bis 262 (Hrsg. Hans-Heinrich Jescheck, Wolfgang Ruß u. a.). 10. Auflage, Berlin 1989
  Sechster Band. §§ 263 bis 302 a (Hrsg. Hans-Heinrich Jescheck, Wolfgang Ruß u. a.). 10. Auflage, Berlin 1988
  Siebenter Band. §§ 303 bis 358 (Hrsg. Hans-Heinrich Jescheck, Wolfgang Ruß u. a.). 10. Auflage, Berlin 1988
  7. Lieferung. §§ 302 a – 311 c (Hrsg. Burkhard Jähnke, Heinrich Wilhelm Laufhütte u. a.). 11. Auflage, Berlin 1993
  15. Lieferung. §§ 242 – 262 (Hrsg. Burkhard Jähnke, Heinrich Wilhelm Laufhütte u. a.). 11. Auflage, Berlin 1994
  (zitiert: LK-Bearbeiter)

Systematischer Kommentar zum Strafgesetzbuch, Besonderer Teil (§§ 80 – 358; Hrsg. *Hans Joachim Rudolphi, Eckhard Horn u. a.*). 5. Auflage, Stand: 40. Lieferung, Neuwied 1997 (zitiert: SK-Bearbeiter)

Tröndle, Strafgesetzbuch und Nebengesetze. 48. Auflage, München 1997 (zitiert: Tröndle)

Welzel, Das Deutsche Strafrecht. 11. Auflage, Berlin 1969 (zitiert: Welzel, Strafrecht)

Wessels, Strafrecht. Allgemeiner Teil. Die Straftat und ihr Aufbau. 27. Auflage, Heidelberg 1997 (zitiert: Wessels, AT)

Wessels, Strafrecht. Besonderer Teil. Band 1. Straftaten gegen Persönlichkeits- und Gemeinschaftswerte. 21. Auflage, Heidelberg 1997. (zitiert: Wessels, BT-1)

Wessels, Strafrecht. Besonderer Teil. Band 2. Straftaten gegen Vermögenswerte. 20. Auflage, Heidelberg 1997. (zitiert: Wessels, BT-2)

Monographien und Aufsätze

Alwart, Über die Hypertrophie eines Unikums (§ 265 a StGB), in: JZ 1986, 563 (zitiert: Alwart, JZ 1986)

Arloth, Computerstrafrecht und Leerspielen von Geldspielautomaten, in: Jura 1996, 354 (zitiert: Arloth, Jura 1996)

Arzt, Die Hehlerei als Vermögensdelikt, in: NStZ 1981, 10 (zitiert: Arzt, NStZ 1981)

Beyer, Zur Auslegung des § 316 a StGB (Autoraub), in: NJW 1971, 872 (zitiert: Beyer, NJW 1971)

Brocker, Der Zueignungsbegriff und die Geldentnahme aus Briefsendungen durch das MfS der DDR, in: wistra 1995, 292 (zitiert: Brocker, wistra 1995)

Brückner, Auswirkungen auf die materiell-rechtliche und prozessuale Tat bei Straßenverkehrsdelikten gemäß §§ 315 c, 316 StGB durch die Verwirklichung des § 142 I StGB nach höchstrichterlicher Rechtsprechung, in: NZV 1996, 266 (zitiert: Brückner, NZV 1996)

Gallas, Der Betrug als Vermögensdelikt, in: Festschrift für Eberhard Schmidt, Göttingen 1961, S. 401 (zitiert: Gallas, Festschr. Eb. Schmidt)

Geilen, Lebensgefährdende Drohung als Gewalt in § 251, in: JZ 1970, 521 (zitiert: Geilen, JZ 1970)

Große, Einfluß der nationalsozialistischen Gesetzgebung auf das heutige StGB am Beispiel des § 316 a StGB, in: NStZ 1993, 525 (zitiert: Große, NStZ 1993)

Grünwald, Der Vorsatz des Unterlassungsdeliktes, in: Beiträge zur gesamten Strafrechtswissenschaft. Festschrift für Hellmuth Mayer, Berlin 1966, S. 281 (zitiert: Grünwald, Festschr. H. Mayer)

Günther, H.-L., Der räuberische Angriff auf „Fußgänger" – ein Fall des § 316 a StGB?, in: JZ 1987, 369 (zitiert: H.-L. Günther, JZ 1987)

Haft, Absprachen bei öffentlichen Bauten und das Strafrecht, in: NJW 1996, 238 (zitiert: Haft, NJW 1996)

Hartman-Hilter, Zur „Unfall"-Flucht des Vorsatztäters, in: NZV 1995, 340 (zitiert: Hartman-Hilter, NZV 1995)

Hauf, Fälle der Drittzueignung – Altes Problem in neuem Gewand, in: DRiZ 1995, 144 (zitiert: Hauf, DRiZ 1995)

Hauf, Rechtsprechung Klassiker: Dreiecksbetrug, in: JA 1995, 458 (zitiert: Hauf, JA 1995)

Hauf, Einheit der Rechtsordnung – die Garantenstellung im Betrug und im allgemeinen Schuldrecht, in: MDR 1995, 21 (zitiert: Hauf, MDR 1995)

Heinrich, Die Entgegennahme raubkopierter Software als Hehlerei, in: JZ 1994, 938 (zitiert: Heinrich, JZ 1994)

Hilgendorf, Zweckverfehlung und Vermögensschaden beim Betrug – BayObLG, NJW 1994, 208, in: JuS 1994, 466 (zitiert: Hilgendorf, JuS 1994)

Hillenkamp, Risikogeschäft und Untreue, in: NStZ 1981, 161 (zitiert: Hillenkamp, NStZ 1981)

Hillenkamp, Der „Einkauf" verdeckter Ware: Diebstahl oder Betrug? – BGHSt 41, 198, in: JuS 1997, 217 (zitiert: Hillenkamp, JuS 1997)

Kargl, Gewahrsamsbegriff und elektronische Warensicherung – BayObLG, NJW 1995, 3000, in: JuS 1996, 971 (zitiert: Kargl, JuS 1996)

Krack, Die Voraussetzungen der Dreieckserpressung – BGH, NJW 1995, 2799, in: JuS 1996, 493 (zitiert: Krack, JuS 1996)

Krause/Wuermeling, Mißbrauch von Kabelfernsehanschlüssen, in: NStZ 1990, 526 (zitiert: Krause/Wuermeling, NStZ 1990)

Küper, Die Geringwertigkeitsklausel des § 243 II StGB als gesetzestechnisches Problem, in: NJW 1994, 349 (zitiert: Küper, NJW 1994)

Küper, Examensklausur Strafrecht: Der ungetreue Verwalter, in: Jura 1996, 205 (zitiert: Küper, Jura 1996)

Laubenthal, Der Versuch des qualifizierten Delikts einschließlich des Versuchs im besonders schweren Fall bei Regelbeispielen, in: JZ 1987, 1065 (zitiert: Laubenthal, JZ 1987)

Laubenthal, Einheitlicher Wegnahmebegriff im Strafrecht?, in: JA 1990, 38 (zitiert: Laubenthal, JA 1990)

Linnemann, Zum Näheverhältnis beim Dreiecksbetrug – OLG Celle, wistra 1994, 197, in: wistra 1994, 167 (zitiert: Linnemann, wistra 1994)

Maaß, Betrug gegenüber einem Makler – BGHSt 31, 178, in: JuS 1984, 24 (zitiert: Maaß, JuS 1984)

Meurer, Betrug als Kehrseite des Ladendiebstahls – BGH, NJW 1976, 63, in: JuS 1976, 300 (zitiert: Meurer, JuS 1976)

Michel, Aus der Praxis: Der mißglückte Diebstahl, in: JuS 1992, 513 (zitiert: Michel, JuS 1992)

Müller, H. E., Zur Notwehr bei Schweigegelderpressung, in: NStZ 1993, 366 (zitiert: H. E. Müller, NStZ 1993)

Müller-Christmann, Problematik des Vermögensschadens im Falle eines vereinbarten Rücktrittsrechts – BGH, NJW 1987, 388, in: JuS 1988, 108 (zitiert: Müller-Christmann, JuS 1988)

Murmann, „Verschlossenes Behältnis" i. S. des § 243 I Nr. 2 StGB trotz Kenntnis des Öffnungsmechanismus?, in: NJW 1995, 935 (zitiert: Murmann, NJW 1995)

Naucke, Ausnutzen einer Fehlbuchung beim Betrug durch Unterlassen, in: NJW 1994, 2809 (zitiert: Naucke, NJW 1994)

Naucke, Zur Lehre vom strafbaren Betrug, Berlin 1964 (zitiert: Naucke, Betrug)

Neumann, Unfaires Spielen an Geldspielautomaten – OLG Celle, NStZ 1989, 367, in: JuS 1990, 535 (zitiert: Neumann, JuS 1990)

Otto, Unterschlagung: Manifestation des Zueignungswillens oder der Zueignung?, in: Jura 1996, 383 (zitiert: Otto, Jura 1996)

Reck, Untreue im Rahmen der Veräußerung von Treuhandunternehmen bei mehreren Handlungsalternativen, in: wistra 1996, 127 (zitiert: Reck, wistra 1996)

Reck/Hey, Wirtschaftliche und strafrechtliche Aspekte der Liquidation von Unternehmen der Neuen Bundesländer, in: NStZ 1996, 523 (zitiert: Reck/Hey, NStZ 1996)

Rengier, Die Unterscheidung von Zwischenzielen und unvermeidlichen Nebenfolgen bei der Betrugsabsicht, in: JZ 1990, 321 (zitiert: Rengier, JZ 1990)

Rengier, Kündigungs-Betrug des Vermieters bei vorgetäuschtem Eigenbedarf – BayObLG, NJW 1987, 1654, in: JuS 1989, 802 (zitiert: Rengier, JuS 1989)

Roßmüller/Rohrer Versuch und Mittäterschaft – Anmerkungen zu BGHSt 40, 299, in: MDR 1996, 986 (zitiert: Roßmüller/Rohrer, MDR 1996)

Roxin, Unfallflucht eines verfolgten Diebes, in: NJW 1969, 2038 (zitiert: Roxin, NJW 1969)

Schroeder, §§ 246, 133 StGB auf dem Prüfstand der MfS-Postplünderungen, in: JR 1995, 95 (zitiert: Schroeder, JR 1995)

Schwarz, Zweckwidrige Verwendung von Fraktionsgeldern?, in: NdsVBl. 1996, 155 (zitiert: Schwarz, NdsVBl. 1996)

Sippel, Hehlerei an durch Scheckeinreichung erlangtem Bargeld, in: NStZ 1985, 348 (zitiert: Sippel, NStZ 1985)

Stree, Beschädigung eines Polizeistreifenwagens – BGHSt 31, 185, in: JuS 1983, 836 (zitiert: Stree, JuS 1983)

Streng, Tatbegriff und Teilrücktritt, in: JZ 1984, 652 (zitiert: Streng, JZ 1984)

Tausch, Der praktische Fall – Strafrecht: Ein Pleitegeier und zwei gute Freunde, in: JuS 1995, 614 (zitiert: Tausch, JuS 1995)

Thoss, Der praktische Fall – Strafrecht: Der Sachwert zwischen Eigentum und Vermögen, in: JuS 1996, 816 (zitiert: Thoss, JuS 1996)

Wessels, Die Entwendung von Dienstgegenständen zum vorübergehenden Gebrauch, in: JZ 1965, 631 (zitiert: Wessels, JZ 1965)

Zopfs, Der schwere Bandendiebstahl nach § 244 a StGB, in: GA 1995, 320 (zitiert: Zopfs, GA 1995)

Einleitung

Die in diesem Band dargestellten Strafvorschriften lassen sich am besten nach dem von ihnen jeweils geschützten Rechtsgut systematisieren. Eine große Gruppe dient dem Schutz des Vermögens vor Gefährdung oder gar Schädigung (sog. **Vermögensdelikte**). Die meisten Tatbestände dieser Kategorie erfassen das Vermögen insgesamt, z. B. Erpressung (§ 253), Hehlerei (§ 259), Betrug (§ 263) und Untreue (§ 266). Daneben gibt es aber auch sich nur auf bestimmte Vermögensrechte beziehende Delikte, etwa Vereitelung der Zwangsvollstreckung (§ 288), Pfandkehr (§ 289) sowie Jagd- und Fischwilderei (§§ 292, 293).

Eine andere Gruppe schützt dagegen das Rechtsgut Eigentum (sog. **Eigentumsdelikte**). Dazu zählen vor allem Diebstahl (§ 242), Unterschlagung (§ 246), Raub (§ 249) und Sachbeschädigung (§ 303).

Das Sechste Gesetz zur Reform des Strafrechts (6. StrRG; BGBl. I 1998, S. 164; in Kraft seit 1. April 1998) hat umfangreiche und teilweise gravierende Änderungen des Besonderen Teils des StGB zum Gegenstand. Es knüpft an die von 1969 bis 1974 erlassenen ersten fünf Reformgesetze an. Während diesen allerdings jahrelange sachverständig unterstützte Beratungen vorangegangen waren, hat das 6. StrRG in bedenklich kurzer Zeit das Gesetzgebungsverfahren durchlaufen (Referentenentwurf vom 15. Juli 1996, erster Gesetzentwurf der Fraktionen der CDU/CSU und F.D.P. [BT-Drucks. 13/7164] vom 11. März 1997, Annahme durch den Bundestag am 14. November 1997). Ob schnelles Handeln des Gesetzgebers stets mit guten Gesetzen einhergeht, wird sich in der Praxis erweisen.

Die Änderungen durch das 6. StrRG konnten in diesem Buch noch berücksichtigt werden. Bei einigen Tatbeständen wird deren neue Fassung ganz oder auszugsweise abgedruckt. Im übrigen orientiert sich die Darstellung an der zum Zeitpunkt der Drucklegung geltenden Rechtslage. Denn erfahrungsgemäß bleiben „alte" Probleme und Streitstände für eine Übergangszeit nicht nur im Examen, sondern wegen § 2 III auch in der Praxis von Relevanz.

1. Teil. Diebstahl, Unterschlagung, unbefugter Gebrauch eines Kraftfahrzeugs

§ 1. Diebstahl (§§ 242, 243)

Leitentscheidungen: BGHSt 16, 271 – *„Selbstbedienungsladenfall"*; BGHSt 17, 87 – *„Moosraus-Fall"*; BGHSt 41, 198 – *„Einkaufswagenfall"*; OLG Düsseldorf, NJW 1988, 1335 – *„Münztelefonfall"*

Aufsätze: *Biletzki*, Die Abgrenzung von Diebstahl und Betrug, JA 1995, 857; *Küper*, Deliktsversuch, Regelbeispiel und Versuch des Regelbeispiels, JZ 1986, 518; *Otto*, Die neuere Rechtsprechung zu den Vermögensdelikten – Teil 1, JZ 1985, 21; *Otto*, Strafrechtliche Aspekte des Eigentumsschutzes (I), Jura 1989, 137; *Ulsenheimer*, Der Zueignungsbegriff im Strafrecht, Jura 1979, 169

Übungsfalliteratur: *Britz/Brück*, Der praktische Fall – Strafrecht: Neid und Leid eines Hasenzüchters, JuS 1996, 229; *Buttel/Rotsch*, Der praktische Fall – Strafrecht: Der eifersüchtige Jurastudent, JuS 1996, 713; *Fahl*, Klausur Strafrecht: Krumme Tour mit Tante Emma, JA 1996, 40; *Proppe*, Aktenvortrag Strafrecht: Die unbezahlte CD, JA 1996, 321; *Sternberg-Lieben*, Examensklausur Strafrecht: Der gefälschte Caspar David Friedrich, Jura 1996, 544; *Stoffers*, Die entgeltliche Rückveräußerung einer gestohlenen Sache an deren Eigentümer, Jura 1995, 113

A. Grundlagen

Nur wenige Delikte sind so examensrelevant wie der Diebstahl. Allgemein anerkanntes Ziel des § 242 ist der Schutz des Rechtsguts Eigentum. Da Eigentum aber durch einen Diebstahl und in dessen Folge sachenrechtlich regelmäßig nicht verlorengehen kann (§§ 935 I, 985 BGB; Ausnahmen z. B.: §§ 935 II BGB, 367 I und II HGB), ist es präziser, auf die Verletzung der nach § 903 BGB grundsätzlich uneingeschränkten Verfügungsmöglichkeit des Eigentümers abzustellen (Schönke/Schröder-*Eser*, § 242 Rn. 1). Darüber hinaus wird überwiegend auch der Gewahrsam an einer Sache als weiteres Rechtsgut der Vorschrift angesehen (BGHSt 10, 400 [401]; BGHSt 29, 319 [323]; *Lackner/Kühl*, § 242 Rn. 1; a. A. *Otto*, Jura 1989, 137 [138]; vgl. *§ 21 Rn. 4*).

1

B. Tatbestand

2 Der objektive Tatbestand des § 242 I verlangt, daß der Täter „einem anderen eine fremde bewegliche Sache wegnimmt". Subjektiv muß er vorsätzlich in bezug auf die Merkmale des objektiven Tatbestands und zudem in der Absicht handeln, sich die weggenommene Sache rechtswidrig zuzueignen.

Grundstruktur des Diebstahlstatbestands:

Tatbestand			
Objektiver Tatbestand		Subjektiver Tatbestand	
Tatobjekt	Tathandlung	Vorsatz	Absicht rechtswidriger Zueignung
(Rn. 3 ff.)	*(Rn. 16 ff.)*	*(Rn. 69 f.)*	*(Rn. 71 ff.)*

I. Objektiver Tatbestand

1. Tatobjekt

3 Das Gesetz beschreibt das Tatobjekt des Diebstahls als Sache, die beweglich und für den Täter fremd sein muß.

a) Sache

4 (1) Gestohlen werden kann ausschließlich eine Sache, d. h. ein **körperlicher Gegenstand** i. S. des § 90 BGB (zu Tieren vgl. *Rn. 8*). Daher sind etwa Forderungen und sonstige Rechte nicht diebstahlstauglich, wohl aber die sie verkörpernden Urkunden. Hierfür ist es ohne Bedeutung, ob – wie bei Inhaber- und Orderpapieren – das Recht aus dem Papier dem Recht am Papier folgt oder lediglich ein Wertpapier i. w. S. – Rekta- und qualifizierte Legitimationspapiere – vorliegt, bei dem das Recht am Papier dem Recht aus dem Papier folgt (§ 952 I BGB).

Beispiel: A entwendet Schecks, Wechsel, Aktien und Sparbücher des B, um sie für sich nutzbar zu machen. – Nur die Papiere selbst sind Sachen und somit von A gestohlen, nicht die in ihnen verkörperten Rechte (*Wessels*, BT-2, Rn. 63).

5 Der Wert eines Gegenstands ist für die Verwirklichung des Grundtatbestands irrelevant, da dieser die formale Eigentumsposition schützt (SK-*Samson*, § 242 Rn. 7), es können m. a. W. auch völlig wertlose Sachen Tatobjekt sein.

6 (2) Schon aus den Art. 1 und 2 GG folgt zwingend, daß der lebende Mensch selbständiges Rechtssubjekt und damit keine Sache ist. Gleiches gilt für seine einzelnen organischen Teile und nach h. M. außerdem für mit dem Körper fest verbundene medizinisch-therapeutische Hilfsmittel (*Wessels*, BT-2, Rn. 65). Als derartige Implantate sind insbesondere künstliche Hüftgelenke, Plomben, Zahnbrücken und Herzschrittmacher anzusehen (SK-*Samson*, § 242 Rn. 4; *Tröndle*, § 242 Rn. 2 a. E.; differenzierend nach der Funktion des Implantats Schönke/Schröder-*Eser*, § 242 Rn. 10).

Werden natürliche oder künstliche Bestandteile vom Körper getrennt, erlangen sie – letztere wieder – Sachqualität und stehen im Eigentum des Menschen, zu dessen Körper sie zuvor gehörten (LK-*Ruß*, § 242 Rn. 4; *Wessels*, BT-2, Rn. 65). Auch Leichen und von ihnen abgetrennte Teile werden zu Recht als Sachen eingestuft (*Otto*, BT, S. 146; a. A. *Maurach/Schroeder/Maiwald*, BT-1, § 32 Rn. 19: „Rückstand der Persönlichkeit"). 7

Tiere gelten im strafrechtlichen Sinn ebenfalls als Sachen (*Lackner/Kühl*, § 242 Rn. 2). Denn die Neufassung des § 90 a BGB verkürzt nicht deren strafrechtlichen Schutz, sondern hebt lediglich die Eigenschaft der Tiere als Lebewesen hervor. Eine längere Auseinandersetzung mit dieser Frage in der Klausur ist somit jedenfalls aufgrund des § 90 a S. 3 BGB entbehrlich (*Britz/Brück*, JuS 1996, 229 [230 Fn. 1]). 8

(3) Ebenso unerheblich wie der wirtschaftliche Wert ist der Aggregatzustand einer Sache. Es können daher nach einhelliger Auffassung nicht nur feste Körper, sondern auch Flüssigkeiten, Dämpfe und Gase gestohlen werden. Nicht erfaßt wird dagegen die elektrische Energie, der die Sachqualität abgesprochen wird (*Tröndle*, § 242 Rn. 2). 9

> **Merke:** Wer fremde elektrische Energie entzieht, kann sich daher nicht wegen Diebstahls, sondern lediglich nach § 248 c strafbar machen (OLG Düsseldorf, NStE, § 248 c Nr. 1).

Computerprogramme und -dateien sind ebenfalls keine körperlichen Gegenstände, denn sie bestehen allein aus elektromagnetischen Signalen. Wer sich derartige Daten unbefugt verschafft, stiehlt sie daher nicht. Insoweit kann jedoch unter bestimmten Umständen ein nach § 202 a strafbares Ausspähen von Daten gegeben sein (*Tröndle*, § 242 Rn. 2; *Otto*, BT, S. 145; zum „systematischen Leerspielen" von Glücksspielautomaten *Arloth*, Jura 1996, 354 [358]; *Neumann*, JuS 1990, 535 [539]). Möglich ist aber ein Diebstahl der Datenträger (Diskette, CD-ROM, Festplatte). 10

b) Beweglichkeit der Sache

Die Sache muß beweglich sein, d. h. tatsächlich fortbewegt werden können. Anders als bei der Hehlerei (vgl. § 19 Rn. 4) kann folglich ein Grundstück nicht Tatobjekt sein. Allerdings genügt es für dieses Merkmal, daß eine Sache vom Täter erst beweglich gemacht wird (*Tröndle*, § 242 Rn. 3). 11

Beispiel: A muß in stundenlanger Arbeit einen Tresor aus dem Mauerwerk herausschlagen, bevor er ihn abtransportieren kann. Außerdem entwendet er mehrere Fenster und Türen, die er zuvor ausgehängt hat.

> **Beachte:** Die Beweglichkeit einer Sache ist meist zweifelsfrei zu bejahen. Sie kann dann in der Klausur in einem Satz festgestellt werden.

c) Fremdheit der Sache

12 Schließlich ist der Diebstahl einer Sache nur dann möglich, wenn sie für den Täter fremd ist. Ausschlaggebend dafür ist nicht eine wirtschaftliche Betrachtungsweise, sondern allein die zivilrechtliche Eigentumslage (BGHSt 6, 377 [378]; *Wessels*, BT-2, Rn. 69).

> **Merke:** Für den Täter fremd ist eine Sache, die weder in seinem Alleineigentum steht noch herrenlos ist.

13 Verkürzt ist es demnach zu sagen, eine Sache sei für den Täter fremd, weil sie ihm nicht gehört. Um eine fremde Sache handelt es sich auch, wenn der Täter sie zur Sicherheit übereignet hat oder er lediglich Miteigentümer (§ 1008 BGB) oder Gesamthandseigentümer (insbesondere gemäß den §§ 718 I, 2032 I BGB) ist (BGH, NJW 1992, 250; Schönke/Schröder-*Eser*, § 242 Rn. 13).

Beispiele: Unter Eigentumsvorbehalt gelieferte Pelze sind bis zu ihrer vollständigen Bezahlung für den Vorbehaltskäufer fremd (OLG Düsseldorf, NJW 1984, 810 [811]). Ein zum Entwickeln gegebener Film bleibt trotz der Ausführung des Auftrags im Eigentum des Kunden, weil der Wert der von der Firma geleisteten Arbeit i. S. des § 950 I BGB erheblich geringer ist als derjenige des Films (OLG Düsseldorf, NJW 1989, 115). Das im Rahmen einer Sammlung auf die Straße gestellte Altpapier ist nicht herrenlos, weil dessen Eigentümer auf ihr Eigentum regelmäßig nicht „ungezielt" verzichten, sondern es auf die sammelnde Organisation übertragen wollen (BayObLG, MDR 1987, 75; weitere Beispiele gibt *Otto*, BT, S. 147).

14 Herrenlos sind etwa nach § 960 I 1 BGB wilde Tiere in der Freiheit (im einzelnen *Tröndle*, § 242 Rn. 7) und gemäß § 959 BGB Sachen, auf deren Eigentum der Berechtigte unter Besitzaufgabe verzichtet hat (Dereliktion), z. B. der herausgestellte Müll.

15 Nach h. M. erlangt nach dem Tod eines Menschen niemand Eigentum an der Leiche (LK-*Ruß*, § 242 Rn. 10), so daß diese ebenfalls herrenlos ist und de lege lata vor einer „Verwertung" allenfalls – unzureichend – durch § 168 geschützt wird (dazu KG, NStZ 1990, 185). Anders ist es nur dann, wenn ein Leichnam der Bestattung in rechtlich zulässiger Weise entzogen und z. B. einer wissenschaftlichen Einrichtung (anatomisches Institut) überlassen wird; diese wird dadurch Eigentümerin der Leiche (*Krey*, BT-2, Rn. 7). Das Eigentum eines Menschen geht jedenfalls mit seinem Tod im Wege der Gesamtrechtsnachfolge (§ 1922 I BGB) auf die Erben über, sei es kraft Verfügung von Todes wegen, sei es kraft gesetzlicher Erbfolge.

Vertiefungshinweis: Einen instruktiven Überblick über die – speziell zur Eigentumslage vertretenen – Meinungen zu den Fällen, in denen der Täter an einer SB-Tankstelle Benzin tankt und ohne zu bezahlen davonfährt, gibt *Otto*, JZ 1985, 21 (22).

§ 1. Diebstahl

Hauptprobleme des Tatobjekts:

Tatobjekt		
Fremde	Bewegliche	Sache
❏ Weder tätereigen noch herrenlos (*Rn. 12 f.*) ❏ Zivilrecht maßgeblich (*Rn. 12*)	❏ Tatsächlich transportabel (*Rn. 11*) ❏ Beweglichkeit kann herbeigeführt werden (*Rn. 11*)	❏ Körperlicher Gegenstand (*Rn. 4*) ❏ Keine Forderungen und Rechte (*Rn. 4*) ❏ Wert irrelevant (*Rn. 5*)

2. Tathandlung

Die fremde bewegliche Sache muß gemäß § 242 I weggenommen werden. Dies geschieht nach ganz h. M. dadurch, daß der Täter das im Gewahrsam eines anderen befindliche Tatobjekt in seinen – oder eines Dritten – Gewahrsam bringt, und zwar ohne den Willen des bisherigen Gewahrsamsinhabers, d. h. durch einen sog. **Gewahrsamsbruch** (*Wessels*, BT-2, Rn. 71).

a) Gewahrsam (eines anderen)

Somit erweist sich der Gewahrsam als der zentrale Begriff bei der Prüfung der Diebstahlshandlung.

> **Merke:** Gewahrsam ist das tatsächliche von einem entsprechenden Willen getragene Herrschaftsverhältnis eines Menschen über eine Sache. Der Begriff wird wesentlich durch die Verkehrsauffassung bestimmt. Daher kommt es entscheidend auf die Anschauungen des täglichen Lebens an (BGHSt 16, 271 [273] – „*Selbstbedienungsladenfall*"; *Lackner/Kühl*, § 242 Rn. 8 a).

(1) Danach kann nur eine natürliche, nicht aber eine juristische Person **Inhaber des Gewahrsams** sein. Für letztere können jedoch natürliche Personen (z. B. der Geschäftsführer) den Gewahrsam ausüben (*Otto*, BT, S. 149). Wie sich aus dem Merksatz weiter ergibt, kommt es bei der Beurteilung der Gewahrsamslage nicht auf rechtliche, sondern auf tatsächliche Gesichtspunkte an.

Der Begriff des Gewahrsams ist mithin nahe verwandt, aber nicht identisch mit dem zivilrechtlichen Besitz. Während der Besitz z. B. bei einem Todesfall gemäß § 857 BGB ohne weiteres auf die Erben übergeht, erlangen diese den Gewahrsam an den geerbten Gegenständen nach den obigen Grundsätzen erst mit Begründung der tatsächlichen Sachherrschaft (*Maurach/Schroeder/Maiwald*, BT-1, § 33 Rn. 12). Auch ein mittelbarer Besitzer (§ 868 BGB) hat nicht zwingend Gewahrsam, während umgekehrt ein bloßer Besitzdiener i. S. des § 855 BGB zumindest Mitgewahrsamsinhaber sein kann (*Krey*, BT-2, Rn. 12).

Völlig unabhängig ist das tatsächlich geprägte Gewahrsamsverhältnis vom zivilrechtlichen Eigentum. Deshalb kann etwa ein Dieb zwar durch seine Tat nicht Eigentümer der entwendeten Sache werden, wohl aber daran Gewahrsam erlangen bzw. einem anderen verschaffen (*Lackner/Kühl*, § 242 Rn. 12).

21 Nach den Anschauungen des täglichen Lebens und unter Berücksichtigung der Verkehrsauffassung hat ein Mensch vor allem Gewahrsam an Sachen, die er in Händen hält oder in der Kleidung bei sich trägt (sog. **Tabusphäre**). Dieser enge Bereich wird anerkanntermaßen erweitert durch sonstige ihm zustehende Gewahrsamssphären, in denen ihm üblicherweise die Sachherrschaft über die darin befindlichen Gegenstände zugeordnet wird (*Wessels*, BT-2, Rn. 75).

Beispiele: Dazu zählen primär Haus bzw. Wohnung. Der Gewahrsam des Inhabers erstreckt sich über die bewohnten Räume im engeren Sinne hinaus auch auf die Sachen im Keller und auf dem Dachboden, selbst auf zwar vorhandene, aber aktuell „verlegte" Gegenstände (LK-*Ruß*, § 242 Rn. 20). Er erfaßt im Hinblick auf den generellen Herrschaftswillen über den eigenen Wohnbereich sogar Post im Briefkasten, von deren Eintreffen der Empfänger noch nichts weiß (*Krey*, BT-2, Rn. 17). Ein Ladeninhaber hat Gewahrsam an seinen Waren, auch wenn diese vom Geschäft räumlich getrennt gelagert werden (*Maurach/Schroeder/Maiwald*, BT-1, § 33 Rn. 15) oder wenn die Schaufensterscheiben zertrümmert worden sind (BGH, GA 1962, 77 [78]: nur Gewahrsamslockerung, nicht -verlust).

22 (2) Letztlich kann die **Reichweite des Gewahrsams** – von eindeutigen Konstellationen abgesehen – nur aufgrund einer sorgfältigen Beurteilung des jeweiligen Sachverhalts bestimmt werden. Es handelt sich dabei um einen normativen Vorgang (*Kargl*, JuS 1996, 971 [972]), an dessen Ende nicht selten verschiedene Ansichten vertretbar sind. Dies gilt bei sauberer Subsumtion und Argumentation auch im Examen.

23 Es gibt allerdings vier immer wiederkehrende Fallgestaltungen, die ganz überwiegend bestimmten Lösungen zugeführt werden. Von diesen kann in der Klausur – bei eigener Wertung – selbstverständlich abgewichen werden, man sollte dies aber nicht ohne Not tun.

24 ❏ Zunächst kann es unklar sein, wie weit die Gewahrsamssphäre eines Menschen im Einzelfall reicht, d. h. welches Ausmaß der ihm zugebilligte **generelle Herrschaftsraum** haben soll. Als Bewertungskriterium wird die Frage verwandt, ob der Verwirklichung des Willens zur unmittelbaren Einwirkung auf eine Sache Hindernisse entgegenstehen. Dies wird von der h. M. trotz räumlicher Trennung von der Sache verneint, wenn die Distanz sich im Rahmen des sozial Üblichen hält und die Sachherrschaft zumindest nach einer gewissen Zeit ausgeübt werden kann (BGH, GA 1969, 25; *Lackner/Kühl*, § 242 Rn. 9).

25 Unter Anwendung dieser Grundsätze bleibt richtigerweise ein – ggf. auch wochenlang – Verreister Inhaber des Gewahrsams an den in seiner Wohnung befindlichen Sachen (BGHSt 16, 271 [273] – „*Selbstbedienungsladenfall*"). Gleiches gilt bei einem Krankenhausaufenthalt (*Wessels*, BT-2, Rn. 80) sowie für außerhalb der eigenen Räume vergessene Gegenstände jedenfalls dann, wenn der Verlierer sie nach dem Bemerken ihres Fehlens lokalisieren und dementsprechend wiedererlangen kann (OLG Hamm, NJW 1969, 620). Ist ihm der Verbleib einer Sache dagegen nicht erinnerlich oder zumindest rekonstruierbar, so ist sein Gewahrsam in der Regel beendet (LK-*Ruß*, § 242 Rn. 20; *Krey*, BT-2, Rn. 20; vgl. *Rn. 30*).

Beispiele: Dementsprechend ist die tatsächliche Sachherrschaft aufgehoben, wenn Fahrzeugpapiere vom Fahrer unbemerkt auf der rechten Seite aus dem Auto fallen (BGH, GA 1969, 25). Ein Autobesitzer hat dagegen ebenso Gewahrsam an seinem nahe seiner Wohnung geparkten Fahrzeug (BGH, GA 1962, 78 f.) wie der Inhaber eines Geschäfts an ihm gelieferten Waren, die morgens noch vor Beginn der Öffnungszeiten vor der Ladentür abgestellt werden (BGH, NJW 1968, 662).

❑ Weiterhin ist anerkannt, daß der erforderliche Herrschaftswille (vgl. *Rn. 17*) nicht stets konkret und aktuell, sondern den sozialen Anschauungen entsprechend nur generell und potentiell vorhanden sein muß (SK-*Samson*, § 242 Rn. 32 ff.). Insofern kommt es erneut auf rechtliche Kategorien nicht an. Notwendig ist lediglich ein quasi „natürlicher" Beherrschungswille, den insbesondere auch schon kleine Kinder oder an einer geistigen Erkrankung leidende Menschen haben können (*Tröndle*, § 242 Rn. 11). 26

Danach ist auch der einhellig eingenommene Standpunkt konsequent, Schlafenden und Bewußtlosen trotz ihrer momentanen Unfähigkeit, willensgesteuert auf ihre Sachen einzuwirken, den genügenden potentiellen Herrschaftswillen zuzubilligen. Denn der einmal begründete Gewahrsam bleibt solange bestehen, bis dessen tatsächliche Einwirkungsmöglichkeit völlig verlorengeht (BGHSt 4, 210 [211]; BGHSt 20, 32 [33]). 27

Beispiel: A nimmt aus der Jackentasche des infolge Volltrunkenheit bewußtlos auf dem Bürgersteig liegenden B in Zueignungsabsicht dessen Geldbörse. – Trotz seiner Bewußtlosigkeit war B zu diesem Zeitpunkt Gewahrsamsinhaber der Börse und konnte daher bestohlen werden (BGH, GA 1962, 78 f.).

Bedenken an dieser Lösung werden für den Fall angemeldet, daß der Bewußtlose nicht mehr „erwacht", sondern die Bewußtlosigkeit direkt in den Tod mündet, weil dann die Unfähigkeit, einen konkreten Willen zu haben, nicht nur vorübergehend, sondern bereits mit dem Verlust des Bewußtseins endgültig war (BayObLG, JR 1961, 188 m. abl. Anm. *Schröder*). Ebenso müßte entschieden werden, wenn etwa ein Schlafender von einem tödlichen Herzinfarkt überrascht wird (inkonsequent insoweit BayObLG, JR 1961, 188 [189]). 28

Diese Ansicht wird jedoch von der h. M. zu Recht abgelehnt. Sie ist weder theoretisch überzeugend noch praxisnah. Denn danach steht es zum Zeitpunkt der Tatvollendung nicht endgültig fest, ob das Opfer noch Gewahrsam hatte (dann: Diebstahl) oder nicht (dann: Unterschlagung gemäß § 246). Dies würde sich erst zu einem – ggf. wesentlich – späteren Zeitpunkt entscheiden, wenn nämlich das Opfer erwacht oder verstirbt: ein systematischer Bruch (ebenso BGH, JR 1986, 294, der einen Schwerverletzten trotz nachfolgenden Todes als Inhaber des Gewahrsams über die neben ihm liegenden Sachen ansieht; *Krey*, BT-2, Rn. 15; *Otto*, Jura 1989, 137 [140]). Dauert im übrigen am Ende der den Fall betreffenden Hauptverhandlung die Bewußtlosigkeit noch an (mehrjähriges Koma), ist unklar, wie das Gericht entscheiden soll. 29

❑ Wer außerhalb der ihm zugeordneten Sphäre eine Sache verliert und ihren Verbleib nicht alsbald rekonstruieren kann, hat keinen Gewahrsam mehr (vgl. *Rn. 25*). Die Sache ist grundsätzlich gewahrsamslos (nicht herrenlos). 30

31 Unter bestimmten Voraussetzungen ist dies anders, nämlich wenn sich der Verlust der Sache im (generellen) Herrschaftsbereich eines anderen ereignet hat. Dann wird deren Nutzer neuer Gewahrsamsinhaber (LK-*Ruß*, § 242 Rn. 20: sofort beginnender „Hilfsgewahrsam").

Beispiele: An Sachen, die in fremden Wohnungen, Läden, Geschäftsräumen, Gaststätten, Theatern, Kinos usw. zurückgelassen werden, steht deren Inhabern bzw. Betreibern der Gewahrsam zu. Entsprechendes gilt für auf Bahnsteigen, in Wartesälen und Dienstgebäuden von Behörden verlorene Gegenstände (BGH, GA 1969, 25) sowie insbesondere für in Münztelefonen der Deutschen Telekom verbliebene, aber „unverbrauchte" Geldstücke (OLG Düsseldorf, NJW 1988, 1335 [1336] – „*Münztelefonfall*"). – Kein Gewahrsam entsteht dagegen im Treppenhaus eines Mietshauses oder eines von mehreren Firmen genutzten Bürogebäudes, weil dort ein konkreter Inhaber nicht feststellbar ist (BGH, GA 1969, 25 [26]; *Krey*, BT-2, Rn. 22).

32 ❏ Besonders problematisch ist die Gewahrsamsfrage, wenn mehrere Personen als Inhaber der Sachherrschaft in Betracht kommen. Dann kann sog. **Mitgewahrsam** bestehen. Dessen Träger können einander gleich- oder aber über- bzw. untergeordnet sein. Für die Annahme des i. S. des § 242 zunächst erforderlichen täterfremden Gewahrsams genügt anerkanntermaßen bereits gleichgeordneter Mitgewahrsam eines anderen. Ein Diebstahl scheidet m. a. W. aus, wenn der Täter selbst übergeordneten Mit- oder gar Alleingewahrsam hat (*Tröndle*, § 242 Rn. 10 a. E.; ausführlich LK-*Ruß*, § 242 Rn. 25 f.).

> **Merke:** Eine Sache kann vom Täter nur weggenommen werden, wenn sie sich im Alleingewahrsam, übergeordneten oder wenigstens gleichgeordneten Mitgewahrsam eines anderen befindet.

33 Schwierige Konstellationen treten insoweit vor allem, aber nicht nur in Arbeits-, Auftrags- und Dienstverhältnissen auf. Sie sind stets nach den allgemeinen Grundsätzen (vgl. *Rn. 17*) zu beurteilen, also nach den Anschauungen des täglichen Lebens unter Berücksichtigung der Verkehrsauffassung:

34 Danach wird beispielsweise die Sachherrschaft über Waren, die durch einen Arbeitnehmer außerhalb des Firmengeländes transportiert werden, zu Recht differenziert beurteilt. Als entscheidendes Kriterium dient die Frage, ob der Geschäftsherr eine hinreichende Kontroll- und Einwirkungsmöglichkeit innehat (*Wessels*, BT-2, Rn. 91). Da diese Möglichkeit aktuell und nicht nur nachträglich vorhanden sein muß, spielt insoweit die Existenz eines im Lkw eingebauten Fahrtenschreibers keine Rolle (*Tröndle*, § 242 Rn. 10).

Beispiele: Werden Waren außerhalb des Firmensitzes ausgeliefert und kann der Transportfahrer die Fahrstrecke selbst bestimmen, so hat er Alleingewahrsam, da der Unternehmer bzw. Vorgesetzte während der Fahrt keine Gelegenheit hat, seinen Herrschaftswillen auszuüben (BGHSt 2, 317 [318]). Ist die Route dagegen fest vorgegeben und befinden sich die Belieferten in der Nähe des Firmenstandorts, so daß der Geschäftsherr weiß oder zumindest jederzeit ermitteln kann, wo sich die Ware befindet, so hat er wenigstens gleichrangigen Mitgewahrsam (SK-*Samson*, § 242 Rn. 40).

Beim Speditions- bzw. Frachtvertrag sind regelmäßig der Spediteur bzw. der Frachtführer Alleingewahrsamsinhaber. Gleiches gilt für die Verantwortlichen der Bahn in bezug auf aufgegebenes Gepäck (*Maurach/Schroeder/Maiwald*, BT-1, § 33 Rn. 25). 35

In ähnlicher Weise ist der Gewahrsam an Waren in einem Geschäft oder Kaufhaus zu bestimmen. Dieser ist in einem kleinen Laden tendenziell eher dem – zumal mitarbeitenden – Inhaber allein zuzuordnen, während in einem Kaufhaus die tatsächliche Sachherrschaft je nach firmeninternen Zuständigkeitsverteilungen jedenfalls auch beim Abteilungsleiter oder bei den einzelnen Verkäufern liegen kann (*Wessels*, BT-2, Rn. 88 f.). 36

Besondere Grundsätze sind für Kassierer bei Banken, Warenhäusern, Einkaufszentren usw. entwickelt worden. Diese haben, wenn sie die Kasse eigenverantwortlich verwalten und ihren Inhalt am Ende ihrer Arbeitszeit abzurechnen haben, bis zur Durchführung dieser Abrechnung Alleingewahrsam. Denn bei einer derartigen Verantwortungsverteilung dürfen Geschäftsinhaber und Vorgesetzte den Kassierer zwar unter bestimmten Umständen zur Geldentnahme anweisen, eine unmittelbare Zugriffsmöglichkeit gegen dessen Willen steht ihnen aber gerade nicht zu. Daher begründet das Weisungsrecht noch nicht einmal Mitgewahrsam, besonders wenn allein der Kassierer den Kassenschlüssel hat (BGHSt 8, 273 [275]; BGH, NStZ-RR 1996, 131 [132]). 37

Anders liegt es, wenn dem Kassierer eine derartige Eigenverantwortung nicht eingeräumt ist. Dann hat er im Verhältnis zum Geschäftsinhaber bzw. Vorgesetzten allenfalls untergeordneten Mitgewahrsam (*Krey*, BT-2, Rn. 27). Über den Inhalt eines Tresors, der nur unter gleichzeitigem Einsatz zweier verschiedener Schlüssel geöffnet werden kann, haben zwei Kassierer gleichrangig die tatsächliche Sachherrschaft, wenn sie jeweils im Besitz eines dieser Schlüssel sind (SK-*Samson*, § 242 Rn. 39). 38

An der Einrichtung einer von mehreren Personen ohne Einschränkung gemeinsam genutzten Wohnung steht diesen Mitgewahrsam gleichen Ranges zu. Anders ist es, wenn einzelne Räume, wie etwa in einer Wohngemeinschaft, eindeutig verschiedenen Benutzern zugeordnet sind; dann liegt insoweit jeweils Alleingewahrsam vor. 39

In einem Hotel bzw. einer Pension behält der Betreiber an den Einrichtungsgegenständen vermieteter Zimmer Mitgewahrsam, weil ihm diese zugänglich sind und von ihm – etwa zur Reinigung – sogar betreten werden sollen (*Tröndle*, § 242 Rn. 10). Ob dies bei der Miete (sonstiger) möblierter Zimmer, z. B. einer Studentenbude, ebenso ist, hängt von den konkreten Vertragsvereinbarungen ab. Jedenfalls bleibt der Mieter Inhaber des Alleingewahrsams an den eigenen Sachen (Schönke/Schröder-*Eser*, § 242 Rn. 33). 40

Wer von einem anderen eine Sache in Verwahrung nimmt, erlangt daran in der Regel Alleingewahrsam (LK-*Ruß*, § 242 Rn. 31). Jedoch gibt es auch Konstellationen, in denen lediglich Mitgewahrsam des Verwahrers begründet wird. 41

Beispiel: A gibt seinen Mantel zu Beginn des Opernbesuchs bei der Garderobiere B zur Aufbewahrung ab.
Da A nicht nur weiß, wo der Mantel ist, sondern ihn auch jederzeit und kurzfristig wiedererlangen kann, hat er selbst während der Aufführung Mitgewahrsam (*Maurach/Schroeder/Maiwald*, BT-1, § 33 Rn. 25).

b) Begründung neuen Gewahrsams

42 Zweiter Bestandteil des Wegnahmebegriffs ist es, daß der Täter den Gewahrsam des anderen an der Sache beendet und neuer Gewahrsam daran entsteht. Die beiden Komponenten können unter Umständen zeitlich auseinanderfallen (SK-*Samson*, § 242 Rn. 50).

> **Merke:** Nicht notwendig ist die Begründung tätereigenen Gewahrsams. Dies wird zwar der Regelfall sein. Es genügt aber, daß ein Dritter die Sachherrschaft erlangt (*Lackner/Kühl*, § 242 Rn. 15).

43 Ob bereits neuer Gewahrsam begründet worden ist, ist ebenso wie die Beurteilung der bisherigen Sachherrschaft Wertungsfrage. Zu deren Beantwortung sind die allgemeinen Grundsätze (vgl. *Rn. 17*) heranzuziehen. Entscheidend ist also, ob der Täter die Herrschaft über die Sache nach den Anschauungen des täglichen Lebens derart erlangt hat, daß er sie ohne Behinderung durch den alten Gewahrsamsinhaber ausüben kann (BGH, NStZ 1988, 270 [271]). Dafür genügt zumeist das Ergreifen des Gegenstands, soweit dieser nicht groß und sperrig ist (*Maurach/Schroeder/Maiwald*, BT-1, § 33 Rn. 26). Dagegen kommt es nicht darauf an, ob der Täter die Sache schon endgültig „in Sicherheit gebracht hat".

Beispiele: Täter, die einen 300 kg schweren und unhandlichen Tresor nur unter großen Schwierigkeiten von seinem Standort bis fünf Meter vor das Gebäude gebracht und dort erst mit dem Verladen begonnen haben, sind noch nicht Inhaber der Sachherrschaft geworden (BGH, NStZ 1981, 435), so daß nur ein Versuch (§§ 242 II, 22) vorliegt.
Wer dagegen in einem zum Abriß bestimmten, unbewohnten Haus Rohre und Leitungen abmontiert und diese zum Abtransport in einem Nebenraum einer Wohnung versteckt, hat bereits eigenen Gewahrsam erlangt (KG, JR 1966, 308).

44 Ein Verkäufer bleibt Gewahrsamsinhaber an Waren, die er auf Wunsch eines Kunden zur Ansicht auf den Ladentisch legt (etwa Uhren, Schmuck). Denn dadurch soll nur eine kurze kontrollierte Begutachtung durch den Kunden ermöglicht werden. Nach der Verkehrsanschauung handelt es sich daher lediglich um eine Lockerung des Gewahrsams, den ein Täter ggf. erst durch eine eigene Handlung aufheben muß. War dies von vornherein geplant, liegt ein „Trickdiebstahl" vor (LK-*Ruß*, § 242 Rn. 37; *Krey*, BT-2, Rn. 18).

Vertiefungshinweis: Zur *„Wechselgeldfalle"* – der Täter legt eigenes Geld mit der Bitte auf den Ladentisch, es in andere Stückelung zu wechseln, nimmt es jedoch infolge eines Ablenkungsmanövers vom Gegenüber unbemerkt zusammen mit dem ihm herausgegebenen Geld wieder an sich – vgl. *§ 11 Rn. 96*.

§ 1. Diebstahl   11

> **Beachte:** In beiden Examina ist jeweils ein Gutachten zu erstellen. Daher ist der Zeitpunkt der Begründung neuen Gewahrsams nicht nur dann genau zu bestimmen, wenn er für Qualifikationen und die Strafbarkeit von Beteiligten Bedeutung hat. Formulierungen wie „jedenfalls ab diesem Zeitpunkt hatte A Gewahrsam" sind tunlichst zu vermeiden.

Drei Konstellationen verdienen an dieser Stelle gesteigerte Aufmerksamkeit: 45

(1) Die Entstehung neuen Gewahrsams ist zunächst problematisch, wenn der Täter 46 nach den allgemeinen Grundsätzen zwar die Herrschaft über eine Sache erlangt hätte, sich aber noch im **räumlichen Einflußbereich des ursprünglichen Gewahrsamsinhabers** befindet. Denn dann gerät der „Körpergewahrsam" des Täters in Konkurrenz zum generellen Raumgewahrsam des Opfers (vgl. *Rn. 21*; BGHSt 23, 254 [255]; *Britz/Brück*, JuS 1996, 229 [231 f.]). Dies ist besonders häufig in Warenhäusern und Supermärkten der Fall.

❏ Steckt dort ein Kunde Waren in der Absicht rechtswidriger Zueignung in seine 47 Kleidung oder mitgeführte Taschen, so begründet er nach h. M. allein dadurch, d. h. noch vor Passieren des Kassenbereichs bzw. Verlassen des Kaufhauses eigenen Gewahrsam. Dies gilt zumindest für relativ leicht bewegliche Gegenstände geringeren Umfangs, „weil eine intensivere Herrschaftsbeziehung zur Sache kaum denkbar ist, vor allem der Ausschluß anderer besonders deutlich zum Ausdruck kommt" (BGHSt 16, 271 [274] – „*Selbstbedienungsladenfall*"; *Tröndle*, § 242 Rn. 15) und der Wegschaffung unter normalen Umständen kein Hindernis mehr entgegensteht (OLG Köln, NJW 1984, 810).

Beispiele: A nimmt eine Videokassette aus den Auslagen und läßt sie in seine Aktentasche gleiten. Anschließend zieht er in der Herrenabteilung ein neues Jackett unter seinen Mantel. Dann verläßt er plangemäß ohne Bezahlung das Warenhaus.
A hat bereits durch das Einstecken der Kassette bzw. das Anziehen des Jacketts Gewahrsam erlangt.

❏ Etwas anders ist es zu beurteilen, wenn ein Täter eine Sache zwar in den Einkaufs- 48 wagen legt, dort aber mit Werbeprospekten, Getränkekisten o. ä. so abdeckt, daß sie vom Kassierer, bei dem er andere Waren ordnungsgemäß bezahlt, nicht bemerkt wird. Denn im geschlossenen Einkaufsbereich vor der Kasse stehen alle im Einkaufswagen befindlichen Waren den sozialen Konventionen entsprechend – in vielen Supermärkten besteht sogar das „Gebot", nur mit einem solchen Wagen einzukaufen – im Gewahrsam des Geschäftsinhabers (OLG Düsseldorf, NStZ 1993, 286; OLG Zweibrücken, NStZ 1995, 448 [449]; *Lackner/Kühl*, § 242 Rn. 16; *Krey*, BT-2, Rn. 45 a). Dieser hat gewissermaßen „noch vollen Zugriff"; bei einem Streit, wer Eigentümer der Ware im Einkaufswagen ist, trifft die „Beweislast" den Kunden (*Fahl*, JA 1996, 40 [41]; *Scheffler*, JR 1996, 342 [343]; a. A. *Kargl*, JuS 1996, 971 [975]).

Diese Bewertung kehrt sich um, wenn der Kunde den Kassenbereich durchschritten 49 hat. Jetzt ordnet die Verkehrsauffassung ihm den gesamten Inhalt des Wagens zu, so daß er in der Regel zu diesem Zeitpunkt eigenen Gewahrsam begründet (OLG Köln, NJW 1984, 810; OLG Zweibrücken, NStZ 1995, 448 [449]; *Zopfs*, NStZ 1996, 190; differenzierend *Krey*, BT-2, Rn. 45 a).

50 (2) In Kaufhäusern und Selbstbedienungsläden sind viele Waren mit einem elektromagnetischen **Sicherungsetikett** versehen, das, falls es nicht entfernt oder deaktiviert wird, beim Erreichen bestimmter Kontrollbereiche (akustischen und/oder optischen) Alarm auslöst. Wird eine solche Ware vom Täter eingesteckt, so könnte infolge ihrer besonderen Sicherung abweichend von den allgemeinen Grundsätzen der Gewahrsam des Geschäftsinhabers noch andauern (vgl. *Rn. 47*, ferner *151*).

51 Die h. M. verneint dies jedoch zu Recht. Denn das Auslösen des Alarms folgt dem Verbringen der Ware in die körpernahe Herrschaftssphäre des Täters zeitlich nach. Es kann somit in der Regel die Vollendung der Gewahrsamsbegründung nicht verhindern, sondern soll lediglich zur Aufdeckung begangener Diebstähle und der Wiedererlangung (!) der Beute durch das Eingreifen des Berechtigten bzw. seiner Hilfspersonen dienen (OLG Frankfurt a. M., MDR 1993, 671 [672]; BayObLG, NJW 1995, 3000 [3001] m. Bespr. *Heintschel-Heinegg*, JA 1995, 833 ff.; a. A. Schönke/Schröder-*Eser*, § 242 Rn. 40).

52 (3) Eine ähnliche Problematik stellt sich, wenn der Täter beim Ansichbringen der Beute **beobachtet** wird, im Kaufhaus etwa – direkt oder mittels Videokamera – von einem dort arbeitenden Detektiv. Auch dies steht jedoch nach überwiegender Auffassung jedenfalls bei kleineren und leicht transportablen Gegenständen einem Gewahrsamswechsel zugunsten des Täters grundsätzlich nicht entgegen.

53 Denn ein Diebstahl mag zwar tatsächlich zumeist unbemerkt begangen werden. Dogmatisch ist dies aber nicht notwendig, denn § 242 I verlangt keine heimliche Tatausführung. Eine – sei es zufällige, sei es planmäßige – Beobachtung der Wegnahme hindert deshalb deren Vollendung nicht, sondern gibt nur die Möglichkeit, den bereits entzogenen Gewahrsam wiederzuerlangen (BGHSt 16, 271 [274] – *„Selbstbedienungsladenfall"*; BGHSt 17, 205 [208 f.]; OLG Düsseldorf, NJW 1988, 1335 [1336] – *„Münztelefonfall"*; *Lackner/Kühl*, § 242 Rn. 16; a. A. Schönke/Schröder-*Eser*, § 242 Rn. 40: noch keine Gewahrsamsbegründung durch den Täter).

54 Anders kann man ausnahmsweise dann entscheiden, wenn ein Täter infolge der Beobachtung „nicht die geringste Möglichkeit gehabt hat, mit der Beute zu entkommen" (BGH, StV 1985, 323; offengelassen jedoch von BGHSt 26, 24 [26]; BGH, NStZ 1987, 71).

Beispiel: A bricht auf einem Parkplatz ein Auto auf und nimmt eine im Handschuhfach liegende Geldbörse an sich. Dabei wird er von zahlreichen Polizisten beobachtet, die aufgrund ähnlicher Vorkommnisse in der Vergangenheit den Parkplatz umstellt haben und A unverzüglich festnehmen. – Da hier offensichtlich von vornherein keine Erfolgschance des A bestand, kommt nur versuchter Diebstahl (§§ 242 II, 22) in Betracht.

55 In Prüfungen ist hier – neben dem Bilden der Obersätze – vor allem das Herausarbeiten der entscheidenden Umstände des zu lösenden Falls wichtig. Wesentlich können

§ 1. Diebstahl

z. B. sein die Nähe des Berechtigten oder seines Beauftragten zum Täter, die Schnelligkeit des Eingreifens, Umfang und Gewicht der Beute, ggf. in Verbindung mit besonderen Alarmeinrichtungen (BGH, StV 1985, 323; *Tröndle*, § 242 Rn. 15), aber auch die bauliche Gestaltung des Kaufhauses, das Ausmaß des Publikumsverkehrs sowie Schnelligkeit und Gewandtheit von Täter und Verfolgern (BGH, NStZ 1988, 270; kritisch bezüglich einer differenzierten Feststellung des „Kräfteverhältnisses" der Beteiligten aus Gründen der Praktikabilität *Scheffler*, JR 1996, 342 [343]).

c) Bruch des bisherigen Gewahrsams

(1) Nur ein Gewahrsamswechsel **gegen bzw. ohne den Willen** des ursprünglichen Inhabers der Sachherrschaft stellt eine Wegnahme dar, d. h. der bisherige Gewahrsam muß vom Täter gebrochen worden sein. Billigt es dagegen der Gewahrsamsinhaber, daß ein anderer eine Sache an sich nimmt, so fehlt es am für die Verwirklichung des Tatbestands erforderlichen Gewahrsamsbruch. Dogmatisch handelt es sich bei dieser Billigung somit um ein tatbestandsausschließendes Einverständnis (*Tröndle*, § 242 Rn. 17), das demzufolge schon bei der Tat vorliegen muß und nicht erst nachträglich erklärt werden kann (Schönke/Schröder-*Eser*, § 242 Rn. 36).

Ebenso wie für die Ausübung der Sachherrschaft selbst genügt auch für deren freiwillige Aufgabe der sog. natürliche Wille (vgl. *Rn. 26*). Das Einverständnis mit dem Gewahrsamswechsel kann im übrigen an Bedingungen geknüpft werden. Erfüllt diese der Täter nicht, nimmt er die Sache i. S. des § 242 I weg (LK-*Ruß*, § 242 Rn. 36).

Beispiel: A wirft wertlose Metallstücke in einen Zigarettenautomaten, deren Größe und Gewicht regulärem Geld entsprechen. Dadurch gelingt es ihm, eine Packung Zigaretten zu ziehen. Da der Automatenbetreiber mit der Entnahme der Zigaretten nur für den Fall des Einwurfs echten Geldes in der vorgesehenen Höhe einverstanden ist, hat A dessen Gewahrsam gebrochen (*Wessels*, BT-2, Rn. 108).

Das gilt entsprechend für sonstige Manipulationen an einem Automaten, z. B. für das Einführen eines Drahts zum „Angeln" von Münzen oder zum Verursachen eines Kurzschlusses mit dem Ziel der Auslösung der Geldrückgabefunktion (OLG Stuttgart, NJW 1982, 1659; OLG Koblenz, NJW 1984, 2424 [2425]).

Umgekehrt fehlt es an einer Wegnahme, wenn ein Täter durch funktionsgerechte Bedienung eines Geldautomaten mittels codierter Scheckkarte und Eingabe der Geheimnummer Geld erhält. Insoweit spielt es insbesondere keine Rolle, ob der tatsächlich Berechtigte vertragswidrig sein Konto überzieht oder ein anderer Karte und Geheimnummer unberechtigt verwendet (BGHSt 35, 152 [158 ff.]). Für Fälle ordnungsgemäßer Inbetriebnahme des Gerätemechanismus kommen aber die zur Vermeidung von Strafbarkeitslücken in einem als wirtschaftlich wesentlich eingestuften Bereich neueingefügten §§ 263 a, 266 b in Frage (vgl. *vor § 11* und *§ 17*).

56

57

58

59

13

60 **Exkurs:** Scheidet eine Wegnahme aus, weil der Gewahrsamswechsel einverständlich erfolgt ist, so kann unter Umständen ein sog. Sachbetrug vorliegen (§ 263). Das ist der Fall, wenn der bisherige Inhaber des Gewahrsams diesen aufgrund einer Täuschung des Täters irrtumsbedingt überträgt. Denn die freiwillige, wenn auch durch Täuschung erschlichene Weggabe einer Sache stellt in der Regel eine Vermögensverfügung i. S. des § 263 I dar (vgl. *§ 11 Rn. 51 ff.*).

61 Während es also für den Diebstahl charakteristisch ist, daß der Schaden durch eine eigenmächtige Handlung des Täters herbeigeführt wird, geschieht dies beim Betrug unmittelbar infolge einer Verfügung des Verletzten selbst. Diebstahl wird daher als fremd-, Betrug als selbstschädigendes Delikt angesehen. Dieser grundlegende Gegensatz beider Tatbestände macht ein gleichzeitiges Vorliegen bei einem einheitlichen tatsächlichen Geschehen logisch unmöglich (BGHSt 41, 198 [201] – *„Einkaufswagenfall"*; *Biletzki*, JA 1995, 857 [858, 862]). Wer eine Sache freiwillig weggibt, ist stets mit einem Gewahrsamswechsel einverstanden. Ein Dieb kann nicht dadurch zusätzlich einen Betrug begehen, daß er den Berechtigten über die begangene Tat täuscht, um vor dem sonst zu erwartenden Zugriff geschützt zu sein (BGHSt 17, 205 [209]).

> **Beachte:** Bei einem einheitlichen Geschehen kann immer nur Diebstahl oder Betrug vorliegen, da sich die Tatbestandsmerkmale Wegnahme einerseits und Vermögensverfügung andererseits ohne Überschneidung ausschließen.

Aufbauhinweis: Die ggf. erforderliche Abgrenzung darf nicht abstrakt vorgenommen oder „vor die Klammer gezogen" werden. Vielmehr muß die Problematik – wie auch sonst – beim relevanten Merkmal, d. h. also der Wegnahme oder der Vermögensverfügung besprochen werden (*Proppe*, JA 1996, 321 [330]). Von den beiden Tatbeständen sollte derjenige zuerst geprüft werden, der im Ergebnis bejaht wird oder dessen Annahme nach dem Sachverhalt zumindest näherliegt. Daran schließt sich eine knappe Darstellung der anderen Norm an. Auf diese Weise wird nicht nur vorhandenes Wissen umfassend gezeigt, sondern auch der Fall stringent (und im zweiten Examen praxisgerecht) gelöst.

62 An im Einkaufswagen liegenden Waren ordnet die Verkehrsauffassung den Gewahrsam nach dem Passieren des Kassenbereichs nicht mehr dem Geschäftsinhaber, sondern dem Kunden zu (vgl. *Rn. 49*). Dieser Gewahrsamswechsel beruht (jedenfalls) für versteckte Sachen nicht auf einer Vermögensverfügung des Kassierers. Denn wenn dieser die Ware überhaupt nicht wahrnimmt, kann er insoweit nicht verfügen wollen. Die Annahme aber eines generellen Verfügungswillens des Kassierers in bezug auf den gesamten Inhalt des Einkaufswagens ist lebensfremd und bloße Fiktion (BGHSt 41, 198 [202 f.] – *„Einkaufswagenfall"* m. Anm. *Zopfs*, NStZ 1996, 190; *Proppe*, JA 1996, 321 [326 f.]; a. A. OLG Düsseldorf, NStZ 1993, 286 [287]).

(2) Zwei Fallgruppen bedürfen an dieser Stelle noch besonderer Erörterung: 63

❑ Wird dem mutmaßlichen Täter von Diebstählen bewußt die Gelegenheit für eine 64
(neuerliche) Tatbegehung verschafft, so scheidet aufgrund des Einverständnisses ein
Gewahrsamsbruch und damit eine vollendete Wegnahme aus (*Tröndle*, § 242 Rn.
17; zum Versuch vgl. *Rn. 123*). Denn sog. **Diebesfallen** sind regelmäßig so angelegt,
daß der Täter die bereitgelegte Sache in seinen Gewahrsam bringen soll, damit sie
später bei ihm gefunden und er überführt werden kann (*Krey*, BT-2, Rn. 34; *Wessels*,
BT-2, Rn. 106).

Beispiel: Der Leiter eines Krankenhauses legt – mit Hilfe der Polizei – präpariertes Geld in
einem Zimmer ab, für das eine diverser Diebstähle verdächtigte Krankenschwester zuständig
ist. Nachdem diese der Vorstellung des Leiters entsprechend das Geld an sich gebracht hat, wird
sie festgenommen. Eine vollendete Wegnahme liegt wegen des fehlenden Gewahrsamsbruchs
nicht vor (BayObLG, JR 1979, 296 [297]).

Jedoch kommt es wesentlich auf die konkreten Umstände des Einzelfalls an. Soll 65
nämlich ein Täter nach dem Plan des Gewahrsamsinhabers bereits während der
Wegnahme gestellt werden, d. h. bevor er neuen Gewahrsam begründet hat, so ist
eine Billigung des Gewahrsamswechsels nicht anzunehmen. Gelingt dieser dem Täter
gleichwohl, so hat er die Tathandlung vollendet (*Otto*, JZ 1985, 21 [22 Fn. 14]).

An einem tatbestandsausschließenden Einverständnis fehlt es auch dann, wenn eine 66
„Diebesfalle" ohne Mitwirkung bzw. Wissen des Berechtigten gestellt wird (LK-*Ruß*,
§ 242 Rn. 35; *Janssen*, NStZ 1992, 237; *Paeffgen*, JR 1979, 297 [298 f.]). Warten
z. B. die einen Parkplatz observierenden Polizisten mit der Festnahme des Täters
bewußt ab, bis dieser Gegenstände aus dem von ihm aufgebrochenen Auto an sich
genommen hat, so hindert dies einen Gewahrsamsbruch nicht, weil sich die Beamten
als Nichtberechtigte nicht wirksam mit dem Wechsel der Sachherrschaft einverstanden erklären können.

❑ Für die im Einzelfall schwierige Abgrenzung, ob der Täter die Sachherrschaft 67
durch Verfügung des getäuschten Gewahrsamsinhabers oder durch Wegnahme erlangt hat, kommt es zwar auch auf das äußere Tatbild, maßgebend aber auf die innere
Willensrichtung des Getäuschten an (BGHSt 18, 221 [223]; BGHSt 41, 198 [201] –
„Einkaufswagenfall" m. Bespr. *Heintschel-Heinegg*, JA 1996, 97 [98]); *Hauf*, JA
1995, 458 [462]).

Duldet es der Gewahrsamsinhaber, daß der Täter eine Sache an sich nimmt, oder 68
übergibt er diesem den Gegenstand gar selbst, so bejaht die h. M. trotzdem einen unfreiwilligen Gewahrsamswechsel, sofern der Geschädigte infolge von Täuschung oder
Drohung glaubt, eine Mitnahme der Sache auf jeden Fall hinnehmen zu müssen
(BGHSt 18, 221 [223]; Schönke/Schröder-*Eser*, § 242 Rn. 35; *Biletzki*, JA 1995, 857
[860]; a. A. *Maurach/Schroeder/Maiwald*, BT-1, § 33 Rn. 31). Denn dann fehlt es in
Wahrheit an einem einverständlichen Gewahrsamsübergang (vgl. *§ 11 Rn. 103 f.*).

Beispiel: A duldet die Mitnahme seines Computers durch B, weil dieser sich als Kriminalbeamter oder Gerichtsvollzieher ausgegeben und den Computer für „beschlagnahmt" bzw. „gepfändet" erklärt hat.

Hauptprobleme der Tathandlung:

Tathandlung: Wegnehmen		
Fremder Gewahrsam	Neuer Gewahrsam	Gewahrsamsbruch
❏ Tatsächliche Sachherrschaft eines anderen (*Rn. 17*) ❏ Zumindest gleichrangiger Mitgewahrsam (*Rn. 32*) ❏ Schlaf/Bewußtlosigkeit des Opfers unerheblich (*Rn. 27*)	❏ Nicht notwendig tätereigen (*Rn. 42*) ❏ Beutesicherung nicht erforderlich (*Rn. 43*) ❏ Durch Einstecken trotz Beobachtung (*Rn. 52 f.*)	❏ Nicht bei Einverständnis des Gewahrsamsinhabers (*Rn. 56*) ❏ Nicht bei selbstschädigendem Opferverhalten (*Rn. 61*)

II. Subjektiver Tatbestand

1. Vorsatz

69 Subjektiv ist mindestens bedingter Vorsatz erforderlich (SK-*Samson*, § 242 Rn. 53). Der Täter muß daher gewollt handeln, obwohl er weiß oder es jedenfalls für möglich hält, daß es sich beim Tatobjekt um eine fremde bewegliche Sache handelt und er den daran bestehenden Gewahrsam eines anderen bricht (*Otto*, BT, S. 153).

70 Es bleibt auch dann ein einheitlicher Vorsatz, wenn der Täter ihn während der Tat hinsichtlich der Diebstahlsobjekte verengt oder erweitert (BGHSt 22, 350 [351]). Ohne Vorsatz handelt nach § 16 I derjenige, der sich irrigerweise für den Eigentümer einer Sache oder den Inhaber zumindest übergeordneten Mitgewahrsams hält (Schönke/Schröder-*Eser*, § 242 Rn. 45).

2. Absicht der rechtswidrigen Zueignung

71 Der Täter muß weiterhin die Absicht haben, sich die weggenommene Sache zuzueignen. Die angestrebte Zueignung muß rechtswidrig sein. Unerheblich ist es dagegen, ob sie im Ergebnis tatsächlich erfolgt (*Tröndle*, § 242 Rn. 23). Die Zueignungsabsicht muß schon bei der Wegnahme bestehen, nicht erst zu einem späteren Zeitpunkt (BGHSt 16, 190 [191]).

a) Zueignungsabsicht

72 Unter Zueignung wird die Begründung von Eigenbesitz verstanden, und zwar unter Ausschluß des Berechtigten mit dem Willen, wie ein Eigentümer über die Sache zu verfügen (se ut dominum gerere; *Tröndle*, § 242 Rn. 18). Sie besteht demnach aus zwei Komponenten, nämlich der Enteignung des Berechtigten – der rechtlich Eigentümer bleibt (vgl. *Rn. 1*) – und der Aneignung, d. h. der Anmaßung einer eigentümerähnlichen Herrschaftsmacht über die Sache durch den Täter (*Krey*, BT-2, Rn. 50, 55 ff.)

> **Merke:** Zueignung einer Sache verlangt sowohl die Enteignung des Berechtigten als auch die Aneignung durch den Täter.

§ 1. Diebstahl

Beispielsfall 1: Bummel über den Flohmarkt

A schlendert über den Flohmarkt. Dort werden u. a. militärische Sammlerstücke angeboten. Um deren Verbreitung zu verhindern, nimmt er unbemerkt einige Orden an sich. Diese zerbricht er und wirft sie – wie geplant – auf dem Heimweg in einen Papierkorb. An einem anderen Stand findet A eine gebrauchte CD, die ihn interessiert. Da ihm jedoch der Preis zu hoch erscheint, steckt er die CD ohne Bezahlung in seine Jacke, um sie zu Hause auf eine Kassette zu überspielen. Nachdem er dies getan hat, begibt er sich noch am selben Tag erneut zum Flohmarkt und legt die unbeschädigte CD heimlich wieder am Verkaufsstand ab. Dies hatte er von Anfang an vor. Strafbarkeit des A?

Lösung:

Orden und CD waren für A fremde bewegliche Sachen. Diese hat er weggenommen, da er den Gewahrsam der Standinhaber ohne deren Einverständnis beendet und eigenen Gewahrsam begründet hat. Den objektiven Tatbestand hat A vorsätzlich erfüllt. Entscheidend ist somit, ob er bei der Wegnahme auch mit Zueignungsabsicht gehandelt hat.

(1) Dafür ist zunächst erforderlich, daß A den Berechtigten die Sachen **auf Dauer**, zumindest für einen unabsehbaren Zeitraum **entziehen** wollte (*Maurach/Schroeder/Maiwald*, BT-1, § 33 Rn. 39).

Für die Komponente der Enteignung bedarf es nach ganz h. M. keiner Absicht im technischen Sinn (dolus directus 1. Grades), sondern lediglich des bedingten Vorsatzes. Es genügt schon, daß der Täter bei der Wegnahme damit rechnet, daß der Berechtigte die Sache nicht zurückerhalten wird (*Lackner/Kühl*, § 242 Rn. 25; LK-*Ruß*, § 242 Rn. 51). Die Entwendung von Sachen, die nur unter einer Bedingung zurückgegeben werden sollen, ist daher ausreichend, wenn der Eintritt der Bedingung nach der Vorstellung des Täters nicht zweifelsfrei ist (BGH, NJW 1985, 812: erhoffte Rückkehr der Freundin; s. aber auch OLG Köln, NJW 1977, 2611).

Bringt der Täter dagegen eine Sache mit dem Willen an sich, diese im Anschluß an ihre Nutzung auf jeden Fall zurückzugeben, so liegt ein Enteignungsvorsatz nicht vor, wenn er sicher davon ausgeht, die Rückgabe werde ohne Substanzveränderung und wesentliche Wertminderung erfolgen können (*Ulsenheimer*, Jura 1979, 169 [172]). Aus diesem Grund stiehlt nicht, wer einem Hehler die Diebesbeute entwendet, um sie dem Eigentümer zukommen zu lassen (vgl. *§ 19 Rn. 45 ff.*; BGH, JZ 1985, 198).

Die genannte Abgrenzung ist von großer praktischer Bedeutung, da die bloße Gebrauchsanmaßung (**furtum usus**) bzw. Sachentziehung grundsätzlich straflos ist. Ausnahmen sind nur in § 290 sowie für den unbefugten Gebrauch eines Fahrzeugs in § 248 b (vgl. *§ 4*) vorgesehen.

❏ Kriterien für den sog. **Rückführungswillen** sind zwar primär in bezug auf die Benutzung eines fremden Kraftfahrzeugs entwickelt worden (kritisch *Lackner/Kühl*, § 242 Rn. 24). Sie können aber auch für andere Tatobjekte als Maßstab dienen.

80 Danach spricht gegen einen Enteignungsvorsatz, wenn der Täter im Anschluß an die Fahrt den Berechtigten in eine Lage versetzen will, die diesem die Wiederausübung der ursprünglichen Verfügungsgewalt ohne besondere Mühe erlaubt, z. B. durch Abstellen des Autos nahe dem Entwendungsort oder einem Polizeirevier (BGH, NStZ 1996, 38 m. Bespr. *Heintschel-Heinegg*, JA 1996, 271 [272]). Umgekehrt fehlt ein Rückführungswille, wenn der Wagen nach dem Gebrauch an einer Stelle stehengelassen werden soll, „an der er dem Zugriff Dritter preisgegeben ist" (BGH, NJW 1987, 266), etwa im Wald oder auf freier Strecke (weitere Beispiele bei *Ulsenheimer*, Jura 1979, 169 [172 f.]).

> **Merke:** Bei den genannten Kriterien handelt es sich nur um sog. Beweisanzeichen, die eine umfassende Prüfung des Täterwillens nicht entbehrlich machen (*Tröndle*, § 242 Rn. 24 a). Im Examen kommt ihnen allerdings regelmäßig hohe indizielle Bedeutung zu.

81 ❏ Auch ein vorhandener Rückführungswille hindert die Annahme des Enteignungsvorsatzes nach h. M. nicht, wenn die Sache nach der Vorstellung des Täters nur mit vermindertem Wert (gemeint: Materialwert) zum Berechtigten zurückgelangen soll oder ihm ein derartiger Wertverlust zum Zeitpunkt der Wegnahme zumindest möglich erscheint (*Ulsenheimer*, Jura 1979, 169 [172]).

82 Die Wertminderung darf allerdings nicht völlig unerheblich sein. Eine exakte Grenzziehung ist zwar insoweit nicht möglich. Die Nutzung der Sache durch den Täter muß aber wenigstens eine spürbare dauernde Nachteilswirkung beim Berechtigten nach sich ziehen (*Tröndle*, § 242 Rn. 19).

Beispiel: A will ein entwendetes Auto auf einer mehrwöchigen Reise fahren und mit entsprechend abgefahrenen Reifen, defekten Stoßdämpfern usw. zurückgeben (*Ulsenheimer*, Jura 1979, 169 [173]).

83 Ebenso ist zu entscheiden, wenn der Gebrauch der Sache unangemessen lange erfolgen soll, etwa bei Wegnahme von Campingzubehör für den Zeitraum von Mai bis September (*Wessels*, BT-2, Rn. 148).

84 Ein relevanter Wertverlust ist dagegen zu verneinen, wenn jemand Akten wegnimmt, um sie zu kopieren und im Anschluß unversehrt zurückzugeben (Schönke/Schröder-*Eser*, § 242 Rn. 53). Gleiches gilt für das Entwenden und sachgemäße Kopieren von Computerdisketten (BayObLG, NJW 1992, 1777 [1778]) sowie Musik- und Videokassetten. Ebenso führt das bloße Lesen gebrauchter und – bei pfleglicher Behandlung – auch neuer Bücher in der Regel nicht zu einer spürbaren Minderung ihres Werts (Schönke/Schröder-*Eser*, § 242 Rn. 53; differenzierend *Otto*, BT, S. 156; a. A. OLG Celle, NJW 1967, 1921 [1922]).

85 **Zwischenergebnis:**

Nach obigen Grundsätzen hatte A keinen Enteignungsvorsatz bezüglich der CD, so daß er sie nicht gestohlen hat. Denn die CD hat er plangemäß unbeschädigt und ohne

§ 1. Diebstahl

Wertverlust kurzfristig zurückgegeben. Im Unterschied dazu wollte A dem anderen Standinhaber die Orden auf Dauer entziehen, handelte also insoweit mit Enteignungsvorsatz.

(2) Fraglich ist, ob für die Orden auch die **Aneignungskomponente** zu bejahen ist. Für diesen Teil der Zueignung ist die Anmaßung einer eigentümerähnlichen Herrschaftsmacht („Quasi-Eigentümerstellung") nötig, indem der Täter die Sache dem eigenen Vermögen einverleibt. Auf diese Aneignung muß es dem Täter ankommen, d. h. er muß sie mit dolus directus 1. Grades erstreben (*Wessels*, BT-2, Rn. 150). Motiv und alleiniges Ziel der Tat braucht die Aneignung nicht zu sein. Es genügt, wenn sie ein sog. denknotwendiges Zwischenziel darstellt (SK-*Samson*, § 242 Rn. 79). 86

> **Merke:** Nur für die Aneignung der Sache ist Absicht im technischen Sinn (dolus directus 1. Grades) erforderlich. Für alle anderen Tatbestandsmerkmale ist bereits bedingter Vorsatz ausreichend.

Unerheblich für die Aneignungsabsicht ist es, ob der Täter eine Sache wegnimmt, um sie dauerhaft für sich zu behalten. Denn anders als bei der Enteignung spielt der Zeitfaktor hier keine Rolle. Vielmehr ist es hinreichend, wenn der Täter eine nur vorübergehende, ggf. sehr kurzfristige Nutzung der Sache im Auge hat (*Ulsenheimer*, Jura 1979, 169 [173]). Daraus muß ihm im übrigen kein wirtschaftlicher Vorteil erwachsen, denn Diebstahl ist kein Bereicherungsdelikt. Der Bejahung der Aneignungskomponente steht somit nicht entgegen, daß – im Einzelfall – eine wertlose Sache weggenommen wird (*Lackner/Kühl*, § 242 Rn. 21; LK-*Ruß*, § 242 Rn. 50). 87

❑ Aneignungsabsicht scheidet dagegen aus, sofern der Täter nach außen nicht als Eigentümer auftritt. Dieser Gesichtspunkt erscheint formal (Schönke/Schröder-*Eser*, § 242 Rn. 47), ist aber der Sache nach zutreffend. Denn wer an einer Sache keinen Eigenbesitz begründet, sondern sie als Fremdbesitzer behandelt, sieht sie gerade nicht als „eigene" an (BGHSt – GS – 14, 38 [43] – „*Inkasso-Fall*"; 16, 280 [281]; *Ulsenheimer*, Jura 1979, 169 [170]). Folgerichtig wird in Fällen der eigenmächtigen „*Inpfandnahme*", in denen der Täter eine fremde Sache nur an sich bringt, um dadurch den Berechtigten unter Druck zu setzen und zu einem bestimmten Verhalten zu bewegen oder um eine Sicherheit für eine Forderung zu bekommen, eine beabsichtigte Aneignung verneint (*Otto*, JZ 1985, 21 [23]; weitere Beispiele bei Schönke/Schröder-*Eser*, § 242 Rn. 55). 88

❑ Eine Aneignung wird nach ganz überwiegender Auffassung ebenfalls nicht erstrebt, wenn ein Täter eine Sache ausschließlich wegnimmt, um sie – sei es noch am Tatort, sei es später an einem sichereren Platz (*Krey*, BT-2, Rn. 59) – wegzuwerfen oder zu zerstören. Zwar liegt darin durchaus die Anmaßung einer typischen Eigentümerbefugnis i. S. des § 903 BGB. Ein Aneignungsakt ist aber zu verneinen, weil ein solches Verhalten auf den Vermögensbestand des Täters auch nach seiner Vorstellung ersichtlich ohne jeden Einfluß bleiben soll (BGH, NJW 1977, 1460; ferner LK-*Ruß*, § 242 Rn. 56). 89

90 Regelmäßig kommt bei dieser Konstellation lediglich eine Bestrafung wegen Sachbeschädigung gemäß § 303 (vgl. *§ 10*) in Betracht. Anders ist es ausnahmsweise, wenn der Gegenstand gerade durch seinen bestimmungsgemäßen Verbrauch vernichtet werden soll. Dies ist beispielsweise beim Essen von Lebensmitteln oder beim Heizen mit Kohlen zu bejahen, weil der Täter dadurch den wirtschaftlichen Wert der Sachen erlangen will (Schönke/Schröder-*Eser*, § 242 Rn. 55; *Krey*, BT-2, Rn. 61; *Ulsenheimer*, Jura 1979, 169 [173]).

91 ❏ Differenziert ist ggf. die Entwendung eines Behältnisses, z. B. einer Handtasche, zu beurteilen. Kommt es dem Täter dabei nämlich ausschließlich auf das darin vermutete Geld an und will er die für ihn uninteressante Tasche schnellstmöglich wegwerfen, so besteht nur hinsichtlich des Geldes Aneignungsabsicht. Dies hat zur Konsequenz, daß trotz des gelungenen Wechsels des Gewahrsams an der Handtasche lediglich ein Diebstahlsversuch vorliegt, wenn sich darin kein Geld, sondern nur für den Täter wertlose Gegenstände befinden (BGH, NJW 1990, 2569; *Michel*, JuS 1992, 513 [514]; *Otto*, JZ 1985, 21 [23]; kritisch LK-*Ruß*, § 242 Rn. 59).

92 **Ergebnis:** A hat auch keinen Diebstahl der Orden begangen, weil er diese nur zerstören und wegwerfen wollte, so daß die Aneignungskomponente fehlt. Er hat sich insoweit jedoch der Sachbeschädigung (§ 303) schuldig gemacht.

93 (3) Nach dem bisher Ausgeführten scheidet eine beabsichtigte Zueignung aus, wenn der Täter bei der Wegnahme plant, die Sache dem Berechtigten ohne wesentliche Wertminderung in absehbarer Zeit wieder zukommen zu lassen (vgl. *Rn. 77*). Da insoweit allein auf das Sachmaterial (= Substanz) abgestellt wird, nennt man diesen Ansatz Substanztheorie. Deren Grundsätze sind bei jeder Diebstahlsprüfung als Ausgangspunkt uneingeschränkt anzuwenden. Nur bei bestimmten Fallgestaltungen bedürfen sie nach h. M. einer Ergänzung.

Beispiel: A entwendet das Sparbuch des B, hebt das Guthaben ab und legt das Sparbuch anschließend wie geplant wieder an den ursprünglichen Platz. Entsprechend verfährt er mit einer Theaterkarte des C, die er nach dem Besuch der Aufführung an diesen zurückschickt. – Ein Enteignungsvorsatz ist nach der Substanztheorie zu verneinen, da Sparbuch und Eintrittskarte in Material und Beschaffenheit völlig unangetastet zurückgegeben werden sollten (BGHSt 35, 152 [156 ff.]; LK-*Ruß*, § 242 Rn. 60).

94 Dieses nach der Substanztheorie zwingende Ergebnis befremdet. Denn es liegt auf der Hand, daß es einem Berechtigten nicht primär auf die einwandfreie äußere Beschaffenheit von Sparbuch, Theaterkarte o. ä. ankommt. Stattdessen wird er deren eigentliche Bedeutung in den durch sie ermöglichten Nutzungen sehen, deren Wert gewöhnlich deutlich über den jeweils geringen Materialwert hinausgeht. Die h. M. hält daher die Annahme für geboten, daß ein Täter auch dann mit Zueignungsabsicht handelt, wenn er sich zwar nicht die Sache selbst, aber den in ihr verkörperten Sachwert einverleiben will (*Tröndle*, § 242 Rn. 18: sog. **Sachwerttheorie**).

95 Diese Erweiterung ist grundsätzlich zu befürworten. Sie hilft, abstruse Ergebnisse zu vermeiden (*Krey*, BT-2, Rn. 53), und ist zwanglos mit dem Gesetzeswortlaut zu

vereinbaren. Denn der Wert ist wie die Substanz auch ein wesentlicher Teilaspekt des Tatobjekts Sache (*Wessels*, BT-2, Rn. 134).

> **Beachte:** Sowohl Substanz- als auch Sachwerttheorie sind heute von der herrschenden Vereinigungslehre anerkannt (*Lackner/Kühl*, § 242 Rn. 22). Deshalb nimmt ein Täter auch dann mit Enteignungsvorsatz – und insgesamt mit Zueignungsabsicht – weg, wenn er den Berechtigten nicht von der Herrschaft über die Sache selbst, wohl aber von der Nutzung des in ihr verkörperten Werts ausschließen will.

Innerhalb der Vereinigungslehre sind etliche Facetten umstritten. Die Diskussionen sind allerdings eher akademischer Natur, weil die verschiedenen Meinungen trotz dogmatischer Unterschiede meist nicht zu unterschiedlichen Ergebnissen gelangen (SK-*Samson*, § 242 Rn. 58, 74). Schon im Hinblick darauf ist die Kenntnis aller z. T. nur minimal divergierenden Ansichten im Examen weder möglich noch nötig. Wichtig sind jedoch die folgenden zwei Gesichtspunkte: 96

❏ Niemals darf das Verhältnis von Substanz- und Sachwerttheorie zueinander aus den Augen verloren werden. Letztere ist lediglich als Ergänzung für die Fälle entwickelt worden, die nach den Grundsätzen der Substanztheorie nicht sinnvoll gelöst werden können. Es handelt sich um Konstellationen, in denen dem Berechtigten zwar nicht die Sache selbst oder Teile ihres Materials bzw. ihrer Körperlichkeit auf Dauer entzogen werden sollen, wohl aber vom Täter eine gänzliche oder wenigstens teilweise Aushöhlung des in ihr verkörperten wirtschaftlichen Werts gewollt ist. 97

> **Merke:** Nur wenn die konkrete Prüfung der Enteignung der Sachsubstanz negativ endet, ist hilfsweise auf die Voraussetzungen der subsidiären Sachwerttheorie einzugehen (*Tröndle*, § 242 Rn. 18; *Krey*, BT-2, Rn. 51 a. E.; *Ulsenheimer*, Jura 1979, 169 [176 ff.]).

❏ Die Frage, welche Werte als „in einer Sache verkörpert" anzusehen sind, ist restriktiv zu beantworten. Andernfalls würde entgegen der gesetzgeberischen Konzeption die Grenzlinie zwischen den sachbezogenen Eigentumsdelikten und den strukturell andersartigen Bereicherungsdelikten unscharf (LK-*Ruß*, § 242 Rn. 49; *Krey*, BT-2, Rn. 54; *Wessels*, BT-2, Rn. 135). 98

Zur Abgrenzung hat sich die Formel herausgebildet, daß eine Sache nur solche Werte verkörpert, die für sie spezifisch sowie nach Art und Funktion mit ihr verknüpft sind. Es muß sich um eine unmittelbare Verkörperung handeln (lucrum ex re; Schönke/Schröder-*Eser*, § 242 Rn. 49). Bloße Gebrauchsmöglichkeiten, die erst durch einen – insbesondere geschäftsmäßigen – Einsatz der Sache mittelbar zu einem Gewinn führen können, zählen daher nicht dazu (lucrum ex negotio cum re; LK-*Ruß*, § 242 Rn. 49; *Ulsenheimer*, Jura 1979, 169 [177]). 99

Daraus folgt für die obigen Beipiele (vgl. *Rn. 93*), daß A in bezug auf den jeweiligen Sachwert mit Enteignungsvorsatz gehandelt hat. Dieses Ergebnis entspricht für Sparbücher der ganz h. M., da diese gerade als Beweisurkunden für die darin verbriefte Forderung dienen (BGHSt 35, 152 [157]; *Tröndle*, § 242 Rn. 18, 19; *Wessels*, BT-2, Rn. 159; a. A. *Otto*, BT, S. 156). Nichts anderes kann jedoch für Theaterkarten oder sonstige Urkunden gelten, die als „Verstofflichung" eines Werts, besonders des Anspruchs auf eine bestimmte Leistung bezeichnet werden können (z. B. Gutscheine, Fahr- und Badekarten, Garderoben-, Getränke- und Rabattmarken; LK-*Ruß*, § 242 Rn. 60; Schönke/Schröder-*Eser*, § 242 Rn. 50).

100 Nicht vergleichbar sind dagegen Sachen, aus denen sich lediglich Erwerbsaussichten ergeben, die jedoch keinen bestimmten Wert darstellen. Zu dieser Gruppe gehören nach h. M. sog. codierte Scheckkarten (Codekarten). Sie ermöglichen in Verbindung mit einer dem Kontoinhaber zugeteilten Geheimnummer zwar – einem Schlüssel ähnlich – das Abheben bestimmter Summen an Geldautomaten. Die Codekarten hindern aber zum einen eine Verfügung über das jeweilige Konto ohne ihre Vorlage nicht, zum anderen lassen sich ihnen keine Angaben über den Guthabenstand des Kontos entnehmen. Daher handelt ohne Enteignungsvorsatz, wer eine derartige Karte an sich bringt, mit ihrer Hilfe Geld abhebt und sie danach zurückgibt (BGHSt 35, 152 [157 f.] m. Anm. *Schmitt/Ehrlicher*, JZ 1988, 364; *Lackner/Kühl*, § 242 Rn. 23; vgl. auch § 17).

101 Ebenso ist beim Kopieren von auf einer entwendeten Diskette gespeicherten Daten zu entscheiden, wenn der Datenträger im Anschluß ohne Beeinträchtigung zum Berechtigten zurückgelangen soll (BayObLG, NJW 1992, 1777 [1778]).

Beispiele: Die Belohnung, die der Täter bei Abgabe einer zuvor von ihm selbst entwendeten Sache als vermeintlich ehrlicher Finder erhalten will, ist kein spezifischer Sachwert (*Krey*, BT-2, Rn. 69 f.; *Wessels*, BT-2, Rn. 174 a. E.). Dasselbe gilt, wenn ein Täter einem Kollegen eine Sache wegnimmt, um diese statt einer von ihm verlorenen dem Dienstherrn zur Vermeidung eines Regreßanspruchs zurückzugeben (BGHSt 19, 387 [388]; *Otto*, JZ 1985, 21 [23]).

102 Mit Enteignungsvorsatz handelt im Unterschied dazu ein Täter, der eine Sache mit dem Ziel wegnimmt, sie zu verkaufen. Nach den Grundsätzen der Sachwerttheorie ist dies auch dann anzunehmen, wenn der Verkauf an den eigentlich Berechtigten erfolgen soll, sofern der Täter dabei als vermeintlicher Eigentümer auftritt. Zwar soll so die Sache selbst nicht auf Dauer entzogen werden. Der Veräußerungserlös läßt sich aber zwanglos gerade als der in ihr verkörperte Wert ansehen (BGHSt 4, 236 [238]; BGHSt – GS – 41, 187 [194]; *Krey*, BT-2, Rn. 74; *Wessels*, BT-2, Rn. 157 f.; *Otto*, JZ 1996, 582 [583]; a. A. *Stoffers*, Jura 1995, 113 [117]).

103 Wer zur Auslieferung bestimmte Ware an sich bringt, um sie – anscheinend als Bote des Geschäftsinhabers – dem Kunden „ordnungsgemäß" zu übergeben und sich den Kaufpreis auszahlen zu lassen, hat es dementsprechend zwar auch auf den eigentlichen Wert der Sache abgesehen. Die Bejahung der Zueignungsabsicht scheitert aber daran, daß der Täter sich zu keiner Zeit als Eigentümer geriert (*Krey*, BT-2, Rn. 76; Thoss, JuS 1996, 816 [817]; zweifelnd *Tröndle*, § 242 Rn. 20; a. A. BayObLG, MDR 1964, 776 [777]; LK-*Ruß*, § 242 Rn. 61: es genügt, daß der Täter dem Berechtigten den Sachwert entziehen will).

§ 1. Diebstahl

(4) Anders als bei Erpressung, Hehlerei und Betrug (§§ 253, 259, 263), die der Täter auch verwirklichen kann, wenn er „einen Dritten" bereichern will, ist Dieb nur, wer die weggenommene Sache sich zuzueignen beabsichtigt (LK-*Ruß*, § 242 Rn. 64; Schönke/Schröder-*Eser*, § 242 Rn. 57). Selbst wenn man aus den Gesetzesmaterialien ableitet, daß Fälle der **Drittzueignung** einbezogen werden sollten (*Weiß*, JR 1995, 29 [30 f.]), so ist dies nach dem eindeutigen Wortlaut des § 242 I im Hinblick auf das Bestimmtheitsgebot des Art. 103 II GG ohne Bedeutung (*Brocker*, wistra 1995, 292 [293]). **104**

Das Sechste Gesetz zur Reform des Strafrechts hat § 242 I nunmehr wie folgt gefaßt:

„(1) Wer eine fremde bewegliche Sache einem anderen in der Absicht wegnimmt, die Sache sich oder einem Dritten rechtswidrig zuzueignen, wird mit Freiheitsstrafe bis zu fünf Jahren oder Geldstrafe bestraft."

Die nachfolgend (vgl. *Rn. 105 ff.*) dargestellte Drittzueignungsproblematik ist somit für nach dem Inkrafttreten des Gesetzes begangene Taten nicht mehr bedeutsam.

Für die Absicht des Sichzueignens ist es zweifellos hinreichend, wenn der Täter die Sache selbst behalten oder verbrauchen will. Erforderlich ist dies aber nicht. Es reicht z. B. ebenfalls aus, daß er den Gegenstand allein mit dem Ziel des Verkaufs entwendet (vgl. *Rn. 102*), da sich in der angestrebten Veräußerung gerade die Anmaßung einer eigentümerähnlichen Stellung dokumentiert (*Tröndle*, § 242 Rn. 20). **105**

Schwieriger sind die Fälle zu beurteilen, in denen der Täter die Sache unentgeltlich weitergeben will. Das gilt allerdings nur dann, wenn die Weitergabe unmittelbar nach der Wegnahme erfolgen soll. Denn eine vorherige eigene Nutzung würde ihrerseits bereits ein Sichzueignen darstellen. Ist eine Übergabe ohne Verwendung durch den Täter geplant, so ist zu differenzieren. **106**

❏ Tritt er dabei als Schenkender, Spender oder sonst Quasiberechtigter auf, so ist dies einem Verkauf der Sache vergleichbar. Denn auch dadurch verhält er sich wie ein Eigentümer und eignet sich die Sache somit zu (BGHSt 4, 236 [238]; Schönke/Schröder-*Eser*, § 242 Rn. 56; *Tröndle*, § 242 Rn. 20; *Wessels*, BT-2, Rn. 154). **107**

❏ Aber auch wenn der Täter in keiner Weise als Verfügungsberechtigter über den weggenommenen Gegenstand erscheinen will, soll nach h. M. das Sichzueignen durch eine unentgeltliche Übergabe unter bestimmten Voraussetzungen möglich sein. Ein schlichtes Weitergeben („Verschieben") allein genügt dafür jedoch nicht, da es die Aneignungskomponente nicht erfüllt (LK-*Ruß*, § 242 Rn. 65; *Krey*, BT-2, Rn. 80). Entscheidet man anders, läuft das Erfordernis der Absicht, die Sache sich zuzueignen, nämlich praktisch leer (*Brocker*, wistra 1995, 292 [293]). Daran ändert die These, niemand könne einem anderen eine Sache zueignen, ohne sie sich selbst vorher zugeeignet zu haben, nichts. Denn sie ist unzutreffend, weil es für eine Drittzueignung der Begründung von Eigenbesitz durch den Täter gerade nicht bedarf (BGHSt – GS – 41, 187 [194 f.]; a. A. *Otto*, Jura 1989, 137 [144]; *Wolfslast*, NStZ 1994, 542 [543 f.]; vgl. ferner den Denkanstoß in BGH, JR 1995, 120 [122]). **108**

109 Die h. M. verlangt deshalb als zusätzliche Voraussetzung, daß der Täter infolge der unentgeltlichen Zuwendung eine mit der Nutzung der Sache wenigstens mittelbar zusammenhängende wirtschaftliche Vergünstigung für sich erreichen will (BGHSt – GS – 41, 187 [194]; *Lackner/Kühl*, § 242 Rn. 26). Lediglich ideelle bzw. immaterielle Vorteile reichen nicht aus.

Beispiel: A nimmt B die Uhr weg und gibt sie an den eingeweihten C weiter. Alleiniges Ziel des A ist es, B zu ärgern. – Die Schadenfreude des A ist nur immaterieller Art und ohne wirtschaftliche Bedeutung (*Krey*, BT-2, Rn. 81).

110 Da es sich um einen wirtschaftlichen Nutzen „im weitesten Sinn" handeln kann, genügt unter Umständen schon die Wegnahme einer Sache zugunsten einer Organisation, deren Vertreter oder Angestellter der Täter ist. Das liegt beispielsweise beim Gesellschafter/Geschäftsführer einer Einmann-GmbH (BGHSt – GS – 41, 187 [197]) oder beim Komplementär einer KG nahe (LK-*Ruß*, § 242 Rn. 66). Auch ein Täter, der durch die Zuwendung einer entwendeten Sache an seinen Arbeitgeber den eigenen Arbeitsplatz und damit sein Einkommen sichern will, hat es zwar auf wirtschaftliche Vorteile abgesehen. Diese sind aber in aller Regel nicht mehr hinreichend verknüpft mit der Nutzung der Sache (BGHSt – GS – 41, 187 [197]; a. A. *Schroeder*, JR 1995, 95 [96]).

Merke: Ein Sichzueignen liegt nach h. M. auch bei einer beabsichtigten unentgeltlichen Weitergabe an einen Dritten vor, sofern der Täter dadurch einen eigenen mit der Nutzung der Sache wenigstens mittelbar zusammenhängenden Vorteil anstrebt. Dieser muß wirtschaftlicher Art sein.

111 ❏ Die Anwendung der Grundsätze der Sachwerttheorie durch die h. M. auf Fälle unentgeltlicher Weitergabe an Dritte begegnet allerdings erheblichen Bedenken. Denn dabei wird zum einen verkannt, daß dem Gesichtspunkt des Sachwertes nur in Konstellationen Bedeutung zukommen soll, in denen die Sache selbst zum Berechtigten zurückgelangt (vgl. *Rn. 97*). Die Sachwerttheorie befaßt sich – zudem subsidiär – m. a. W. mit der Enteignungskomponente, die bei einer Weitergabe an Dritte ohnehin nicht problematisch ist (*Küper*, Jura 1996, 205 [206]; *Wolfslast*, NStZ 1994, 542 [544]).

112 Zum anderen weitet die h. M. den Begriff des Sachwerts in unzulässiger Weise aus. Denn die Auffassung, schon „mittelbare Vorteile im weitesten Sinn" könnten für das Sichzueignen hinreichend sein, steht im Widerspruch zu der im Zusammenhang mit der Enteignungskomponente zutreffend aufgestellten Forderung, die Zueignung müsse sich auf die Sache selbst oder zumindest auf ihren spezifischen Wert beziehen (vgl. *Rn. 99*). Sie wird der sachbezogenen Struktur des Diebstahlstatbestands nicht mehr gerecht (ebenso *Brocker*, wistra 1995, 292 [293]; *Hauf*, DRiZ 1995, 144 [145 f.]; *Otto*, JZ 1996, 582 [583]; *Sternberg-Lieben*, Jura 1996, 544 f.).

b) Rechtswidrigkeit der Zueignung

Die beabsichtigte Zueignung muß schließlich rechtswidrig sein. Diese allein auf die Zueignung bezogene Rechtswidrigkeit ist ein Tatbestandsmerkmal und somit streng von der allgemeinen Rechtswidrigkeit zu unterscheiden (*Krey*, BT-2, Rn. 92). Denn letztere wird erst durch die vollständige Verwirklichung des Tatbestands indiziert. 113

> **Merke:** Einhellig wird die Zueignung als rechtswidrig angesehen, wenn sie in Widerspruch zur zivilrechtlichen Eigentumsordnung steht (*Tröndle*, § 242 Rn. 21). Obwohl sich die Rechtswidrigkeit also nach der objektiven Rechtslage bestimmt, ist sie im Rahmen des subjektiven Tatbestands zu prüfen.

(1) An ihr fehlt es, wenn der Täter hinsichtlich der weggenommenen Sache ein gesetzliches **Aneignungsrecht** hat, etwa gemäß den §§ 910, 954 ff. BGB (LK-*Ruß*, § 242 Rn. 71; *Maurach/Schroeder/Maiwald*, BT-1, § 33 Rn. 53). 114

(2) Die Rechtswidrigkeit ist auch zu verneinen, wenn der Berechtigte in die Zueignung einwilligt (Schönke/Schröder-*Eser*, § 242 Rn. 59). Bei dieser Sachlage bedarf es keines strafrechtlichen Schutzes. Die **Einwilligung** muß jedoch bereits zum Zeitpunkt der Wegnahme vorliegen. Eine nachträgliche Zustimmung (Genehmigung) kann die eingetretene Strafbarkeit nicht rückwirkend wieder beseitigen. 115

Liegt ein auf den Wechsel des Gewahrsams an der Sache bezogenes Einverständnis vor (vgl. *Rn.* 56), so folgt daraus nicht zwingend, daß gleichzeitig auch eine Einwilligung in die Zueignung gegeben ist (LK-*Ruß*, § 242 Rn. 70). Denn beide haben unterschiedliche Voraussetzungen. Anders als das Einverständnis erfordert die Einwilligung über den natürlichen Willen hinaus insbesondere Geschäftsfähigkeit (*Tröndle*, § 242 Rn. 21 a. E.). 116

(3) Ebenfalls rechtmäßig ist die angestrebte Zueignung, wenn dem Täter ein fälliger einredefreier **Anspruch auf Übereignung** der entwendeten Sache zusteht (BGHSt 17, 87 [89] – „*Moos-raus-Fall*"; BGH, GA 1968, 121). Hat er dagegen nur einen Anspruch auf Leistung Zug um Zug und kommt er bei der Wegnahme der eigenen Verpflichtung nicht nach, so ist die Zueignung rechtswidrig, weil der Täter auf diese Weise eine Vorleistung erzwingt (Schönke/Schröder-*Eser*, § 242 Rn. 59). 117

❏ Vorsicht ist geboten, wenn sich der Anspruch des Täters auf eine Gattungsschuld bezieht. Zwar kann er dann die ihm zustehende Menge von Sachen der entsprechenden Gattung verlangen. Die Befugnis, aus der Gattung die zur Erfüllung der Schuld bestimmten Sachen auszuwählen, steht aber grundsätzlich dem Schuldner zu (§ 243 I BGB). Der Täter verletzt somit nach h. M. die Eigentumsordnung, wenn er vor Ausübung dieses Auswahlrechts Gattungssachen eigenmächtig an sich bringt (BGHSt 17, 87 [89] – „*Moos-raus-Fall*"; SK-*Samson*, § 242 Rn. 86; *Tröndle*, § 242 Rn. 21; differenzierend LK-*Ruß*, § 242 Rn. 69). 118

❏ Im Unterschied dazu verneint der überwiegende Teil der Literatur zutreffend die Rechtswidrigkeit der Zueignung, wenn der Täter Geld in Höhe einer ihm gegenüber 119 bestehenden Schuld dem zur Zahlung Verpflichteten wegnimmt. Denn bei Geld wirkt es gekünstelt, dem – an sich auch insoweit bestehenden – Auswahlrecht gemäß § 243 BGB Bedeutung beizumessen. Da dieses im täglichen Leben unwesentlich ist, fehlt es jedenfalls in der Regel an einer bedeutsamen Verletzung der Interessen des Schuldners. Für die Rechtswidrigkeit kommt es vielmehr nur auf das Einhalten des dem Täter zustehenden Gesamtbetrags an (Palandt-*Heinrichs*, § 245 Rn. 6; *Krey*, BT-2, Rn. 95; *Wessels*, BT-2, Rn. 189; einschränkend LK-*Ruß*, § 242 Rn. 69; a. A. BGHSt 17, 87 [89] – „*Moos-raus-Fall*"; zur sog. Wertsummentheorie vgl. Rn. 121).

120 **(4)** Wie für sämtliche Tatbestandsmerkmale – mit Ausnahme der Aneignungsabsicht – genügt auch hinsichtlich der Rechtswidrigkeit der Zueignung bedingter Vorsatz (vgl. *Rn. 69*; Schönke/Schröder-*Eser*, § 242 Rn. 65; *Tröndle*, § 242 Rn. 22).

121 Vorsatz ist gemäß § 16 I zu verneinen, wenn der Täter irrtümlich vom Bestehen eines fälligen einredefreien Anspruchs auf Übereignung des entwendeten Gegenstands ausgeht (*Krey*, BT-2, Rn. 96). Irrt er sich dagegen rechtlich, z. B. darüber, daß er auch bei einer vom Schuldner noch nicht konkretisierten Gattungsschuld eigenmächtig vorgehen darf, handelt es sich im Grunde um einen Verbotsirrtum nach § 17 (*Wessels*, BT-2, Rn. 190). Diesen stellt jedoch die Rechtsprechung bei – nach ihrer Ansicht objektiv rechtswidrig eingetriebenen (vgl. *Rn. 118 f.*) – Geldschulden ausgesprochen großzügig de facto einem Tatbestandsirrtum gleich (BGHSt 17, 87 [90 f.]) – „*Moos-raus-Fall*"; LK-*Ruß*, § 242 Rn. 74).

Vertiefungshinweis: Nach einem Ansatz in der Literatur soll eigenmächtiges Geldwechseln bereits aus dem Schutzbereich der Norm ausscheiden, weil bei Münzen und Geldscheinen nicht die Sache selbst, sondern nur der von ihnen verkörperte Wert maßgeblich sei (sog. **Wertsummentheorie**; Schönke/Schröder-*Eser*, § 242 Rn. 6; *Krey*, BT-2, Rn. 48 f.). Fälle dieser Art sind in der Praxis ohne jede Bedeutung (zu Recht ironisierend *Maurach/Schroeder/Maiwald*, BT-1, § 33 Rn. 52). Entsprechende Verfahren würden im übrigen in aller Regel gemäß den §§ 153, 153 a StPO wegen Geringfügigkeit eingestellt werden.

Hauptprobleme der Zueignungsabsicht:

Zueignung bedeutet, eine Sache		
Sich	Unter Enteignung des Berechtigten	Anzueignen
❏ Keine Drittzueignung (*Rn. 104*) ❏ Entgeltliche Weitergabe genügt (*Rn. 105*) ❏ Unentgeltliche Weitergabe reicht bei Anmaßung eigentümerähnlicher Stellung (*Rn. 107*)	❏ Dauerhafter Ausschluß des Berechtigten (*Rn. 75*) ❏ Bei Rückgabe der Sache nur bei Entzug ihres Wertes (*Rn. 81*) ❏ Bedingter Vorsatz reicht aus (*Rn. 76*)	❏ Zumindest vorübergehende Anmaßung eigentümerähnlicher Stellung (*Rn. 87*) ❏ Fehlt bei geplantem Wegwerfen/Zerstören der Sache (*Rn. 89*) ❏ Erforderlich dolus directus 1. Grades (*Rn. 86*)

III. Versuchsstrafbarkeit

Gemäß § 242 II ist auch der bloß versuchte Diebstahl strafbar. Nach den allgemeinen Regeln beginnt der Versuch mit dem unmittelbaren Ansetzen zur Wegnahme (§ 22). Die Grenzziehung zur straflosen Vorbereitungshandlung kann im Einzelfall schwierig sein. Während der Griff in die Manteltasche des Opfers bereits ausreicht, genügt es noch nicht, wenn der Täter an den Vorderrädern eines Autos rüttelt, um festzustellen, ob das Lenkradschloß versperrt ist (a. A. BGHSt 22, 80 [82]; weitere Beispiele bei LK-*Ruß*, § 242 Rn. 78; Schönke/Schröder-*Eser*, § 242 Rn. 68). 122

Jedenfalls liegt speziell ein (untauglicher) Versuch vor, wenn ein tatbestandsausschließendes Einverständnis des ursprünglichen Gewahrsamsinhabers besteht, der Täter davon aber nichts weiß (BGHSt 4, 199 [200]; vgl. *Rn. 64*). Gleiches gilt, wenn der Täter versehentlich eine ihm selbst gehörende Sache „stiehlt" (*Lackner/Kühl*, § 242 Rn. 29). 123

IV. Besonders schwerer Fall des Diebstahls (§ 243)

1. Dogmatische Einordnung

Beim § 243 handelt es sich entgegen dem ersten Anschein nach ganz h. M. nicht um einen eigenständigen – den „einfachen" Diebstahl qualifizierenden – Tatbestand (BGH, NJW 1970, 1196 [1197]; *Lackner/Kühl*, § 243 Rn. 1). Dafür müßte er eine abschließende und zwingende Strafrahmenanordnung enthalten (*Küper*, JZ 1986, 518 [519 f.]). Daran aber fehlt es gerade. Denn der Gesetzgeber hat sich für die sog. Regelbeispielsmethode entschieden, um flexiblere Lösungen zu ermöglichen. 124

a) Indizwirkung der Regelbeispiele

Danach kommt den in § 243 I 2 Nr. 1 bis 7 aufgeführten Begehungsvarianten indizielle Bedeutung für eine Steigerung von Unrecht und Schuld des Täters im Vergleich zum § 242 zu. Aus der Verwirklichung auch nur eines der sieben Beispiele folgt daher regelmäßig die Anwendung des vom § 243 I vorgesehenen verschärften Strafrahmens als Grundlage der konkreten Strafzumessung (sog. **Strafzumessungsregel**). 125

Das ist aber nicht zwingend. Trotz Vorliegens eines Regelbeispiels kann ein besonders schwerer Fall ausnahmsweise auch verneint werden. Umgekehrt kann ggf. ohne Erfüllung der Nummern 1 bis 7 gemäß § 243 I 1 ein unbenannter besonders schwerer Fall angenommen werden. Ob eine derartige Ausnahme gegeben ist, muß jeweils aufgrund einer Gesamtbewertung der wesentlichen tat- und täterbezogenen Umstände unter Berücksichtigung der erfahrungsgemäß gewöhnlich vorkommenden Fälle entschieden werden (BGHSt 23, 254 [257]; BGH, NJW 1993, 2252 [2253]; OLG Köln, NStZ 1991, 585). 126

Beispiel: A nimmt als in der Hauptkasse der Deutschen Bundesbank tätiger Beamter über 2 Millionen DM in der Absicht rechtswidriger Zueignung an sich. – Daß A Sachen von besonders hohem Wert gestohlen hat und diese ihm gerade in seiner Eigenschaft als Amtsträger zugänglich waren, spricht für die Anwendung des § 243 I 1 (BGHSt 29, 319 [322]).

b) Sonstige Auswirkungen der Regelbeispielsmethode

127 Als bloße Strafzumessungsregel gehört § 243 lediglich in die Paragraphenkette eines Urteils, seine gesetzliche Benennung aber nicht in den Tenor (BGHSt 23, 254 [257]; BGH, NJW 1970, 1196 [1197]; *Otto*, BT, S. 167; a. A. *Maurach/Schroeder/Maiwald*, BT-1, § 33 Rn. 69) und dementsprechend auch nicht in den abstrakten Anklagesatz einer Anklageschrift.

> **Beachte:** Für die Prüfung des § 243 hat dessen dogmatische Einordnung erhebliche Auswirkungen.

128 (1) Wegen seiner allgemein anerkannten Ansiedlung auf der **Ebene der Strafzumessung** sind die Voraussetzungen des § 243 unmittelbar im Anschluß an die zu § 242 erfolgte Bejahung von Tatbestand, Rechtswidrigkeit und Schuld zu diskutieren (*Tausch*, JuS 1995, 614 [615 Fn. 18]).

129 (2) Ob dies noch im Rahmen des § 242 – dort vom Aufbau her also hinter der Schuld – oder aber als völlig neuer Gliederungspunkt erfolgt, ist unerheblich. Wichtig ist jedoch, daß bei keiner der beiden Darstellungsvarianten **Rechtswidrigkeit und Schuld** (erneut) geprüft werden dürfen. Dies wäre ein sehr schwerer (durchaus nicht seltener) Fehler, weil § 243 eben kein Tatbestand ist.

130 (3) Wegen der immerhin erheblichen Indizwirkung der Regelbeispiele hat die Subsumtion so sauber zu erfolgen, als wäre § 243 ein „echter" Tatbestand (SK-*Samson*, § 243 Rn. 3).

131 (4) Bei Annahme zumindest einer Nummer des § 243 I 2 muß im Examen zwar ggf. auf die **Ausschlußklausel** des § 243 II (vgl. *Rn. 180 ff.*), gängigerweise aber nicht auf sonstige Ausnahmen eingegangen werden. Wird kein Regelbeispiel bejaht, genügt die knappe Feststellung, daß auch kein unbenannter besonders schwerer Fall vorliegt, sofern es sich nicht um eine Ausnahmekonstellation handelt.

2. Benannte Regelbeispiele im einzelnen

a) § 243 I 2 Nr. 1

132 Nach § 243 I 2 Nr. 1 muß der Täter zur Ausführung der Tat in eine geschützte Räumlichkeit gelangt sein, und zwar durch eine von vier Handlungsvarianten.

133 (1) Oberbegriff der in Betracht kommenden Örtlichkeiten ist der **umschlossene Raum**.

> **Merke:** Darunter wird einhellig jedes Raumgebilde verstanden, das (mindestens auch) dazu bestimmt ist, von Menschen betreten zu werden, und das mit (wenigstens teilweise künstlichen) Vorrichtungen umgeben ist, die das Eindringen von Unbefugten abwehren sollen (BGHSt – GS – 1, 158 [164]).

134 Eine Verbindung mit dem Erdboden ist ebensowenig notwendig wie eine Überdachung. Umschlossen bedeutet auch nicht verschlossen (*Wessels*, BT-2, Rn. 212).

§ 1. Diebstahl

Erforderlich ist jedoch eine Begrenzung – etwa durch Wände, Hecken oder Zäune (SK-*Samson*, § 243 Rn. 7) –, die zwar nicht unüberwindlich zu sein braucht, aber ein Hindernis darstellen muß, das das Eindringen Unbefugter nicht unerheblich erschwert (BGH, NStZ 1983, 168; LK-*Ruß*, § 243 Rn. 7).

Beispiele: Umschlossene Räume sind danach umzäunte Grundstücke und – außerhalb der Öffnungszeiten – Friedhöfe (BGH, NJW 1954, 1897 [1898]), eingehegte Obstgärten, Wohnwagen und Schiffe (BGHSt – GS – 1, 158 [166, 168]), Bauwagen (BGHSt 2, 214 [215]), Eisenbahnwagen (Schönke/Schröder-*Eser*, § 243 Rn. 9) und Autos, allerdings nur deren Innen-, nicht der Kofferraum (BGHSt 13, 81).
Dagegen werden öffentlich zugängliche Parkanlagen, Telefonzellen und Toiletten nicht erfaßt (SK-*Samson*, § 243 Rn. 7; *Wessels*, BT-2, Rn. 212).

Die übrigen Raumgebilde sind vom Gesetzgeber vorgegebene Konkretisierungen des Oberbegriffs. Ein Gebäude ist ein durch Wände und Dach begrenztes, mit dem Erdboden – wenn auch nur durch eigene Schwere – fest verbundenes Bauwerk, das den Eintritt von Menschen gestattet und Unbefugte abhalten soll (BGHSt – GS – 1, 158 [163]). Daß ein Wohnhaus zum Abriß bestimmt ist, spielt keine Rolle (KG, JR 1966, 308). 135

Beispiele: Darüber hinaus sind etwa Ausstellungshallen, Hütten, Scheunen, Baracken, Bahnhofshallen und Zirkuszelte Gebäude i. S. der Nummer 1 (SK-*Samson*, § 243 Rn. 8).

Während Wohnungen zum ständigen Aufenthalt von Menschen bestimmte Teile von Gebäuden sind, dienen Geschäfts- und Diensträume der beruflichen Tätigkeit von Menschen (*Otto*, BT, S. 162). Zu letzteren zählen auch von den Verkaufsräumen abgetrennte begehbare Schaufenster (LK-*Ruß*, § 243 Rn. 7). 136

Das Sechste Gesetz zur Reform des Strafrechts hat in § 243 I 2 Nr. 1 die Wörter „eine Wohnung" gestrichen und den „Wohnungseinbruchdiebstahl" nunmehr als gesonderten Qualifikationstatbestand in § 244 I geregelt. Diese Verschärfung beruht auf der Erwägung, daß es sich um eine Straftat handelt, „die tief in die Intimsphäre des Opfers eindringt und zu ernsten psychischen Störungen – z. B. langwierigen Angstzuständen – führen kann" (BT-Drucks. 13/8587, S. 43).

(2) Als erste Handlungsvariante nennt § 243 I 2 Nr. 1 das **Einbrechen**. 137

Merke: Darunter ist das gewaltsame Öffnen einer den Zutritt verwehrenden Umschließung von außen zu verstehen. Einer dadurch verursachten Substanzverletzung bedarf es nicht, wohl aber einer nicht völlig unerheblichen Kraftanstrengung (*Krey*, BT-2, Rn. 103).

Dafür reicht das bloße Aufdrücken des unverriegelten Lüftungsfensters eines Autos in der Regel nicht aus (*Lackner/Kühl*, § 243 Rn. 10; Schönke/Schröder-*Eser*, § 243 Rn. 11; differenzierend *Wessels*, BT-2, Rn. 215; a. A. BGH, NJW 1956, 389). Zur Vollendung dieser Variante ist das Betreten des aufgebrochenen Raums nicht erforderlich, sofern allein durch das gewaltsame Öffnen der Zugriff auf darin befindliche Gegenstände ermöglicht wird (BGH, NStZ 1985, 217 [218]), etwa durch „Herausangeln". 138

Beispiele: Danach bricht ein, wer ein Vorhängeschloß an einer Tür aufbricht (BGH, NStZ 1985, 217 [218]), ein Gitter aus dem Mauerwerk reißt oder mit einem Glasschneider eine Scheibe ausschneidet (OLG Düsseldorf, JZ 1984, 684), nicht dagegen, wer lediglich Türen oder Fenster aushängt (Schönke/Schröder-*Eser*, § 243 Rn. 11).

> **Merke:** Im Unterschied dazu ist es für das **Einsteigen** nötig, daß der Täter tatsächlich in den umschlossenen Raum hineingelangt, und zwar durch eine zum ordnungsgemäßen Eintritt nicht vorgesehene Öffnung.

139 Dies muß unter Überwindung von Hindernissen bzw. Schwierigkeiten erfolgen, die sich aus der Eigenart des Gebäudes oder der Umfriedung des Raums ergeben (BGHSt 10, 132 [133]; BGH, StV 1984, 204). Ausreichend ist bereits das Begründen eines Stützpunkts innerhalb des Raums (*Krey*, BT-2, Rn. 105).

Beispiele: Wer durch eine Lücke in der Hecke oder über einen besonders niedrigen Zaun problemlos in einen Garten gelangt, steigt nicht ein (BGH, MDR/H 1982, 810; BGH, NJW 1993, 2252 [2253]; *Tausch*, JuS 1995, 614 [616]). Diese Handlungsvariante verwirklicht dagegen, wer durch Kamin, Lüftungsschacht oder Fenster in einen Raum klettert (*Otto*, BT, S. 162).

140 Gelangt ein Täter auf sonstige Weise in einen umschlossenen Raum, so handelt es sich nur dann um ein **Eindringen**, wenn er dazu einen falschen Schlüssel oder ein anderes nicht zur ordnungsgemäßen Öffnung bestimmtes Werkzeug benutzt hat (BGH, NJW 1993, 2252 [2253]).

141 Ein Schlüssel ist i. S. der Vorschrift falsch, wenn er vom Berechtigten nicht, nicht mehr oder noch nicht zur Öffnung des Schlosses bestimmt ist (*Lackner/Kühl*, § 243 Rn. 12; *Tröndle*, § 243 Rn. 10). Entscheidend ist somit der diesbezügliche Wille des über den betreffenden Raum Verfügungsberechtigten (BGH, MDR 1960, 689). Danach sind von früheren Mietern oder Hausangestellten nicht zurückgegebene Schlüssel in der Regel als falsch anzusehen (Schönke/Schröder-*Eser*, § 243 Rn. 14; SK-*Samson*, § 243 Rn. 15). Gleiches gilt für unberechtigt nachgemachte Schlüssel (*Wessels*, BT-2, Rn. 218).

Beispiel: A sieht, wie dem sein Grundstück soeben verlassenden B von diesem unbemerkt der Schlüssel aus der Tasche fällt. A nimmt diesen an sich, öffnet damit ohne Zögern das Haus des B und entwendet wertvollen Schmuck.
A hat keinen falschen Schlüssel verwendet. Denn ein abhanden gekommener, ja selbst ein gestohlener Schlüssel wird erst durch Entwidmung seitens des Berechtigten falsch. Eine solche kann erst vorliegen, wenn der Berechtigte den Verlust bemerkt hat (BGHSt 21, 189 [190]; BGH, StV 1993, 422). Daran fehlt es offenbar noch.

142 Sonstige nicht zur ordnungsgemäßen Öffnung bestimmte Werkzeuge sind etwa sog. Dietriche, Haken und Drähte, sofern damit wie mit einem Schlüssel auf den Schließmechanismus eingewirkt wird (BGH, NJW 1956, 271; *Tröndle*, § 243 Rn. 11). Erfaßt werden ebenso die seit einigen Jahren in Hotels als Ersatz für Schlüssel verwendeten Magnetkarten (a. A. Schönke/Schröder-*Eser*, § 243 Rn. 14: „echte" Schlüssel; s. ferner BayObLG, NJW 1987, 663 [664]). Wird dagegen ein Schloß mit

einem Hilfsmittel – Stemmeisen, Schraubenschlüssel – gewaltsam geöffnet, so liegt ein Einbruch vor (SK-*Samson*, § 243 Rn. 16).

143 Die vierte Handlungsvariante erfüllt, wer sich in einem umschlossenen Raum zur Ausführung der Tat verborgen hält. Ob sich der Täter darin ursprünglich berechtigt aufhielt, ist unerheblich. Daher genügt es z. B., wenn sich ein Kunde oder ein Angestellter eines Kaufhauses dort nach Ladenschluß einschließen läßt (*Tröndle*, § 243 Rn. 12; *Otto*, BT, S. 163).

b) § 243 I 2 Nr. 2

144 § 243 I 2 Nr. 2 verlangt das Stehlen einer durch ein verschlossenes Behältnis oder eine andere Schutzvorrichtung gegen Wegnahme besonders gesicherten Sache.

> **(1) Merke:** Ein Behältnis ist ein zur Aufnahme von Sachen dienendes und sie umschließendes Raumgebilde, das – im Unterschied zu den Räumlichkeiten i. S. der Nummer 1 – nicht dazu bestimmt ist, von Menschen betreten zu werden (BGHSt – GS – 1, 158 [163]).

Beispiele: Bei Schränken, Schreibtischen, Tresoren, Kassetten, Koffern, Truhen u. ä. handelt es sich um derartige Behältnisse, auch beim Motor- und Kofferraum eines Autos, nicht aber bei Briefumschlägen und – zugeknöpften – Hosentaschen (; SK-*Samson*, § 243 Rn. 19; *Tröndle*, § 243 Rn. 22).

145 Das Behältnis muß zum Tatzeitpunkt verschlossen sein. Ob dies mittels einer technischen Vorrichtung (elektronisches oder mechanisches Schloß) oder auf andere Weise erreicht wird, ist unerheblich (Schönke/Schröder-*Eser*, § 243 Rn. 22). Allerdings muß daraus eine tatsächliche Erschwernis für den Täter erwachsen. Daran fehlt es, wenn ein Behältnis zwar abgeschlossen ist, aber mit einem steckenden Schlüssel mühelos geöffnet werden kann (*Maurach/Schroeder/Maiwald*, BT-1, § 33 Rn. 89; *Otto*, BT, S. 164) oder der Täter einen Schlüssel verwendet, den er befugtermaßen in Besitz hat (OLG Hamm, NJW 1982, 777).

146 Dementsprechend ist auch eine geschlossene, jedoch mit einer Drehkurbel leicht, insbesondere ohne Klingelzeichen zu öffnende Registrierkasse nicht verschlossen (BGH, NJW 1974, 567). Anders verhält es sich bei einer mit einer derartigen Klingel ausgestatteten Kasse selbst dann, wenn das Signal mit einem versteckt angebrachten Notöffnungshebel (OLG Frankfurt a. M., NJW 1988, 3028 [3029]; *Tröndle*, § 243 Rn. 22 a. E.; a. A. *Lackner/Kühl*, § 243 Rn. 15) oder einer nicht offensichtlich erkennbaren Schnellöffnungstaste umgangen werden kann (AG Freiburg, NJW 1994, 400; Schönke/Schröder-*Eser*, § 243 Rn. 24 a. E.; a. A. *Murmann*, NJW 1995, 935, sofern der Täter die Taste kennt).

147 Im übrigen ist es nicht erforderlich, daß der Täter das Behältnis schon am Tatort öffnet; dies kann auch im Anschluß an die Wegnahme an einem anderen (sichereren) Ort erfolgen (BGHSt 24, 248; differenzierend Schönke/Schröder-*Eser*, § 243 Rn. 25; a. A. SK-*Samson*, § 243 Rn. 22).

Vertiefungshinweis: Auch Geldspielautomaten sind Behältnisse i. S. der Nummer 2. Jedoch ist bei zur Gelderlangung führenden Manipulationen danach zu unterscheiden, ob durch diese gerade die Sicherungsmechanismen des Automaten umgangen werden (vgl. OLG Stuttgart, NJW 1982, 1659; BayObLG, JR 1982, 291 m. Anm. *Meurer*; *Wessels*, BT-2, Rn. 230).

148 (2) Als Oberbegriff des Behältnisses dient die (andere) **Schutzvorrichtung**. Darunter ist jede von Menschenhand geschaffene Einrichtung zu verstehen, die geeignet und dazu bestimmt ist, die Wegnahme einer Sache wenigstens erheblich zu erschweren, ohne sie wie ein Behältnis zu umhüllen (BayObLG, JR 1982, 291 [292]; SK-*Samson*, § 243 Rn. 21).

Beispiele: Schutzvorrichtungen i. d. S. sind Fahrradschlösser und -ketten, auch Zündschlösser (*Otto*, BT, S. 163), nicht dagegen der ein Grundstück insgesamt sichernde Zaun (BayObLG, NJW 1973, 1205).

149 Dabei bedarf der Aspekt, daß es sich nicht nur wie bei § 243 I 2 Nr. 1 um eine allgemeine, sondern um eine besondere Sicherung der Sache gegen Wegnahme handeln muß (BGH, NJW 1974, 567), zweifacher Präzisierung.

150 ❑ Einerseits muß diese Sicherung ein Hauptzweck der Vorrichtung und nicht nur gewissermaßen Nebenprodukt sein. Deshalb ist das Festbinden eines Gegenstands am Gepäckträger eines Fahrrads in der Regel nicht ausreichend, weil damit nur das Herunterfallen vermieden werden soll (*Wessels*, BT-2, Rn. 227). Entsprechend soll die Verriegelung der Tür eines Hasenstalls primär das Entweichen der Tiere verhindern (*Britz/Brück*, JuS 1996, 229 [231]).

151 ❑ Andererseits hat die Sicherung unmittelbar gegen die Wegnahme selbst wirksam zu sein. Das ist bei einem an Ware befestigten **Sicherungsetikett** gerade nicht der Fall, da es nur das Bemerken einer bereits erfolgten Entwendung erleichtert (OLG Stuttgart, NStZ 1985, 76; OLG Frankfurt a. M., MDR 1993, 671 [672]; ferner LG Stuttgart, NJW 1985, 2489; *Lackner/Kühl*, § 243 Rn. 16; *Tröndle*, § 243 Rn. 23).

152 Auch ein an der Abfüllanlage eines Tankwagens montiertes Zählwerk verhindert nicht die Entnahme selbst, sondern zieht wegen der bestehenden Kontrollmöglichkeit allenfalls mittelbar einen Schutzeffekt nach sich (OLG Zweibrücken, NStZ 1986, 411; LK-*Ruß*, § 243 Rn. 19).

c) § 243 I 2 Nr. 3

153 Gewerbsmäßig nach § 243 I 2 Nr. 3 handelt, wer in der Absicht wegnimmt, sich eine fortlaufende Einnahmequelle von einigem Umfang und einiger Dauer zu erschließen (OLG Köln, NStZ 1991, 585; *Tröndle*, § 243 Rn. 26). Dies kann ggf. schon beim ersten Diebstahl bejaht werden, wird jedoch bei dieser Konstellation in der Praxis kaum einmal nachweisbar sein.

d) § 243 I 2 Nr. 4

154 § 243 I 2 Nr. 4 erfaßt den Diebstahl aus zur Religionsausübung bestimmten Räumen (z. B. Kirchen, Moscheen und Synagogen). Dem Gottesdienst gewidmet sind generell alle Sachen, die unmittelbar dazu dienen, daß an oder mit ihnen gottesdienstliche Handlungen vorgenommen werden, so daß etwa Gesangbücher und allgemeine Ein-

richtungsgegenstände nicht geschützt werden. Gegenstand dieses Regelbeispiels sind aber beispielsweise Kruzifixe, Monstranzen, Altäre und Kelche (BGHSt 21, 64; *Maurach/Schroeder/Maiwald*, BT-1, § 33 Rn. 94).

e) § 243 I 2 Nr. 5

Gemäß § 243 I 2 Nr. 5 liegt ein besonders schwerer Fall vor, wenn Sachen von Bedeutung für Wissenschaft, Kunst, Geschichte oder technische Entwicklung aus allgemein zugänglichen Sammlungen oder Ausstellungen entwendet werden. Darunter fällt bei – ggf. an das Zahlen von Eintritt oder sonstige Bedingungen geknüpfter, aber grundsätzlich genereller – Öffnung für Publikum auch eine private Sammlung (*Otto*, BT, S. 164). Wegen des eng begrenzten Benutzerkreises scheiden zwar Gerichtsbüchereien aus, nicht aber Staats- und Universitätsbibliotheken (BGHSt 10, 285; *Tröndle*, § 243 Rn. 32). 155

f) § 243 I 2 Nr. 6

§ 243 I 2 Nr. 6 verlangt, daß der Täter stiehlt, indem er die Hilflosigkeit eines anderen, einen Unglücksfall oder eine gemeine Gefahr ausnutzt. 156

(1) **Hilflosigkeit** liegt vor, wenn jemand sich aus eigener Kraft nicht gegen die seiner Sachherrschaft konkret drohenden Gefahren schützen kann (*Lackner/Kühl*, § 243 Rn. 21). Es ist grundsätzlich unerheblich, worauf die Hilflosigkeit beruht; sie kann nach h. L. auch selbstverschuldet sein (*Otto*, BT, S. 165; a. A. *Maurach/Schroeder/Maiwald*, BT-1, § 33 Rn. 99). 157

Beispiele: Hilflosigkeit kann daher nicht nur auf schwerer Krankheit, Lähmung und Bewußtlosigkeit, sondern auch auf Trunkenheit beruhen (*Tröndle*, § 243 Rn. 34). Gleiches gilt für Blindheit (BayObLG, JZ 1973, 384), für Schlaf dagegen nur dann, wenn dieser mit einer krankhaften Störung zusammenhängt (BGH, NJW 1990, 2569).

Der Täter muß gerade die Hilflosigkeit zum Diebstahl ausnutzen. Es genügt deshalb nicht, wenn er Sachen aus einer verschlossenen Wohnung wegnimmt, während der Inhaber z. B. infolge eines Selbsttötungsversuchs im Krankenhaus liegt (BGH, NStZ 1985, 215; Schönke/Schröder-*Eser*, § 243 Rn. 40). 158

(2) **Unglücksfall** ist ein plötzliches Ereignis, das eine erhebliche Gefährdung für Leib und Leben mit sich bringt oder zu bringen droht (*Otto*, BT, S. 165; abweichend LK-*Ruß*, § 243 Rn. 33). Dabei kann es sich beispielsweise um einen Brand, ein Bergwerksunglück oder einen Unfall im Betrieb, Haushalt oder Straßenverkehr handeln (BGHSt 11, 135 [136]; *Tröndle*, § 243 Rn. 35). 159

(3) Ausgenutzt werden kann auch das Bestehen einer **gemeinen**, d. h. konkreten **Gefahr** für eine unbestimmte Zahl von Menschen oder Sachen von insgesamt erheblichem Wert. Diese kann etwa verursacht sein durch Überschwemmung, Waldbrand, radioaktive Verseuchung oder Wolken giftiger Gase (*Tröndle*, § 243 Rn. 36). Erforderlich ist weder hier noch beim Unglücksfall, daß der Bestohlene selbst dadurch betroffen bzw. gefährdet ist (*Wessels*, BT-2, Rn. 234). 160

g) § 243 I 2 Nr. 7

161 In § 243 I 2 Nr. 7 wird schließlich der Schußwaffen- und Sprengstoffdiebstahl geregelt. Danach werden neben Maschinengewehren und -pistolen sowie voll- oder halbautomatischen Gewehren auch Handfeuerwaffen erfaßt, sofern ihr Erwerb gemäß § 28 WaffG der Erlaubnis bedarf. Beispiele für Kriegswaffen i. S. der Vorschrift sind Panzerfäuste, Handgranaten und Minen (Schönke/Schröder-*Eser*, § 243 Rn. 41 a). Nach § 1 SprengG ist Sprengstoff eine explosionsgefährliche Substanz, die Druckenergien von ungewöhnlicher Beschleunigung nach außen freizusetzen geeignet ist, etwa Dynamit und Nitroglyzerin (*Lackner/Kühl*, § 243 Rn. 23).

3. Subjektive Komponente

162 Zwar ist § 243 kein eigenständiger Tatbestand (vgl. *Rn. 124*). Liegt er vor, führt er aber in der Regel zur Anwendung eines höheren Strafrahmens. Dies ist nach den Grundsätzen des Schuldstrafrechts nur berechtigt, wenn dem Täter die den besonders schweren Fall begründenden Umstände auch subjektiv zugerechnet werden können.

> **Merke:** Dafür muß er insoweit nach ganz h. M. mit zumindest bedingtem Vorsatz gehandelt haben (*Tröndle*, § 243 Rn. 42). Nur die Nummer 3 erfordert für die Gewerbsmäßigkeit Absicht (vgl. *Rn. 153*). Bei fehlendem Vorsatz bezüglich der Regelbeispiele ist § 16 I analog anzuwenden, so daß eine Bestrafung nur nach § 242 in Betracht kommt (*Krey*, BT-2, Rn. 123).

4. „Versuch" des § 243 I?

163 Einen Versuch des § 243 I im technischen Sinn gibt es nach einhelliger Ansicht nicht. Denn versucht werden kann gemäß § 22 nur ein Tatbestand, nicht eine bloße Strafzumessungsnorm (*Otto*, BT, S. 166). Gleichwohl ist im Streit, ob § 243 I auch dann anwendbar ist, wenn der Täter ein Regelbeispiel erfüllen wollte, dies aber nicht gelungen ist, ob m. a. W. das bloße unmittelbare Ansetzen zu einem Regelfall dessen vollständiger Verwirklichung gleichsteht.

Beispielsfall 2: Zug um die Häuser – „dumm gelaufen"

164 Gegen Mitternacht bricht A das Verandatürschloß der Villa des B auf und gelangt so in das Haus. Dieses ist infolge des einige Tage zuvor erfolgten Auszugs des B völlig leer, so daß A seinen Plan, Geld und Schmuck wegzunehmen, nicht umsetzen kann. Deshalb versucht es A bei der Villa der gerade verreisten C noch einmal. Als er sein Brecheisen am Türschloß ansetzt, merkt er überrascht, daß dies nicht abgeschlossen ist, so daß er ohne „Arbeitseinsatz" das Haus betreten kann. Als er gerade Schmuck gefunden hat und eine mitgeführte Tasche öffnet, um diesen einzupacken, wird er von der Polizei festgenommen. Strafbarkeit des A?

Lösung:

In beiden Fällen hat A keinen vollendeten Diebstahl begangen. Denn auch in der Villa der C hat er eigenen Gewahrsam am Schmuck noch nicht begründet (vgl. *Rn. 43*). A wollte aber jeweils fremde bewegliche Sachen in der Absicht rechtswidriger Zueignung an sich bringen, so daß sein Tatentschluß hinsichtlich zweier Diebstähle zu bejahen ist. Zu deren Verwirklichung hat er gemäß § 22 bereits unmittelbar angesetzt und damit zwei nach § 242 II strafbare Diebstahlsversuche begangen.

165

> Beachte: Das erforderliche unmittelbare Ansetzen zur Wegnahme folgt dogmatisch nicht zwingend, aber tatsächlich zumeist aus der vorgelagerten Verwirklichung eines Regelbeispiels des § 243 I 2 oder deren Beginn. Das ist anzunehmen, wenn die Ausführung des Regelfalls nach der Vorstellung des Täters – wie hier – unmittelbar anschließend in die eigentliche Wegnahmehandlung einmünden soll (Schönke/Schröder-*Eser*, § 243 Rn. 45; LK-*Ruß*, § 243 Rn. 37; a. A. OLG Hamm, MDR 1976, 155).

Fraglich ist, ob es sich bei den versuchten Diebstählen um besonders schwere Fälle handelt, weil A zu ihrer Begehung gemäß § 243 I 2 Nr. 1 eingebrochen ist (Villa des B) bzw. dies vorhatte (Villa der C). Für die erste Konstellation, in der das Regelbeispiel vollständig erfüllt ist, wird dies in Rechtsprechung und Literatur übereinstimmend bejaht (BGH, NStZ 1985, 217 [218]; Schönke/Schröder-*Eser*, § 243 Rn. 44; *Tröndle*, § 46 Rn. 48 e; *Maurach/Schroeder/Maiwald*, BT-1, § 33 Rn. 105). Dagegen ist umstritten, ob dasselbe auch gilt, wenn es zur Verwirklichung des Regelfalls nicht gekommen ist, sondern (auch) dieser nur „versucht" wurde.

166

a) Anwendbarkeit eines nur „versuchten" Regelbeispiels

Nach Auffassung vor allem des BGH setzt die Anwendung des Regelbeispiels dessen Vollendung nicht voraus (BGHSt – 3. Senat – 33, 370; ebenso *Maurach/Schroeder/Maiwald*, BT-1, § 33 Rn. 107; *Schäfer*, JR 1986, 522 [523]). Danach hat sich A durch sein Vorgehen an der Villa der C ebenfalls des versuchten Diebstahls im besonders schweren Fall schuldig gemacht (§§ 242 II, 243 I 2 Nr. 1, 22).

167

Argumente:

❑ Die Regelbeispiele unterscheiden sich in ihrer Bedeutung nicht tiefgreifend von einem selbständigen Qualifikationstatbestand, d. h. sie sind tatbestandsähnlich. Daher liegt es nahe, sie im Ergebnis wie Tatbestandsmerkmale zu behandeln, deren Erfüllung versucht werden kann (BGHSt 33, 370 [374]).

168

❑ Die Ausgestaltung einer Vorschrift ist mehr eine Frage der formalen Gesetzestechnik. Es ist daher ohne Bedeutung, daß der Gesetzgeber den § 243, der ursprünglich ein selbständiger Tatbestand war, dessen Versuch strafbar war, zu einer Strafzumessungsregel umgeformt hat (BGHSt 33, 370 [373 f.]).

169

❑ Dies steht nicht in Widerspruch zu Grundsätzen des Strafzumessungsrechts, sondern entspricht dem Ziel des Gesetzgebers, durch die Gestaltung des § 243 nach

170

der flexibleren Regelbeispielsmethode das Finden schuldangemessener Strafen zu erleichtern (BGHSt 33, 370 [374 f.]).

171 ❑ Durch diese Interpretation werden zudem eher willkürlich anmutende Ergebnisse im Rahmen des § 243 I 2 vermieden, die sich andernfalls aus der unterschiedlichen Fassung der Regelbeispiele ergeben. Denn während es z. B. für die Anwendbarkeit der Nummern 2, 4, 5 und 7 auch bei einem Diebstahlsversuch genügt, daß der Täter seinen Tatentschluß auf die dort genannten Tatobjekte gerichtet hat, wäre dafür bei der Nummer 1 jedenfalls für die Varianten Einbrechen, Einsteigen und Eindringen ein quasi zusätzlicher Erfolg in Form von deren Vollendung notwendig (BGHSt 33, 370 [375 f.]).

b) **Keine Anwendbarkeit eines nur „versuchten" Regelbeispiels**

172 Dieser Meinung widersprechen die h. L. und Teile der Rechtsprechung. Sie halten für die Anwendung des § 243 I 2 die tatsächliche Verwirklichung eines Regelbeispiels für notwendig. Somit hat A an der Villa der C nur einen versuchten „einfachen" Diebstahl begangen (§§ 242 II, 22).

Argumente:

173 ❑ § 243 ist lediglich eine Strafzumessungsnorm. Die Regelbeispiele haben nicht die Qualität von Tatbestandsmerkmalen. Deren Begehung kann demzufolge nicht versucht werden (OLG Stuttgart, NStZ 1981, 222; LK-*Ruß*, § 243 Rn. 36; *Tröndle*, § 46 Rn. 48). Die §§ 22 und 23 aber entsprechend anzuwenden, verstößt gegen das Analogieverbot des Art. 103 II GG (*Krey*, BT-2, Rn. 125 f.; *Küper*, JZ 1986, 518 [524 f.]; *Laubenthal*, JZ 1987, 1065 [1070]).

174 ❑ Die behauptete Tatbestandsähnlichkeit des § 243 I 2 besteht in Wahrheit nicht. Denn dogmatisch ist kaum ein größerer Unterschied als zwischen einem Tatbestand und einer Strafzumessungsvorschrift denkbar (*Tröndle*, § 46 Rn. 48 f.; *Otto*, JZ 1985, 21 [24]).

175 ❑ Die Ansicht des BGH, die Ungereimtheiten innerhalb des § 243 I vermeiden will, führt ihrerseits zu Wertungsbrüchen. Denn danach wäre ein vollendeter „einfacher" Diebstahl nach § 242 I mit niedrigerer Strafe bedroht als ein nur versuchter Diebstahl, zu dessen Ausführung der Täter die Begehung eines Regelbeispiels ebenfalls nur versucht hat, und zwar selbst dann, wenn die Nutzung der durch § 23 II eröffneten Milderungsmöglichkeit auch in bezug auf § 243 I für zulässig gehalten wird (vgl. *Rn. 173, 179*; ähnlich wertende Argumentation bei BayObLG, NJW 1980, 2207; vgl. auch *Tausch*, JuS 1995, 614 [616]).

c) **Stellungnahme**

176 Maßgebend für die Strafzumessung ist die Schuld des Täters. Insoweit erscheint es als durchaus plausibel, diese im Vergleich zu einem „einfachen" Diebstahl auch dann als erhöht anzusehen, wenn der Täter, um eine Sache zu stehlen, ein Regelbeispiel verwirklichen wollte (*Schäfer*, JR 1986, 522 [523]).

177 Diesem gesteigerten Unrechts- und Schuldgehalt kann aber nicht durch die Anwen-

dung des § 243, sondern nur innerhalb des von § 242 zur Verfügung gestellten Strafrahmens durch eine nach den Grundsätzen des § 46 konkret höher bemessene Strafe Rechnung getragen werden. Denn entgegen der Ansicht des BGH vermögen Wertungs- und Plausibilitätsgesichtspunkte nichts an der dogmatischen Vorgabe zu ändern, daß § 243 I als Strafzumessungsnorm nach den §§ 22, 23 I nicht versucht werden kann und eine entsprechende Anwendung dieser Vorschriften vor dem Hintergrund des Analogieverbots unzulässig ist.

Ergebnis: A ist wegen versuchten Diebstahls im besonders schweren Fall in Tatmehrheit mit versuchtem Diebstahl zu bestrafen (§§ 242 II, 243 I 2 Nr. 1, 22, 53). **178**

Dieselbe Problematik stellt sich im übrigen, wenn der Täter trotz lediglich „versuchten" Regelbeispiels den Diebstahl vollenden kann. Insoweit sollte, wer der Auffassung des BGH für die Konstellation eines nur versuchten Diebstahls folgt, im Ergebnis konsequent einen Diebstahl im besonders schweren Fall bejahen. Denn die Argumente (vgl. *Rn. 173 ff.*) werden durch die Vollendung des § 242 nicht berührt und gelten bei dieser Fallgestaltung daher in gleicher Weise (*Zopfs*, GA 1995, 320 [324]; a. A. *Maurach/Schroeder/Maiwald*, BT-1, § 33 Rn. 107; vom BGH ausdrücklich nicht entschieden, BGHSt 33, 370 [376 f.]). **179**

Mögliche Fälle der Nichtvollendung bei den §§ 242, 243:

Konstellation	Lösung
Diebstahlsversuch mit verwirklichtem Regelbeispiel	BGH und h. L.: Versuchter Diebstahl in einem besonders schweren Fall (§§ 242 II, 243 I 2, 22)
Diebstahlsversuch mit „versuchtem" Regelbeispiel	BGH: Versuchter Diebstahl in einem besonders schweren Fall (§§ 242 II, 243 I 2, 22) H. L.: Versuchter Diebstahl (§ 242 II)
Vollendeter Diebstahl mit „versuchtem" Regelbeispiel	BGH (nicht entschieden, aber konsequent): Diebstahl in einem besonders schweren Fall (§§ 242 I, 243 I 2) H. L.: Diebstahl (§ 242 I)

Vertiefungshinweise: Dem Lösungsweg des BGH folgend, erscheint es als konsequent, die Milderungsmöglichkeit des § 23 II auf den „versuchten" § 243 – bei vollendetem Diebstahl entsprechend – anzuwenden (BayObLG, NJW 1980, 2207; SK-*Samson*, § 243 Rn. 38).
Nach der Ansicht, die unvollendete Regelbeispiele für nicht anwendbar hält, kann jedoch aufgrund einer Gesamtbewertung der Tat ggf. ein unbenannter schwerer Fall nach § 243 I 1 bejaht werden (BayObLG, NJW 1980, 2207; Schönke/Schröder-*Eser*, § 243 Rn. 44; *Tröndle*, § 46 Rn. 48; so auch der 5. Senat des BGH in einem unveröffentlichten Beschluß vom 17. Juni 1997 – 5 StR 232/97 – zu dem mit § 243 I gesetzestechnisch vergleichbaren § 176 III).

5. Ausschlußklausel des § 243 II

Gemäß § 243 II ist ein besonders schwerer Fall ausgeschlossen, wenn sich die Tat auf eine geringwertige Sache bezieht. Über den mißverständlichen Wortlaut hinaus erfaßt die Norm nicht nur die ersten sechs Regelbeispiele, sondern auch unbenannte schwere Fälle (*Lackner/Kühl*, § 243 Rn. 4; *Küper*, NJW 1994, 349), also allein § 243 I 2 **180**

Nr. 7 nicht. Sie ist bei Vorliegen ihrer Voraussetzungen zwingend anwendbar und führt zur Bejahung lediglich eines „einfachen" Diebstahls geringwertiger Sachen (*Tröndle*, § 243 Rn. 41; *Wessels*, BT-2, Rn. 240).

Das Sechste Gesetz zur Reform des Strafrechts hat jedoch eine „redaktionelle Korrektur" (BT-Drucks. 13/8587, S. 43) dahingehend durchgeführt, daß (nur) in den Fällen des Absatzes 1 Satz 2 Nummern 1 bis 6 bei Geringwertigkeit der Sache ein besonders schwerer Fall ausgeschlossen ist.

> **Beachte:** Ungeachtet des wissenschaftlichen Streits über seine dogmatische Einordnung (dazu Schönke/Schröder-*Eser*, § 243 Rn. 49; SK-*Samson*, § 243 Rn. 49; *Buttel/Rotsch*, JuS 1996, 713 [714 Fn. 4]) ist § 243 II – dem Aufbau der Norm folgend – nach § 243 I zu erörtern. Denn die Prüfung des § 243 II kann erst im Anschluß an eine Würdigung des gesamten Diebstahlsgeschehens umfassend erfolgen.

a) Objektive Geringwertigkeit

181 (1) Die Geringwertigkeit einer Sache richtet sich nach ihrem **Verkehrswert**. Bei mehreren Sachen kommt es auf ihren Gesamtwert an (*Wessels*, BT-2, Rn. 243 a. E.). Die Grenze ist z. Zt. noch bei 50,– DM zu ziehen (*Tröndle*, § 248 a Rn. 5; *Buttel/Rotsch*, JuS 1996, 713 [714]). Liegt der Wert einer Sache darunter, ist es unerheblich, ob der Täter sie nach dem Diebstahl so verändert, daß er aus ihrer Verwertung größeren Gewinn ziehen kann (BGH, GA 1981, 263; *Otto*, JZ 1985, 21 [24]; a. A. BayObLG, NJW 1979, 2218). Auch sonstige durch die Tat verursachte Schäden sind irrelevant (LK-*Ruß*, § 243 Rn. 40 a; SK-*Samson*, § 243 Rn. 46).

182 (2) An der Einstufung einer Sache als i. S. des § 243 II geringwertig ändert sich nichts dadurch, daß sie für das Opfer persönlich einen besonderen Wert (**Affektionsinteresse**) hat. Denn dieser ist zumeist objektiv nicht zu bestimmen und zudem für den Täter zumeist nicht erkennbar (*Krey*, BT-2, Rn. 127; a. A. *Maurach/Schroeder/Maiwald*, BT-1, § 33 Rn. 101).

183 § 243 II findet im übrigen keine Anwendung auf Sachen ohne meßbaren Verkehrswert, beispielsweise Strafakten (BGH, NJW 1977, 1460 [1461]; *Tröndle*, § 243 Rn. 41).

b) Vorsatz

184 Auf den objektiv geringen Verkehrswert der Sache muß sich die Tat auch beziehen, d. h. nach h. M. muß sich der Vorsatz des Täters auf die Erlangung eines geringwertigen Gegenstandes richten (*Krey*, BT-2, Rn. 115; *Otto*, BT, S. 168).

185 Deshalb ist § 243 II einerseits dann unanwendbar, wenn die gestohlene Sache – unabhängig von der Vorstellung des Täters – objektiv nicht geringwertig ist. Er greift andererseits jedoch auch bei bestehender Geringwertigkeit nicht ein, wenn der Täter die Sache entweder für höherwertig hält oder zwar ihren tatsächlichen Wert erkennt, aber ursprünglich einen wertvolleren Gegenstand entwenden wollte (BGH, NStZ 1987, 71;

OLG Karlsruhe, MDR 1976, 335; *Lackner/Kühl*, § 243 Rn. 4; *Wessels*, BT-2, Rn. 241).

C. Täterschaft und Teilnahme, Konkurrenzen sowie Verfolgbarkeit

Für Täterschaft und Teilnahme gelten die allgemeinen Grundsätze (§§ 25 ff.). Somit kann bei Mittäterschaft die Tat auch arbeitsteilig ausgeführt werden (LK-*Ruß*, § 242 Rn. 79). **186**

> **Merke:** Mittäter kann allerdings nur sein, wer selbst mit der Absicht handelt, die weggenommene Sache (auch) sich zuzueignen (BGH, NJW 1985, 812 [813]; OLG Hamm, NJW 1973, 1809 [1811]; *Maurach/Schroeder/Maiwald*, BT-1, § 33 Rn. 61).

Die Bejahung des § 243 I für den Täter führt nicht zwangsläufig auch beim Teilnehmer zur Annahme eines besonders schweren Falls. Da die Vorschrift nur Regeln für die Bemessung der Strafe aufstellt, müssen ihre Voraussetzungen für jeden Beteiligten grundsätzlich gesondert geprüft werden (BGH, StV 1994, 240; *Tröndle*, § 243 Rn. 44). Im Examen wird jedoch eine differenzierende Bewertung regelmäßig weder möglich noch angezeigt sein. **187**

Vertiefungshinweis: Nimmt der Täter im Auftrag eines anderen ausschließlich für diesen und damit ohne eigene Zueignungsabsicht weg, so betrachtet ihn die h. M. als sog. **absichtslos doloses Werkzeug**. Danach macht er sich selbst der Beihilfe schuldig, während der Auftraggeber wegen Diebstahls in mittelbarer Täterschaft bestraft wird (Schönke/Schröder-*Eser*, § 242 Rn. 72; a. A. *Krey*, BT-2, Rn. 89; *Sternberg-Lieben*, Jura 1996, 544 [546]: keine Tatherrschaft des Hintermanns).

Diebstahl kann z. B. in Tateinheit stehen mit Verwahrungs- und Verstrickungsbruch (§§ 133, 136 I; BGH, NJW 1992, 250 [252]), Sachbeschädigung (§ 303; BayObLG, NJW 1991, 3292 [3293]) sowie mit vorsätzlicher Körperverletzung (§ 223) dann, wenn der Wegnahmevorsatz erst nach der Gewaltausübung gefaßt wird (BGH, NStZ 1983, 365 [366]; vgl. *§ 5 Rn. 13*). **188**

Eine Abhebung von einem gestohlenen Sparbuch ist in der Regel als mitbestrafte Nachtat anzusehen, weil es dadurch zu keiner Erweiterung oder Vertiefung des bereits verursachten Schadens kommt (BGH, StV 1992, 272; vgl. *Rn. 93 f.*). Anders ist es jedoch, wenn eine im Anschluß an den Diebstahl erfolgte Sperrung des Kontos durch Täuschung beseitigt wird (BGH, NStZ 1993, 591). **189**

Hat der Täter Straftatbestände verwirklicht, in denen Diebstahl als Bestandteil enthalten ist (§§ 244, 244 a, 249 ff.), so gehen diese als spezieller vor (Schönke/Schröder-*Eser*, § 242 Rn. 76). Hausfriedensbruch und Sachbeschädigung (§§ 123, 303) werden als typische Begleittaten von § 243 I Nr. 1 bzw. 2 (i. V. m. § 242) im Rahmen der Gesetzeseinheit konsumiert, weil die Regelbeispiele Tatbestandsmerkmalen ähneln (KG, JR 1979, 249 [250]; *Lackner/Kühl*, § 243 Rn. 24; *Krey*, BT-2, Rn. 106). **190**

191 Handelt es sich um einen Haus- und Familiendiebstahl oder einen Diebstahl geringwertiger Sachen, so wird dieser gemäß den §§ 247, 248 a nur auf Antrag verfolgt. § 248 a läßt es aber bei fehlendem Strafantrag für die Zulässigkeit der Strafverfolgung genügen, daß die Staatsanwaltschaft das besondere öffentliche Interesse daran bejaht (vgl. *§ 21 Rn. 15*).

Kontrollfragen und Aufbau

I. Kontrollfragen

1. Wann ist eine Sache i. S. des § 242 fremd?
   (*Rn. 12*)

2. Nach welchen Grundsätzen wird der Gewahrsamsbegriff bestimmt?
   (*Rn. 17*)

3. Wieweit reicht die generelle Gewahrsamssphäre eines Menschen in der Regel?
   (*Rn. 21*)

4. Was versteht man unter „Hilfsgewahrsam"?
   (*Rn. 31*)

5. Kann ein Inhaber von Mitgewahrsam an einer Sache diese wegnehmen, und wenn ja, bei welcher Konstellation?
   (*Rn. 32*)

6. Wie werden die konkurrierenden Gewahrsame abgegrenzt, wenn sich der Täter noch im Herrschaftsbereich des Opfers befindet?
   (*Rn. 46 ff.*)

7. Wie wirkt es sich aus, wenn der ursprüngliche Inhaber der Sachherrschaft den Gewahrsamswechsel bei der Tat oder danach billigt?
   (*Rn. 56*)

8. Aus welchen objektiven und subjektiven Bestandteilen setzt sich die Zueignungsabsicht zusammen?
   (*Rn. 72, 75 f., 86*)

9. Wie lauten die Grundsätze der Sachwerttheorie?
   (*Rn. 94 f.*)

10. Reicht die unentgeltliche Weitergabe einer Sache für die Absicht des Sichzueignens aus?
    (*Rn. 106*)

11. Gibt es einen Versuch des § 243 I?
    (*Rn. 163 ff.*)

12. Welche Voraussetzungen hat die Anwendung des § 243 II?
(*Rn. 181 ff.*)

II. Aufbauschema

1. Tatbestand
   a) Objektiver Tatbestand
      (1) Fremde bewegliche Sache
      (2) Wegnehmen
   b) Subjektiver Tatbestand
      (1) Vorsatz
      (2) Absicht rechtswidriger Zueignung
2. Rechtswidrigkeit
3. Schuld
4. Besonders schwerer Fall
   a) Regelbeispiele des § 243 I 2 Nr. 1 bis 7
   b) Ggf. unbenannter besonders schwerer Fall (§ 243 I 1)
   c) Vorsatz
   d) Ggf. § 243 II
5. Besondere Strafverfolgungsvoraussetzungen (§§ 247, 248 a; vgl. *§ 21 Rn. 1 ff.*)

§ 2. Diebstahl mit Waffen und (schwerer) Bandendiebstahl (§§ 244, 244 a)

Leitentscheidungen: BGHSt 31, 105 – *„Fluchtfall"*; BGHSt 33, 50 – *„Viehdiebstahlsfall"*

Aufsätze: *Geppert*, Zur „Scheinwaffe" und anderen Streitfragen zum „Bei-Sich-Führen" einer Waffe im Rahmen der §§ 244 und 250 StGB, Jura 1992, 496; *Otto*, Die neuere Rechtsprechung zu den Vermögensdelikten – Teil 1, JZ 1985, 21; *Zopfs*, Der schwere Bandendiebstahl nach § 244 a StGB, GA 1995, 320

Übungsfalliteratur: *Hillenkamp*, Schwerer Raub durch Fesselung und Knebelung? – BGH, NJW 1989, 2549, JuS 1990, 454

A. Grundlagen

1   Diebstahl mit Waffen (§ 244 I Nr. 1 und 2) und Bandendiebstahl (§ 244 I Nr. 3) sind Qualifikationstatbestände des § 242. § 244 a wiederum qualifiziert den „einfachen" Bandendiebstahl zum Verbrechen (§ 12 I), so daß ein die eigentliche Tat vorbereitendes Verhalten gemäß § 30 erfaßt wird.

B. Tatbestände

I. Diebstahl mit Waffen und Bandendiebstahl (§ 244)

1. Objektiver Tatbestand

2   a) Ein Diebstahl mit Waffen (§ 244 I Nr. 1 und 2) setzt voraus, daß der Täter oder ein anderer Beteiligter bei Begehung des Diebstahls eine Schuß- oder sonstige Waffe bei sich führt.

3   (1) Schußwaffen i. S. des § 244 I Nr. 1 sind Geräte, bei denen ein fester Körper mittels Explosions- oder Luftdruck durch einen Lauf getrieben bzw. abgefeuert werden kann. Darunter fallen unstreitig Waffen mit festen, mechanisch wirkenden Geschossen (z. B. Revolver, Gewehre). Erfaßt werden nach zutreffender Ansicht aber auch **Gaspistolen**, sofern die gasförmige Substanz sich zunächst in einer Patrone befindet und aufgrund der Zündung durch den Lauf mit der Bewegungsrichtung nach vorne verschossen wird (BGHSt 24, 136 [138 f.]; BGH, NStZ 1989, 476; a. A. *Lackner/Kühl*, § 244 Rn. 3). Daß die Patronenhülse selbst dabei den Lauf nicht verläßt, ist ohne Bedeutung, weil allein durch das Gas erhebliche Körperverletzungen verursacht werden können (LK-*Ruß*, § 244 Rn. 3; *Tröndle*, § 244 Rn. 3).

4   (2) Der Anwendungsbereich sonstiger Waffen (§ 244 I Nr. 2) ist umstritten. Da die unterschiedlichen Meinungen insoweit vor allem beim schweren Raub (§ 250) pra-

§ 2. Diebstahl mit Waffen und Bandendiebstahl

xis- und examensrelevant sind, werden sie im dortigen Zusammenhang dargestellt (vgl. *§ 6 Rn. 3 ff.*).

(3) Eine Waffe i. S. der Nummern 1 und 2 führt der Täter bei sich, wenn er sie in irgendeinem Stadium des Tatgeschehens zur Verfügung hat. Dafür ist in räumlicher Hinsicht nicht erforderlich, daß er sie am Körper trägt oder gar in der Hand hält. Sie muß nur dergestalt griffbereit sein, daß er sich ihrer ohne nennenswerten Zeitaufwand und ohne besondere Schwierigkeiten bedienen kann (BGHSt 31, 105 – *„Fluchtfall"*; *Tröndle*, § 244 Rn. 4). Eine ungeladene Waffe muß der Täter in kurzer Zeit mit Munition bestücken können (BGH, NStZ 1985, 547). 5

Beispiel: A läßt seine Pistole im 200 m vom Tatort entfernt abgestellten Auto zurück. – Die Distanz ist so erheblich, daß sie die für das Beisichführen erforderliche räumliche Zuordnung zu A nicht mehr erlaubt (BGHSt 31, 105 [108] – *„Fluchtfall"*).

Für die zeitliche Komponente ist eine permanente Zugriffsmöglichkeit während der Tatbegehung nicht notwendig. Insbesondere braucht der Täter die Waffe nicht schon zum Tatort mitgebracht zu haben (BGH, NStZ 1985, 547). Es reicht aus, daß er sie dort erst vorfindet (vgl. *Hillenkamp*, JuS 1990, 454 [456]). 6

Beispiel: Der bis zu diesem Zeitpunkt unbewaffnete A findet im Keller des Hauses, in das er eingestiegen ist, eine leere Bierflasche, die er für den Fall einer Begegnung mit Bewohnern „sicherheitshalber" einsteckt (BGHSt 13, 259 f.).

Einigkeit besteht darüber, daß eine Bewaffnung nur während der Tatvorbereitung – etwa bei der Fahrt zum Tatort – für § 244 nicht hinreichend ist, sondern diese irgendwann nach dem Versuchsbeginn bestehen muß (BGHSt 31, 105 [106 f.] – *„Fluchtfall"*; *Tröndle*, § 244 Rn. 5; *Hillenkamp*, JuS 1990, 454 [456]). 7

Umstritten ist dagegen, ob einem Waffenbesitz nur bis zur Vollendung der Tat oder darüber hinaus bis zu ihrer Beendigung qualifizierende Wirkung zukommt. Die wohl h. M. nimmt an, daß ein Beisichführen i. S. des § 244 noch bis zur endgültigen Sicherung der Beute möglich ist, verlangt allerdings einschränkend, daß noch ein unmittelbarer Zusammenhang mit der Wegnahme besteht. Sie beruft sich für diese Ansicht auf die aus der schwierigen Abgrenzung von Vollendung und Beendigung resultierenden Unsicherheiten sowie auf die gerade in diesem Stadium – auf der Flucht – von einem bewaffneten Täter erfahrungsgemäß ausgehende Gefahr (BGH, StV 1988, 429; *Geppert*, Jura 1992, 496 [497]). 8

Diese Auffassung vermag aus dogmatischen Gründen selbst dann nicht zu überzeugen, wenn die These einer spezifischen Gefährlichkeit eines Täters nach der Tatvollendung empirisch abgesichert wäre. Sie begegnet bereits im Hinblick auf das Bestimmtheitsgebot des Art. 103 II GG Bedenken, weil sie nicht an den von den §§ 242, 244 vorgegebenen Vollendungszeitpunkt, dem Abschluß der Wegnahme, sondern an den diffusen Begriff materieller Beendigung anknüpft. Vor allem aber spricht gegen die h. M. der § 252 (vgl. *§ 7 Rn. 4 f.*). In dieser Vorschrift hat der Gesetzgeber abschließend die Voraussetzungen geregelt, unter denen Täterverhalten noch nach einem vollendeten Diebstahl zu dessen Qualifizierung führen kann (*Lackner/Kühl*, 9

§ 244 Rn. 2; *Geppert*, Jura 1992, 496 [497]; *Otto*, JZ 1985, 21 [25]; *Scholderer*, StV 1988, 429).

> **Beachte:** Diese Problematik stellt sich bei einem fehlgeschlagenen Diebstahl nicht. Denn mit dem Scheitern der Tat ist diese bereits beendet und eine Qualifizierung gemäß § 244 nach keiner Meinung mehr möglich (BGHSt 31, 105 [107] – „*Fluchtfall*").

10 ❏ Nur wer der h. M. folgt, hat im übrigen zu entscheiden, ob ein – zuvor unbewaffneter – Täter § 244 erfüllt, der eine Waffe i. S. der Norm stiehlt. Dies ist zu verneinen. Denn die andernfalls z. T. erfolgende begriffliche Gleichstellung eines Diebstahls von Waffen und eines Diebstahls mit Waffen befremdet. Entscheidend aber ist, daß es der Einfügung des § 243 I 2 Nr. 7 im Jahr 1989 nicht bedurft hätte, wenn der Diebstahl (vor allem) der darin genannten Waffen bereits von § 244 erfaßt würde (*Maurach/Schroeder/Maiwald*, BT-1, § 33 Rn. 114; anders auch hier die überwiegende Ansicht: BGHSt 29, 184 [185]; *Tröndle*, § 244 Rn. 5; *Geppert*, Jura 1992, 496 [498]).

11 ❏ Einen Diebstahl mit Waffen begeht dagegen, wer zum Tatzeitpunkt eine Schußwaffe trägt, weil er aus beruflichen Gründen dazu verpflichtet ist.

Beispiel: Ein mit einer Schußwaffe ausgestatteter Polizist nutzt von ihm wegen angezeigter Ladendiebstähle durchzuführende Ermittlungen, um seinerseits verschiedene Waren zu entwenden (BGHSt 30, 44).

12 Das Gesetz hat selbst insoweit keine Ausnahme vorgesehen. Es besteht auch kein Anlaß, derartige Fälle – im Wege teleologischer Reduktion – aus dem Anwendungsbereich der Vorschrift auszuscheiden. Denn Grund der durch § 244 I Nr. 1 erfolgten Qualifizierung ist die von einer gebrauchsbereiten Schußwaffe ausgehende Gefährlichkeit. Diese ist aber bei berufsbedingten Waffenträgern in der konkreten Tatsituation nicht geringer, sondern kann sogar wegen der bei Aufdeckung der Tat zumeist drohenden dienst- bzw. beamtenrechtlichen Konsequenzen höher sein (BGHSt 30, 44 [45 f.]; *Otto*, BT, S. 170; *Wessels*, BT-2, Rn. 256 f.; a. A. *Tröndle*, § 244 Rn. 4; *Scholderer*, StV 1988, 429 [432]).

13 (4) Gemäß § 244 I Nr. 1 und 2 genügt es, wenn statt des Täters mit dessen Wissen ein anderer Beteiligter (Mittäter, Teilnehmer) eine Waffe bei sich führt. Dieser muß allerdings im Hinblick auf die qualifizierende Gefährlichkeit der Bewaffnung am Tatort oder in dessen unmittelbarer Nähe anwesend sein (BGHSt 3, 229 [233 f.]; BGHSt 27, 56 [57]); *Geppert*, Jura 1992, 496 [498]).

14 b) § 244 I Nr. 3 verlangt, daß der Täter als Mitglied einer Bande unter Mitwirkung eines anderen Bandenmitglieds stiehlt.

15 (1) Eine Bande i. S. der Vorschrift ist die auf ausdrücklicher oder stillschweigender Vereinbarung beruhende Verbindung von Personen zur fortgesetzten Begehung von Diebstählen oder Raubtaten. Es genügt nach h. M. bereits, wenn sich zwei Gleichge-

§ 2. Diebstahl mit Waffen und Bandendiebstahl

sinnte zusammentun. Diese Ansicht ist mit dem Wortlaut vereinbar und entspricht der Vorstellung des Gesetzgebers, wie im Rahmen der Novellierung des § 373 II Nr. 3 AO – bandenmäßiger Schmuggel – deutlich geworden ist (BGHSt 38, 26 [27 f.]; *Maurach/Schroeder/Maiwald*, BT-1, § 33 Rn. 123; a. A. *Tröndle*, § 244 Rn. 9: mindestens drei Personen).

> **Merke:** Haben sich mehr als zwei Täter zusammengeschlossen, kann der Streit nach kurzer Erwähnung unentschieden bleiben.

Das beabsichtigte Zusammenwirken der Beteiligten muß auf geraume Zeit angelegt sein (*Lackner/Kühl*, § 244 Rn. 6; *Otto*, JZ 1985, 21 [25]). Nicht erforderlich ist dagegen, daß eine feste Organisation vereinbart worden ist, in der den einzelnen Mitgliedern ganz bestimmte Rollen zugewiesen worden sind (BGHSt 38, 26 [31]). Das Merkmal der fortgesetzten Begehung hat mit der – ohnehin aufgegebenen (BGHSt 40, 138) – Rechtsfigur des Fortsetzungszusammenhangs nichts zu tun, sondern verlangt gerade umgekehrt die Begehung mehrerer selbständiger Taten (BGH, NStZ 1986, 408; SK-*Samson*, § 244 Rn. 20).

(2) Ein Bandenmitglied kann nur dann nach § 244 bestraft werden, wenn es unter Mitwirkung eines anderen Mitglieds der Bande stiehlt. Eine gemeinsam mit einem nicht zur Bande gehörenden Mittäter verübte Wegnahme ist folglich kein Bandendiebstahl. Es fehlt an der besonderen Gefährlichkeit, die aus der gesteigerten Effizienz des Zusammenwirkens von Mitgliedern einer Bande erwächst (*Zopfs*, GA 1995, 320 [327]). Es müssen sich m. a. W. zumindest zwei Bandenmitglieder am Tatort oder in dessen Nähe befinden (BGH, StV 1995, 586).

> **Beachte:** Stets erfaßt § 244 I Nr. 3 nur die tatsächlich am Ort des Diebstahls Anwesenden. Denn an der unmittelbaren Steigerung von Effizienz und Gefährlichkeit wirkt ein Bandenmitglied, das nicht selbst am Tatort mit den anderen arbeitsteilig vorgeht, gerade nicht mit.

Es kann deshalb nach h. M. nicht als Täter eines Bandendiebstahls belangt werden, sondern allenfalls nach allgemeinen Grundsätzen Mittäter eines Diebstahls – ggf. im besonders schweren Fall – sein (BGHSt 33, 50 [52 f.] – „*Viehdiebstahlsfall*"; BGH, StV 1996, 545; *Tröndle*, § 244 Rn. 13; a. A. Schönke/Schröder-*Eser*, § 244 Rn. 27; *Maurach/Schroeder/Maiwald*, BT-1, § 33 Rn. 125).

2. Subjektiver Tatbestand

Subjektiv ist bedingter Vorsatz hinreichend. Bei § 244 I Nr. 2 muß der Täter die Waffe o. ä. zudem bei sich führen, um den Widerstand eines anderen durch Gewalt oder Drohung mit Gewalt zu verhindern oder zu überwinden. Es bedarf diesbezüglich daher der Absicht (LK-*Ruß*, § 244 Rn. 14). Diese kann jedoch dergestalt bedingt sein, daß die mitgeführte Waffe nur „im Bedarfs- bzw. Notfall" eingesetzt werden soll (BGH, NStZ-RR 1996, 3; *Lackner/Kühl*, § 244 Rn. 5).

Das Sechste Gesetz zur Reform des Strafrechts hat § 244 wie folgt gefaßt:

„(1) Mit Freiheitsstrafe von sechs Monaten bis zu zehn Jahren wird bestraft, wer

1. einen Diebstahl begeht, bei dem er oder ein anderer Beteiligter

    a) eine Waffe oder ein anderes gefährliches Werkzeug bei sich führt,

    b) sonst ein Werkzeug oder Mittel bei sich führt, um den Widerstand einer anderen Person durch Gewalt oder Drohung mit Gewalt zu verhindern oder zu überwinden,

2. als Mitglied einer Bande, die sich zur fortgesetzten Begehung von Raub oder Diebstahl verbunden hat, unter Mitwirkung eines anderen Bandenmitglieds stiehlt oder

3. einen Diebstahl begeht, bei dem er zur Ausführung der Tat in eine Wohnung einbricht, einsteigt, mit einem falschen Schlüssel oder einem anderen nicht zur ordnungsmäßigen Öffnung bestimmten Werkzeug eindringt oder sich in der Wohnung verborgen hält.

(2) Der Versuch ist strafbar.

(3) In den Fällen des Absatzes 1 Nr. 2 sind die §§ 43 a, 73 d anzuwenden."

Die bisherigen Nummern 1 und 2 des § 244 I sind danach nicht nur in einer neuen Nummer 1 zusammengefaßt, sondern auch sachlich verändert worden. Hinsichtlich der Voraussetzungen des als § 244 I Nr. 3 normierten Wohnungseinbruchdiebstahls gelten die im Rahmen des § 243 I 2 Nr. 1 gemachten Ausführungen (vgl. § 1 Rn. 136 ff.) hier uneingeschränkt weiter.

II. Schwerer Bandendiebstahl (§ 244 a)

1. Objektiver Tatbestand

20 a) Der „einfache" Bandendiebstahl wird dadurch qualifiziert, daß neben seinen Voraussetzungen zusätzlich entweder die eines Diebstahls mit Waffen (§ 244 I Nr. 1 oder 2) oder die eines Diebstahls in einem – benannten – besonders schweren Fall (§ 243 I 2) erfüllt sein müssen. Die Bezugnahme auf § 243 I 2 betrifft nicht dessen Teil „in der Regel", weil die in den Nummern 1 bis 7 enthaltenen Fälle im Rahmen des § 244 a nach dem Willen des Gesetzgebers „echte" Tatbestandsmerkmale sind (*Lackner/Kühl*, § 244 a Rn. 2; *Zopfs*, GA 1995, 320 [325]).

> **Beachte:** § 244 a umfaßt den § 244 I Nr. 3. Daher kann auch insoweit nur ein am Tatort mitwirkendes Bandenmitglied Täter sein (BGH, NStZ 1996, 493). Da § 244 a sich zusätzlich bausteinartig aus § 243 I 2 Nr. 1 bis 7 bzw. § 244 I Nr. 1 oder 2 zusammensetzt, empfiehlt sich seine Prüfung erst im Anschluß an die der beiden anderen Vorschriften.

21 b) § 244 a sieht die „Nichtgeltung" des Absatzes 1 für den Fall vor, daß sich die Tat auf eine geringwertige Sache bezieht. Diese sachlich nicht bedenkenfreie (*Krey*, BT-2,

Rn. 138 b) Klausel schließt als negatives Merkmal den Tatbestand des § 244 a – nicht aber den des § 244 – aus (*Lackner/Kühl*, § 244 a Rn. 3; Schönke/Schröder-*Eser*, § 244 a Rn. 6; *Otto*, BT, S. 173). Die inhaltlichen Anforderungen sind wie bei § 243 II (vgl. *§ 1 Rn. 181 ff.*) zu bestimmen (*Zopfs*, GA 1995, 320 [333]).

Das Sechste Gesetz zur Reform des Strafrechts hat als Folgeänderung in § 244 a I die Angabe „Nr. 1 oder 2" durch die Angabe „Nr. 1 oder 3" ersetzt und den ohnehin zweifelhaften Absatz 4 ersatzlos aufgehoben (vgl. *Rn. 26*).

2. Subjektiver Tatbestand

Hinsichtlich des objektiven Tatbestands einschließlich des Absatzes 4 ist wenigstens bedingter Vorsatz notwendig (Schönke/Schröder-*Eser*, § 244 a Rn. 7). **22**

C. Täterschaft und Teilnahme, Versuch, Konkurrenzen sowie Verfolgbarkeit

Für die Abgrenzung von Täterschaft und Teilnahme gelten grundsätzlich die allgemeinen Regeln (§§ 25 ff.). Lediglich bei § 244 I Nr. 3 – und damit ggf. auch bei § 244 a – besteht folgende Besonderheit. **23**

> **Beachte:** Wer nicht Mitglied der Bande ist, kann selbst nicht Täter sein (vgl. *Rn. 14, 17*). Da die Mitgliedschaft nach h. M. ein besonderes persönliches Merkmal ist, gilt § 28 II, so daß auch Teilnehmer der §§ 244 I Nr. 3, 244 a nur Bandenmitglieder sein können (BGH, StV 1995, 408 [409]; BGH, NStZ 1996, 128 [129]; *Tröndle*, § 244 Rn. 13 a. E.; a. A. Schönke/Schröder-*Eser*, § 244 Rn. 28, 32).

Der Versuch beider Vorschriften ist strafbar. Dies folgt für Diebstahl mit Waffen und Bandendiebstahl aus § 244 II, für den schweren Bandendiebstahl schon aus dessen Verbrechensqualität (§§ 12 I, 23 I). Der Versuch beginnt auch hier mit dem unmittelbaren Ansetzen zur Wegnahme und wird durch das vorherige Beisichführen einer Waffe bzw. den Bandenzusammenschluß nicht vorverlegt (BGHSt 31, 105 [107] – „*Fluchtfall*"; *Tröndle*, § 244 Rn. 5). **24**

§ 242 – ggf. i. V. m. § 243 – wird vom spezielleren § 244 verdrängt. Dessen Nummern 1 und 2 schließen einander aus (*Tröndle*, § 244 Rn. 16). Trifft eine von ihnen mit § 244 I Nr. 3 zusammen, liegt nur ein Waffen- und Bandendiebstahl vor (*Maurach/Schroeder/Maiwald*, BT-1, § 33 Rn. 127). Dieser wiederum tritt hinter § 244 a zurück (LK-*Ruß*, § 244 Rn. 18). Tateinheit ist dagegen möglich zwischen den nur versuchten §§ 244, 244 a bzw. Teilnahme daran einerseits und vollendetem § 242 andererseits (BGHSt 33, 50 [53 f.] – „*Viehdiebstahlsfall*"; *Lackner/Kühl*, § 244 Rn. 11). **25**

Sind die Voraussetzungen des § 247 erfüllt, so können Diebstahl mit Waffen, Bandendiebstahl und sogar schwerer Bandendiebstahl nur auf Antrag verfolgt werden **26**

(LK-*Ruß*, § 244 Rn. 18 und § 244 a Rn. 6). Bezieht sich die Tat auf eine geringwertige Sache, so ist § 244 a bereits tatbestandlich ausgeschlossen (vgl. *Rn. 21*). Dagegen gilt für § 244 nicht einmal das Antragserfordernis des § 248 a.

Kontrollfragen und Aufbau

I. Kontrollfragen

1. Genügt für § 244 I Nr. 1 und 2 ein Beisichführen der Waffe allein nach Vollendung des Diebstahls?
   (*Rn. 8 f.*)
2. Wann liegt eine Bande i. S. des § 244 I Nr. 3 vor?
   (*Rn. 15 f.*)
3. Kann ein nicht am Tatort anwesendes Bandenmitglied Täter der §§ 244 I Nr. 3, 244 a sein?
   (*Rn. 17 f.*)
4. Auf welche Weise qualifiziert § 244 a den „einfachen" Bandendiebstahl?
   (*Rn. 20*)

II. Aufbauschemata

1. § 244 I
   a) Tatbestand
      (1) Objektiver Tatbestand
         – Begehen eines Diebstahls (bzw. Stehlen) und
         – Beisichführen einer Schußwaffe durch Täter oder anderen Beteiligten (§ 244 I Nr. 1) oder
         – Beisichführen einer Waffe oder sonst eines Werkzeugs oder Mittels durch Täter oder anderen Beteiligten (§ 244 I Nr. 2) oder
         – Als Mitglied einer Bande, die sich zur fortgesetzten Begehung von Raub oder Diebstahl verbunden hat, sowie unter Mitwirkung eines anderen Bandenmitglieds (§ 244 I Nr. 3)
      (2) Subjektiver Tatbestand
         – Vorsatz
         – Bei § 244 I Nr. 2 zudem Gebrauchsabsicht
   b) Rechtswidrigkeit
   c) Schuld
   d) Besondere Strafverfolgungsvoraussetzungen (§ 247; vgl. *§ 21 Rn. 1 ff.*)

2. § 244 a I und IV
   a) Tatbestand
      (1) Objektiver Tatbestand
         – Bandendiebstahl (§ 244 I Nr. 3) und
         – Diebstahl mit Waffen (§ 244 I Nr. 1 oder 2) oder
         – Diebstahl im besonders schweren Fall (§ 243 I 2 Nr. 1 bis 7 – alternativ –)
         – Ggf. § 244 a IV
      (2) Subjektiver Tatbestand
         – Vorsatz
   b) Rechtswidrigkeit
   c) Schuld
   d) Besondere Strafverfolgungsvoraussetzungen (§ 247; vgl. *§ 21 Rn. 1 ff.*)

§ 3. Unterschlagung und veruntreuende Unterschlagung (§ 246)

Leitentscheidungen: BGHSt – GS – 14, 38 – *„Inkassofall"*; BGHSt 34, 309 – *„Baggerfall"*

Aufsätze: *Otto*, Die neuere Rechtsprechung zu den Vermögensdelikten – Teil 1, JZ 1985, 21; *Otto*, Unterschlagung: Manifestation des Zueignungswillens oder der Zueignung?, Jura 1996, 383

Übungsfalliteratur: *Freund*, Klausur Strafrecht: Der Sohn des Weingutsbesitzers, JA 1995, 660; *Küper*, Examensklausur Strafrecht: Der ungetreue Verwalter, Jura 1996, 205

A. Grundlagen

1 § 246 schützt das Rechtsgut Eigentum und stellt damit eine Ergänzung vor allem der Diebstahlsvorschriften dar (*Tröndle*, § 246 Rn. 1). In seiner Ausgestaltung unterscheidet er sich von den §§ 242 ff. allerdings erheblich. Denn anders als diese verlangt die Unterschlagung keinen Gewahrsamswechsel bezüglich des Tatobjekts, statt dessen aber eine vollendete Zueignung.

B. Tatbestände

2 § 246 I enthält – oft übersehen – einen Grund- und in seinem zweiten Teil einen Qualifikationstatbestand (*Lackner/Kühl*, § 246 Rn. 13).

I. Unterschlagung (§ 246 I 1. Alt.)

1. Objektiver Tatbestand

3 Der Grundtatbestand erfordert die rechtswidrige Zueignung einer fremden beweglichen Sache, die der Täter in Gewahrsam hat.

4 a) Die Tatobjekte von Unterschlagung und Diebstahl sind mithin identisch. Verschieden ausgestaltet ist nur die tatsächliche Beziehung des Täters dazu.

5 (1) Hinsichtlich der Voraussetzungen einer fremden beweglichen Sache wird daher im wesentlichen auf die Darstellung bei § 242 verwiesen (vgl. *§ 1 Rn. 3 ff.*). Maßgebend für die Fremdheit ist auch im Rahmen des § 246 allein die dingliche Rechtslage. Beispielsweise ist somit die Unterschlagung einer Sache möglich, die der Täter einem anderen als Sicherheit übereignet oder die er selbst unter Eigentumsvorbehalt erworben, aber noch nicht vollständig bezahlt hat (BGHSt 16, 280 [281]; BGHSt 34, 309 [311 – „Baggerfall"]; LK-*Ruß*, § 246 Rn. 6).

§ 3. Unterschlagung

(2) Die fremde Sache muß der Täter bei Begehung der Tat in Gewahrsam haben. 6
Führt er dagegen durch sein Verhalten erst einen Gewahrsamswechsel zu seinen
Gunsten herbei, so kommen nach einhelliger Auffassung lediglich die §§ 242 ff. in
Betracht (*Lackner/Kühl*, § 246 Rn. 3; *Küper*, Jura 1996, 205 [206]). Streit besteht
einzig über die Konstellation, bei der die Erlangung des Gewahrsams und die Tathandlung (Zueignung) zeitlich zusammenfallen.

Beispiel: A findet auf der Straße die Brieftasche des B. Dieser kann, nachdem er den Verlust bemerkt hat, deren Verbleib nicht rekonstruieren. A nimmt die Brieftasche an sich, weil er sie nebst Inhalt für sich behalten will. – Zu diesem Zeitpunkt bestand kein Gewahrsam des B mehr (vgl. § 1 Rn. 25), der hätte gebrochen werden können. Von daher kommt also eine sog. Fundunterschlagung grundsätzlich in Betracht. Es stellt sich nur die Frage, ob es genügt, daß A sich die Brieftasche zeitgleich mit der Begründung des Gewahrsams daran zugeeignet hat.

Eine den § 246 streng auslegende Ansicht verneint dies. Sie hält es unter Berufung 7
auf den Wortlaut der Vorschrift für notwendig, daß der Gewahrsam schon besteht,
bevor der Täter sich die Sache zueignet (SK-*Samson*, § 246 Rn. 17 ff. mit beachtlichen Argumenten).

Dabei wird jedoch die Wortlautgrenze zu eng gezogen. Die ganz h. M. verlangt deshalb 8
zu Recht keine der Gewahrsamsbegründung nachfolgende Zueignung, sondern sieht
insoweit Gleichzeitigkeit als ausreichend an (sog. **kleine berichtigende Auslegung**:
BGHSt 4, 76 [77]; BGHSt 13, 43 [44]; BGHSt 40, 8 [22]; *Tröndle*, § 246 Rn. 10; *Krey*,
BT-2, Rn. 165). Auf diese Weise können gerade Fundunterschlagungen und vergleichbare Fallgestaltungen (*Lackner/Kühl*, § 246 Rn. 3) zufriedenstellend gelöst werden.

Im obigen Beispiel hat A demnach § 246 I 1. Alt. verwirklicht.

Gegen das verfassungsrechtliche Bestimmtheitsgebot (Art. 103 II GG) verstößt dagegen evident die sog. **große berichtigende Auslegung**. Sie betrachtet den Gewahrsam 9
des Täters nicht als „echtes" Tatbestandsmerkmal, sondern als bloßes Abgrenzungskriterium zum Diebstahl, und definiert Unterschlagung als Zueignung ohne Gewahrsamsbruch (BGHSt 2, 317 [318 f.]; LK-*Ruß*, § 246 Rn. 10; Schönke/Schröder-*Eser*,
§ 246 Rn. 1).

> **Beachte:** Daß § 246 neben dem Gewahrsam noch den Besitz erwähnt, ist ohne
> jede Bedeutung. Denn beide Begriffe werden hier nach h. M. synonym verwendet. Entscheidend ist also stets das Vorliegen tatsächlicher Sachherrschaft. Dafür
> reicht namentlich der mittelbare Besitz i. S. des § 868 BGB nicht aus (*Lackner/
> Kühl*, § 246 Rn. 3; *Krey*, BT-2, Rn. 161 f.; *Wessels*, BT-2, Rn. 271; a. A. *Otto*,
> BT, S. 176).

Das Sechste Gesetz zur Reform des Strafrechts hat das Erfordernis, daß der Täter das
Tatobjekt in Besitz oder Gewahrsam haben muß, ersatzlos gestrichen und § 246
damit bewußt als sog. Auffangtatbestand für alle Formen rechtswidriger Zueignung
fremder beweglicher Sachen ausgestaltet (BT-Drucks. 13/8587, S. 43). Der darge-

stellte Streit (vgl. Rn. 6 ff.) ist somit für nach dem Inkrafttreten des 6. StRG begangene Taten nicht mehr von Bedeutung (vgl. auch *Rn. 29*).

10 b) Als Tathandlung bestimmt § 246 I die rechtswidrige Zueignung des Tatobjekts.

11 (1) Das Merkmal der Zueignung setzt sich dabei aus denselben Bestandteilen zusammen wie beim Diebstahl, d. h. aus der dauernden Enteignung des Berechtigten und der zumindest vorübergehenden Aneignung der Sache durch den Täter (Schönke/Schröder-*Eser*, § 246 Rn. 11). Daher wird auch an dieser Stelle wegen der Einzelheiten auf die entsprechenden Ausführungen beim § 242 Bezug genommen (vgl. *§ 1 Rn. 72*). Eine Prüfung der Enteignungskomponente hat somit ggf. auch bei der Unterschlagung hilfsweise die Grundsätze der Sachwerttheorie heranzuziehen (vgl. *§ 1 Rn. 94 ff.*). Genauso gilt das zur Lösung der sog. Drittzueignungsproblematik Gesagte hier ebenfalls (vgl. *§ 1 Rn. 104 ff.*; *Küper*, Jura 1996, 205 [206]). Schließlich bedeutet die Rechtswidrigkeit der Zueignung in beiden Normen dasselbe (vgl. *§ 1 Rn. 113 ff.*; LK-*Ruß*, § 246 Rn. 21).

Das Sechste Gesetz zur Reform des Strafrechts hat nun ebenso wie beim Diebstahl (vgl. *§ 1 Rn. 104*) in § 246 I die Drittzueignung unter Strafe gestellt.

12 Allerdings besteht hinsichtlich der Zueignung auch ein elementarer Unterschied zwischen § 242 und § 246. Während diese beim Diebstahl zum Zeitpunkt der Wegnahme nur angestrebt werden muß, ein vollendeter Diebstahl m. a. W. auch dann zu bejahen ist, wenn sie im Ergebnis mißlingt, liegt eine vollendete Unterschlagung nur bei einer tatsächlich geglückten Zueignung vor. Infolgedessen kommt, wenn die Zueignung scheitert, nur versuchte Unterschlagung in Betracht (§§ 246 II, 22).

> **Merke:** Dementsprechend ist die Zueignungsabsicht bei § 242 als Teil des subjektiven Tatbestands, die die Tathandlung darstellende Zueignung bei § 246 dagegen im objektiven Tatbestand zu prüfen.

13 (2) Beim Diebstahl wird das unrechtmäßige Verhalten des Täters durch den Gewahrsamsbruch erkennbar. Diese Form der „Transparenz" kann bei § 246 nicht bestehen, da der Täter spätestens bei der Tathandlung den Gewahrsam am Tatobjekt haben muß und ihn in aller Regel bereits vorher begründet haben wird. Theoretisch wäre also eine Zueignung schlicht durch einen darauf gerichteten Entschluß des Täters denkbar. Dies würde dem Ziel des Strafrechts, nur Verhalten mit erheblichem Unrechtsgehalt zu erfassen, nicht gerecht und würde im übrigen in der Praxis zu gravierenden Beweisschwierigkeiten führen. Die h. M. verlangt deswegen – gewissermaßen als Äquivalent für die Wegnahme –, daß sich der Zueignungswille des Täters auf andere Weise nach außen zeigt (BGHSt – GS – 14, 38 [41] – „*Inkassofall*"; Schönke/Schröder-*Eser*, § 246 Rn. 11).

> **Merke:** Der Zueignungswille des Täters muß sich in objektiv erkennbarer Weise manifestieren, d. h. es muß aufgrund eines konkreten Verhaltens mit der erforderlichen Verläßlichkeit auf diesen Willen geschlossen werden können.

§ 3. Unterschlagung

Es reicht insoweit aus, daß der Zueignungswille für einen mit den Gesamtumständen 14
vertrauten Beobachter deutlich wird bzw. im Falle einer gedachten Beobachtung
erkennbar werden würde (BGHSt 34, 309 [312] – *„Baggerfall"*; *Küper*, Jura 1996,
205 [206 f.]; *Otto*, Jura 1996, 383 [384]).

Beispiele: A „zweigt" in seiner Funktion als Verwalter eines Rinderzuchtbetriebs aufgrund einer
vorherigen Absprache mit einem Viehgroßhändler einige Tiere zur gemeinsamen Verwertung
ab (*Küper*, Jura 1996, 205). B verkauft (verschenkt) in eigenem Namen eine von ihm gemietete
Videokamera (BGHSt – GS – 14, 38 [41] – *„Inkassofall"*: Verkaufsofferte genügt bereits). C
trinkt die von einem Freund umzugsbedingt bei ihm für ein paar Tage untergestellten Weinflaschen leer (*Tröndle*, § 246 Rn. 15 f.).

Absolute Eindeutigkeit ist insoweit allerdings weder erforderlich noch regelmäßig 15
möglich (BGHSt – GS – 14, 38 [41] – *„Inkassofall"*). Anderen denkbaren Beweggründen des Täters kommt vielmehr bereits dann keine Bedeutung zu, wenn sie den
Umständen nach fernliegen. Ist jedoch eine Auslegung seines Verhaltens als rechtstreu ernsthaft in Betracht zu ziehen, so ist die für § 246 erforderliche Manifestation
zu verneinen (Schönke/Schröder-*Eser*, § 246 Rn. 11). Vor allem bei folgenden Konstellationen ist zu differenzieren:

❏ Bei der sog. **Fundunterschlagung** (vgl. *Rn.* 6) manifestiert sich der Zueignungs- 16
wille noch nicht dadurch, daß der Täter die Sache an sich nimmt und einsteckt. Denn
ebenso würde sich ein ehrlicher Finder verhalten, der sich im Anschluß zum Fundbüro bzw. zur Polizei begeben will. Es ist daher in diesen Fällen zusätzlich ein markantes Verhalten des Täters zu verlangen. Dieses kann z. B. darin bestehen, daß er
sich auffällig sichernd umschaut, bevor er das Tatobjekt ergreift (*Krey*, BT-2, Rn.
160; ferner zur Nichtanzeige eines Fundes *Tröndle*, § 246 Rn. 17 a. E.; *Wessels*,
BT-2, Rn. 279).

❏ Auch das Verpfänden einer fremden Sache kann unter Umständen eine Unter- 17
schlagung darstellen. Dafür ist nach h. M. erforderlich, daß der Täter es zu diesem
Zeitpunkt zumindest für möglich hält, daß ihm aufgrund seiner Vermögensverhältnisse eine Wiedereinlösung des Pfands nicht oder jedenfalls nicht rechtzeitig gelingt.
Als i. d. S. verspätet ist die Einlösung anzusehen, wenn sie nicht sofort erfolgen kann,
sobald der Eigentümer die verpfändete Sache benötigt (BGHSt 9, 90 [91]; BGHSt 12,
299 [302]). Liegen diese Voraussetzungen nicht vor, handelt es sich lediglich um eine
straflose Gebrauchsanmaßung (Schönke/Schröder-*Eser*, § 246 Rn. 17; *Wessels*, BT-
2, Rn. 279).

❏ Eine besondere Bedeutung hat endlich die Fallgestaltung, bei der Gegenstände 18
nach Ablauf einer vereinbarten Besitzzeit nicht an den Berechtigten zurückgegeben
werden.

Beispiele: A leiht sich für das Wochenende diverse Videokassetten von einem Kollegen. Außerdem mietet er sich für denselben Zeitraum ein Auto. Weder die Kassetten noch das Auto gibt er
am Montagmorgen zurück.

Fraglich ist, ob in diesem Nichterfüllen einer vertraglichen Verpflichtung die Mani- 19
festation eines Zueignungswillens hinreichend deutlich zum Ausdruck kommt. Das

ist deshalb besonders problematisch, weil das Verhalten sich auf ein bloßes Unterlassen beschränkt. Kommen keine weiteren Anhaltspunkte hinzu, so verneint die h. M. diese Frage, weil die Nichtrückgabe bei lebensnaher Betrachtungsweise in der Regel auch anders als durch eine Zueignung erklärt werden kann, etwa durch pure, das fremde Eigentum nicht in Zweifel ziehende Nachlässigkeit (BGHSt 34, 309 [312] – „Baggerfall"; BayObLG, NJW 1992, 1777; *Tröndle*, § 246 Rn. 17; *Otto*, JZ 1985, 21 [25]).

20 Gegenteilig ist zu entscheiden, wenn sich der Zueignungswille durch ein ergänzendes Tun erkennbar manifestiert. Ein solches Verhalten ist etwa darin zu sehen, daß der Herausgabepflichtige die Sache vor dem Berechtigten verborgen hält, den Besitz ableugnet oder sie in einer Weise gebraucht, daß sie erheblich an Wert verliert (BGHSt 34, 309 [312] – „Baggerfall"; LK-*Ruß*, § 246 Rn. 20).

Beispiel: A nutzt den für das Wochenende gemieteten Wagen mehrere Wochen lang intensiv und stellt ihn dann in einer anderen Stadt ab (KG, VRS 37, 438; ferner KG, GA 1972, 277; OLG Düsseldorf, StV 1990, 164).

21 (3) In bezug auf eine Sache kann ein Täter auch mehrfach ein als Manifestation des Zueignungswillens deutbares Verhalten zeigen, beispielsweise durch wiederholtes Inserieren eines Autos in Zeitungen zum Verkauf. Danach scheint es so, als wäre eine Zueignung beliebig oft wiederholbar. Wer dies annimmt, verkennt jedoch deren Bedeutung, die gerade in der Begründung von Eigenbesitz besteht (vgl. *§ 1 Rn. 72*). Diese aber ist – sofern der Eigenbesitz zwischendurch nicht wieder verlorengeht – begrifflich nur einmal möglich. Nachfolgendes Tun kann nur der Aufrechterhaltung des Eigenbesitzes dienen.

22 Mit der wohl inzwischen überwiegenden Meinung ist deshalb eine **wiederholte Zueignung** abzulehnen (BGHSt – GS – 14, 38 [43 ff.] – „*Inkassofall*"; *Lackner/Kühl*, § 246 Rn. 7; *Tröndle*, § 246 Rn. 22; *Küper*, Jura 1996, 205 [207]; a. A. Schönke/Schröder-*Eser*, § 246 Rn. 19; *Wessels*, BT-2, Rn. 298: tatbestandlich erneut erfüllter § 246, der auf der Konkurrenzebene als mitbestrafte Nachtat zu behandeln ist). Andernfalls käme es im übrigen zu einer faktischen Umgehung der Verjährungsfristen, da diese durch erneute „Zueignungen" quasi immer wieder von neuem in Lauf gesetzt würden (zu weiteren Ungereimtheiten der sog. Konkurrenzlösung *Krey*, BT-2, Rn. 174).

23 Dasselbe gilt aber konsequenterweise, wenn der Täter den Eigenbesitz durch Begehung eines sonstigen Eigentums- bzw. Vermögensdelikts – Diebstahl, Raub, Erpressung, Hehlerei, Betrug oder Untreue – erlangt hat. Denn die für die Ablehnung einer erneuten Zueignung sprechenden Argumente treffen auch insoweit zu (BGHSt – GS – 14, 38 [43 ff.] – „*Inkassofall*"; *Lackner/Kühl*, § 246 Rn. 7; *Krey*, BT-2, Rn. 174).

> **Merke:** Anders liegt es dagegen, wenn sich der Täter z. B. betrügerisch lediglich Fremdbesitz verschafft und sich erst zu einem späteren Zeitpunkt – nach außen durch ein Verhalten manifestiert – zur Begründung von Eigenbesitz entschlossen hat (BGHSt 16, 280 [281 f.]).

2. Subjektiver Tatbestand

Subjektiv genügt es, wenn der Täter hinsichtlich aller Tatbestandsmerkmale mit bedingtem Vorsatz handelt. Insbesondere einer auf die Zueignung bezogenen Absicht bedarf es nicht (*Lackner/Kühl*, § 246 Rn. 9; *Tröndle*, § 246 Rn. 21).

II. Veruntreuende Unterschlagung (§ 246 I 2. Alt.)

1. Objektiver Tatbestand

Unterschlägt ein Täter eine Sache, die ihm anvertraut ist, so verwirklicht er den **Qualifikationstatbestand** des § 246 I 2. Alt. Anders als bei der Untreue gemäß § 266 (vgl. *§ 16 Rn. 3 ff.*) ist bei der davon streng zu unterscheidenden veruntreuenden Unterschlagung kein besonderes Treueverhältnis erforderlich (*Lackner/Kühl*, § 246 Rn. 13).

> **Merke:** Anvertraut sind Sachen, deren Gewahrsam der Täter vom Eigentümer oder von einem Dritten mit der Verpflichtung erlangt hat, sie zu einem bestimmten Zweck zu verwenden oder später zurückzugeben (BGHSt 9, 90 [91 f.]).

Diese Voraussetzung ist beispielsweise erfüllt bei vermieteten, verliehenen, im Gewahrsam des Sicherungsgebers verbliebenen sicherungsübereigneten und bei unter Eigentumsvorbehalt gelieferten Sachen (BGHSt 16, 280 [282]; LK-*Ruß*, § 246 Rn. 25; *Otto*, BT, S. 180). Unerheblich ist es nach h. M., ob die ggf. zugrundeliegende vertragliche Vereinbarung wirksam oder etwa wegen Sittenwidrigkeit nichtig ist (*Krey*, BT-2, Rn. 169; *Wessels*, BT-2, Rn. 283; a. A. Schönke/Schröder-*Eser*, § 246 Rn. 30). Kein Anvertrauen liegt jedoch bei einer den Interessen des Eigentümers zuwiderlaufenden Übergabe durch einen Dritten vor – wenn z. B. ein Dieb die entwendete Sache bei einem Bekannten in Verwahrung gibt –, weil dieser kein berechtigtes Interesse an einem bestimmten Umgang mit der Sache haben kann (*Tröndle*, § 246 Rn. 26; *Freund*, JA 1995, 660 [668]).

2. Subjektiver Tatbestand

Auf die das Merkmal des Anvertrauens ausfüllenden Umstände muß sich der Vorsatz des Täters beziehen, wobei bereits bedingter Vorsatz hinreichend ist (*Wessels*, BT-2, Rn. 282; strenger LK-*Ruß*, § 246 Rn. 27).

Das Sechste Gesetz zur Reform des Strafrechts hat die veruntreuende Unterschlagung aus Absatz 1 herausgenommen und ohne sachliche Änderung als gesonderten Absatz 2 ausgestaltet. Der bisherige Absatz 2 (vgl. *Rn. 30*) wird Absatz 3.

C. Täterschaft und Teilnahme, Versuch, Konkurrenzen sowie Verfolgbarkeit

28 Da die allgemeinen Regeln anwendbar sind, ist Mittäter einer Unterschlagung auch derjenige, der die Tathandlung nicht selbst begeht, sofern die Voraussetzungen des § 25 II vorliegen.

29 Streit besteht aber darüber, ob Mittäterschaft das Innehaben von Mitgewahrsam erfordert. Das ist entgegen einer in der Literatur vertretenen Ansicht zu bejahen. Nach dem klaren Wortlaut des § 246 I bedarf es – in Form des Gewahrsams – eines bestimmten Verhältnisses des Täters zum Tatobjekt. Das Fehlen dieser besonderen Beziehung bei einem Beteiligten kann aber durch die Anwendung des § 25 II nicht ausgeglichen werden. Denn diese Vorschrift gestattet ihrer Funktion nach ausschließlich die gegenseitige Zurechnung von dem gemeinsamen Tatplan entsprechenden Verhalten (BGHSt 2, 317 [320]; *Lackner/Kühl*, § 246 Rn. 12; LK-*Ruß*, § 246 Rn. 24; a. A. *Tröndle*, § 246 Rn. 20; *Maurach/Schroeder/Maiwald*, BT-1, § 34 Rn. 38).

> **Merke:** Das Anvertrautsein (§ 246 I 2. Alt.) ist ein besonderes persönliches Merkmal. Gemäß § 28 II können daher Teilnehmer ohne diese besondere Vertrauensposition nur nach dem Grundtatbestand des § 246 I 1. Alt. bestraft werden (*Tröndle*, § 246 Rn. 26; *Wessels*, BT-2, Rn. 285).

30 Der Versuch von Unterschlagung und veruntreuender Unterschlagung ist gemäß den §§ 246 II, 22 strafbar. Ein untauglicher Versuch liegt z. B. vor, wenn der Täter sich eine ihm gehörende Sache in der Annahme zueignet, sie sei fremd (*Tröndle*, § 246 Rn. 19; LK-*Ruß*, § 246 Rn. 23).

31 Auf der Konkurrenzebene kann Unterschlagung z. B. in Tateinheit stehen mit Verwahrungsbruch (§ 133), Verstrickungsbruch (§ 136 I) sowie mit Verletzung des Briefgeheimnisses (§ 202; Schönke/Schröder-*Eser*, § 246 Rn. 32).

32 Begründet der Täter den Eigenbesitz an der fremden Sache gerade durch die Begehung eines anderen Eigentums- bzw. Vermögensdelikts, so betrachtet die h. L. dieses als spezieller und läßt infolgedessen die Unterschlagung dahinter zurücktreten (z. B. hinter Untreue; Schönke/Schröder-*Lenckner*, § 266 Rn. 55; *Tröndle*, § 266 Rn. 29; a. A. für veruntreuende Unterschlagung *Wessels*, BT-2, Rn. 294: Tateinheit).

> **Merke:** Das Problem eines solchen Zusammentreffens des § 246 mit sonstigen Eigentums- bzw. Vermögensdelikten ist klar zu unterscheiden von der bereits erörterten Frage, ob eine Unterschlagung anderen den Sachbesitz begründenden Delikten zeitlich nachfolgen kann (vgl. *Rn. 21 ff.*).

33 Im Unterschied zur h. L. hat der BGH die sog. **Tatbestandslösung** entwickelt. Er nimmt an, daß es sich bei § 246 um einen subsidiären Tatbestand handelt, der nur

Anwendung findet, wenn die Zueignung nicht bereits durch ein anderes Eigentums- und Vermögensdelikt mit Strafe bedroht ist (BGHSt – GS – 14, 38 [46 f.] – *„Inkassofall"*). Dies ist im Verhältnis zum Diebstahl – und damit auch zum Raub – klar, weil diese Vorschriften sich gegenseitig ausschließen. Gleiches nimmt der BGH aber auch in bezug auf Vermögensdelikte an, da diese zumeist mit Zueignungsabsicht begangen würden und es nicht Sinn des Unterschlagungstatbestands sein könne, „in allen diesen Fällen zusätzlich angewendet zu werden" (BGHSt – GS – 14, 38 [46] – *„Inkassofall"*).

Diese Argumentation vermag jedoch nicht zu überzeugen. Denn das Problem der „zusätzlichen Anwendung" einer „an sich" verwirklichten Norm ist nicht schon auf der Tatbestands-, sondern typischerweise erst auf der Konkurrenzebene angesiedelt (*Küper*, Jura 1996, 205 [207]; a. A. *Krey*, BT-2, Rn. 173, 182). Aus dem Verhältnis zwischen § 242 und § 246 folgt im übrigen nichts anderes. Denn auch insoweit ist Unterschlagung nicht subsidiär, sondern hat vielmehr durch das Erfordernis eines bereits bestehenden Gewahrsams einen vom Diebstahl scharf getrennten Anwendungsbereich. **34**

Das Sechste Gesetz zur Reform des Strafrechts hat den Streit (vgl. *Rn. 32 ff.*) nunmehr durch Einfügung einer Subsidiaritätsklausel (vgl. *Rn. 16*) entschieden. Danach wird nach dem Auffangtatbestand des § 246 I nur noch dann bestraft, „wenn die Tat nicht in anderen Vorschriften mit schwerer Strafe bedroht ist".

Die §§ 247, 248 a gelten sowohl für den Grund- als auch für den Qualifikationstatbestand der Unterschlagung. Es wird insoweit auf die entsprechenden Ausführungen beim Diebstahl verwiesen (vgl. *§ 1 Rn. 191* und *§ 21 Rn. 9, 13, 15*). **35**

Kontrollfragen und Aufbau

I. Kontrollfragen

1. Welches Erfordernis entspricht dem bei der Unterschlagung fehlenden Gewahrsamsbruch des § 242?
   (*Rn. 13*)

2. Kann eine Zueignung wiederholt werden?
   (*Rn. 22 f.*)

3. Wann ist eine Sache i. S. des § 246 I 2. Alt. anvertraut?
   (*Rn. 25 f.*)

4. Was versteht man bei § 246 unter der sog. Tatbestandslösung des BGH?
   (*Rn. 33*)

5. Kann auch jemand Mittäter einer Unterschlagung sein, der selbst keinen Gewahrsam am Tatobjekt hat?
   (*Rn. 29*)

II. Aufbauschema

1. Tatbestände
   a) Objektiver Tatbestand
      (1) Fremde bewegliche Sache
      (2) Im Gewahrsam des Täters
      (3) Ggf. anvertraut (§ 246 I 2. Alt.)
      (4) Sich rechtswidrig zueignen
   b) Subjektiver Tatbestand
      – Vorsatz
2. Rechtswidrigkeit
3. Schuld
4. Besondere Strafverfolgungsvoraussetzungen (§§ 247, 248 a; vgl. *§ 21 Rn. 1 ff.*)

§ 4. Unbefugter Gebrauch eines Fahrzeugs (§ 248 b)

Leitentscheidungen: BGHSt 11, 44 – *„Leerlauffall"*; BGHSt 11, 47 – *„Paulfall"*

Aufsatz: *Franke*, Zur unberechtigten Ingebrauchnahme eines Fahrzeuges (§ 248 b StGB), NJW 1974, 1803

A. Grundlagen

Während die bloße Nutzung einer Sache grundsätzlich nicht strafbar ist, erfaßt 1
§ 248 b – rechtspolitisch bedenklich – ausnahmsweise den unbefugten Gebrauch eines Fahrzeugs. In Abgrenzung zu § 242, bei dem der Täter mit Enteignungsvorsatz handeln muß, muß er hier den Willen zur Rückführung des Fahrzeugs in den Herrschaftsbereich des Berechtigten haben (BGH, NStZ 1996, 38).

Wie sich aus der systematischen Stellung ergibt, schützt § 248 b primär das Rechtsgut 2
Eigentum, die Verkehrssicherheit dagegen allenfalls mittelbar (Schönke/Schröder-*Eser*, § 248 b Rn. 1; *Maurach/Schroeder/Maiwald*, BT-1, § 37 Rn. 8; a. A. *Tröndle*, § 248 b Rn. 1). In den Schutz einbezogen ist jedoch die aus dem Eigentum abgeleitete berechtigte Nutzung eines Fahrzeugs durch einen anderen, so daß ggf. auch der Eigentümer selbst Täter sein kann (*Tröndle*, § 248 b Rn. 4; *Maurach/Schroeder/Maiwald*, BT-1, § 37 Rn. 5; *Wessels*, BT-2, Rn. 384; a. A. SK-*Samson*, § 248 b Rn. 14).

B. Tatbestand

I. Objektiver Tatbestand

Erforderlich ist, daß der Täter ein Kraftfahrzeug oder Fahrrad gegen den Willen des 3
Berechtigten in Gebrauch nimmt.

1. Tatobjekt

Entsprechend der Legaldefinition des § 248 b IV können maschinenbetriebene Fahr- 4
zeuge zu Land (z. B. Autos, Motorräder), zu Wasser (z. B. Motorboote) und in der Luft (z. B. Flugzeuge) Tatobjekte sein, nicht aber an Bahngleise gebundene Landkraftfahrzeuge wie etwa Straßenbahnen (*Lackner/Kühl*, § 248 b Rn. 2; LK-*Ruß*, § 248 b Rn. 2). Als Antriebsquelle kommen etwa Verbrennungs- und Elektromotoren sowie Gasturbinen in Betracht (SK-*Samson*, § 248 b Rn. 3).

Unbefugt gebraucht werden können auch Fahrräder, d. h. durch menschliche Kraft 5
bewegte Landfahrzeuge (LK-*Ruß*, § 248 b Rn. 2; Schönke/Schröder-*Eser*, § 248 b Rn. 3).

2. Tathandlung

> a) **Merke:** Eine Ingebrauchnahme liegt vor, wenn der Täter sich des Fahrzeugs unter Einwirkenlassen der zur Ingangsetzung geeigneten Kräfte als Fortbewegungsmittel bedient (BGHSt 11, 47 [50] – „*Paulfall*").

6 Ob dies mit einer Wegnahme einhergeht, ist ohne Belang (Schönke/Schröder-*Eser*, § 248 b Rn. 5; *Maurach/Schroeder/Maiwald*, BT-1, § 37 Rn. 9; a. A. *Schmidhäuser*, NStZ 1986, 460 [461]).

7 (1) Daraus folgt, daß die Tathandlung nur in der bestimmungsgemäßen Verwendung des Fahrzeugs als Beförderungsmittel bestehen kann. Eine andersartige Benutzung – beispielsweise als Schlafplatz – genügt nicht (*Tröndle*, § 248 b Rn. 3; *Wessels*, BT-2, Rn. 385). Bei einem Kraftfahrzeug ist es nicht erforderlich, daß es mit Motorkraft in Bewegung gesetzt wird. Auch andere Kräfte können verwendet werden, so daß etwa das Rollen im Leerlauf auf abschüssiger Strecke ausreicht (BGHSt 11, 44 [46 f.] – „*Leerlauffall*"; Schönke/Schröder-*Eser*, § 248 b Rn. 4). § 248 b ist ein Dauerdelikt, das nicht schon mit dem Starten des Motors, sondern erst mit dem Ingangsetzen des Fahrzeugs, d. h. dem Beginn der Fortbewegung vollendet und mit dem Abschluß der Fahrt beendet ist (OLG Düsseldorf, NStZ 1985, 413; *Tröndle*, § 248 b Rn. 7; *Wessels*, BT-2, Rn. 388).

8 (2) Umstritten ist die Problematik des sog. unbefugten Weitergebrauchs. Bei deren Lösung werden bestehende Unterschiede der relevanten Fälle häufig verwischt.

Beispiele: A gibt ein gemietetes Auto nicht zum vereinbarten Zeitpunkt zurück, sondern unternimmt danach noch eine Fahrt. B bemerkt erst während der Fahrt, daß er das von ihm benutzte Fahrzeug gegen den Willen des Berechtigten verwendet. Trotzdem fährt er weiter.

9 Diese Beispiele werden nicht selten einheitlich diskutiert. Das ist unzutreffend, da es sich bei näherem Hinsehen um verschiedene Konstellationen handelt. Denn im ersten Fall kann es nicht zweifelhaft sein, daß A den Wagen zu Beginn seiner Fahrt – erneut – in Gebrauch genommen hat, so daß sich die Frage nach der Tatbestandsmäßigkeit eines unbefugten „Inganghaltens" nicht stellt.

10 Die h. M. sieht dies anders und gelangt je nach Standpunkt zu unterschiedlichen Antworten (Tatbestandsmäßigkeit bejahen OLG Schleswig, NStZ 1990, 340 m. abl. Anm. *Schmidhäuser*; *Lackner/Kühl*, § 248 b Rn. 3; LK-*Ruß*, § 248 b Rn. 4; verneinend *Otto*, BT, S. 204). Richtigerweise kann jedoch nur erörtert werden, ob trotz Vorliegens einer Ingebrauchnahme der Schutzbereich des § 248 b überhaupt verletzt ist (AG München, NStZ 1986, 458 [459 f.]; *Maurach/Schroeder/Maiwald*, BT-1, § 37 Rn. 9; *Otto*, BT, S. 204 f.).

11 Dagegen stellt sich die Problematik des unbefugten Weitergebrauchs im zweiten Beispiel tatsächlich. Denn B kann für das Ingangsetzen des Fahrzeugs nicht bestraft werden, weil er sich dazu berechtigt glaubte (§ 16 I). Die h. M. bejaht dennoch § 248 b, weil sie das Ingebrauchhalten der Ingebrauchnahme gleichsetzt (BGHSt 11,

§ 4. Unbefugter Gebrauch eines Fahrzeugs 61

47 [50 ff.] – „*Paulfall*"; *Tröndle*, § 248 b Rn. 5). Dies überschreitet aber bereits die Wortlautgrenze und ist daher im Hinblick auf Art. 103 II GG abzulehnen (AG München, NStZ 1986, 458 [459]; *Krey*, BT-2, Rn. 149; *Franke*, NJW 1974, 1803 [1804 f.]).

b) Das Ingebrauchnehmen muß gegen den Willen des Berechtigten erfolgen. Andernfalls ist bereits der Tatbestand nicht erfüllt. Berechtigt ist in der Regel der Eigentümer. Dazu kommen die im Einzelfall zur Nutzung des Fahrzeugs Befugten, z. B. ein Mieter (*Lackner/Kühl*, § 248 b Rn. 4; *Tröndle*, § 248 b Rn. 4; *Wessels*, BT-2, Rn. 384). 12

II. Subjektiver Tatbestand

Es ist hinreichend, daß der Täter mit bedingtem Vorsatz handelt, und zwar auch in bezug auf den entgegenstehenden Willen des Berechtigten. Geht er zu Unrecht von dessen Einverständnis aus, liegt ein Tatbestandsirrtum gemäß § 16 I vor (*Lackner/Kühl*, § 248 b Rn. 5). 13

C. Täterschaft und Teilnahme, Versuch, Konkurrenzen sowie Verfolgbarkeit

Die allgemeinen Vorschriften (§§ 25 ff.) gelten auch für den unbefugten Gebrauch eines Fahrzeugs. Da § 248 b kein eigenhändiges Delikt ist, kann bei Vorliegen der entsprechenden Voraussetzungen auch Mittäter oder mittelbarer Täter sein, wer das Fahrzeug nicht selbst lenkt (LK-*Ruß*, § 248 b Rn. 11; *Wessels*, BT-2, Rn. 386). 14

§ 248 b II stellt den Versuch unter Strafe. Ein solcher liegt z. B. beim Hineinstecken des Zündschlüssels zum Starten des Wagens vor, nicht dagegen schon, wenn der Täter an das Fahrzeug herantritt (LK-*Ruß*, § 248 b Rn. 10). 15

Gemäß § 248 b I tritt ein unbefugter Gebrauch eines Fahrzeugs auf der Konkurrenzebene hinter mit schwererer Strafe bedrohten Vorschriften als subsidiär zurück. Nach h. M. sind damit aber nur Delikte mit gleicher oder ähnlicher Schutzrichtung gemeint, etwa § 242 (*Tröndle*, § 248 b Rn. 9). Tateinheit kann danach etwa mit fahrlässiger Tötung bestehen (§ 222; Schönke/Schröder-*Eser*, § 248 b Rn. 14). Dieser Ansicht kann nicht gefolgt werden. Denn der mögliche Wortsinn des Gesetzes stellt die äußerste Grenze der Auslegung strafrechtlicher Bestimmungen zum Nachteil des Täters dar, so daß eine eingeschränkte Anwendung der Subsidiaritätsklausel nicht zulässig ist (so zur identischen Klausel bei § 125 I auch BGH, NJW 1998, 465 f., zur Veröffentlichung in BGHSt bestimmt). 16

> **Merke:** Der bei Nutzung eines Kraftfahrzeugs erfolgte Verbrauch von Treibstoff wird nicht von § 242 erfaßt, da sonst § 248 b infolge seiner Subsidiaritätsklausel kaum einmal anwendbar wäre (BGHSt 14, 386 [388]; *Otto*, BT, S. 206).

17 Die Tat wird nur auf Antrag verfolgt (§ 248 b III). Der Lauf der Antragsfrist gemäß § 77 b beginnt frühestens mit der Beendigung des Dauerdelikts (Schönke/Schröder-*Eser*, § 248 b Rn. 11).

Kontrollfragen und Aufbau

I. Kontrollfragen

1. Welche Fahrzeuge werden von § 248 b erfaßt? (*Rn. 4 f.*)
2. Genügt für § 248 b ein Inganghalten des Fahrzeugs? (*Rn. 8 ff.*)
3. Wer ist Berechtigter i. S. der Vorschrift? (*Rn. 2, 12*)

II. Aufbauschema

1. Tatbestand
   a) Objektiver Tatbestand
      (1) Kraftfahrzeug (§ 248 b IV) oder Fahrrad
      (2) In Gebrauch nehmen
      (3) Gegen den Willen des Berechtigten
   b) Subjektiver Tatbestand
      Vorsatz
2. Rechtswidrigkeit
3. Schuld
4. Besondere Strafverfolgungsvoraussetzungen (§ 248 b III; vgl. *§ 21 Rn. 1 ff.*)
5. Subsidiaritätsklausel (§ 248 b I letzter Hs.)

2. Teil. Raub

Die Raubdelikte sind im 20. Abschnitt des StGB geregelt. Eine Sonderstellung nimmt der räuberische Angriff auf Kraftfahrer (§ 316 a; vgl. *§ 15 Rn. 1*) ein, der einen eigenständigen Sonderfall des Raubs (§ 249 I), der räuberischen Erpressung (§ 255) und des räuberischen Diebstahls (§ 252) darstellt.

Systematik der Raub- und raubähnlichen Delikte:

Grundtatbestand Raub (§ 249 I)	
Qualifikationen	Sonderfälle
Schwerer Raub (§ 250) Raub mit Todesfolge (§ 251)	Räuberischer Diebstahl (§ 252) Räuberischer Angriff auf Kraftfahrer (§ 316 a)

§ 5. Raub (§ 249)

Leitentscheidungen: BGHSt 4, 210 – „*Bewußtlosigkeitsfall*"; BGHSt 18, 329 – „*Handtaschenfall*"; BGHSt 20, 32 – „*Kußfall*"; BGHSt 20, 194 – „*Bauernkellerfall*"; BGHSt 23, 126 – „*Pistolenfall*"; BGHSt 32, 88 – „*Hotelgastfall*"

Aufsätze: *Joerden*, Mieterrücken im Hotel – BGHSt 32, 88, JuS 1985, 20; *Otto*, Die neuere Rechtsprechung zu den Vermögensdelikten – Teil 1, JZ 1985, 21; *Schünemann*, Raub und Erpressung – Teil 1, JA 1980, 349; *Seelmann*, Grundfälle zu den Eigentumsdelikten, JuS 1986, 201

Übungsfalliteratur: *Eifert*, Der praktische Fall – Strafrecht: Eine private Pfändungsaktion, JuS 1993, 1032; *Herzberg/Schlehofer*, Der abgebrochene Bankraub – Ein Bericht über eine strafrechtliche Examensklausur, JuS 1990, 559; *O. Hohmann*, Der praktische Fall – Strafrecht: Ein Banküberfall mit Hindernissen, JuS 1994, 860; *Meyer-Goßner*, Assessorklausur Strafrecht: Ein gewalttätiger Einbrecher, Jura 1992, 214; *Mürbe*, Der praktische Fall – Strafrecht: Die schweigsame Ehefrau, JuS 1992, 854

A. Grundlagen

Der Tatbestand des Raubs ist aus den Tatbeständen des Diebstahls (§ 242 I) und der Nötigung (§ 240 I) zusammengesetzt: Der Täter nimmt eine fremde Sache weg, indem er einen anderen nötigt, dies zu dulden. Geschützte Rechtsgüter sind demzufolge in erster Linie das Eigentum i. S. einer uneingeschränkten Verfügungsmöglichkeit des

1

Eigentümers (vgl. § 1 Rn. 1) sowie der Gewahrsam, daneben die Freiheit zur Willensbetätigung und -entschließung (*Haft*, BT, S. 157; *Wessels*, BT-2, Rn. 312). Im Verhältnis zu den §§ 242 I, 240 I ist der Raub ein selbständiges Delikt und geht als lex specialis vor (BGHSt 20, 235 [237 f.]).

> **Beachte:** Die Prüfung ist stets mit § 249 I wegen seiner eigenständigen Natur zu beginnen. Wird § 249 I bejaht, genügt in der Regel der kurze Hinweis auf die dann ebenfalls verwirklichten §§ 242 I, 240 I.

B. Tatbestand

2   § 249 I erfordert zunächst das Vorliegen aller Tatbestandsmerkmale des Diebstahls (§ 242 I). Es muß hinzukommen, daß die Wegnahme unter Einsatz bestimmter Nötigungsmittel erfolgt, nämlich entweder durch Gewalt gegen eine Person oder unter Anwendung von Drohungen mit gegenwärtiger Gefahr für Leib oder Leben.

Grundstruktur des Raubtatbestands:

Tatbestand			
Objektiver Tatbestand		Subjektiver Tatbestand	
Tatobjekt	Tathandlung	Vorsatz (*Rn. 20*)	Absicht der rechtswidrigen Zueignung (*Rn. 20*)
fremde bewegliche Sache (*§ 1 Rn. 3 ff.*)	Wegnhme (*§ 1 Rn. 16 ff.*) mit Gewalt (*Rn. 4 ff.*) oder Drohung (*Rn. 10 ff.*)		

I. Objektiver Tatbestand

1. Diebstahlselement

3   Hinsichtlich des Diebstahlselements im objektiven Tatbestand des § 249 I wird uneingeschränkt auf die Ausführungen zu § 242 I (vgl. *§ 1 Rn. 3 ff., 16 ff.*) verwiesen.

2. Raubmittel

4   a) **Gewalt gegen eine Person** ist der durch eine unmittelbare oder mittelbare Einwirkung auf einen anderen ausgeübte körperlich wirkende Zwang, der nach der Vorstellung des Täters dazu geeignet ist, einen tatsächlich geleisteten oder erwarteten Widerstand zu überwinden oder von vornherein unmöglich zu machen. Ein rein psychischer Zwang genügt nicht (BGHSt 23, 126 [127] – „*Pistolenfall*"; BGH, StV 1986, 61; Schönke/Schröder-*Eser*, § 249 Rn. 4; *Wessels*, BT-2, Rn. 316).

Beispiel: A bedroht B mit einer durchgeladenen und entsicherten Pistole, die er B an die Schläfe hält, um ihm die Brieftasche zu entwenden (BGHSt 23, 126 ff. – „*Pistolenfall*"; a. A. Geilen, JZ 1970, 521 ff.).

§ 5. Raub

Entscheidend ist der auf das Opfer wirkende physische Zwang, weniger die vom Täter entwickelte körperliche Kraft. Ganz unwesentliche Beeinträchtigungen der körperlichen Unversehrtheit genügen nicht (BGHSt 7, 252 [254]). 5

Beispiel: A bringt dem mit ihm im Schlafwagenabteil reisenden B heimlich ein Betäubungsmittel bei, um ihm die Geldbörse zu entwenden (BGHSt 1, 145 ff.; vgl. auch BGH, NStZ 1992, 490).

Die körperliche Zwangswirkung muß vom Opfer nicht als solche empfunden werden. Es reicht aus, daß diese objektiv vorliegt. Daher kommt Gewalt auch dann in Betracht, wenn der körperliche Zwang gegen Bewußtlose oder Schlafende wirkt oder den sofortigen Tod des Opfers zur Folge hat (BGHSt 25, 237 [238]; Schönke/Schröder-*Eser*, § 249 Rn. 4; *Tröndle*, § 249 Rn. 4). 6

Beispiel: C trägt den sinnlos betrunken auf der Straße liegenden D in ein Gebüsch, um ihn ungestört auszuplündern (BGHSt 4, 210 ff. – „*Bewußtlosigkeitsfall*").

In jedem Fall muß die Gewalt aber darauf gerichtet sein, das Verhalten des Opfers zu beeinflussen, d. h. die Wegnahme durch Ausschaltung eines erwarteten oder geleisteten Widerstands zu ermöglichen. Entscheidend ist also allein die subjektive Zwecksetzung des Täters. Nicht notwendig ist es daher, daß die Zwangswirkung für das Gelingen der Wegnahme objektiv erforderlich ist (BGHSt 30, 375 [377]; BGH, NStZ 1993, 79). 7

Gewalt gegen Sachen genügt für sich allein dem Gewaltbegriff des Raubs nicht. Jedoch liegt eine Gewaltanwendung i. S. des § 249 I dann vor, wenn von einer unmittelbaren Einwirkung auf Sachen zugleich eine zumindest mittelbare Zwangswirkung auf den Körper des Opfers ausgeht (BGHSt 20, 194 [195] – „*Bauernkellerfall*"; *Tröndle*, § 249 Rn. 4) 8

Beispiel: A dringt in die Wohnung des B ein und verschließt die Tür des Schlafzimmers, in dem B sich aufhält, um ungestört dessen Münzsammlung aus dem Wohnzimmer zu tragen.

Voraussetzung dafür ist es, daß die vom Täter entfaltete Kraft wesentlicher Bestandteil der Wegnahme ist, also erheblich genug ist, einen erwarteten oder geleisteten Widerstand des Opfers zu überwinden (BGH, NStZ 1986, 218; BGH, StV 1990, 262). Das Kriterium der Erheblichkeit ermöglicht die Abgrenzung zwischen Diebstahl (§ 242 I) und Raub (§ 249 I), wenn der Täter dem Opfer überraschend eine Sache entreißt oder aus der Hand schlägt. Wegnahme mittels Gewalt und mithin Raub liegt vor, wenn das Opfer die Absicht des Täters erkennt und die Sache derart festhält, daß sie vom Täter nur mittels erheblicher Kraftentfaltung entrissen werden kann (BGH, NJW 1955, 1404 f.; *Krey*, BT-2, Rn. 188). Hingegen liegt keine Wegnahme mittels Gewalt und damit lediglich Diebstahl vor, wenn bei dem überraschenden Wegreißen kein Widerstand geleistet wird (*Tröndle*, § 249 Rn. 4). Das Tatbild ist dann nicht durch Gewalt gegen eine Person, sondern durch List und Schnelligkeit geprägt (BGH, StV 1990, 262). Diese Abgrenzung steht freilich im Widerspruch zur These, daß für das Vorliegen von Gewalt allein die subjektive Zwecksetzung des Täters, nicht aber die objektive Erforderlichkeit der Zwangswirkung entscheidend ist (vgl. *Rn. 7*). 9

Beispiele: A geht von vorn auf B zu, um ihr die Umhängetasche zu entreißen. Da B den A bemerkt und dessen Vorhaben erkennt, umklammert sie ihre Tasche mit beiden Händen. Unter Einsatz erheblicher Gewalt gelingt es A dennoch, B die Tasche zu entreißen. – Es liegt § 249 liegt vor.

C fährt mit seinem Fahrrad von hinten an D heran, um ihr die Handtasche zu entreißen. Mit einem schnellen Griff kann er, für D völlig überraschend, die Handtasche ergreifen. – Lediglich § 242 ist erfüllt.

> **Merke:** „Gewalt gegen Sachen" ist „Gewalt gegen eine Person", wenn die unmittelbare Sacheinwirkung zugleich zumindest mittelbar einen erheblichen körperlichen Zwang verursacht.

10 **b)** § 249 I stellt der Gewalt gegen eine Person als Nötigungsmittel die Drohung mit einer gegenwärtigen Gefahr für Leib oder Leben gleich. Drohung ist das Inaussichtstellen eines Übels, dessen Eintritt der Drohende als von seinem Willen abhängig darstellt (BGHSt 7, 197 [198]; *Tröndle*, § 240 Rn. 15). Es kommt nicht darauf an, ob der Täter die Drohung wahr machen will oder kann (BGHSt 23, 294 [295]). Maßgeblich ist es allein, daß die Drohung objektiv ernstlich erscheint und vom Bedrohten ernstgenommen werden soll (*Wessels*, BT-2, Rn. 322).

11 Jedoch genügt nicht jedes in Aussicht gestellte Übel. Erforderlich ist es, daß dieses in einer gegenwärtigen Gefahr für Leib oder Leben besteht. Gegenwärtig ist eine Gefahr, wenn der Genötigte die Drohung dahin verstehen soll, daß der Eintritt eines Schadens ohne das Ergreifen von Abwehrmaßnahmen sicher oder wahrscheinlich ist (BGH, NStZ 1996, 494; BGH, NJW 1997, 265 f.). Eine Gefahr für Leib oder Leben liegt vor, wenn als Schaden der Eintritt des Todes oder einer nicht ganz unerheblichen Körperverletzung droht (*Lackner/Kühl*, § 315 c Rn. 23).

3. Finalität der Nötigungsmittel in bezug auf den Gewahrsamsbruch

> **Merke:** Die Nötigungsmittel muß der Täter final zur Erzwingung der Wegnahme einsetzen (BGHSt 18, 329 [331] – „*Handtaschenfall*"; BGH, StV 1995, 416; *Otto*, BT, S. 186). Nach h. M. ist insoweit ein Kausalzusammenhang zwischen Nötigung und Wegnahme nicht erforderlich (*Lackner/Kühl*, § 249 Rn. 4; *Krey*, BT-2, Rn. 91; a. A. *Seelmann*, JuS 1986, 201 [203]).

12 **a)** Unerheblich ist es auch, ob der Täter mit der Gewaltanwendung oder der Drohung noch ein weiteres Ziel verfolgt (BGH, NStZ 1993, 79). Adressat der Nötigung muß nicht notwendig der Eigentümer oder Gewahrsamsinhaber sein. Es reicht hierfür aus, wenn sich die Gewalt oder Drohung gegen eine Person richtet, die nach der Vorstellung des Täters zum Schutz des fremden Gewahrsams verpflichtet oder bereit ist (BGHSt 3, 297 [299]; Schönke/Schröder-*Eser*, § 249 Rn. 7).

13 Da die Nötigungsmittel zum Zweck der Wegnahme eingesetzt werden müssen, scheidet Raub aus, wenn der Täter den Entschluß zur Wegnahme erst nach der Gewaltan-

§ 5. Raub

wendung bzw. Drohung faßt oder die Raubmittel erst nach Vollendung der Wegnahme anwendet (BGH, NJW 1969, 619; Schönke/Schröder-*Eser*, § 249 Rn. 7). Werden die Raubmittel erst nach Vollendung der Wegnahme zur Beutesicherung eingesetzt, kommt allerdings räuberischer Diebstahl (§ 252) in Betracht (vgl. *§ 7 Rn. 4*). An dem vorausgesetzten finalen Zusammenhang fehlt es zudem dann, wenn der Täter die von einem Dritten angewendete Gewalt zur Wegnahme ausnutzt (BGH, StV 1990, 159 f.).

b) Hinsichtlich der finalen Verknüpfung von Nötigung und Wegnahme ergeben sich bei einem Motivwechsel des Täters schwierige prüfungsrelevante Abgrenzungsprobleme. 14

> **Beachte:** Eine klare und sachgerechte Lösung der unterschiedlichen Fallgruppen ist dann möglich, wenn streng zwischen der fortdauernden Nötigungswirkung und der Fortdauer des Einsatzes des Nötigungsmittels unterschieden wird (*Otto*, BT, S. 186).

(1) Entschließt sich der Täter während des Einsatzes des Nötigungsmittels zur Wegnahme (sog. fortdauernder Einsatz des Nötigungsmittels), liegt die für den Raubtatbestand erforderliche finale Verknüpfung eindeutig vor. Denn der Täter hält die Wirkung der zunächst zu anderen Zwecken eingesetzten Gewalt oder Drohung aufrecht und setzt diese als Mittel der Wegnahme ein (BGHSt 20, 32 [33] – „*Kußfall*"; *Lackner/Kühl*, § 249 Rn. 4). 15

Beispiel: A wendet gegen B Gewalt an, um sie an sich zu ziehen und zu küssen. Als A bemerkt, daß B eine Armbanduhr trägt, streift er ihr die Uhr während des Handgemenges vom Arm und steckt sie ein (BGHSt 20, 32 ff. – „*Kußfall*").

(2) Problematisch ist die Abgrenzung, wenn das Opfer nach dem Einsatz des Nötigungsmittels (insbesondere Gewalt) einen Widerstand für sinnlos hält, weil es sich dem Täter ausgeliefert sieht, und der Täter diese Lage ausnutzt (sog. fortdauernde Nötigungswirkung). In diesen Fällen ist zu differenzieren: 16

❏ Wirkt die Gewalt z. B. auf Grund der Verängstigung des Opfers fort und faßt der Täter erst in diesem Zeitpunkt den Entschluß, die Situation zur Wegnahme auszunutzen, scheidet Gewalt gegen eine Person aus. Als Raubmittel kommt dann jedoch die konkludente Drohung mit einer gegenwärtigen Gefahr für Leib oder Leben in Betracht. Notwendig hierfür ist, daß der Täter in irgendeiner Form schlüssig erklärt, er werde einen eventuell geleisteten Widerstand mit Gewalt gegen Leib oder Leben brechen (BGHSt 41, 123 [124]; BGH, NStZ 1993, 77 [78]; *Krey*, BT-2, Rn. 194; *Krack*, JuS 1996, 493 [494]). 17

Beispiel: A und B überfallen den Gastwirt C. Hierbei schlagen sie den deutlich schwächeren C zusammen und entwenden die Tageskasse. Später suchen A und B erneut die Gaststätte des C auf, schließen die Tür, stellen sich C in den Weg und leeren erneut die Kasse. Die Täter gehen davon aus, daß C angesichts ihrer Maßnahmen keinen Widerstand leisten wird (BGH, MDR/H 1987, 281).

18 ❑ Nutzt der Täter hingegen das Fortwirken der auf Grund des Einsatzes des Raubmittels entstandenen psychischen Zwangslage des Opfers bloß aus, ohne sie durch eine Drohung zu aktualisieren, fehlt es an der erforderlichen Finalität (BGH, NStZ 1986, 409; BGH, StV 1991, 516; *Wessels*, BT-2, Rn. 331). Das gilt auch dann, wenn der Täter mehr wegnimmt, als ursprünglich geplant (BGHSt 32, 88 [92] – „*Hotelgastfall*").

Beispiele: A und B überfallen den Gastwirt C, schlagen ihn zusammen und entwenden die Tageskasse. Nach drei Tagen betreten A und B erneut die Gaststätte, gehen ohne jede Drohgebärde auf die Kasse zu und entnehmen die Tageseinnahmen.

D fesselt und knebelt den Hotelportier E, um ungehindert das Hotel zu verlassen, ohne zuvor seine Rechnung zu begleichen. Als D das Hotel verläßt, faßt er den Entschluß, das in der Hotelkasse befindliche Geld mitzunehmen (BGHSt 32, 88 ff. – „*Hotelgastfall*").

19 ❑ Im Schrifttum wird es zum Teil als unbefriedigend empfunden, daß ein Täter, der eine zuvor selbst geschaffene Nötigungslage ausnutzt, nicht ebenso bestraft wird wie der Täter, der die Nötigung final zur Wegnahme einsetzt. Es wird daher vorgeschlagen, die Fortsetzung des Zwangs durch pflichtwidriges Aufrechterhalten der Zwangslage dem aktiven Einsatz der Nötigungsmittel gleichzustellen (*Lackner/Kühl*, § 249 Rn. 4; *Schünemann*, JA 1980, 349 [353]). Dieser Ansatz ist mit der h. M. abzulehnen. Selbst wenn der Täter aufgrund der ursprünglichen Gewaltanwendung unter dem Gesichtspunkt der Ingerenz verpflichtet ist, Schäden vom Opfer abzuwehren, entspricht das Unterlassen nicht der Gewaltanwendung durch positives Tun i. S. von § 13 (h. M.; LK-*Herdegen*, § 249 Rn. 16; SK-*Samson*, § 249 Rn. 26; *Joerden*, JuS 1985, 20 [26 f.]).

Motivwechsel des Täters:

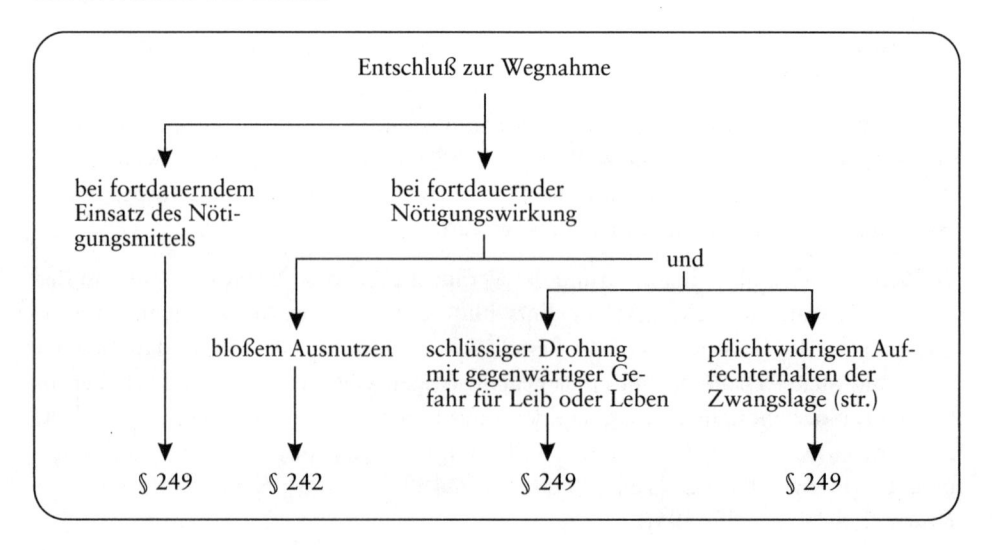

```
                        Entschluß zur Wegnahme
                        /                    \
            bei fortdauerndem          bei fortdauernder
            Einsatz des Nöti-          Nötigungswirkung
            gungsmittels                              und
                  |            /              |               \
                  |     bloßem Ausnutzen   schlüssiger Drohung   pflichtwidrigem Auf-
                  |                        mit gegenwärtiger Ge- rechterhalten der
                  |                        fahr für Leib oder Leben  Zwangslage (str.)
                  ↓            ↓              ↓                       ↓
               § 249         § 242          § 249                   § 249
```

II. Subjektiver Tatbestand

20 Der subjektive Tatbestand erfordert Vorsatz. Der zumindest bedingte Vorsatz muß dem des Diebstahls entsprechen (vgl. *§ 1 Rn. 69 f.*) und zudem auf die Wegnahme

§ 5. Raub
69

mit Gewalt gegen eine Person oder Drohung mit gegenwärtiger Gefahr für Leib oder Leben gerichtet sein (*Lackner/Kühl*, § 249 Rn. 5). Darüber hinaus ist wie beim Diebstahl die Absicht rechtswidriger Zueignung erforderlich (vgl. *§ 1 Rn. 71 ff.*). Nimmt der Täter unter Anwendung der Raubmittel mehr oder anderes weg, berührt dies den subjektiven Tatbestand des § 249 I nicht (BGH, StV 1990, 408; zur entsprechenden Problematik bei § 242 I vgl. *§ 1 Rn. 70*).

Das Sechste Gesetz zur Reform des Strafrechts hat nunmehr auch in § 249 I die Drittzueignungsabsicht (vgl. *§ 1 Rn. 104*) ausdrücklich unter Strafe gestellt.

C. Täterschaft und Teilnahme, Versuch, Konkurrenzen sowie Verfolgbarkeit

Bezüglich Täterschaft und Teilnahme bestehen keine Besonderheiten, so daß die §§ 25 ff. ohne jede Einschränkung Anwendung finden. Es ist aber zu beachten, daß Mittäter nur sein kann, wer sich die wegzunehmende Sache zueignen will (BGH, StV 1990, 160; BGH, StV 1996, 482; zur entsprechenden Problematik bei § 242 I vgl. *§ 1 Rn. 186*).   21

Versucht ist der Raub, wenn der Täter zum Zweck der Wegnahme zur Gewaltanwendung gegen eine Person oder zur Drohung mit einer gegenwärtigen Gefahr für Leib oder Leben unmittelbar i. S. des § 22 ansetzt (*Lackner/Kühl*, § 249 Rn. 7). Wird zuvor lediglich zur Wegnahme unmittelbar angesetzt, ist versuchter Diebstahl (§§ 242 II, 22) gegeben.   22

Erstreckt sich die Zueignungsabsicht vor der Wegnahme nur auf bestimmte Gegenstände, die nicht vorgefunden werden, und wird sie nachträglich auf andere vorgefundene erweitert, liegt in bezug auf die nicht vorgefundenen Sachen nur versuchter Raub (§§ 249, 22) und Diebstahl (§ 242 I) der vorgefundenen Gegenstände vor (BGH, StV 1990, 408). Erstreckt sich die Zueignungsabsicht des Täters nur auf den Inhalt eines Behältnisses, enthält das weggenommene Behältnis das Gewünschte aber nicht, ist nur versuchter Raub (§§ 249, 22) gegeben (BGH, StV 1983, 460; BGH, StV 1990, 205 f.). Hingegen ist der Raub (§ 249 I) vollendet, wenn der Täter das Opfer „um sein Geld" berauben will, die weggenommene Geldbörse lediglich Münzen enthält und der Täter später mit der Geldbörse auch die Geldmünzen wegwirft (BGH, NStZ 1996, 599).   23

Raub (§ 249) ist Spezialvorschrift gegenüber Nötigung (§ 240) und Diebstahl (§ 242). Er ist auch gegenüber dem besonders schweren Fall des Diebstahls (§ 243) sowie dem Diebstahl mit Waffen und dem Bandendiebstahl (§ 244) spezieller, da der besonders schwere Fall des Diebstahls kein Tatbestand ist und alle Voraussetzungen des Diebstahls mit Waffen und des Bandendiebstahls im schweren Raub (§ 250) enthalten sind (*Tröndle*, § 249 Rn. 10).   24

Tateinheit ist möglich mit erpresserischem Menschenraub (§ 239 a), Geiselnahme (§ 239 b), räuberischem Angriff auf Kraftfahrer (§ 316 a) oder vorsätzlicher Körper-   25 verletzung (§ 223; Schönke/Schröder-*Eser*, § 249 Rn. 13). Hinsichtlich des Verhältnisses zur Erpressung und räuberischen Erpressung (§§ 253, 255) vgl. *§ 13 Rn. 43*.

26 Die §§ 247, 248 a sind nicht anwendbar. Auch beim Vorliegen ihrer Voraussetzungen ist die Strafverfolgung wegen Raubs nicht von einem Strafantrag abhängig (*Tröndle*, § 249 Rn. 1 a).

Kontrollfragen und Aufbau

I. Kontrollfragen

1. Was erfordert Gewalt gegen eine Person?
   (*Rn. 4 ff.*)
2. Unter welchen Voraussetzungen unterfällt Gewalt gegen Sachen dem § 249 I?
   (*Rn. 8*)
3. Welche Verknüpfung zwischen den Raubmitteln und der Wegnahme erfordert § 249 I?
   (*Rn. 12 f.*)
4. Liegt Raub vor, wenn der Täter bei fortdauernder Wirkung der eingesetzten Raubmittel eine Sache wegnimmt?
   (*Rn. 16 ff.*)
5. Macht sich der Täter wegen Raubs strafbar, wenn sich seine Zueignungsabsicht nur auf den Inhalt eines Behältnisses erstreckt, das weggenommene Behältnis das Gewünschte aber nicht enthält?
   (*Rn. 23*)

II. Aufbauschema

1. Tatbestand
   a) Objektiver Tatbestand
      (1) Fremde bewegliche Sache
      (2) Wegnehmen mit Gewalt gegen eine Person oder Drohung mit gegenwärtiger Gefahr für Leib oder Leben
   b) Subjektiver Tatbestand
      (1) Vorsatz
      (2) Absicht rechtswidriger Zueignung
2. Rechtswidrigkeit
3. Schuld

§ 6. Schwerer Raub und Raub mit Todesfolge (§§ 250, 251)

Leitentscheidungen: BGHSt 20, 194 – „*Bauernkellerfall*"; BGHSt – GS – 26, 167 – „*Straßenraubfall*"; BGHSt 31, 105 – „*Gasrevolverfall*"; BGHSt 38, 116 – „*Plastikrohrfall*"; BGHSt 38, 295 – „*RAF-Einkaufspassagenfall*"; BGHSt – GS – 39, 100 – „*Todesfolgenvorsatzfall*"; BGH, NStZ 1997, 184 – „*Labellofall*"

Aufsätze: *Geppert*, Zur „Scheinwaffe" und anderen Streitfragen zum „Bei-Sich-Führen" einer Waffe im Rahmen der §§ 244 und 250 StGB, Jura 1992, 496; *Hillenkamp*, Schwerer Raub durch Fesselung und Knebelung, JuS 1990, 454; *Otto*, Die neuere Rechtsprechung zu den Vermögensdelikten – Teil 1, JZ 1985, 21; *Rengier*, Der Große Senat entscheidet: Exklusivitäts- oder Konkurrenzlösung, StV 1992, 496; *ders.*, Tödliche Gewalt im Beendigungsstadium des Raubes – BGHSt 38, 295, JuS 1993, 460; *Schünemann*, Raub und Erpressung – Teil 1, JA 1980, 393

Übungsfalliteratur: *Britz*, Der praktische Fall – Strafrecht: Strafbarkeit böser Gedanken, JuS 1997, 146; *Freund*, Der praktische Fall – Strafrecht: Verhängnisvolle Schläge, JuS 1995, 801; *Hellmann*, Der praktische Fall – Strafrecht: Überfall am Bankautomaten, JuS 1996, 522; *O. Hohmann*, Der praktische Fall – Strafrecht: Ein Banküberfall mit Hindernissen, JuS 1994, 860; *Radtke*, Der praktische Fall – Strafrecht: Der skrupellose Räuber, JuS 1995, 427; *Sternberg-Lieben*, Der praktische Fall – Strafrecht: Ein nervöser Bankräuber, JuS 1996, 136

A. Grundlagen

Der Tatbestand des schweren Raubs (§ 250 I) enthält Qualifikationen des Raubs (§ 249 I), deren Fassungen in den Nummern 1, 2 und 4 denen des schweren Diebstahls (§ 244 I) entsprechen. Die Qualifikationstatbestände des § 250 I finden aufgrund ausdrücklicher Verweisung zudem Anwendung auf die räuberische Erpressung (§ 255) und den räuberischen Diebstahl (§ 252; *Lackner/Kühl*, § 250 Rn. 1). Dies gilt entsprechend für den Raub mit Todesfolge (§ 251), der ein erfolgsqualifiziertes Delikt ist. 1

B. Tatbestände

I. Schwerer Raub (§ 250 I)

1. Objektiver Tatbestand

a) **Raub mit Schußwaffen** (§ 250 I Nr. 1) ist entsprechend § 244 I Nr. 1 (vgl. *§ 2 Rn. 3 ff.*) gegeben, wenn der Täter oder ein anderer Beteiligter zu irgendeinem Zeitpunkt zwischen Versuchsbeginn und Beendigung des Raubs eine einsatzbereite Schußwaffe bei sich führt. Das Mitführen im Vorbereitungsstadium oder während der Flucht 2 nach einem mißlungenen und daher beendeten Überfall genügt nicht (BGHSt 31, 105 [106] – „*Gasrevolverfall*").

3 **b)** Raub mit Waffen (§ 250 I Nr. 2) und Raub mit Schußwaffen (§ 250 I Nr. 1) schließen einander aus; der Einsatz derselben Schußwaffe zur Bedrohung eines Opfers erfüllt daher nur § 250 I Nr. 1 und nicht zugleich § 250 I Nr. 2 (BGHR, StGB, § 46 Abs. 1, Gesetzeskonkurrenz 1; *Tröndle*, § 250 Rn. 10).

4 Beim Raub mit Waffen (§ 250 I Nr. 2) stellt sich wie bei § 244 I Nr. 2 u. a. die Frage, ob die Waffe, das sonstige Werkzeug oder Mittel objektiv gefährlich sein muß oder ob der Tatbestand auch dann verwirklicht ist, wenn das Tatmittel objektiv ungefährlich ist, der Täter aber den Anschein der Gefährlichkeit erwecken will. Diese heftig umstrittene Frage wird überwiegend im Zusammenhang mit § 250 I Nr. 2 relevant.

Beispielsfall 3: Labellofall

5 A betritt ein Geschäft. Als ihr die dort tätige Verkäuferin B den Rücken zuwendet, nimmt A einen Lippenpflegestift aus ihrer Handtasche, tritt hinter B und drückt ihr die Ecke des Stifts in den Rücken. Wie beabsichtigt, ruft sie bei B den Eindruck hervor, mit der Spitze einer Schere oder eines Messers bedroht zu werden. B widersetzt sich nicht, als A 250,- DM aus der Ladenkasse nimmt (BGH, NStZ 1997, 184 f. – „*Labellofall*").
Hat sich A wegen schweren Raubs strafbar gemacht?

Lösung:

6 A könnte sich wegen schweren Raubs (§§ 249 I, 250 I Nr. 2) strafbar gemacht haben.

7 Sie hat, wie vom objektiven Tatbestand des § 249 I zunächst gefordert, fremde bewegliche Sachen weggenommen. Auch ist die – schlüssige – Drohung mit einer gegenwärtigen Gefahr für Leib oder Leben der B das Mittel der Wegnahme. Unerheblich ist insoweit, daß A ihre Drohung nicht realisieren konnte, da es lediglich darauf ankommt, daß die Bedrohte die Ausführung der Drohung für möglich hält (vgl. § 5 Rn. 10).

8 Fraglich ist, ob der verwendete Lippenpflegestift als Waffe oder sonstiges Werkzeug i. S. des § 250 I Nr. 2 zu qualifizieren ist.

9 (1) Nach Auffassung der Rechtsprechung erfordert § 250 I Nr. 2 nicht, daß der verwendete Gegenstand objektiv gefährlich ist. Entscheidend ist es allein, daß der Täter den Anschein der Gefährlichkeit erwecken will (BGHSt – GS – 26, 167 [170] – „*Straßenraubfall*"; BGHSt 38, 116 [117] – „*Plastikrohrfall*"). Daher ist der Tatbestand des § 250 I Nr. 2 selbst dann gegeben, wenn das Opfer die verwendete Scheinwaffe als Spielzeugpistole erkennt (BGH, StV 1990, 546 f. m. abl. Anm. *Herzog*). Nach der Rechtsprechung qualifiziert im Beispielsfall der verwendete Lippenpflegestift den Raub zum schweren Raub.

§ 6. Schwerer Raub und Raub mit Todesfolge

Argumente:

- Die Angleichung der Formulierung des § 250 I Nr. 2 n. F. an die des § 244 I Nr. 2 hat eine völlige Verlagerung des qualifizierenden Unrechts in subjektive Momente zur Folge, die den Gesichtspunkt der objektiven Gefährlichkeit zurücktreten läßt (BGHSt 38, 116 [117] – „*Plastikrohrfall*"). **10**

- Der Wortlaut des § 250 I Nr. 2 enthält keine Beschränkung auf gefährliche Gegenstände. Das Fehlen von Anhaltspunkten für einen abweichenden Regelungswillen des Gesetzgebers läßt keine andere Interpretation der Vorschrift zu (BGH, NJW 1989, 2549). **11**

- Der Täter, der zum Zweck der Drohung einen – wenn auch ungefährlichen – Gegenstand mit sich führt, weist gegenüber einem Täter, der keinen Gegenstand mit sich führt, einen erhöhten verbrecherischen Willen auf (BGHSt 24, 339 [341]; BGH, NJW 1976, 248). **12**

- Der Täter ruft nach seiner Vorstellung beim Opfer den Eindruck einer verstärkten Bedrohung und erhöhten Schutzbedürftigkeit hervor (BGH, NJW 1976, 248). **13**

(2) Zu Recht verlangt demgegenüber die h. L. für § 250 I Nr. 2, daß die Waffe bzw. das sonstige Werkzeug oder Mittel objektiv geeignet sein muß, Leib oder Leben des Opfers zu gefährden (vgl. etwa *Lackner/Kühl*, § 244 Rn. 4; *Krey*, BT-2, Rn. 199; *Geppert*, Jura 1992, 496 [500]; *Hillenkamp*, JuS 1990, 454 [457 f.]). Nach der h. L. unterfällt der von A verwendete Gegenstand nicht dem § 250 I Nr. 2. **14**

Argumente:

- Der systematische Zusammenhang zwischen § 250 I Nr. 1 und § 250 I Nr. 2 spricht dafür, daß es auch bei Nummer 2 auf die objektive Gefährlichkeit ankommt (*Krey*, BT-2, Rn. 199). **15**

- Der Wortlaut des § 250 I Nr. 2 ist keinesfalls so eindeutig, wie die Rechtsprechung meint. Er zwingt nicht dazu, alle Merkmale des Tatbestands zu subjektivieren (LK-*Herdegen*, § 250 Rn. 18). **16**

- Führt der Täter eine Scheinwaffe mit sich, ist sein verbrecherischer Wille nicht stärker, sondern eher geringer als in vielen Fällen des § 249 I, weil der Täter durch das Mitführen einer Scheinwaffe eine effizientere und damit gefährlichere Anwendung von Gewalt gerade vermeiden will (Schönke/Schröder-*Eser*, § 250 Rn. 16). **17**

- § 249 I schützt das Opfer vor Einschüchterung. Zwischen einer „normalen Bedrohung" und der durch eine Scheinwaffe bestärkten, aber „leeren" Drohung besteht unter dem Gesichtspunkt der Gefährlichkeit von Tat und Täter kein Unterschied (*Krey*, BT-2, Rn. 199). **18**

(3) In jüngster Zeit nähert sich die Rechtsprechung der Auffassung der h. L., betont aber dennoch, ihre grundsätzliche Position (vgl. *Rn.* 9) nicht aufzugeben. Objektive Aspekte bleiben danach in zwei Fällen nicht völlig unberücksichtigt: **19**

20 ❑ Gewinnt das Opfer den Eindruck der Gefährlichkeit nicht durch „Inaugenscheinnahme" oder andere sinnliche Wahrnehmungen des Gegenstands, sondern erst aufgrund einer Erklärung des Täters, unterfällt der Gegenstand nicht § 250 I Nr. 2 (BGHSt 38, 116 [118] – „*Plastikrohrfall*").

Beispiel: A tritt B gegenüber und hält dabei ein kurzes gebogenes Plastikrohr so unter seine Jacke, daß diese ausbeult. Bei B wird der Eindruck, A sei bewaffnet, erst aufgrund des zusätzlichen Hinweises „Überfall, ich bin bewaffnet" hervorgerufen (BGHSt 38, 116 ff. – „*Plastikrohrfall*").

21 ❑ § 250 I Nr. 2 scheidet auch dann aus, wenn die Waffe bzw. das sonstige Werkzeug oder Mittel – wie ein Lippenpflegestift – „offensichtlich ungefährlich und deshalb nicht geeignet ist, mit ihm (etwa durch Schlagen, Stoßen, Stechen oder in ähnlicher Weise) auf den Körper eines anderen einzuwirken" (BGH, NStZ-RR 1996, 356 f.; BGH, NStZ 1997, 184 f. – „*Labellofall*" m. krit. Anm. *O. Hohmann*).

22 Mithin unterfällt auch nach der Rechtsprechung der von A verwendete Lippenpflegestift nicht dem Tatbestand des § 250 I Nr. 2.

Ergebnis:

23 A handelt vorsätzlich und mit der Absicht rechtswidriger Zueignung. Sie ist mithin wegen Raubs (§ 249 I) strafbar.

Vertiefungshinweis: Soweit die Rechtsprechung objektiv ungefährliche Gegenstände als tatbestandsmäßig i. S. des § 250 I Nr. 2 bewertet, ist ein minder schwerer Fall nach § 250 II – dessen Strafrahmen geringer als der des Raubs ist – in Betracht zu ziehen, wenn sich der Unrechtsgehalt nicht wesentlich von dem des Raubs (§ 249 I) abhebt (BGH, NJW 1989, 2549 [2550]). Dem geminderten Unrechtsgehalt wird so zumindest in der Strafzumessung Rechnung getragen.

24 Der Täter muß die Waffe bzw. das sonstige Werkzeug oder Mittel während der Tatausführung, d. h. zu irgendeinem Zeitpunkt zwischen Versuchsbeginn und Beendigung des Raubs bei sich führen. Dies ist auch dann zu bejahen, wenn der Täter sich erst während der Tatausführung entschließt, einen mitgeführten oder einen am Tatort ergriffenen Gegenstand als Waffe einzusetzen (vgl. *§ 2 Rn. 6*; BGHSt 30, 375; BGHSt 31, 105 – „*Gasrevolverfall*"). Ein Beisichführen soll nach der Rechtsprechung darüber hinaus dann vorliegen, wenn anläßlich einer räuberischen Erpressung, auf die § 250 I ebenfalls Anwendung findet (vgl. *§ 13 Rn. 39*), ein ausschließlich schriftlich oder telefonisch bedrohtes Opfer in Abwesenheit des Täters mit einer Waffe, einem sonstigen Werkzeug oder Mittel bedroht wird (BGH, StV 1994, 656 f. mit. abl. Anm. *Kelker*).

Beispiel: A droht telefonisch der Brauerei B, deren Produkte zu vergiften, falls das Unternehmen ihm nicht 100.000,- DM zahlt. Nachdem die ersten Anrufe ohne Erfolg bleiben, stellt A eine Bierflasche der Brauerei B, deren Inhalt er mit Gift vermischt hat, in das Ladenregal eines Lebensmittelmarkts. Unter Hinweis auf diese Flasche wiederholt A seine telefonische Drohung.

25 c) Der gefährliche Raub (§ 250 I Nr. 3) setzt voraus, daß durch die Tat ein anderer in die Gefahr des Todes oder einer schweren Körperverletzung (§ 224) gebracht wird. Erforderlich ist der Eintritt einer konkreten Gefahr.

> **Merke:** Das Opfer muß in eine Situation gebracht werden, in der es bereits der unmittelbaren Möglichkeit eines Erfolgs i. S. der §§ 211, 212 oder 224 ausgesetzt ist, der Erfolgseintritt also nur noch vom Zufall abhängt (Schönke/Schröder-*Eser*, § 250 Rn. 21).

Umstritten ist, ob eine entsprechende Gefährdung auch dann „durch die Tat" verursacht ist, wenn sie auf einer Handlung im Stadium zwischen Vollendung und Beendigung des Raubs beruht. Nach h. M. kann der Täter die qualifizierenden Merkmale des § 250 I auch noch in der Beendigungsphase verwirklichen (vgl. grundlegend BGHSt 20, 194 ff. – *„Bauernkellerfall"*; Schönke/Schröder-*Eser*, § 250 Rn. 10 f., 23). 26

Gegen diese Auslegung des Merkmals „durch die *Tat*" sprechen gewichtige Argumente. Zunächst steht der h. M. eine am Wortlaut der Vorschrift orientierte Auslegung entgegen. Das Tatgeschehen des Raubs ist mit der Vollendung der Wegnahme abgeschlossen. Daher ist nur die final zur Wegnahme eingesetzte Gewalt oder Drohung, die einen anderen in die konkrete Gefahr des Todes oder einer schweren Körperverletzung (§ 224) bringt, von § 250 I Nr. 3 erfaßt (O. *Hohmann*, JuS 1994, 860 [863]; *Rengier*, JuS 1993, 460 [462]). Diese Auffassung findet eine Stütze im Verhältnis von § 249 zu § 252. Die Vollendung der Wegnahme markiert die Grenze zwischen § 249 und § 252. Die beutesichernde Nötigung nach vollendeter Wegnahme fällt nur unter § 252 (*Kühl*, JuS 1982, 110 [114]; *Rengier*, JuS 1993, 460 [462]). Die Auslegung der h. M. ist daher im Hinblick auf das Analogieverbot (Art. 103 II GG) bedenklich (O. *Hohmann*, JuS 1994, 860 [863]; *Hruschka*, JZ 1983, 217 [218]). 27

> **Merke:** Das Merkmal „durch die Tat" beschränkt den Anwendungsbereich des § 250 I Nr. 3 auf die Folgen der final zur Wegnahme eingesetzten Gewalt oder Drohung (str.)

d) Die Voraussetzungen des Bandenraubs (§ 250 I Nr. 4) entsprechen denen des Bandendiebstahls (§ 244 I Nr. 3; vgl. *§ 2 Rn. 14 ff.*). 28

2. Subjektiver Tatbestand

a) Der subjektive Tatbestand erfordert für alle Varianten zumindest bedingten Vorsatz. Dies gilt insbesondere auch hinsichtlich § 250 I Nr. 3, der keine Erfolgsqualifikation beschreibt, so daß § 18 nicht zur Anwendung kommt (BGHSt 26, 244 [245]; Schönke/Schröder-*Eser*, § 250 Rn. 24). 29

b) Für § 250 I Nr. 2 ist darüber hinaus die Absicht erforderlich, die Waffe, das sonstige Werkzeug oder Mittel bei der Begehung des Raubs zu gebrauchen, um einen erwarteten oder geleisteten Widerstand des Betroffenen mit Gewalt oder Drohung mit Gewalt zu verhindern oder zu überwinden (BGHSt 13, 259 f.; BGHSt 30, 375 [376]). 30

Das Sechste Gesetz zur Reform des Strafrechts faßt § 250 wie folgt:

„(1) Auf Freiheitsstrafe nicht unter drei Jahren ist zu erkennen, wenn

1. der Täter oder ein anderer Beteiligter am Raub

   a) eine Waffe oder ein anderes gefährliches Werkzeug bei sich führt,

   b) sonst ein Werkzeug oder Mittel bei sich führt, um den Widerstand einer anderen Person durch Gewalt oder Drohung mit Gewalt zu verhindern oder zu überwinden,

   c) eine andere Person durch die Tat in die Gefahr einer schweren Gesundheitsschädigung bringt oder

2. der Täter den Raub als Mitglied einer Bande, die sich zur fortgesetzten Begehung von Raub oder Diebstahl verbunden hat, unter Mitwirkung eines anderen Bandenmitglieds begeht.

(2) Auf Freiheitsstrafe nicht unter fünf Jahren ist zu erkennen, wenn der Täter oder ein anderer Beteiligter am Raub

1. bei der Tat eine Waffe oder ein anderes gefährliches Werkzeug verwendet,

2. in den Fällen des Absatzes 1 Nr. 2 eine Waffe bei sich führt oder

3. eine andere Person

   a) bei der Tat körperlich schwer mißhandelt oder

   b) durch die Tat in die Gefahr des Todes bringt.

(3) In minder schweren Fällen der Absätze 1 und 2 ist die Strafe Freiheitsstrafe von einem Jahr bis zu zehn Jahren."

Damit werden nunmehr für den schweren Raub abgestufte Mindeststrafdrohungen vorgesehen. § 250 I hat den im Verhältnis zu § 250 II niedrigeren Strafrahmen von Freiheitsstrafe nicht unter drei Jahren bis zu fünfzehn Jahren. Dieser findet Anwendung beim bloßen Beisichführen (vgl. *§ 2 Rn. 5 ff.*) einer Waffe (Nr. 1 a), beim Mitführen eines sonstigen Werkzeugs oder Mittels in Gebrauchsabsicht (Nr. 1 b; vgl. *Rn. 30*) und beim Schaffen der Gefahr einer schweren Gesundheitsschädigung (Nr. 1 c; vgl. *Rn. 25 ff.*) sowie bei bandenmäßiger Begehung (Nr. 2, vgl. *Rn. 28*). Der Nummer 1 Buchstabe b soll nach dem Willen des Gesetzgebers auch eine Scheinwaffe (vgl. *Rn. 9 ff.*) subsumiert werden (BT-Drucks 13/9064, S. 18), wobei davon ausgegangen wird, daß die einschränkende neuere Rechtsprechung (vgl. *Rn. 19 ff.*) auch hier Beachtung finden wird. Der Strafrahmen des § 250 II von Freiheitsstrafe nicht unter fünf Jahren bis zu fünfzehn Jahren ist zugrundezulegen, wenn bei der Tat die mitgeführte Waffe oder das mitgeführte gefährliche Werkzeug tatsächlich Verwendung findet (Nr. 1) oder bei der bandenmäßigen Begehung bei sich geführt (Nr. 2) und wenn eine andere Person bei der Tat körperlich schwer mißhandelt wird (Nr. 3 a) oder durch die Tat in die Gefahr des Todes gebracht wird (Nr. 3 b; vgl. *Rn. 25 ff.*).

Mit der Differenzierung des § 250 will der Gesetzgeber der bei den Gerichten bestehenden Tendenz entgegenwirken, in der überwiegenden Zahl der Verurteilungen wegen schweren Raubs einen minder schweren Fall anzunehmen und damit auf dessen gegenüber dem Normalfall deutlich milderen Strafrahmen auszuweichen (vgl. *Rn. 23 a. E.*). Zudem ist es Ziel, im Verhältnis zu anderen Strafdrohungen bestehende Wertungswidersprüche zu beseitigen (BT-Drucks. 13/8587, S. 44 f.).

3. Täterschaft und Teilnahme, Versuch sowie Konkurrenzen

Bezüglich Täterschaft und Teilnahme bestehen keine Besonderheiten. Die §§ 25 ff. finden ohne jede Einschränkung Anwendung. Zu beachten ist, daß wegen schweren Raubs nur derjenige Tatbeteiligte bestraft wird, der vom qualifizierenden Merkmal Kenntnis hat (BGHSt 3, 229 [233]; LK-*Herdegen*, § 250 Rn. 14, 23). 31

Zum Versuch vgl. *§ 5 Rn. 22*. Umstritten ist, ob ein strafbefreiender Rücktritt (§ 24) vom § 250 I Nr. 1 in Betracht kommt, wenn der Täter zunächst eine Schußwaffe bei sich führt, die er nach Versuchsbeginn, aber vor Vollendung der Wegnahme freiwillig wegwirft, und die Wegnahme als solche unbewaffnet vornimmt. Der BGH lehnt einen strafbefreienden Rücktritt mit der Erwägung ab, daß der Handlungsunwert des Mitführens einer Schußwaffe bereits (teil-) verwirklicht ist (BGH, NJW 1984, 216 [217] m. krit. Anm. *Zaczyk*). Hingegen billigt das Schrifttum dem Täter überwiegend einen strafbefreienden Rücktritt vom § 250 I Nr. 1, nicht aber vom Grundtatbestand des Raubs (§ 249 I) zu, wenn die Schußwaffe die Sphäre des Opfers nicht tangiert. Denn das Qualifikationsmerkmal weist einen Opferbezug auf. Es kann daher erst dann vollendet – und damit ein Rücktritt ausgeschlossen – sein, wenn die in der Schußwaffe liegende Gefahr wenigstens real werden kann, d. h. die Schußwaffe mit der Sphäre des Opfers in Berührung kommt (*Streng*, JZ 1984, 652 ff.; *Zaczyk*, NStZ 1984, 217). 32

Verwirklicht ein Täter mehrere Qualifikationstatbestände des schweren Raubs (§ 250), liegt grundsätzlich nur ein schwerer Raub (§ 250) vor (BGH, NJW 1994, 2034 f.; a. A. BGH, NStZ 1994, 285 f.; *Tröndle*, § 250 Rn. 10: Tateinheit). Tateinheit ist u. a. möglich mit schwerer oder besonders schwerer Körperverletzung (§§ 224, 225; BGH, NStE, StGB, § 250 Nr. 12) sowie mit Freiheitsberaubung (§ 239; *Tröndle*, § 239 Rn. 13). 33

II. Raub mit Todesfolge (§ 251)

1. Tatbestand

a) Nach § 251 muß der Täter durch den Raub (§§ 249, 250) den Tod eines anderen verursachen. Daher genügt es nicht, daß der Raub conditio sine qua non für den Tod ist, vielmehr muß sich der Todeserfolg unmittelbar aus der Raubhandlung, d. h. der tatbestandsmäßigen Gewalt oder Drohung sowie u. U. der Wegnahme und ihrer spezifischen Gefährlichkeit entwickelt haben (*Lackner/Kühl*, § 251 Rn. 1; *Krey*, BT-2, Rn. 202; a. A. Schönke/Schröder-*Eser*, § 251 Rn. 4; *Wessels*, BT-2, Rn. 346: nur unmittelbare Folgen der Nötigungsmittel). 34

Beispiele: A erleidet aufgrund der Drohung des B einen Herzschlag. C raubt in einer Winternacht D dessen Kleidung, der in einsamer Gegend zurückgelassen erfriert.

35 Nach h. M. kann § 251 entsprechend § 250 I Nr. 3 (vgl. *Rn. 26 f.*) auch im Stadium zwischen Vollendung und Beendigung verwirklicht werden (BGHSt 38, 295 ff. – „*RAF-Einkaufspassagenfall*"; *Tröndle*, § 251 Rn. 2; a. A. LK-*Herdegen*, § 251 Rn. 6). Freilich sprechen auch hier die besseren Argumente (vgl. *Rn. 27*) für die wortlautgetreue Auslegung. Konsequenz der h. M. ist es, daß der Anwendungsbereich des § 252 von § 249 umfaßt und § 252 insoweit überflüssig ist.

36 **b)** Obgleich es sich bei § 251 um ein erfolgsqualifiziertes Delikt handelt, ist abweichend von § 18 Leichtfertigkeit i. S. einer gesteigerten (groben) Fahrlässigkeit erforderlich (OLG Nürnberg, NStZ 1986, 556; Schönke/Schröder-*Eser*, § 251 Rn. 6). Aus der Raubbegehung als solcher kann die Leichtfertigkeit nicht gefolgert werden, vielmehr muß der Täter gerade im Hinblick auf den konkreten Todeserfolg grob fahrlässig handeln (*Krey*, BT-2, Rn. 203).

37 **(1)** Umstritten ist, ob die Formulierung „leichtfertig verursacht" auch vorsätzliche Tötungen erfaßt. Nach Auffassung des BGH soll § 251 auch beim Tötungsvorsatz des Täters zur Anwendung kommen. Die §§ 211, 212 stehen dann in Tateinheit, auch wenn sie dasselbe Tatopfer betreffen (sog. Konkurrenzlösung; vgl. BGHSt – GS – 39, 100 [103 ff.] – „*Todesfolgenvorsatzfall*"; BGH, NStZ 1992, 230 f.; *Wessels*, BT-2, Rn. 348; *Schünemann*, JA 1980, 393 [396]).

Argumente:

38 ❑ Der Gesetzeswortlaut ermöglicht es, § 251 immer dann anzuwenden, wenn der Tod mindestens leichtfertig verursacht wird (*Wessels*, BT-2, Rn. 348). Leichtfertigkeit i. S. des § 251 fügt sich in das Stufenverhältnis der Schuldformen des § 18 ein, so daß die Grundanforderung zwar auf die Stufe der Leichtfertigkeit gehoben, Vorsatz aber dadurch nicht ausgeschlossen wird (BGHSt – GS – 39, 100 [104] – „*Todesfolgenvorsatzfall*").

39 ❑ Für die Einbeziehung von vorsätzlichen Tötungen sprechen auch kriminalpolitische Erwägungen. Die Strafdrohung des § 212 I liegt unter der des § 251. Der Räuber, der vorsätzlich, aber ohne Mordmerkmale tötet, steht in diesem Fall besser als der Räuber, der bloß leichtfertig und damit ohne Vorsatz tötet (BGHSt – GS – 39, 100 [107] – „*Todesfolgenvorsatzfall*").

40 ❑ Nur bei Einbeziehung vorsätzlicher Tötungen in den Anwendungsbereich des § 251 lassen sich die Fälle befriedigend lösen, in denen es zweifelhaft bleibt, ob der Täter grob fahrlässig oder (bedingt) vorsätzlich getötet hat. Andernfalls haben Beweisschwierigkeiten zur Folge, daß der Täter nur aus § 249 (oder § 250) bestraft werden kann. Denn der Zweifelssatz kommt dem Täter sowohl in bezug auf § 251 (unter dem Aspekt des Strafrahmens erweist sich die vorsätzliche Tötung gemäß § 212 als günstiger) zugute als auch hinsichtlich § 212 (leichtfertiges Handeln weist weniger Schuldschwere auf als vorsätzliches; BGHSt – GS – 39, 100 [107 f.] – „*Todesfolgenvorsatzfall*"; LK-*Herdegen*, § 251 Rn. 12).

41 **(2)** Die bislang h. M. rechnet § 251 zur Gruppe der echten erfolgsqualifizierten Delikte, bei denen die vorsätzliche Todesverursachung vom Tatbestand nicht erfaßt

wird (sog. Exklusivitätslösung; so noch BGHSt 26, 175; *Otto*, BT, S. 191; *Rengier*, StV 1992, 496 ff.).

Argumente:

❏ Anders als § 18 („wenigstens Fahrlässigkeit") und § 225 I („wenigstens leichtfertig") spricht § 251 gerade nicht von „wenigstens leichtfertig". Die Einbeziehung vorsätzlicher Todesverursachung widerspricht folglich dem eindeutigen Wortlaut des Gesetzes und verletzt mithin das Analogieverbot (Art. 103 II GG; *Krey*, BT-2, Rn. 204 f.). 42

❏ Ein Rückgriff auf § 18 scheidet aus, da § 251 gegenüber dieser Norm des Allgemeinen Teils des StGB spezieller ist (*Krey*, BT-2, Rn. 204). 43

❏ Zwar besteht für die Exklusivitätslösung ein unter kriminalpolitischen Gesichtspunkten bedenklicher Wertungswiderspruch, da die Strafdrohung des § 212 I unter der des § 251 liegt. Die Beseitigung dieses Widerspruchs ist aber allein Aufgabe des Gesetzgebers (*Lackner/Kühl*, § 251 Rn. 4). 44

❏ In der Praxis ist dieser Wertungswiderspruch ohnehin nur von marginaler Bedeutung, da der Räuber, der durch die Tat vorsätzlich einen anderen tötet, regelmäßig aus Habgier oder um eine andere Straftat zu ermöglichen handelt und daher nach § 211 mit lebenslanger Freiheitsstrafe zu bestrafen ist (*Krey*, BT-2, Rn. 205). 45

Merke: Der Tatbestand des § 251 erfaßt ausschließlich leichtfertige, nicht aber vorsätzliche Todesverursachungen. Nur diese Auslegung des § 251 wird dem Analogieverbot (Art. 103 II GG) gerecht, das insbesondere gegenüber kriminalpolitischen Bedürfnissen Vorrang hat (str.).

Das Sechste Gesetz zur Reform des Strafrechts fügt in § 251 vor dem Wort „leichtfertig" das Wort „wenigstens" ein. Damit hat der Gesetzgeber nunmehr den vielfach behaupteten kriminalpolitischen Bedürfnissen Rechnung getragen und den oben (vgl. *Rn. 37 ff.*) dargestellten Streit im Sinne der höchstrichterlichen Rechtsprechung entschieden.

2. Täterschaft und Teilnahme, Versuch sowie Konkurrenzen

Mittäterschaft kommt bei § 251 auch dann in Betracht, wenn § 251 nach zutreffender Auffassung (vgl. *Rn. 41 ff.*) ausschließlich leichtfertig begangen werden kann (vgl. § 11 II). Tatbeteiligte haften als Mittäter eines Raubs aus § 251 auch dann, wenn nur einer die Todesursache setzt, den anderen jedoch hinsichtlich der Todesfolge selbst Leichtfertigkeit zur Last fällt und sie die betreffende Handlung des Beteiligten als solche zumindest in Kauf genommen haben (BGH, NJW 1987, 77 f.; BGH, MDR/H 1993, 1041). 46

Beispiel: A, B und C vereinbaren die mittäterschaftliche Begehung eines Raubs. Für den Fall, daß das Opfer Widerstand leistet, verabreden sie den Einsatz von Schußwaffen. Ein Warnschuß des A geht fehl und verletzt das Opfer tödlich. – Auch B und C sind nach § 251 strafbar. Sie haben mit der Verabredung des Schußwaffeneinsatzes grob fahrlässig selbst eine Ursache für den Tod des Opfers gesetzt.

Vertiefungshinweis: Beim erfolgsqualifizierten Delikt sind folgende Grundsätze zu beachten: Die Beteiligungsform richtet sich nach der Mitwirkung am Grunddelikt (z. B. §§ 249 I, 25 II), die Haftung des einzelnen Beteiligten für den qualifizierten Erfolg dagegen unabhängig vom Verschulden der anderen Beteiligten nach der jeweils insoweit vorliegenden Fahrlässigkeit/Leichtfertigkeit (*Lackner*, § 18 Rn. 4 ff.), so daß hinsichtlich der Haftung nach den einzelnen Beteiligten zu differenzieren ist.

47 Ein Versuch des § 251 kommt nach zutreffender Auffassung (vgl. *Rn. 41 ff.*) nur in der Form in Betracht, daß bereits der Versuch des § 249 I den tödlichen Erfolg verursacht (*Lackner/Kühl*, § 251 Rn. 3), nicht aber, wenn der Täter beim Tatentschluß zum Raub den Tod des Opfers zumindest billigend in Kauf nimmt. Ein strafbefreiender Rücktritt (§ 24) vom Raub (§ 249 I) ist auch noch möglich, nachdem die ihn qualifizierende schwere Folge leichtfertig verursacht wurde (BGHSt 42, 158 [160 f.]).

Aufgrund der Einfügung des Wortes „wenigstens" durch das Sechste Gesetz zur Reform des Strafrechts (vgl. *Rn. 45 a. E.*) kommt nunmehr ein Versuch des § 251 auch dann in Betracht, wenn der Täter beim Tatentschluß zum Raub den Tod des Opfers zumindest billigend in Kauf nimmt.

48 Einfacher (§ 249) und schwerer Raub (§ 250), fahrlässige Tötung (§ 222) und Körperverletzung mit Todesfolge (§ 226) sind gegenüber dem Raub mit Todesfolge (§ 251) subsidiär (*Lackner/Kühl*, § 251 Rn. 4). Nach vorzugswürdiger Auffassung (vgl. *Rn. 41 ff.*) schließen Raub mit Todesfolge (§ 251) und Mord (§ 211) bzw. Totschlag (§ 212) einander aus (wie hier *Lackner/Kühl*, § 251 Rn. 4; *Krey*, BT-2, Rn. 206; a. A. BGHSt – GS – 39, 100 [108 f.] – „*Todesfolgenvorsatzfall*": Tateinheit). Tateinheit kommt u. a. mit räuberischem Angriff auf Kraftfahrer (§ 316 a) in Betracht (BGHSt 25, 222 [229]).

Wegen der Einfügung des Wortes „wenigstens" durch das Sechste Gesetz zur Reform des Strafrechts (vgl. *Rn. 45 a. E.*) kann nunmehr zwischen Raub mit Todesfolge (§ 251) einerseits, Mord (§ 211) und Totschlag (§ 212) andererseits Tateinheit bestehen.

Kontrollfragen und Aufbau

I. Kontrollfragen

1 Ist der Tatbestand des § 250 I Nr. 2 verwirklicht, wenn die Waffe, das sonstige Werkzeug oder Mittel objektiv ungefährlich ist?
 (*Rn. 8 ff.*)

2. Wird § 249 I durch § 250 I Nr. 3 qualifiziert, wenn die Gefahr des Todes auf einer Handlung im Stadium zwischen Vollendung und Beendigung des Raubs beruht?
 (*Rn. 26 ff.*)

3. Was erfordert der subjektive Tatbestand des § 250 I?
 (*Rn. 29 f.*)

4. Schließt zumindest bedingter Tötungsvorsatz § 251 aus?
 (*Rn. 37 ff.*)

5. Unter welchen Voraussetzungen kommt ein Versuch des § 251 in Betracht?
 (*Rn. 47*)

II. Aufbauschemata

1. § 250

   a) Tatbestand

   (1) Objektiver Tatbestand

   – Beisichführen einer Schußwaffe (§ 250 I Nr. 1),
   – Beisichführen einer Waffe, eines sonstigen Werkzeugs oder Mittels (§ 250 I Nr. 2),
   – Gefahr des Todes oder einer schweren Körperverletzung (§ 250 I Nr. 3) oder
   – Bandenraub (§ 250 I Nr. 4)

   (2) Subjektiver Tatbestand

   – Vorsatz
   – Für § 250 I Nr. 2 zudem Gebrauchsabsicht

   b) Rechtswidrigkeit

   c) Schuld

2. § 251
- a) Raub
    - (1) Tatbestand
    - (2) Rechtswidrigkeit
    - (3) Schuld
- b) Todesfolge
    - (1) Eintritt und Verursachung der Todesfolge
    - (2) Tatbestandsspezifischer Gefahrzusammenhang zwischen Grunddelikt und Erfolgsqualifikation
- c) Leichtfertigkeit hinsichtlich der Herbeiführung der Todesfolge

§ 7. Räuberischer Diebstahl (§ 252)

Leitentscheidungen: BGHSt 9, 162 – „*Bohlenfall*"; BGHSt 13, 64 – „*Kaffeestubenfall*"; BGHSt 21, 377 – „*Schwiegermutterfall*"; BGHSt 26, 95 – „*Knüppelfall*"; BGHSt 28, 224 – „*Taxifahrerfall*"; BGHSt 38, 295 – „*RAF-Einkaufspassagenfall*"

Aufsätze: *Geppert*, Zu einigen immer wiederkehrenden Streitfragen im Rahmen des räuberischen Diebstahls (§ 252), Jura 1990, 554; *Perron*, Schutzgut und Reichweite des räuberischen Diebstahls, GA 1989, 145; *Seier*, Probleme der Abgrenzung und der Reichweite von Raub und räuberischen Diebstahl – BGH, NJW 1979, 726, JuS 1979, 336; *Seier*, Die Abgrenzung des räuberischen Diebstahls von der räuberischen Erpressung, NJW 1981, 2152

Übungsfallliteratur: *O. Hohmann*, Der praktische Fall – Strafrecht: Ein Banküberfall mit Hindernissen, JuS 1994, 860; *Meyer-Goßner*, Assessorklausur Strafrecht: Ein gewalttätiger Einbrecher, Jura 1992, 214; *Mürbe*, Der praktische Fall – Strafrecht: Die schweigsame Ehefrau, JuS 1992, 854; *Ranft*, Examensklausur Strafrecht: Falsche Freunde, Jura 1991, 588

A. Grundlagen

§ 252 umschreibt einen selbständigen, raubähnlichen Tatbestand (*Lackner/Kühl*, § 252 Rn. 1; *Tröndle*, § 252 Rn. 1). Vom Raub unterscheidet sich der räuberische Diebstahl dadurch, daß Gewalt oder Drohung (vgl. *§ 5 Rn. 4 ff.*) hier nicht als finales Mittel zur Wegnahme, sondern nach deren Vollendung unmittelbar zur Sicherung der Beute eingesetzt werden (BGHSt 3, 76 [77 f.]; *Geppert*, Jura 1990, 554 [555]). Der Täter des § 252 „ist gleich einem Räuber zu bestrafen". Diese Formulierung verweist nicht nur auf den Strafrahmen des § 249, sondern auch auf dessen Qualifikationen (§§ 250, 251; vgl. BGHSt 17, 179 [180 f.]; *Tröndle*, § 252 Rn. 13).

1

B. Tatbestand

Für den objektiven Tatbestand des räuberischen Diebstahls (§ 252) ist es erforderlich, daß ein Täter, der beim Diebstahl auf frischer Tat betroffen wird, gegen eine Person Gewalt verübt oder mit einer gegenwärtigen Gefahr für Leib oder Leben droht. Der subjektive Tatbestand setzt Vorsatz und ferner die Absicht voraus, die Beuteentziehung zu verhindern.

2

Grundstruktur des räuberischen Diebstahls:

Tatbestand			
Objektiver Tatbestand		Subjektiver Tatbestand	
Tatsituation	Tathandlung	Vorsatz (*Rn. 16*)	Besitzerhaltungs-absicht (*Rn. 17*)
Auf frischer Vortat betroffen (*Rn. 3 ff.*)	Gewalt oder Drohung (*Rn. 15*)		

I. Objektiver Tatbestand

1. Diebstahl als Vortat

3   Der objektive Tatbestand des § 252 setzt als Vortat einen Diebstahl i. S. der §§ 242 ff. voraus. Diebstahl erfaßt nach h. M. hier jede Form der Wegnahme in Zueignungsabsicht, also insbesondere auch den Raub (BGHSt 21, 377 ff. – „*Schwiegermutterfall*"; zweifelnd BGHSt 38, 295 [299] – „*RAF-Einkaufspassagenfall*"; *Krey*, BT-2, Rn. 215), der den Tatbestand des § 242 I mitenthält (vgl. *§ 5 Rn. 1*). Unerheblich ist es, ob der Diebstahl qualifiziert ist oder ein Strafantragserfordernis (§§ 247, 248 a) besteht (*Lackner/Kühl*, § 252 Rn. 2).

4   Die Vortat muß vollendet sein (BGHSt 16, 271 [277] – „*Selbstbedienungsladenfall*"; BGHSt 41, 198 [203] – „*Einkaufswagenfall*"). Der Zeitpunkt der Vollendung des Diebstahls (vgl. § 1 Rn. 43) bestimmt zugleich die Abgrenzung zwischen Raub (§ 249 I) und räuberischem Diebstahl (§ 252). Der Einsatz der Nötigungsmittel nach der Vollendung der Vortat ist nach § 252 zu beurteilen, dagegen der finale Einsatz der Nötigungsmittel zum Zweck der Wegnahme nach § 249 I (BGHSt 28, 224 [226] – „*Taxifahrerfall*"; BGH, StV 1991, 349 f.; *Lackner/Kühl*, § 252 Rn. 3; *Tröndle*, § 252 Rn. 4).

5   Die Rechtsprechung, die beim Raub auch die im Stadium zwischen Vollendung und Beendigung verwirklichten qualifizierenden Tatbestandsmerkmale noch als mit der Raubhandlung zusammenhängend versteht (BGHSt 20, 194 [197] – „*Bauernkellerfall*"; BGHSt 22, 227 [228 f.]; BGHSt 38, 295 [297 ff.] – „*RAF-Einkaufspassagenfall*"; vgl. *§ 6 Rn. 26*), steht dem nicht entgegen. Die insoweit einschlägigen Entscheidungen betreffen allein die Frage, bis zu welchem Zeitpunkt die Tathandlung des Raubs andauert (LK-*Herdegen*, § 252 Rn. 8, 10 m. w. Nachw.).

6   Letztmöglicher Zeitpunkt für die Verwirklichung des § 252 ist nach h. M. die Beendigung der Vortat (BGHSt 28, 224 [229] – „*Taxifahrerfall*"; BGH, StV 1987, 196; *Tröndle*, § 252 Rn. 4; a. A. *Lackner/Kühl*, § 252 Rn. 4).

2. Betroffensein auf frischer Tat

7   Die Merkmale beim Diebstahl „auf frischer Tat betroffen" enthalten zwei klar zu unterscheidende umstrittene Problembereiche: zum einen, wann die Vortat sich noch als frisch erweist, und zum anderen, wie das Tatbestandsmerkmal des „Betroffenseins" zu bestimmen ist.

§ 7. Räuberischer Diebstahl

a) Betroffen ist der Täter, wenn er mit dem Opfer oder einem beliebigen Dritten (*Wessels*, BT-2, Rn. 357) „raumzeitlich zusammentrifft". Gleichgültig ist hierbei, ob der andere den Vorgang als Diebstahl erkannt hat oder ahnungslos ist (BGHSt 9, 255 [257]). Nicht erforderlich ist nach h. M., daß der Täter von einem anderen bemerkt, d. h. sinnlich wahrgenommen wird (BGHSt 26, 95 [96 f.] – „*Knüppelfall*"; *Lackner/Kühl*, § 252 Rn. 4; *Wessels*, BT-2, Rn. 357). Damit sind auch die Fälle erfaßt, in denen der Täter von einem anderen überrascht wird und z. B. durch schnelles Zuschlagen dem unmittelbar bevorstehenden Bemerktwerden zuvorkommt (BGHSt 26, 95 [96] – „*Knüppelfall*"; *Lackner/Kühl*, § 252 Rn. 4). 8

Diese Auslegung des Merkmals „Betroffensein" i. S. von „sich für Betroffen halten" kann sich zwar auf die ratio legis des § 252 stützen, der die Verteidigung der Diebesbeute mit einem Raubmittel unter Strafe stellt. Mit dem möglichen Wortsinn des Merkmals „betroffen", das allein als Entdecktsein zu definieren ist, ist der Verzicht auf das Kriterium der tatsächlich erfolgten Wahrnehmung jedoch nicht zu vereinbaren. Denn der Täter verhindert gerade das Bemerktwerden. Die Auslegung der h. M. ist daher eine unzulässige Analogie (Art. 103 II GG; SK-*Samson*, § 252 Rn. 5; *Krey*, BT-2, Rn. 211). 9

Nach der Rechtsprechung scheidet der mögliche Wortsinn von Betroffensein i. S. eines „raumzeitlichen Zusammentreffens" immerhin solche Taten aus dem Anwendungsbereich des § 252 aus, bei denen Täter und Opfer von vornherein „zusammen sind", ohne aufeinander zu „treffen" (BGHSt 28, 224 [227 f.] – „*Taxifahrerfall*"). 10

b) Das Merkmal der „frischen Tat" hat in § 252 eine zweifache Bedeutung. Zum einen bezieht es sich auf den Zeitpunkt des Betroffenseins, zum anderen auf den Zeitpunkt der Tathandlung. 11

§ 252 erfordert, daß der Täter betroffen wird, solange seine Vortat noch frisch ist, aber auch, daß der Täter die Tathandlung, d. h. die Anwendung der qualifizierten Nötigungsmittel in dieser Phase vornimmt. Der Einsatz der Nötigungsmittel muß zwingend nach der Vollendung der Vortat erfolgen, da § 252 eine vollendete Vortat voraussetzt (vgl. *Rn. 4*). 12

Wann die Vortat nicht mehr frisch ist, ist umstritten. Nach h. M. liegt eine frische Vortat i. S. des § 252 jedenfalls dann nicht mehr vor, sobald diese beendigt ist. 13

Beispiel: A und B treten mit der aus einem Laden entwendeten und im Kofferraum ihres Pkw verstauten Beute die Heimfahrt an. Als Polizeibeamte das Fahrzeug wegen eines Verkehrsverstoßes stoppen wollen, schießen A und B auf die Polizeibeamten (BGH, JZ 1988, 471 f.).

Die Beendigung markiert zwar den Zeitpunkt, ab dem die Vortat zwingend aufhört, frisch zu sein, jedoch kann sie bereits aus Gründen des Zeitablaufs oder wegen der räumlichen Entfernung vom Tatort ihre Frische verloren haben (BGHSt 28, 224 [229] – „*Taxifahrerfall*"; BGH, NStZ 1987, 453 [454]; *Tröndle*, § 252 Rn. 5; *Wessels*, BT-2, Rn. 355 f.). 14

Beispiel: Taxifahrer A entwendet seinem Fahrgast B während der Fahrt von Stuttgart nach Hamm unbemerkt die Brieftasche mit 15.500,- DM und steckt sie ein. B wird erst nach einer

Fahrstrecke von über 50 km und dem Verlassen der Autobahn argwöhnisch. A stößt daraufhin B aus dem Fahrzeug (BGHSt 28, 224 ff. – „*Taxifahrerfall*").

3. Nötigungsmittel

15 Der Täter muß bei einem Diebstahl auf frischer Tat betroffen Gewalt gegen eine Person verüben (vgl. *§ 5 Rn. 4 ff.*) oder Drohungen mit gegenwärtiger Gefahr für Leib oder Leben (vgl. *§ 5 Rn. 10 f.*) anwenden. Dies muß nicht am Tatort geschehen; es genügt, wenn die Nötigungsmittel während der Verfolgung zur Anwendung kommen (BGHSt 9, 255 [257]). Wie beim Raub müssen sich die Nötigungsmittel nicht notwendig gegen den Gewahrsamsinhaber richten. Als Adressat kommt vielmehr jede Person in Betracht, die die weggenommene Sache zugunsten des Berechtigten schützen will (Schönke/Schröder-*Eser*, § 252 Rn. 5).

II. Subjektiver Tatbestand

16 Der subjektive Tatbestand des räuberischen Diebstahls erfordert zunächst zumindest bedingten Vorsatz, der sich auf alle Merkmale des objektiven Tatbestands erstrecken muß (*Tröndle*, § 252 Rn. 9; *Otto*, BT, S. 193). Darüber hinaus muß der Täter in der Absicht handeln, eine Beuteentziehung zu verhindern, die tatsächlich oder nach seiner Vorstellung gegenwärtig ist oder unmittelbar bevorsteht (sog. Besitzerhaltungsabsicht; BGHSt 13, 64 [65] – „*Kaffeestubenfall*"; BGHSt 28, 224 [231] – „*Taxifahrerfall*"; *Tröndle*, § 252 Rn. 9; *Geppert*, Jura 1990, 554 [557]).

17 Die Besitzerhaltung braucht jedoch nicht alleiniges Ziel des Handelns zu sein. Es reicht aus, wenn der Täter z. B. daneben das Ziel verfolgt, sich der Ergreifung zu entziehen (BGHSt 13, 64 f. – „*Kaffeestubenfall*"). Setzt hingegen der Täter die Nötigungsmittel ein, um lediglich die Aufklärung der Tat oder die Feststellung seiner Person zu verhindern, liegt die von § 252 geforderte Absicht nicht vor (BGHSt 9, 162 [163 f.] – „*Bohlenfall*"; *Tröndle*, § 253 Rn. 9).

Beispiel: A entwendet B in der Wohnung des C die Geldbörse. Als B den Verlust bemerkt, stellt er A zur Rede, jedoch gibt A die Geldbörse nicht heraus. Als B daraufhin die Wohnung verlassen will, um seinen Sohn D herbeizuholen, der die Angelegenheit klären soll, stürzt A den B die Treppe hinab, um zu verhindern, daß D ihm die Geldbörse wieder abnimmt (BGH, StV 1987, 196 f.).

C. Täterschaft und Teilnahme, Versuch, Konkurrenzen sowie Verfolgbarkeit

18 Mittäter der Vortat (vgl. *Rn. 3 f.*) können nach h. M. auch dann Täter des § 252 sein, wenn sie zwar selbst nicht unmittelbar im Besitz der Beute sind, aber handeln, um den mittäterschaftlich zugerechneten Besitz an der Beute zu erhalten (OLG Stuttgart, NJW 1966, 1931; *Krey*, BT-2, Rn. 223).

Beispiel: A und B überfallen gemeinschaftlich eine Tankstelle und rauben die Tageseinnahmen. Der Tankstellenpächter C verfolgt die beiden. B schlägt C nieder, damit A die Flucht mit der

§ 7. Räuberischer Diebstahl

Beute erfolgreich fortsetzen kann. – B ist wegen § 252 strafbar, A nur dann, wenn B im Rahmen des gemeinsamen Tatplans tätig wurde.

Ist die Beute bereits geteilt, kann jeder Mittäter nur noch die eigene Sachherrschaft verteidigen (*Otto*, BT, S. 194). 19

Beispiel: A und B teilen im Beispiel *Rn. 18* noch am Tatort die Beute. Schlägt B den sie verfolgenden C nieder, um sich den Besitz an seinem Anteil zu erhalten, begeht er einen räuberischen Diebstahl (§ 252); schlägt er C hingegen nieder, um ausschließlich A den Besitz an der Beute zu erhalten, scheidet räuberischer Diebstahl (§ 252) aus.

Umstritten ist hingegen, ob auch Teilnehmer an der Vortat Täter des räuberischen Diebstahls sein können. Die h. M. bejaht dies, wenn sich der Teilnehmer im Besitz oder zumindest im Mitbesitz der Beute befindet (BGHSt 6, 248 [250]; *Maurach/Schroeder/Maiwald*, BT-1, § 35 Rn. 40; *Otto*, BT, S. 195). 20

Beispiel: A überfällt eine Tankstelle und raubt die Tageseinnahmen, während B Schmiere steht. Noch am Tatort erhält B seinen Beuteanteil. Als Tankstellenpächter C die beiden verfolgt, schlägt B den A nieder, um sich seinen Anteil zu erhalten.

Hingegen scheidet nach einem Teil des Schrifttums der Teilnehmer an der Vortat zutreffend als Täter des räuberischen Diebstahls aus (*Lackner/Kühl*, § 252 Rn. 6; *Tröndle*, § 252 Rn. 11; *Wessels*, BT-2, Rn. 362). Denn der räuberische Diebstahl (§ 252) ist ein dem Raub (§ 249 I) verwandtes Delikt, das sich wie dieser in der gleichen Weise aus Diebstahls- und Nötigungselementen zusammensetzt. Es ist daher für § 252 – wie auch für § 249 I – erforderlich, daß der Täter nicht nur die Nötigung, sondern auch den Diebstahl selbst verwirklicht (*Krey*, BT-2, Rn. 222). 21

Freilich kann der Teilnehmer an der Vortat – wie jeder an der Vortat Unbeteiligte – durch den Einsatz der tatbestandlichen Nötigungsmittel (vgl. *Rn. 15*) Beihilfe zum räuberischen Diebstahl unter den Voraussetzungen leisten, daß der Vortäter von vornherein darauf vertraut und will, daß der Gehilfe Nötigungsmittel zur Sicherung seiner Beute einsetzt. Andernfalls kann dem Vortäter die Nötigung nicht zugerechnet werden, so daß es dann an einer für die Beteiligung vorausgesetzten Haupttat fehlt (BGHSt 6, 248 [251]; BGH, StV 1991, 349 f.). 22

Beispiel: Nach einem Diebstahl ist A auf der Flucht. Den verfolgenden C schlägt B nieder, um A den Besitz an der Beute zu erhalten. A vertraut von Anfang an darauf und will, daß B zu seinem Schutz mit Gewalt gegen C eingreift (BGH, StV 1991, 349 f.).

Der räuberische Diebstahl ist bereits mit dem auf Gewahrsamssicherung gerichteten Einsatz der Nötigungsmittel vollendet (BGH, NJW 1968, 2386 [2387]). Versuch kommt daher nur in Betracht, wenn entweder der Einsatz der Nötigungsmittel im Versuch stecken bleibt (BGHSt 14, 114 [115]) oder die Vortat trotz abgeschlossenem Gewahrsamsbruch nicht vollendet ist, z. B. weil der Täter eine ihm selbst gehörende Sache „entwendet" oder ein tatbestandsausschließendes Einverständnis vorliegt (*Wessels*, BT-2, Rn. 361). 23

Tateinheit (§ 52) kommt insbesondere mit den Körperverletzungsdelikten (§§ 223 ff.) und mit Widerstand gegen Vollstreckungsbeamte (§ 113 I) in Betracht. Wenn die Nötigungsmittel zugleich der Erlangung und der Sicherung verschiedener 24

Sachen dienen, stehen Raub (§ 249 I) und räuberischer Diebstahl (§ 252) ebenfalls in Tateinheit (BGH, StV 1985, 13 [14]; Schönke/Schröder-*Eser*, § 252 Rn. 13).

25 Konkurrenzprobleme zwischen Raub (§ 249) und räuberischen Diebstahl (§ 252) ergeben sich insbesondere dann, wenn die qualifizierenden Umstände des schweren Raubs (§ 250) erst nach Vollendung der Wegnahme, aber vor Beendigung der Tat verwirklicht werden. Hier ist zu differenzieren:

26 Ist die Vortat ein Diebstahl (§ 242 I) und setzt der Täter die Nötigungsmittel erst nach Vollendung der Wegnahme ein, kommt allein ein räuberischer Diebstahl (§ 252) in Betracht, da es an der für den Raub (§ 249 I) vorausgesetzten Finalität der Nötigung für die Wegnahme fehlt (BGHSt 28, 224 [226] – „*Taxifahrerfall*"; BGH, StV 1985, 13).

27 Ist die Vortat ein Raub (§ 249 I) und verwirklicht der Täter die Qualifikationsmerkmale des schweren Raubs (§ 250 I) oder des Raubs mit Todesfolge (§ 251) erst nach Vollendung der Wegnahme, können nach h. M. die Tatbestände des schweren Raubs (§ 250 I) und des Raubs mit Todesfolge (§ 251) sowohl den Tatbestand des Raubs (§ 249 I) wie auch den des räuberischen Diebstahls (§ 252) qualifizieren (vgl. *§ 6 Rn. 26 f.*). Unstreitig ist es, daß der Täter nicht zugleich wegen schweren Raubs (§§ 249 I, 250 I) und wegen schweren räuberischen Diebstahls (§§ 252, 250 I) bestraft werden kann. Vielmehr wird der Täter wegen schweren Raubs (§§ 249 I, 250 I) bzw. Raubs mit Todesfolge (§ 251) bestraft. Der zugleich verwirklichte schwere räuberische Diebstahl (§§ 252, 250 I) bzw. räuberische Diebstahl mit Todesfolge (§§ 252, 251) tritt demgegenüber zurück, da das Diebstahlselement bereits vom schweren Raub (§§ 249 I, 250 I) bzw. Raub mit Todesfolge (§ 251) erfaßt ist (BGH, GA 1969, 347 [348]).

28 Ist hingegen entweder der Raub (§ 249 I), nicht aber der räuberische Diebstahl (§ 252) oder der räuberische Diebstahl (§ 252), nicht aber der Raub (§ 249 I) qualifiziert, so tritt jeweils das nichtqualifizierte Delikt zurück (*Lackner/Kühl*, § 252 Rn. 8).

29 Der räuberische Diebstahl (§ 252) geht im Wege der Spezialität der Nötigung (§ 240) und dem Diebstahl (§ 242) vor. Das gilt auch dann, wenn der räuberische Diebstahl nur versucht ist (§§ 252, 22), da dieser eine vollendete Vortat voraussetzt (Schönke/Schröder-*Eser*, § 252 Rn. 13).

30 Die Strafantragserfordernisse der §§ 247, 248 a finden keine Anwendung, da im Verhältnis zum Diebstahl (§ 242 I) der räuberische Diebstahl (§ 252) ein selbständiges Delikt ist (BGHSt 3, 76 [77]).

Kontrollfragen und Aufbau

I. Kontrollfragen

1. Welche Delikte kommen als Vortat des § 252 in Betracht?
   (*Rn. 3 f.*)
2. Liegt ein Betroffensein i. S. des § 252 auch dann vor, wenn der Täter z. B. durch schnelles Zuschlagen dem Bemerktwerden zuvorkommt?
   (*Rn. 8 f.*)
3. Unter welchen Voraussetzungen erweist sich eine Vortat als frisch i. S. des § 252?
   (*Rn. 11 ff.*)
4. Können Teilnehmer an der Vortat Täter des § 252 sein?
   (*Rn. 20 ff.*)

II. Aufbauschema

1. Tatbestand
   a) Objektiver Tatbestand
      (1) Betroffensein auf frischer (Vor-)Tat
      (2) Gewalt gegen eine Person oder Drohung mit einer gegenwärtigen Gefahr für Leib oder Leben
   b) Subjektiver Tatbestand
      (1) Vorsatz
      (2) Absicht, sich im Besitz des gestohlenen Gutes zu erhalten
2. Rechtswidrigkeit
3. Schuld

3. Teil. Strafbarer Eigennutz (Kerntatbestände)

Im 25. Abschnitt des StGB hat der Gesetzgeber eine Reihe von Tatbeständen zusammengefaßt, deren einziges gemeinsames Merkmal darin besteht, „daß sie in andere Abschnitte nicht hineinpassen" (LK-*v. Bubnoff*, vor § 284 Rn. 1). Als wesentlichste Vorschriften innerhalb dieses „Sammelsuriums" sind das Vereiteln der Zwangsvollstreckung (§ 288), die Pfandkehr (§ 289) sowie die Jagd- und Fischwilderei (§§ 292, 293) anzusehen.

§ 8. Vereiteln der Zwangsvollstreckung und Pfandkehr (§§ 288, 289)

Leitentscheidungen: BGHSt 16, 330 – „*Staubsaugerfall*"; BayObLG, NJW 1981, 1745 – „*Vermieterpfandrechtsfall*"

Aufsätze: *Bohnert*, Die Auslegung des Wegnahmebegriffs bei der Pfandkehr (§ 289 StGB) – BayObLG, NJW 1981, 1745, JuS 1982, 256; *Geppert*, Vollstreckungsvereitelung (§ 288 StGB) und Pfandkehr (§ 289 StGB), Jura 1987, 427; *Haas*, Vereiteln der Zwangsvollstreckung durch Betrug und Unterschlagung, GA 1996, 117

A. Grundlagen

Während § 288 die Befriedigung des Gläubigers im Wege der Einzelzwangsvollstreckung in das Vermögen des Schuldners sichern soll (BGHSt 16, 330 [333 f.] – *Staubsaugerfall*"), schützt § 289 die Möglichkeit der Ausübung bestimmter Besitz-, Pfand- und ähnlicher Rechte gegen eigenmächtige Vereitelung (*Lackner/Kühl*, § 289 Rn. 1). 1

B. Tatbestände

I. Vereiteln der Zwangsvollstreckung (§ 288 I)

1. Objektiver Tatbestand

Der Täter muß bei einer ihm drohenden Zwangsvollstreckung Bestandteile seines Vermögens veräußern oder beiseiteschaffen. 2

3 a) (1) Unter Zwangsvollstreckung i. S. der Vorschrift ist die hoheitliche Durchsetzung eines vermögensrechtlichen Anspruchs zu verstehen (SK-*Samson*, § 288 Rn. 4). Dieser muß materiell-rechtlich wirklich bestehen und grundsätzlich vollstreckungs-

fähig, nicht aber bereits vollstreckbar oder fällig sein (*Tröndle*, § 288 Rn. 2). Geldstrafen und sonstige Vermögenssanktionen zählen nicht dazu, da der Staat insofern nicht als Gläubiger eines materiellen Befriedigungsrechts, sondern in Ausübung der Strafrechtspflege handelt (LK-*Schäfer*, § 288 Rn. 8).

4 (2) Die Zwangsvollstreckung droht nach h. M. schon dann, wenn nach den Umständen des Falls aufgrund konkreter Anhaltspunkte objektiv anzunehmen ist, daß der Gläubiger seinen Anspruch auf diese Weise demnächst, d. h. sobald wie möglich durchsetzen wird (*Geppert*, Jura 1987, 427 f.). Diese Annahme kann schon zu einem Zeitpunkt berechtigt sein, in dem noch nicht einmal eine Klage zur Erlangung eines Vollstreckungstitels erhoben ist (BGH, MDR/H 1977, 638; kritisch SK-*Samson*, § 288 Rn. 10). Auch eine begonnene Zwangsvollstreckung droht noch solange, wie nicht alle Vollstreckungsmaßnahmen abgeschlossen sind, beispielsweise nach Pfändung einer Sache bis zu deren Versteigerung (LK-*Schäfer*, § 288 Rn. 13; Schönke/Schröder-*Eser*, § 288 Rn. 12).

5 b) Der Begriff des Vermögens ist vollstreckungsrechtlich zu verstehen und umfaßt daher alles, was der Vollstreckung unterliegt (BGHSt 16, 330 [332 f.] – „*Staubsaugerfall*"). Bei einer Geldforderung sind folglich gemäß den §§ 803 ff. ZPO unpfändbare Gegenstände und Rechte nicht Bestandteil des Vermögens (*Tröndle*, § 288 Rn. 6; *Wessels*, BT-2, Rn. 429). Gleiches gilt für Sachen, gegen deren Pfändung ein Dritter Widerspruchsklage nach § 771 ZPO erheben könnte (LK-*Schäfer*, § 288 Rn. 20).

6 c) (1) Eine Veräußerung i. S. des § 288 I liegt in jeder Verfügung, durch die ein Teil des Vermögens rechtlich aus diesem ausgeschieden wird. Dies kann etwa durch Übereignung einer Sache oder Belastung eines Grundstücks mit einer Hypothek geschehen. Lediglich verpflichtende Geschäfte – z. B. Verkauf und Vermietung – sind dafür nicht ausreichend. Auch eine Verfügung genügt nur dann, wenn sie ohne vollen Gegenwert bleibt, so daß sich die Befriedigungschancen des Gläubigers verringern (Schönke/Schröder-*Eser*, § 288 Rn. 15; *Geppert*, Jura 1987, 427 [429]).

> **Merke:** Keine Veräußerung stellt die Erfüllung einer Forderung dar, die bereits vor der drohenden Zwangsvollstreckung bestand (*Otto*, BT, S. 209). Wer dagegen über eine nach § 883 ZPO herauszugebende oder eine schon wirksam gepfändete Sache verfügt, veräußert diese i. S. des § 288 I (BGHSt 16, 330 [333] – „*Staubsaugerfall*"; *Lackner/Kühl*, § 288 Rn. 4; *Haas*, GA 1996, 117 [119]).

7 (2) Im Unterschied zum Veräußern erfordert das Beiseiteschaffen, daß eine Sache der Zwangsvollstreckung tatsächlich entzogen wird. Eines rechtlichen Ausscheidens bedarf es nicht (*Geppert*, Jura 1987, 427 [430]).

Beispiele: Ein Täter schafft eine Sache beiseite, wenn er sie fortbringt, versteckt, heimlich vermietet oder zerstört. Eine bloße Beschädigung reicht jedoch im Hinblick auf den Wortlaut nicht aus, soweit dadurch ihr Wert als Vollstreckungsgegenstand nicht völlig entfällt (LK-*Schäfer*, § 288 Rn. 26; *Tröndle*, § 288 Rn. 10).

2. Subjektiver Tatbestand

In bezug auf den objektiven Tatbestand muß der Täter zumindest bedingten Vorsatz haben. Bei der Tathandlung muß zudem die Absicht bestehen, die Befriedigung des Gläubigers zu vereiteln. Nach h. M. ist dafür schon direkter Vorsatz hinreichend. Es genügt also, daß der Täter die Benachteiligung des Gläubigers als sichere Folge voraussieht (dolus directus 2. Grades; SK-*Samson*, § 288 Rn. 23; *Tröndle*, § 288 Rn. 12), wobei diese nur zeitweilig zu sein braucht (BGH, MDR/H 1977, 638). Die Absicht ist jedoch bei einer Geldforderung zu verneinen, wenn zwar einzelne Gegenstände weggeschafft werden, ein erfolgreicher Zugriff des Gläubigers auf sonstiges Vermögen des Täters aber gewährleistet ist (*Krey*, BT-2, Rn. 290; *Otto*, BT, S. 210).

II. Pfandkehr (§ 289 I)

1. Objektiver Tatbestand

Der objektive Tatbestand verlangt im wesentlichen, daß der Täter eine bewegliche Sache dem Inhaber eines daran bestehenden Pfand- oder ähnlichen Rechts wegnimmt.

Beispielsfall 4: Überstürzter Auszug („Rücken")

A ist Mieter einer hellen und geräumigen Dachgeschoßwohnung. Mittlerweile bestehen erhebliche Mietrückstände. Kurz vor dem Ende der Mietzeit teilt der Vermieter daher schriftlich mit, daß er von dem ihm zustehenden Pfandrecht Gebrauch mache. A reagiert auf das Schreiben sofort und zieht unter Mitnahme aller seiner Sachen vorfristig aus der Wohnung aus.
Strafbarkeit des A?

Lösung:

Die aus der Wohnung entfernten Sachen waren offensichtlich beweglich (vgl. *§ 1 Rn. 11*) und standen im Eigentum des A.

Im übrigen kann neben dem Eigentümer auch ein in dessen Interesse handelnder Dritter § 289 verwirklichen (*Wessels*, BT-2, Rn. 422). Es kommt somit für eine Strafbarkeit nach § 289 darauf an, ob an den Gegenständen ein Recht i. S. der Norm bestand, und bejahendenfalls, ob A dem Inhaber dieses Rechts die Sachen weggenommen hat.

a) § 289 schützt zunächst Nutznießungsrechte wie den Nießbrauch nach § 1030 I BGB und Gebrauchsrechte im weitesten Sinn, z. B. des Sicherungsgebers bei der Sicherungsübereignung, des Mieters nach den §§ 535 ff. BGB und des Entleihers gemäß den §§ 598, 603 BGB, aber auch das Anwartschaftsrecht beim Kauf unter Eigentumsvorbehalt (LK-*Schäfer*, § 289 Rn. 5; Schönke/Schröder-*Eser*, § 289 Rn. 7). Darüber hinaus werden Zurückbehaltungsrechte, insbesondere nach den §§ 273, 1000 BGB, sowie Pfandrechte erfaßt. Nicht nur bei diesen ist es unerheblich, ob sie auf Gesetz oder vertraglicher Vereinbarung beruhen (*Geppert*, Jura 1987, 427 [432]).

Beispiele: Pfandrechte sind etwa die gemäß § 1205 BGB bestellten, ferner die des Unternehmers (§ 647 BGB; OLG Düsseldorf, NJW 1989, 115 [116]) und des Gastwirts (§ 704 BGB). Dazu zählen nach h. M. auch das Pfändungspfandrecht (SK-*Samson*, § 289 Rn. 4; *Krey*, BT-2, Rn. 287; a. A. *Lackner/Kühl*, § 289 Rn. 1) sowie das – im Beispielsfall bestehende – Vermieterpfandrecht nach § 559 BGB (BayObLG, NJW 1981, 1745 – *"Vermieterpfandrechtsfall"*; *Tröndle*, § 289 Rn. 1).

14 **b)** Entscheidend ist demnach, ob A die Sachen dem Vermieter als Inhaber eines geschützten Pfandrechts weggenommen hat. Wenn der Wegnahmebegriff des § 289 mit dem des Diebstahls identisch wäre, müßte dies verneint werden, weil es an einem Gewahrsamsverlust des Vermieters fehlt (vgl. § 1 Rn. 40).

15 Eine derartige Gleichstellung der Tathandlungen ist jedoch mit der h. M. abzulehnen (BayObLG, NJW 1981, 1745 – *"Vermieterpfandrechtsfall"*; *Lackner/Kühl*, § 289 Rn. 3; a. A. Schönke/Schröder-*Eser*, § 289 Rn. 8; *Bohnert*, JuS 1982, 256 [260]). Sie ist weder begrifflich notwendig – andernfalls müßte § 168 nicht ausdrücklich eine Wegnahme aus dem Gewahrsam fordern – noch aufgrund der Verwendung desselben Worts zwingend, weil dessen Bedeutung in verschiedenen Tatbeständen nach deren Zweck variieren kann (LK-*Schäfer*, § 289 Rn. 8; methodisch instruktiv *Bohnert*, JuS 1982, 256 [257 f.]; teilweise kritisch *Laubenthal*, JA 1990, 38 [41, 43], der zudem auf § 274 I Nr. 3 hinweist). Der Zweck des § 289 spricht aber für eine Einbeziehung auch besitzloser Pfandrechte, sofern deren Inhaber wenigstens eine Zugriffsmöglichkeit hat. Dies ist beim Vermieterpfandrecht im Hinblick auf das Selbsthilferecht des § 561 BGB zu bejahen (BayObLG, NJW 1981, 1745 – *"Vermieterpfandrechtsfall"*; *Wessels*, BT-2, Rn. 422).

2. Subjektiver Tatbestand

16 Der objektive Tatbestand muß vorsätzlich verwirklicht werden. Dafür bedarf es der – bei A vorliegenden – Kenntnis vom Bestehen des geschützten Rechts (OLG Düsseldorf, NJW 1989, 115 [116]). Zudem fordert das Gesetz ein Handeln in rechtswidriger Absicht, d. h. mit dem sicheren Wissen, das fremde Recht zu vereiteln (dolus directus 2. Grades; *Lackner/Kühl*, § 289 Rn. 4; LK-*Schäfer*, § 289 Rn. 21 f.; SK-*Samson*, § 289 Rn. 11). Auch dies ist für A zu bejahen.

17 **Ergebnis:** A hat sich einer Pfandkehr nach § 289 I schuldig gemacht.

C. Täterschaft und Teilnahme, Versuch, Konkurrenzen sowie Verfolgbarkeit

18 Für beide Vorschriften gelten in bezug auf Täterschaft und Teilnahme grundsätzlich die allgemeinen Regeln (§§ 25 ff.). Zu beachten ist aber, daß Täter des § 288 nur sein kann, wem selbst die Zwangsvollstreckung droht. Es handelt sich um ein Sonderdelikt. § 28 I ist nach h. M. nicht anwendbar, da die Schuldnereigenschaft tat- und nicht täterbezogenes Merkmal ist (LK-*Schäfer*, § 288 Rn. 30; a. A. *Tröndle*, § 288 Rn. 14).

Vertiefungshinweis: Zur Problematik des sog. qualifikationslos dolosen Werkzeugs – der Vollstreckungsschuldner bedient sich eines Tatmittlers zum Veräußern bzw. Beiseiteschaffen – vgl. LK-*Schäfer*, § 288 Rn. 29; *Krey*, BT-2, Rn. 291 ff.; *Geppert*, Jura 1987, 427 [430 f.]).

Als Täter des § 289 kommt dagegen jeder in Frage, also auch der Nichteigentümer, sofern er zugunsten des Eigentümers wegnimmt (SK-*Samson*, § 289 Rn. 13). **19**

Während § 289 II den Versuch unter Strafe stellt, ist das versuchte Vereiteln der Zwangsvollstreckung nicht sanktioniert. § 288 ist allerdings bereits mit Abschluß der Tathandlung vollendet, ohne daß die beabsichtigte Vereitelung glücken muß (*Wessels*, BT-2, Rn. 426). **20**

§ 288 und § 289 können jeweils vor allem mit Verstrickungsbruch (§ 136 I) und Unterschlagung (§ 246) in Tateinheit stehen (*Tröndle*, § 288 Rn. 16, § 289 Rn. 7). **21**

Beide Delikte werden ausschließlich auf Antrag verfolgt (§§ 288 II, 289 III; vgl. *§ 21 Rn. 7*). **22**

Kontrollfragen und Aufbau

I. Kontrollfragen

1. Wann droht eine Zwangsvollstreckung i. S. des § 288?
   (*Rn. 4*)

2. Wie unterscheiden sich beide Tathandlungen des § 288?
   (*Rn. 6 f.*)

3. Welche Rechte schützt § 289?
   (*Rn. 13*)

4. Was versteht man bei § 289 unter Wegnahme?
   (*Rn. 14 f.*)

II. Aufbauschemata

1. § 288 I
   a) Tatbestand
      (1) Objektiver Tatbestand
          – Bei einer ihm drohenden Zwangsvollstreckung
          – Bestandteile seines Vermögens
          – Veräußern oder beiseiteschaffen
      (2) Subjektiver Tatbestand
          – Vorsatz
          – Absicht, die Befriedigung des Gläubigers zu vereiteln

b) Rechtswidrigkeit

c) Schuld

d) Besondere Strafverfolgungsvoraussetzungen (§ 288 II; vgl. *§ 21 Rn. 1 ff.*)

2. § 289 I

a) Tatbestand

(1) Objektiver Tatbestand

– Seine eigene bewegliche Sache oder

– Eine fremde bewegliche Sache zugunsten des Eigentümers derselben

– Dem Nutznießer, Pfandgläubiger oder demjenigen, welchem an der Sache ein Gebrauchs- oder Zurückbehaltungsrecht zusteht

– Wegnehmen

(2) Subjektiver Tatbestand

– Vorsatz

– Rechtswidrige Absicht

b) Rechtswidrigkeit

c) Schuld

d) Besondere Strafverfolgungsvoraussetzungen (§ 289 III; vgl. *§ 21 Rn. 1 ff.*)

§ 9. Jagd- und Fischwilderei (§§ 292, 293)

Aufsatz: *Wessels*, Probleme der Jagdwilderei und ihrer Abgrenzung zu den Eigentumsdelikten, JA 1984, 221

A. Grundlagen

Weitere im Examen – häufig im Zusammenhang mit Irrtumsfragen (vgl. *Rn. 8 ff.*) – zu erörternde Delikte aus dem 25. Abschnitt des StGB sind die Jagd- und die Fischwilderei. Beide enthalten Elemente eines Vermögensdelikts, denn sie schützen die Befugnis des Jagd- bzw. Fischereiberechtigten, sich in einem bestimmten Revier vor allem wilde Tiere bzw. in einem Gewässer speziell Fische anzueignen. Jagdrechte sind dingliche Rechte, die dem Grundeigentümer zustehen. Auch dieser kann jedoch fremdes Jagdrecht i. S. des § 292 verletzen, sofern das Jagdausübungsrecht einem anderen übertragen ist (§§ 1, 3 BJagdG; *Krey*, BT-2, Rn. 264). Entsprechendes gilt nach den einschlägigen Landesgesetzen für die Fischereirechte (eine Übersicht gibt *Tröndle*, § 293 Rn. 1). 1

Nach h. M. dienen die §§ 292, 293 darüber hinaus dem Schutz des Wild- und Fischbestands (*Tröndle*, § 292 Rn. 1; *Wessels*, JA 1984, 221; a. A. Schönke/Schröder-*Eser*, § 292 Rn. 1). Dafür spricht z. B. die Kategorisierung einer Tat als besonders schweren Fall, wenn diese in der Schonzeit oder in nicht weidmännischer Weise (§ 292 II) bzw. unter Gefährdung des Fischbestands in einem Gewässer (§ 293 II) begangen wird. Zudem legt § 1 I 2 BJagdG fest, daß mit dem Jagdrecht die Pflicht zur Hege verbunden ist (LK-*Schäfer*, § 292 Rn. 2). 2

B. Tatbestände

Beide Delikte müssen unter Verletzung fremden Jagd- bzw. Fischereirechts verwirklicht werden (vgl. *Rn. 1*). Tatobjekt können ausschließlich jagdbare wildlebende, also herrenlose Tiere sein (*Wessels*, JA 1984, 221). Andernfalls kommen vor allem die §§ 242 ff. in Betracht (*Otto*, BT, S. 210). 3

> **Beachte:** Das ist insbesondere der Fall, wenn der Jagdausübungsberechtigte durch Begründung von Eigenbesitz gemäß § 958 I BGB Eigentum erlangt hat. Dagegen bleibt Wild herrenlos, wenn ein Dritter es in Eigenbesitz genommen hat, weil dieser wegen § 958 II BGB selbst nicht Eigentümer werden und nach h. M. auf diesem Weg auch dem Berechtigten kein Eigentum verschaffen kann (*Lackner/Kühl*, § 292 Rn. 1; LK-*Schäfer*, § 292 Rn. 35, 60; *Wessels*, BT-2, Rn. 405).

I. Jagdwilderei (§ 292)

1. Grundtatbestand (§ 292 I)

4 a) Das fremde Jagdrecht kann durch zwei Handlungsgruppen verletzt werden. Die erste Gruppe erfaßt ausschließlich lebende Tiere, die zweite dagegen dem Jagdrecht unterliegende Sachen, nämlich neben verendetem Wild nach § 1 V BJagdG auch sog. Abwurfstangen und Eier von Federwild (*Wessels*, JA 1984, 221 [222]).

5 (1) Die erste Gruppe sieht vier Handlungsvarianten vor. Der Täter muß Wild entweder fangen, d. h. es lebend in seine Gewalt bringen, erlegen, d. h. es auf irgendeine Weise töten, ihm nachstellen oder es sich zueignen. Letzteres verlangt eine Gewahrsamsbegründung mit Zueignungswillen. Im Unterschied zu § 246, auf dessen Grundsätze im übrigen zurückgegriffen werden kann (vgl. *§ 3 Rn. 11*), bedarf es des dauernden Ausschlusses des Aneignungsberechtigten (SK-*Samson*, § 292 Rn. 10).

Das Sechste Gesetz zur Reform des Strafrechts hat § 292 I dahingegend geändert, daß das Wild bzw. die dem Jagdrecht unterliegenden Sachen (vgl. *Rn. 4, 7*) durch den Täter nicht nur sich selbst, sondern auch einem Dritten zugeeignet werden können (vgl. *§ 1 Rn. 104*).

6 Unter Nachstellen werden alle Handlungen verstanden, die die Durchführung der drei anderen Begehungsvarianten bezwecken (Schönke/Schröder-*Eser*, § 292 Rn. 5). Diesen kommt daher in der Praxis nur dann Bedeutung zu, wenn der Täter dem Wild zuvor ausnahmsweise nicht nachgestellt hat. Der Sache nach handelt es sich bei § 292 in der Form des Nachstellens um ein sog. unechtes Unternehmensdelikt, das den Versuch des Fangens, Erlegens und Sichzueignens erfaßt (LK-*Schäfer*, § 292 Rn. 41).

Beispiele: Ein Täter stellt i. S. des § 292 nach, wenn er sich an das Wild anpirscht, diesem auflauert, Köder oder Schlingen legt oder mit einer einsatzbereiten Waffe das Revier durchstreift (*Wessels*, JA 1984, 221 [222]).

7 (2) Die dem Jagdrecht unterliegenden Sachen (vgl. *Rn. 4*) muß der Täter beschädigen, zerstören oder sie sich zueignen. Für das Sichzueignen gilt das eben Gesagte (vgl. *Rn. 5*). Beschädigen und Zerstören bedeuten dasselbe wie bei der Sachbeschädigung gemäß § 303 (vgl. *§ 10 Rn. 3 ff.*; SK-*Samson*, § 292 Rn. 18).

8 b) Subjektiv bedarf es lediglich eines bedingt vorsätzlichen Handelns (*Tröndle*, § 292 Rn. 20). Zwei **Irrtumskonstellationen** sind in diesem Zusammenhang besonders verbreitet (allgemein vertiefend LK-*Schäfer*, § 292 Rn. 78 ff.; *Wessels*, BT-2, Rn. 406 ff.):

❏ Der Täter hält das Wild für fremdes Eigentum, während es in Wahrheit herrenlos 9
ist. Die h. M. nimmt im Ergebnis einen versuchten Diebstahl (§§ 242 II, 22) an,
dessen – objektiv nicht vorliegende – Voraussetzungen sich der Täter vorgestellt hatte. Eine Bestrafung nach § 292 scheitert dagegen am fehlenden Vorsatz (*Krey*, BT-2,
Rn. 275 ff.; *Wessels*, JA 1984 221 [225]; a. A. *Lackner/Kühl*, § 292 Rn. 5).

❏ Liegt der Fall genau umgekehrt, hält der Täter also Wild zu Unrecht für herrenlos, 10
so fehlt es am subjektiven Diebstahlstatbestand, so daß § 242 ausscheidet. Es handelt
sich dogmatisch um eine versuchte Jagdwilderei. Da diese nicht mit Strafe bedroht
ist (vgl. *Rn. 15*), bleibt der Täter nach überwiegender Ansicht straffrei (*Tröndle*,
§ 292 Rn. 20; *Wessels*, JA 1984, 221 [224 f.]).

2. Besonders schwere Fälle und qualifizierte Jagdwilderei (§ 292 II, III)

a) § 292 II stellt für besonders schwere Fälle einen höheren Strafrahmen zur Verfügung. Das Gesetz gibt selbst fünf Beispiele, die nicht abschließend („insbesondere"), 11
aber im Unterschied zu den Regelbeispielen des § 243 I 2 verbindlich sind (BGHSt
5, 211 [213 f.]; vgl. *§ 1 Rn. 125 f.*).

b) § 292 III stellt die gewerbs- und gewohnheitsmäßige Jagdwilderei als Qualifika- 12
tionstatbestand unter Strafe. Zur Gewerbsmäßigkeit wird auf das zu § 243 I 2 Nr. 3
Ausgeführte verwiesen (vgl. *§ 1 Rn. 153*). Gewohnheitsmäßig handelt, wem aufgrund der Gewöhnung an Taten dieser Art Bedenken gegen deren Begehung nicht
mehr kommen (SK-*Samson*, § 292 Rn. 27).

Das Sechste Gesetz zur Reform des Strafrechts hat die Absätze 2 und 3 nunmehr in
§ 292 II zusammengefaßt und die bisher dogmatisch unterschiedlich eingestuften
Begehungsweisen als zwar indizielle, aber nicht verbindliche Regelbeispiele ausgestaltet (BT-Drucks 13/8587, S. 46; vgl. *§ 1 Rn. 125 f.*). Danach genügt es nun u. a.,
daß mehrere Beteiligte – und nicht mehr, wie bisher, Täter – mit Schußwaffen ausgerüstet sind.

II. Fischwilderei (§ 293)

§ 293 ist unter Einschluß der besonders schweren Fälle und der Qualifikation mit 13
wenigen Modifikationen dem § 292 nachgebildet, so daß weite Teile der dortigen
Ausführungen auch hier gelten (*Lackner/Kühl*, § 293 Rn. 1). Unter der Tathandlung
des Fischens ist jede auf Erlegung oder Fang eines Wassertiers gerichtete Tätigkeit zu
verstehen, d. h. Fischwilderei stellt in dieser Begehungsform ebenfalls ein unechtes
Unternehmensdelikt dar (OLG Frankfurt a. M., NJW 1984, 812; *Maurach/Schroeder/Maiwald*, BT-1, § 39 Rn. 26; vgl. *Rn. 6*).

Das Sechste Gesetz zur Reform des Strafrechts hat auch insoweit die Drittzueignung
in den Tatbestand eingefügt und im übrigen die bisherigen Absätze 2 und 3 wegen
sich aus der Strafverfolgungsstatistik ergebender „Entbehrlichkeit" ersatzlos gestrichen (BT-Drucks. 13/8587, S. 46; vgl. *Rn. 5*).

C. Täterschaft und Teilnahme, Versuch, Konkurrenzen sowie Verfolgbarkeit

14 Für Täterschaft und Teilnahme gelten bei beiden Delikten die allgemeinen Vorschriften (§§ 25 ff.). In aller Regel kann der Jagdausübungsberechtigte in seinem Revier kein fremdes Jagdrecht verletzen. Das kann jedoch ausnahmsweise anders sein, wenn er in einem befriedeten Bezirk i. S. des § 6 S. 1 BJagdG jagt (BayObLG, NStZ 1992, 187). Bei der Gewerbs- und Gewohnheitsmäßigkeit i. S. der §§ 292 III, 293 III handelt es sich um besondere persönliche Merkmale gemäß § 28 II (LK-*Schäfer*, § 292 Rn. 96).

15 Im Hinblick auf die – teilweise – Ausgestaltung der §§ 292, 293 als unechte Unternehmensdelikte hat der Gesetzgeber auf eine Strafbarkeit des Versuchs verzichtet.

16 Verwirklicht ein Täter mehrere Handlungsvarianten der Wildereitatbestände, so liegt gleichwohl nur eine einheitliche Tat vor (*Wessels*, JA 1984, 221 [222]). Erwirbt jemand in Kenntnis der Umstände von einem Wilderer ein Stück Wild, so tritt § 292 nach h. M. hinter der spezielleren Hehlerei zurück (LK-*Schäfer*, § 292 Rn. 36; Schönke/Schröder-*Eser*, § 292 Rn. 17).

17 Die Grundtatbestände der Jagd- und Fischwilderei (§§ 292 I, 293 I) werden gemäß § 294 nur auf Antrag des Verletzten verfolgt, wenn die Tat von einem Angehörigen oder einem beschränkt Ausübungsberechtigten, z. B. einem Jagdgast, begangen wurde (vgl. *§ 21 Rn. 10*). Eine analoge Anwendung des § 248 a kommt nicht in Betracht, weil die Wildereitatbestände nicht nur das Vermögen schützen und eine planwidrige Regelungslücke nicht besteht (vgl. *Rn. 2*; *Krey*, BT-2, Rn. 266; *Otto*, BT, S. 213; zur Methodologie Schönke/Schröder-*Eser*, § 1 Rn. 24).

Kontrollfragen und Aufbau

I. Kontrollfragen

1. Welche Rechtsgüter schützen die §§ 292, 293?
   (*Rn. 1 f.*)
2. Wie werden die Varianten des Nachstellens und des Fischens dogmatisch eingeordnet?
   (*Rn. 6, 13*)
3. Zwischen welchen Tatobjekten unterscheidet § 292?
   (*Rn. 4*)

II. Aufbauschemata

1. § 292 I
   a) Tatbestand
      (1) Objektiver Tatbestand
         – Unter Verletzung fremden Jagdrechts
         – Dem Wild nachstellen, es fangen, erlegen oder sich zueignen (1. Handlungsgruppe) oder
         – Eine Sache, die dem Jagdrecht unterliegt, sich zueignen, beschädigen oder zerstören (2. Handlungsgruppe)
      (2) Subjektiver Tatbestand
         – Vorsatz
   b) Rechtswidrigkeit
   c) Schuld
   d) Besonders schwerer Fall
      (1) Regelbeispiele des § 292 II
      (2) Ggf. unbenannter besonders schwerer Fall
      (3) Vorsatz
   e) Besondere Strafverfolgungsvoraussetzungen (§ 294; vgl. *§ 21 Rn. 1 ff.*)

2. § 293 I
   a) Tatbestand
      (1) Objektiver Tatbestand
         – Unter Verletzung fremden Fischereirechts
         – Fischen (1. Handlung) oder
         – Eine Sache, die dem Fischereirecht unterliegt, sich zueignen, beschädigen oder zerstören (2. Handlungsgruppe)
      (2) Subjektiver Tatbestand
         – Vorsatz
   b) Rechtswidrigkeit
   c) Schuld
   d) Besonders schwerer Fall
      (1) Regelbeispiele des § 293 II
      (2) Ggf. unbenannter besonders schwerer Fall
      (3) Vorsatz
   e) Besondere Strafverfolgungsvoraussetzungen (§ 294; vgl. *§ 21 Rn. 1 ff.*)

4. Teil. Sachbeschädigung

§ 10. Sachbeschädigung (§§ 303, 304)

Leitentscheidungen: BGHSt 13, 207 – *„Autoreifenfall"*; BGHSt – GS – 29, 129 – *„Plakatkleberfall"*; BGHSt 31, 85 – *„Streifenwagenfall"*; BayObLG, NJW 1987, 3271 – *„Fahrradreifenfall"*

Aufsätze: *Otto*, Die neuere Rechtsprechung zu den Vermögensdelikten – Teil 1, JZ 1985, 21; *Seelmann*, Grundfälle zu den Eigentumsdelikten, JuS 1985, 199; *Stree*, Beschädigung eines Polizeistreifenwagens – BGHSt 31, 85, JuS 1983, 836; *Stree*, Probleme der Sachbeschädigung – OLG Frankfurt a. M., NJW 1987, 389, JuS 1988, 187

Übungsfallliteratur: *Mürbe*, Der praktische Fall – Strafrechtsklausur: Der Autonarr, JuS 1991, 63; *Wilhelm*, Der praktische Fall – Strafrecht: Das überklebte Wahlplakat, JuS 1996, 424

A. Grundlagen

Die Sachbeschädigungsdelikte sind im StGB wegen der unterschiedlichen Funktionen von Sachen an zahlreichen Stellen geregelt. Die im 27. Abschnitt zusammengefaßten Tatbestände schützen zum einen das Rechtsgut Eigentum (§§ 303, 305; *Lackner/Kühl*, § 303 Rn. 1), zum anderen das Allgemeininteresse am unversehrten Bestand kultureller oder gemeinnütziger Sachen (§ 304; *Lackner/Kühl*, § 304 Rn. 1).

1

Systematik der Sachbeschädigungsdelikte:

Grundtatbestand	
Sachbeschädigung (§ 303 I)	
Qualifikationen	Sonderfälle
Zerstörung von Bauwerken (§ 305) Zerstörung wichtiger Arbeitsmittel (§ 305 a) Brandstiftung (§ 308 I 1. Alt.)	Verunglimpfung des Staates und seiner Symbole (§ 90 a II) Verwahrungsbruch (§ 133) Verstrickungs- bzw. Siegelbruch (§ 136) Datenveränderung (§ 303 a I) Computersabotage (§ 303 b I) Gemeinschädliche Sachbeschädigung (§ 304 I)

Aufbauhinweis: Die Tatbestände der §§ 303, 304 sind von untergeordneter Prüfungsrelevanz und werden zudem häufig von anderen Delikten konsumiert (vgl. *Rn. 16, 25*). Im Gutachten ist es deshalb in der Regel fehlerhaft, mit diesen zu beginnen, vielmehr sind sie im Anschluß an das konsumierende Delikt kurz zu erörtern.

B. Tatbestände

I. Sachbeschädigung (§ 303 I)

1. Objektiver Tatbestand

2 a) Tatobjekt ist eine fremde (vgl. *§ 1 Rn. 12 ff.*) Sache (vgl. *§ 1 Rn. 4 ff.*). Im Gegensatz zum Diebstahl (§ 242 I) können auch unbewegliche Sachen Gegenstand der Tat sein (LG Karlsruhe, NStZ 1992, 543 [544]; *Otto,* BT, S. 167).

3 b) Die Tathandlung besteht im Beschädigen oder Zerstören einer Sache. Dies kann auch durch das Unterlassen einer durch eine Garantenpflicht gebotenen Handlung erfolgen.

Beispiel: A übernimmt es gegen Entgelt, den Hund des B während dessen Urlaub zu füttern. Noch vor Ablauf des vereinbarten Zeitraums fährt A selbst in Urlaub, ohne sich um die weitere Versorgung des Hunds zu kümmern. Dieser verendet.

4 (1) Ein Beschädigen liegt zunächst bei einer Substanzverletzung vor, d. h. bei einer Aufhebung der stofflichen Unversehrtheit einer Sache, ihrer stofflichen Verringerung oder Verschlechterung (RGSt 39, 328 [329]; OLG Celle, NJW 1988, 1101; *Otto,* BT, S. 198).

Beispiel: A schneidet die Kennziffer aus statistischen Erhebungsbögen heraus, bevor er diese an die zuständige Behörde zurücksendet (OLG Celle, NJW 1988, 1101 f.).

5 ❑ Die Substanzverletzung muß nicht notwendig unmittelbare Folge der Tathandlung sein. Ausreichend ist, daß die Beseitigung einer durch sie verursachten Veränderung notwendig zu einer Substanzverletzung führt (OLG Frankfurt a. M., NStZ 1988, 410 [411]; BayObLG, StV 1997, 80 [81]).

Beispiel: A sprüht mit roter Farbe die Parole: „Haut die Bullen platt wie Stullen" auf die wenige Zeit zuvor mit einem neuen Anstrich versehene, aus Rauhputz bestehende Front eines Hauses. Die Parole läßt sich nur unter Anwendung chemischer oder mechanischer Mittel entfernen, die in die Substanz der Fassade eingreifen (OLG Düsseldorf, NJW 1982, 1167).

Hat die Beseitigung keinen Eingriff in die stoffliche Integrität zur Folge, liegt auch trotz eines ggf. hohen Kostenaufwands keine Sachbeschädigung vor (OLG Düsseldorf, StV 1995, 592; BayObLG, StV 1997, 80 [81]).

> **Beachte:** Zwar ist eine Substanzverletzung stets ein Beschädigen i. S. des § 303 I, sie ist aber keine notwendige Voraussetzung.

6 ❑ Eine Sache ist auch dann beschädigt, wenn derart verändernd auf sie eingewirkt wird, daß ihre bestimmungsgemäße Brauchbarkeit vermindert ist und sie sich deswegen nicht mehr voll funktionsentsprechend einsetzen läßt (BGHSt 13, 207 [208] – „*Autoreifenfall*"; BGHSt – GS – 29, 129 [132] – „*Plakatkleberfall*"; BGH, NJW 1989, 602 [603]; *Lackner/Kühl,* § 303 Rn. 5).

Beispiele: A läßt nachts aus allen vier Reifen eines fremden Pkw durch Öffnen der Ventile die Luft entweichen (BGHSt 13, 207 ff. – „*Autoreifenfall*").
B läßt aus einem Reifen des Fahrrads der C die Luft ab, das C für tägliche Besorgungen benötigt

(BayObLG, NJW 1987, 3271 f. – *„Fahrradreifenfall"*; a. A. *Behm*, NStZ 1988, 275 f.: Straflosigkeit, da keine erhebliche Funktionsbeeinträchtigung, wenn Aufpumpen ohne weiteres möglich ist).

D schüttet dem Polizeibeamten E eine Dose Bier über dessen Diensthemd. Dieses muß gewaschen werden (OLG Frankfurt a. M., NJW 1987, 390).

Bei zusammengesetzten Sachen liegt eine Funktionsbeeinträchtigung schon dann vor, wenn der Zusammenhang einzelner Teile beseitigt wird (*Tröndle*, § 303 Rn. 8). 7

Beispiel: A zerlegt die Uhr des B in ihre Einzelteile.

> **Merke**: Bei allen Formen der Beschädigung kommt es auf eine gewisse Erheblichkeit der hervorgerufenen Beeinträchtigung an.

❑ Lediglich geringfügige Substanzverletzungen oder Funktionsbeeinträchtigungen, die sich ohne nennenswerten Aufwand an Zeit, Mühe oder Kosten beseitigen lassen, unterfallen nicht dem Tatbestand (BGHSt 13, 207 [208] – *„Autoreifenfall"*; BGHSt – GS – 29, 129 [133] – *„Plakatkleberfall"*; BGH, NStZ 1982, 508 [509]). Zudem muß der Eingriff des Täters die Sache im Vergleich zu ihrer bisherigen Beschaffenheit nachteilig verändern. Wird der Zustand der Sache hingegen verbessert, liegt selbst dann kein Beschädigen vor, wenn – etwa zu Beweiszwecken – der Eigentümer ein Interesse am Fortbestand des mangelhaften Zustands hat (Schönke/Schröder-*Stree*, § 303 Rn. 10). 8

❑ Ein Teil des Schrifttums begreift auch die ohne Substanzverletzung bewirkte Veränderung der äußeren Erscheinungsform einer Sache als Beschädigen (Schönke/ Schröder-*Stree*, § 303 Rn. 8 c; *Tröndle*, § 303 Rn. 6 a; *Krey*, BT-2, Rn. 242 ff.; *Otto*, JZ 1985, 21 [28]), da der Eigentumsschutz auch das Interesse an der Erhaltung des bisherigen Sachzustands umfaßt (Schönke/Schröder-*Stree*, § 303 Rn. 8 c; *Krey*, BT-2, Rn. 242). 9

Beispiel: A klebt auf einen Verteilerkasten der Deutschen Telekom AG ein 40 x 60 cm großes Plakat, das ein das Geschehen beobachtender Polizeibeamter ohne Substanzbeeinträchtigung wieder abzieht (BGHSt – GS – 29, 129 ff. – *„Plakatkleberfall"*).

Hingegen ist nach der – zutreffenden – Rechtsprechung die bloße Veränderung der äußeren Erscheinungsform einer Sache grundsätzlich kein Beschädigen, und zwar auch dann nicht, wenn die Veränderung auffällig ist (BGHSt – GS – 29, 129 [132] – *„Plakatkleberfall"*; OLG Düsseldorf, NJW 1993, 869; BayObLG, StV 1997, 80). Der Tatbestand des § 303 I gewährt im Gegensatz zu § 1004 BGB keinen umfassenden Schutz der Belange des Eigentümers. Geschützt ist nur das Interesse des Eigentümers an der Unversehrtheit seiner Sache (BGHSt – GS – 29, 129 [133] – *„Plakatkleberfall"*). Die Auslegung des Merkmals „beschädigt" durch die Gegenauffassung übersieht, daß das Gesetz zwischen Verunstaltung (§ 134) und Beschädigung (§ 303 I) einer Sache unterscheidet (BGHSt – GS – 29, 129 [133] – *„Plakatkleberfall"*; *Wessels*, BT-2, Rn. 21; *Behm*, NStZ 1988, 275). 10

Ausnahmsweise wird nach der Rechtsprechung die bloße Veränderung des äußeren Erscheinungsbilds als Sachbeschädigung beurteilt, wenn die Sache ästhetischen 11

Zwecken dient und gerade durch ihre bisherige Gestaltung auf den Betrachter wirken soll (BGHSt – GS – 29, 129 [134] – „*Plakatkleberfall*"; OLG Celle, NStZ 1981, 223 [224]; BayObLG, StV 1997, 80 [81]; *Wessels*, BT-2, Rn. 28).

Beispiele: Statuen, Gemälde und Baudenkmäler

> **Merke:** Beschädigen ist nach h. M. jede nicht ganz unerhebliche körperliche Einwirkung auf die Sache selbst, durch die ihre stoffliche Zusammensetzung verändert oder ihre bestimmungsgemäße Brauchbarkeit nicht nur geringfügig beeinträchtigt wird (BGHSt 13, 207 [208] – „*Autoreifenfall*"; BGHSt – GS – 29, 129 [132] – „*Plakatkleberfall*"; *Wessels*, BT-2, Rn. 24, 28).

12 (2) **Zerstört** ist eine Sache zum einen, wenn die Einwirkung des Täters ihre Brauchbarkeit aufhebt (*Lackner/Kühl*, § 252 Rn. 7; *Otto*, BT, S. 198), zum anderen, wenn der Täter ihre Substanz vernichtet (*Wessels*, BT-2, Rn. 31).

Beispiele: A bespritzt die Seiten eines ihm nicht gehörenden Buchs mit schwarzer Tinte. Der Text ist nicht mehr vollständig lesbar. B verbrennt ein ihm nicht gehörendes Buch.

13 (3) Keine Sachbeschädigung ist die bloße Sachentziehung. Die Entziehungshandlung wirkt nämlich nicht auf die Sache selbst, sondern allein auf das Herrschaftsverhältnis des Eigentümers zur Sache ein (*Schönke/Schröder-Stree*, § 303 Rn. 10; *Wessels*, BT-2, Rn. 32).

Beispiel: Tierschützer A läßt vom Jagdberechtigten B gefangenes Wild laufen.

2. Subjektiver Tatbestand

14 Der Täter muß hinsichtlich aller Merkmale des objektiven Tatbestands vorsätzlich handeln; ausreichend ist bedingter Vorsatz (*Tröndle*, § 303 Rn. 12). Zum Tatbestand gehört nicht die Rechtswidrigkeit der Tat, es handelt sich insoweit lediglich um einen (überflüssigen) Hinweis auf das allgemeine Verbrechensmerkmal (*Wessels*, BT-2, Rn. 33).

3. Täterschaft und Teilnahme, Versuch, Konkurrenzen sowie Verfolgbarkeit

15 In bezug auf Täterschaft und Teilnahme bestehen keine Besonderheiten, so daß die §§ 25 ff. ohne jede Einschränkung anwendbar sind. Der **Versuch** der Sachbeschädigung (§§ 303 II, 22) ist strafbar.

16 Tateinheit von Sachbeschädigung (§ 303) ist z. B. möglich mit Widerstand gegen Vollstreckungsbeamte (§ 113), Gefangenenbefreiung (§ 120), Landfriedensbruch (§ 125), Verletzung des Briefgeheimnisses (§ 202) und Körperverletzung (§§ 223 ff.). Die Verletzung amtlicher Bekanntmachungen (§ 134) verdrängt als spezielleres Delikt die Sachbeschädigung (§ 303). Konsumiert wird die Sachbeschädigung von dem Diebstahl im besonders schweren Fall (§§ 242, 243 I 2 Nr. 1) und der Urkundenunterdrückung (§ 274 I Nr. 1; vgl. LK-*Wolff*, § 303 Rn. 22).

17 § 303 c macht die **Strafverfolgung** von einem Strafantrag bzw. von der Annahme des besonderen öffentlichen Interesses an der Strafverfolgung abhängig (vgl. *§ 21 Rn. 14 f.*).

II. Gemeinschädliche Sachbeschädigung (§ 304 I)

1. Objektiver Tatbestand

a) Tatobjekt können nur die im Tatbestand abschließend aufgezählten kulturellen 18
oder gemeinnützigen Sachen sein. Der strafrechtliche Schutz besteht unabhängig vom
Eigentum, so daß auch herrenlose und dem Täter gehörende Sachen geschützt sind
(*Tröndle*, § 304 Rn. 1).

(1) Der Tatbestand nennt u. a. Gegenstände der Kunst, der Wissenschaft oder des 19
Gewerbes, die in öffentlichen Sammlungen aufbewahrt werden. Öffentlich i. S. des
§ 304 I ist eine Sammlung, wenn sie allgemein zugänglich ist (vgl. § 1 Rn. 155).

(2) Geschützt sind ferner Gegenstände, die zum öffentlichen Nutzen dienen, d. h. die 20
nach ihrer momentanen Zweckbestimmung der Allgemeinheit unmittelbar zugute
kommen. Das ist der Fall, wenn jedermann ohne Vermittlung Dritter aus dem Gegenstand selbst oder aus dessen Erzeugnissen oder Wirkungen Nutzen ziehen kann
(BGHSt 31, 185 [186] – „*Streifenwagenfall*"; BGH, NStZ 1990, 540; *Stree*, JuS
1983, 836 [837 f.]).

Beispiele: Feuerlöscher, die in einem U-Bahnhof allgemein zugänglich angebracht sind
(BayObLG, NJW 1988, 837 f.), Rettungswagen (OLG Düsseldorf, NJW 1986, 2123 ff.), Verkehrszeichen (BayObLG, JZ 1985, 855 [856]).

Hingegen reicht ein lediglich mittelbarer Nutzen für die Allgemeinheit nicht aus. 21
Dieser fehlt etwa Einrichtungs- und Gebrauchsgegenständen, die lediglich Behörden
zur Durchführung ihrer Aufgaben dienen (*Wessels*, BT-2, Rn. 47; z. B. ein Polizeistreifenwagen: BGHSt 31, 185 [186] – „*Streifenwagenfall*").

b) Die Tathandlung besteht wie bei § 303 im Beschädigen (vgl. *Rn. 4 ff.*) oder Zer- 22
stören (vgl. *Rn. 12*) des Gegenstands. Die Einwirkung auf die Sache muß immer auch
und gerade deren besondere Zweckbestimmung i. S. des § 304 I beeinträchtigen
(OLG Düsseldorf, NuR 1996, 431 f.).

2. Subjektiver Tatbestand

Der Täter muß hinsichtlich aller Merkmale des objektiven Tatbestands mit zumin- 23
dest bedingtem Vorsatz handeln. Dieser muß sich auch auf die besondere Sacheigenschaft des Tatobjekts erstrecken (*Tröndle*, § 304 Rn. 14).

3. Täterschaft und Teilnahme, Versuch, Konkurrenzen sowie Verfolgbarkeit

Bezüglich Täterschaft und Teilnahme bestehen keine Besonderheiten, so daß die 24
§§ 25 ff. Anwendung finden. Der Versuch der gemeinschädlichen Sachbeschädigung
(§§ 304 II, 22) ist strafbar.

Tateinheit kommt u. a. mit Verstrickungs- bzw. Siegelbruch (§ 136; RGSt 65, 132 25
[135]), Diebstahl (§ 242; BGHSt 20, 286) und Brandstiftung (§ 308 I; Schönke/Schröder-*Stree*, § 304 Rn. 13) in Betracht. Als spezielleres Delikt verdrängt die gemeinschädliche Sachbeschädigung (§ 304) z. B. Sachbeschädigung (§ 303; *Tröndle*, § 304
Rn. 15) und Störung der Totenruhe (§ 168; Schönke/Schröder-*Stree*, § 304 Rn. 13).

26 Im Gegensatz zur einfachen Sachbeschädigung (vgl. *Rn. 17*) setzt die Strafverfolgung wegen gemeinschädlicher Sachbeschädigung (§ 304 I) keinen Strafantrag voraus.

Kontrollfragen und Aufbau

I. Kontrollfragen

1. Sind unbewegliche Sachen taugliches Tatobjekt des § 303?
   (*Rn. 2*)

2. Unterfällt das Ablassen von Luft aus Reifen eines Kraftfahrzeugs dem Tatbestand des § 303 I?
   (*Rn. 6*)

3. Beschädigt der Täter eine Sache, wenn er ohne Substanzverletzung deren äußeres Erscheinungsbild verändert?
   (*Rn. 10 f.*)

4. Wann dient ein Gegenstand zum öffentlichen Nutzen?
   (*Rn. 20 f.*)

II. Aufbauschema

1. Tatbestand

   a) Objektiver Tatbestand

      (1) Tatobjekt

         – Bei § 303 I: Fremde Sache

         – Bei § 304 I: Sakraler, kultureller, in öffentlicher Sammlung aufbewahrter, zum öffentlichen Nutzen oder der Verschönerung öffentlicher Flächen dienender Gegenstand

      (2) Tathandlung

         – Beschädigen oder

         – Zerstören

   b) Subjektiver Tatbestand

      – Vorsatz

2. Rechtswidrigkeit

3. Schuld

4. Bei § 303 zudem besondere Strafverfolgungsvoraussetzungen (§ 303 c; vgl. *§ 21 Rn. 1 ff.*)

5. Teil. Betrug und Erschleichen von Leistungen

Die Betrugsdelikte sind überwiegend im 22. Abschnitt geregelt. Neben § 263 I finden sich acht, in eigenen Tatbeständen geregelte Sonderfälle des Betrugs: Computerbetrug (§ 263 a), Subventionsbetrug (§ 264), Kapitalanlagebetrug (§ 264 a), Versicherungsbetrug (§ 265), Erschleichen von Leistungen (§ 265 a), Kreditbetrug (§ 265 b), Gebührenüberhebung (§ 352) und Abgabenüberhebung (§ 353).

> **Merke:** Die Sonderfälle des Betrugs sind unabhängig, d. h. ohne Rückgriff auf die Tatbestandsmerkmale des § 263 I zu prüfen. Eines zusätzlichen Eingehens auf § 263 I bedarf es in der Regel nicht.

Vertiefungshinweis: zu § 265 b vgl. *Otto*, Jura 1983, 16 ff.; zu den §§ 264, 264 a, 265 vgl. *Otto*, Jura 1989, 24 (28 ff.)

§ 11. Betrug (§ 263)

Leitentscheidungen: BGHSt 15, 83 – „*Mopedfall*"; BGHSt 16, 1 – „*Ausbildungsfall*"; BGHSt 16, 120 – „*Spätwettenfall*"; BGHSt 16, 220 – „*Zellwollhosenfall*"; BGHSt 16, 321 – „*Melkmaschinenfall*"; BGHSt 18, 221 – „*Sammelgaragenfall*"; BGHSt 21, 108 – „*Autovermietungsfall*"; BGHSt 21, 384 – „*Provisionsvertreterfall*"; BGHSt 23, 300 – „*Abonnementfall*"; BGHSt 29, 165 – „*Pferdewettenfall*"; BGHSt 31, 178 – „*Maklerfall*"; BGHSt 32, 211 – „*Fassadenbaufall*"; BGHSt 34, 199 – „*Schlankheitspillenfall*"; BGHSt 39, 392 – „*Fehlbuchungsfall*"; BGHSt 40, 299 – „*Münzhändlerfall*"; BGHSt 41, 198 – „*Einkaufswagenfall*"

Aufsätze: *Fahl*, Vermögensschaden beim Betrug, JA 1995, 198; *Fahl*, Prozeßbetrug und „Lagertheorie", Jura 1996, 74; *Hauf*, Dreiecksbetrug, JA 1995, 458; *Maaß*, Die Abgrenzung von Tun und Unterlassen beim Betrug, GA 1984, 264; *Otto*, Probleme des Kreditbetrugs, des Scheck- und Wechselmißbrauchs, Jura 1983, 16; *Otto*, Die Tatbestände gegen Wirtschaftskriminalität im Strafgesetzbuch, Jura 1989, 24; *Otto*, Vermögensgefährdung, Vermögensschaden und Vermögensminderung, Jura 1991, 494; *Otto*, Die neuere Rechtsprechung zu den Vermögensdelikten – Teil 2, JZ 1993, 652; *Ranft*, Grundprobleme des Betrugstatbestands, Jura 1992, 66

Übungsfalliteratur: *Bernsmann*, Examensklausur Strafrecht: Der mehrfach mißglückte Kunsttransfer, Jura 1992, 491; *Bottke*, Übungsklausur Strafrecht: Die Vernehmung, Jura 1991, 266; *Fahl*, Klausur Strafrecht: Krumme Tour mit Tante Emma, JA 1996, 40; *Füllkrug*, Examensklausur Strafrecht: Marx am Ende, Jura 1992, 154; *Kunz*, Der praktische Fall – Strafrecht: Polengeschäfte, JuS 1997, 242; *Mitsch*, Klausur Strafrecht: Der überfahrene Dackel, JA 1995, 32; *Tag*, Der praktische Fall – Strafrecht: Die Sorgen des Studenten S, JuS 1996, 904; *Thoss*, Der praktische Fall – Strafrecht: Der Sachwert zwischen Eigentum und Vermögen, JuS 1996, 816; *Vogel*, Examensklausur Strafrecht: Die erfolgreiche „Rückholaktion", Jura 1996, 265; *Weber*, Assessorklausur Strafrecht: Zwischenfall beim Dämmerschoppen, Jura 1994, 261

A. Grundlagen

1 Der Tatbestand des Betrugs ist von herausragender Prüfungsrelevanz, da bei fast allen Tatbestandsmerkmalen Einzelheiten heftig umstritten sind. Geschützt ist allein das Rechtsgut Vermögen, jedoch ist schon die inhaltliche Bestimmung des Vermögensbegriffs problematisch (vgl. *Rn. 62 ff.*).

B. Tatbestand

2 Abweichend von der umständlichen Formulierung des Gesetzgebers erfordert § 263 I präziser, daß der Täter in der Absicht, sich oder einen anderen rechtswidrig zu bereichern, durch Täuschung über Tatsachen einen Irrtum bei einer Person erweckt oder unterhält, aufgrund dessen diese Person eine vermögensschädigende Verfügung zugunsten des Täuschenden oder des vom Täter Begünstigten vornimmt. Darin kommen die sechs Tatbestandsmerkmale des § 263 I klar zum Ausdruck.

Grundstruktur des Betrugstatbestands:

Tatbestand					
Objektiver Tatbestand				Subjektiver Tatbestand	
Täuschung über Tatsachen (*Rn. 3 ff.*)	Irrtum (*Rn. 42 ff.*)	Vermögensverfügung (*Rn. 50 ff.*)	Vermögensschaden (*Rn. 117 ff.*)	Vorsatz (*Rn. 148*)	Bereicherungsabsicht (*Rn. 149 ff.*) – Rechtswidrigkeit der erstrebten Bereicherung – Stoffgleichheit zwischen Schaden und erstrebter Bereicherung
Zwischen den Merkmalen muß ein durchlaufender Ursachenzusammenhang bestehen.					

I. Objektiver Tatbestand

1. Täuschung über Tatsachen (= Täuschungshandlung)

3 Die Tathandlung des Betrugs besteht in der „Vorspiegelung falscher Tatsachen", der „Entstellung wahrer Tatsachen" oder der „Unterdrückung wahrer Tatsachen":

4 ❑ „Vorspiegelung falscher Tatsachen" bedeutet, eine nichtbestehende Tatsache einem anderen gegenüber als bestehend hinzustellen (*Tröndle*, § 263 Rn. 6 a; *Wessels*, BT-2, Rn. 480).

5 ❑ „Entstellung wahrer Tatsachen" ist die Verfälschung ihres Gesamtbilds durch das Hinzufügen oder Weglassen wesentlicher Einzelheiten (*Tröndle*, § 263 Rn. 10; *Wessels*, BT-2, Rn. 484).

❑ „Unterdrückung wahrer Tatsachen" meint ein Handeln, das den betreffenden Umstand der Kenntnis anderer Personen entzieht (*Tröndle*, § 263 Rn. 11; *Wessels*, BT-2, Rn. 484). 6

Diese Beschreibung der Tathandlung ist unbefriedigend, weil sich die drei Konkretisierungen überschneiden und jeweils keine scharf abgrenzbare inhaltliche Bestimmung erfahren (vgl. LK-*Lackner*, § 263 Rn. 9; Schönke/Schröder-*Cramer*, § 263 Rn. 7). Eine im Vordringen befindliche Auffassung bildet daher aus den drei genannten Täuschungsformen den gemeinsamen Oberbegriff der „Täuschungshandlung" i. S. einer „Täuschung über Tatsachen" und verwendet diesen Begriff im Rahmen der Subsumtion (vgl. etwa *Krey*, BT-2, Rn. 337; *Otto*, BT, S. 214; *Ranft*, Jura 1992, 66; ähnlich *Maurach/Schroeder/Maiwald*, BT-1, § 41 Rn. 36: „wahrheitswidriges Vorspiegeln von Tatsachen"). Hierin liegt kein Verstoß gegen das Analogieverbot (Art. 103 II GG), da der gebildete Begriff inhaltlich nicht weiter reicht als die dreigegliederte gesetzliche Formulierung, sondern diese nur zusammenfaßt (SK-*Samson/ Günther*, § 263 Rn. 7; vgl. auch *Krey*, BT-2, Rn. 337). 7

> **Merke:** Bei der Subsumtion ist abweichend von der gesetzlichen Formulierung der Begriff der Täuschungshandlung i. S. einer Täuschung über Tatsachen zu verwenden.

Eine Täuschung über Tatsachen besteht entweder in einer bewußt wahrheitswidrigen Tatsachenbehauptung oder in einem sonstigen auf Irreführung gerichteten Verhalten, durch das auf die Vorstellung eines anderen eingewirkt werden kann (*Tröndle*, § 263 Rn. 6; *Otto*, BT, S. 214). 8

a) **Gegenstand der Täuschung**

(1) Die Täuschung muß sich auf **Tatsachen** beziehen. Dies sind konkrete, dem Beweis zugängliche Vorgänge oder Zustände der Vergangenheit oder Gegenwart. Etwas Zukünftiges ist dagegen grundsätzlich noch keine Tatsache, weil es an der Beweisfähigkeit fehlt (*Tröndle*, § 263 Rn. 2). Hingegen sind z. B. wissenschaftliche Erkenntnisse, die auf künftige Ereignisse sichere Schlüsse zulassen (etwa Sonnenfinsternis, Ostern, nicht aber Schneehöhe im Winter), selbst als gegenwärtige Tatsachen anzusehen. Entscheidend ist insoweit also die Vorausberechenbarkeit des künftigen Ereignisses (LK-*Lackner*, § 263 Rn. 11). 9

Tatsachen können sowohl äußere wie auch innere sein (BGH, MDR/D 1973, 18; *Tröndle*, § 263 Rn. 2). Zu den äußeren Tatsachen zählen etwa Beschaffenheit, Vertragsgemäßheit, Verkehrsfähigkeit und Herkunft einer Sache (BGHSt 8, 46 [48]; OLG Koblenz, NJW 1972, 1907) oder die Zahlungsfähigkeit eines Menschen (BGHSt 6, 198). Innere Tatsachen sind z. B. das Vorhandensein einer Überzeugung, einer bestimmten Kenntnis oder Absicht (*Wessels*, BT-2, Rn. 477). 10

Beispiele: A gibt wahrheitswidrig gegenüber dem Notar B an, über die für den beabsichtigten Hauskauf erforderlichen finanziellen Mittel zu verfügen.
C erklärt dem D wahrheitswidrig die Bereitschaft, die ihm übergebenen Wertgegenstände und

Geldbeträge an einem heiligen Ort zu opfern, um eine „Heilung des D zu ermöglichen" (BGH, wistra 1987, 255 [256]).

11 **(2)** Keine Täuschung über Tatsachen ist die Abgabe unrichtiger **Meinungsäußerungen oder Werturteile**, die jedes Tatsachenkerns entbehren oder nach allgemeiner Verkehrsauffassung nicht als Tatsachenbehauptung angesehen werden. Beruhen entsprechende Äußerungen freilich auf einer Tatsachengrundlage, kann über diese Grundlage getäuscht werden (*Tröndle*, § 263 Rn. 4; *Otto*, BT, S. 214). Maßgebliches Abgrenzungskriterium ist auch insoweit die Frage, ob die Äußerung nach ihrem objektiven Sinngehalt einen dem Beweis zugänglichen Tatsachenkern enthält.

12 Problematisch ist im Einzelfall die Abgrenzung zwischen dem lediglich persönlichen Werturteil und der Nachprüfung zugänglicher Tatsachen. Das ist insbesondere bei marktschreierischer Reklame und ähnlichen Anpreisungen der Fall. Erschöpfen sich die Erklärungen in Meinungsäußerungen mit reklamehaftem Charakter oder in der Prognose einer künftigen geschäftlichen Entwicklung, sind sie nach der allgemeinen Verkehrsauffassung keine Tatsachenbehauptungen.

Beispiel: A wirbt für den Abschluß eines Franchisevertrags damit, eine Produktreihe anzubieten, die sich von selbst verkauft und auf die die Bundesbürger förmlich warten, sowie eine Marktlücke gefunden zu haben (BGH, wistra 1992, 255 [256]).

13 Hingegen handelt es sich trotz marktschreierischer Reklame um eine Tatsachenbehauptung, die über eine bloße persönliche Meinungsäußerung hinausgeht, wenn der Äußerung ein greifbarer Tatsachenkern den Charakter einer ernsthaft aufgestellten, nachprüfbaren Behauptung gibt.

Beispiel: B wirbt für den Abschluß eines Franchisevertrags damit, daß er die zu vertreibende Ware wegen besonderer Eigenschaften als „konkurrenzlos" bezeichnet (BGH, wistra 1992, 255 [256]), oder damit, daß er für den Fall des Vertragsschlusses die Möglichkeit einer dauerhaften und lukrativen Existenzgründung verspricht (OLG Frankfurt a. M., wistra 1986, 31).

14 **(3)** In gleicher Weise ist die Frage zu entscheiden, ob **Sachverständigengutachten und Rechtsauskünfte** Tatsachen i. S. des § 263 I sind. Zwar handelt es sich hierbei um (Wert-) Urteile, nämlich um die Mitteilung einer subjektiven Wertung über die Beziehung von Tatsachen und Normen. Nach der Verkehrsanschauung steht diese Wertung aber dann Tatsachen gleich, wenn sie im Hinblick auf Überparteilichkeit und Autorität mit dem Anspruch auf Richtigkeit und Verbindlichkeit erfolgt und der Adressat grundsätzlich keine Möglichkeit eigener Überprüfung hat (OLG Stuttgart, NJW 1979, 2573 [2574]; *Krey*, BT-2, Rn. 342; a. A. etwa *Meurer*, JuS 1976, 300 [302 f.]).

> **Merke:** Tatsachen sind konkrete, dem Beweis zugängliche Vorgänge oder Zustände der Vergangenheit oder Gegenwart (grds. nicht der Zukunft). Den Gegensatz bilden Meinungsäußerungen und Werturteile, die jedes Tatsachenkerns entbehren oder nach allgemeiner Verkehrsauffassung keine Tatsachenbehauptungen sind.

b) Täuschung

Täuschung ist ein auf Irreführung gerichtetes Verhalten, das auf die Herbeiführung oder Erhaltung eines Widerspruchs zwischen Vorstellung und Wirklichkeit bei einem anderen zielt (*Tröndle*, § 263 Rn. 6; *Otto*, BT, S. 214). Die Täuschung enthält damit auch ein subjektives Element: wer eine von ihm aufgestellte Behauptung für wahr hält, täuscht nicht (BGHSt 18, 235 [237]). 15

Voraussetzung ist ein Verhalten, das auf die Vorstellung eines anderen einwirken oder die Veränderung der Vorstellung eines anderen verhindern will. Daraus folgt, daß die bloße Veränderung von Tatsachen keine Täuschung darstellt und zwar auch dann nicht, wenn dadurch die Vorstellung eines anderen unrichtig wird (LK-*Lackner*, § 263 Rn. 18; *Tröndle*, § 263 Rn. 6). 16

Beispiel: A schleicht sich nachts als „blinder Passagier" über die unbewachte Gangway auf eine Ostseefähre, so daß ihn niemand wahrnimmt.

Eine Täuschung kommt hingegen in Betracht, wenn eine Manipulation an oder mit Gegenständen auf die Vorstellung eines anderen einwirkt. Das ist der Fall, wenn das Opfer durch den veränderten Zustand der Sache zu falschen Schlüssen veranlaßt werden soll, dem Verhalten also ein Erklärungswert zukommt (LK-*Lackner*, § 263 Rn. 19; SK-*Samson/Günther*, § 263 Rn. 23). Denn eine Täuschung erfordert nicht notwendig die Abgabe von Erklärungen, da der Betrug zwar regelmäßig, aber nicht notwendig ein Kommunikationsdelikt ist (SK-*Samson/Günther*, § 263 Rn. 23). 17

Beispiel: A dreht den Kilometerzähler seines Kraftfahrzeugs zurück, damit der Käufer eine geringere als die tatsächliche Laufleistung des Fahrzeugs annimmt (OLG Hamm, NStZ 1992, 593; OLG Düsseldorf, StV 1995, 591).

Die Täuschung manifestiert sich primär in ausdrücklichen Äußerungen. Möglich sind aber auch schlüssige (konkludente) Handlungen, u. U. auch Unterlassen. Die einzelnen Begehungsformen der Täuschung lassen sich nicht trennscharf abgrenzen, sondern gehen ineinander über (LK-*Lackner*, § 263 Rn. 20 f.). In Prüfungen ist zunächst nach einer ausdrücklichen Täuschung zu fragen, weil an diese die geringsten Anforderungen gestellt werden. Erst wenn diese fehlt, ist zur Täuschung durch schlüssiges Verhalten überzugehen, und nur wenn auch diese zu verneinen ist, sind das Bestehen einer Aufklärungspflicht und deren Verletzung zu prüfen. 18

Prüfungsabfolge der Formen der Täuschungshandlung:

> 1. Täuschung in Form des aktiven Tuns durch ausdrückliche Äußerung?
>   wenn nein, dann:
>   2. Täuschung in Form des aktiven Tuns durch konkludentes Verhalten?
>   wenn nein, dann:
>   3. Täuschung durch garantenpflichtwidriges Unterlassen einer gebotenen Aufklärung?

19 **(1)** Eine **ausdrückliche Täuschung** liegt vor, wenn der Täter einem anderen gegenüber eine bewußt unwahre Behauptung über eine Tatsache (vgl. *Rn. 9 ff.*) mit dem Ziel aufstellt (Schönke/Schröder-*Cramer*, § 263 Rn. 13; *Tröndle*, § 263 Rn. 6 a), einen Irrtum zu erregen oder zu unterhalten. Dies kann mündlich oder schriftlich, aber auch durch Zeichen oder Gesten erfolgen. Daß eine Erklärung unklar oder auslegungsbedürftig ist, steht einer ausdrücklichen Täuschung nicht entgegen. In diesen Fällen muß der Sinngehalt der Erklärung ermittelt und danach beurteilt werden, ob die Äußerung bereits als solche der Wirklichkeit widerspricht und die Irreführung eines anderen bezweckt (LK-*Lackner*, § 263 Rn. 23).

20 Bei einer Manipulation an oder mit Sachen liegt eine ausdrückliche Täuschung vor, wenn vom Täter dem Opfer eine äußere Sachlage vorgeführt wird, die für das Opfer „wegen der Benutzung von Gegenständen und Formen, die nach allgemeinen Regeln eine bestimmte Bedeutung haben, eindeutige, im konkreten Fall jedoch unrichtige Eindrücke oder Schlußfolgerungen nahelegen" (LK-*Lackner*, § 263 Rn. 25; vgl. auch *Maurach/Schroeder/Maiwald*, BT-1, § 41 Rn. 38; a. A. *Tröndle*, § 263 Rn. 6 f.: schlüssiges Verhalten).

Beispiel: A wechselt in einem Kaufhaus heimlich das auf der Ware befindliche Preisschild aus, um billiger einzukaufen (OLG Hamm, NJW 1968, 1894 f.).

> **Merke:** Eine ausdrückliche Täuschung ist eine verbale oder durch Schrift, Zeichen oder Gesten vermittelte Erklärung; diese kommt auch bei Manipulationen an oder mit Sachen in Betracht.

21 **(2)** Eine **konkludente Täuschung** liegt nach h. M. vor, wenn der Täter die unwahre Tatsache zwar nicht expressis verbis, aber durch die Umstände seines Verhaltens erklärt. Das Gesamtverhalten des Täters muß zunächst also überhaupt einen Erklärungswert haben (BGH, NStZ 1982, 70; OLG Hamm, NJW 1982, 1405 [1406]). Dieser bestimmt sich nach der allgemeinen Verkehrsanschauung (BGH, NJW 1995, 539), wobei ein objektiver Empfängerhorizont maßgeblich ist (Schönke/Schröder-*Cramer*, § 263 Rn. 14), m. a. W. die Frage, wie der Adressat die Erklärung verstehen darf.

22 Trotz einer objektiv wahrheitsgemäßen ausdrücklichen Aussage kommt eine Täuschung durch schlüssiges Verhalten in Betracht, wenn der Sinnzusammenhang der Aussage, der Kontext und die Tatumstände geeignet und bestimmt sind, Dritte zu einer irrigen Interpretation der an sich wahrheitsgemäßen Aussage zu veranlassen.

Beispiel: A vertreibt über Mitarbeiter im Wege des Haustürgeschäfts Waren, die in staatlich anerkannten Behindertenwerkstätten gefertigt wurden. Er stattet zu diesem Zweck seine Mitarbeiter mit „Lichtbildausweisen" aus, in denen (auch) zutreffend auf die Herkunft der Waren hingewiesen wird. Der Verkaufspreis der Waren beträgt das Vier- bis Fünffache des Verkaufspreises entsprechender Waren in Kaufhäusern. Die Behindertenwerkstätten werden von A nicht an dem erheblichen Gewinn beteiligt. Aufgrund der Umstände (Ausweis, Mißverhältnis zwischen Wert und Preis) müssen die Kunden den Eindruck gewinnen, daß ein erheblicher Teil des Erlöses den Behinderten bereits zugute gekommen ist oder noch zugute kommen wird (BGH, MDR 1991, 468 [469]).

§ 11. Betrug

Zur Täuschung durch schlüssiges Verhalten hat sich eine im einzelnen kaum überschaubare Kasuistik herausgebildet. Die prüfungsrelevanten Fallgruppen sind: 23

❏ Eingehen einer vertraglichen Verpflichtung

Wer eine vertragliche Verpflichtung eingeht, erklärt schlüssig seinen Erfüllungswillen (BGHSt 15, 24 [26]; BGH, NStZ 1982, 70), der auf den vereinbarten Zeitpunkt der Erfüllung der vertraglichen Verpflichtung bezogen ist. Es kommt daher nicht darauf an, ob der Täter beim Vertragsschluß zahlungsfähig ist (*Ranft*, JR 1994, 523). Bei Geschäften, die auf den sofortigen Leistungsaustausch gerichtet sind (Bargeschäfte des täglichen Lebens), wird die Erfüllungsfähigkeit miterklärt (BGH, GA 1972, 209). Mit der Abgabe einer rechtsgeschäftlichen Erklärung wird zudem die Verfügungsbefugnis schlüssig behauptet. Der Verkäufer einer Ware gibt konkludent zu verstehen, zur Übertragung des Eigentums befugt zu sein (RGSt 39, 80 [82]; RGSt 41, 27 [31]; LK-*Lackner*, § 263 Rn. 40). 24

❏ Forderung eines bestimmten Preises

Die Forderung eines bestimmten Preises beinhaltet dagegen grundsätzlich nicht die schlüssige Erklärung seiner Angemessenheit (BGH, JZ 1989, 759 f.; BayObLG, NJW 1994, 1078 [1079]). Eine Ausnahme gilt, wenn für die Leistung Tax- oder Listenpreise vorhanden sind (RGSt 42, 147 [150]; OLG Stuttgart, NStZ 1985, 503 m. Anm. *Lackner/Werle*), nicht aber bereits deshalb, weil eine nach § 16 GWB zulässige Preisbindung für Bücher besteht (BGH, JZ 1989, 795 [796]). 25

❏ Abschluß von Spiel- und Wettverträgen

Beim Abschluß eines Spiel- oder Wettvertrags wird konkludent erklärt, den Zufall nicht ausgeschaltet oder den Ausgang nicht beeinflußt zu haben. Eine schlüssige Täuschung über Tatsachen liegt daher etwa vor, wenn der Täter vor Vertragsschluß das Wettrisiko einer Pferdewette durch Bestechung der Reiter vermindert (BGHSt 29, 165 [167] – „Pferdewettenfall"). Hingegen soll derjenige, der eine sog. Spätwette über ein auswärtiges Rennen eingeht, nicht konkludent erklären, den Ausgang des bereits durchgeführten Rennens nicht zu kennen (BGHSt 16, 120 ff. – „*Spätwettenfall*"; a. A. Schönke/Schröder-*Cramer*, § 263 Rn. 16 e). 26

❏ Entgegennahme von Leistungen

Mit der bloßen Entgegennahme einer Leistung bringt der Empfänger nicht schlüssig zum Ausdruck, daß ihm die Leistung geschuldet ist (BGH, JZ 1989, 550) oder daß seine Zahlungsfähigkeit fortbesteht (BGH, GA 1974, 284; OLG Hamburg, NJW 1969, 335 f.). Die Zahlungsfähigkeit wird jedoch dann schlüssig erklärt, wenn der Vertrag ausdrücklich oder stillschweigend verlängert wird (BGH, GA 1972, 209; BGH, NStZ 1993, 440 f.), etwa dann, wenn der Hotelgast am Ende des gebuchten Aufenthalts den Beherbergungsvertrag um eine weitere Woche verlängert. Fordert der Täter hingegen eine nichtgeschuldete Leistung ein, liegt hierin die stillschweigende Erklärung, ein entsprechender Anspruch bestehe (BGH, NStZ 1994, 188 [189]). 27

28 Auch der Bankkunde, der von seiner Bank aus seinem Guthaben eine Auszahlung verlangt, bringt damit konkludent zum Ausdruck, daß ein entsprechender Anspruch besteht (OLG Celle, StV 1994, 188 [189]). Eine Täuschung liegt – objektiv – nur bei einer Fehlbuchung vor, die dadurch gekennzeichnet ist, daß dem Konto durch ein Bankversehen (ohne Vorliegen eines Überweisungsauftrags) ein Betrag gutgeschrieben wird. Denn bei einer solchen Fehlbuchung entsteht kein Anspruch des Kunden gegen seine Bank (OLG Stuttgart, NJW 1979, 2321 f.; OLG Celle, StV 1994, 188 [189]). Liegt der irrtümlichen Gutschrift hingegen ein fehlerhafter Überweisungsauftrag eines Dritten zugrunde (sog. Fehlüberweisung), täuscht der Bankkunde nicht, weil er – wenngleich aufgrund eines Irrtums – Inhaber der betreffenden Forderung geworden ist und demzufolge nichts Unwahres erklärt (BGHSt 39, 392 [396] – *„Fehlbuchungsfall"*; OLG Düsseldorf, JZ 1987, 104).

> **Merke:** Eine Täuschung durch schlüssiges Verhalten liegt vor, wenn die Erklärung nicht durch Worte oder Zeichen, sondern durch die Umstände des Verhaltens vermittelt wird. Der Erklärungswert bestimmt sich nach dem Gesamtverhalten des Täters unter Berücksichtigung der Verkehrsauffassung.

29 (3) Als letzte Begehungsform der Täuschung kommt nach h. M. (vgl. RGSt 70, 151 [155]; BGHSt 6, 198 f.; *Tröndle*, § 263 Rn. 12; *Krey*, BT-2, Rn. 346 jeweils m. Nachw.) das **Unterlassen** einer durch eine Garantenpflicht (§ 13) gebotenen Aufklärung in Betracht.

> **Beachte:** Soweit der Prüfung die im Gesetz beschriebenen drei Täuschungsmodalitäten zugrunde gelegt werden, kommt jeweils eine Täuschung durch aktives (ausdrückliches oder schlüssiges) Tun wie auch durch Unterlassen in Betracht.

30 Teilweise wird zu Unrecht angezweifelt, ob das Unterlassen einer gebotenen Aufklärung überhaupt in den Anwendungsbereich des Betrugstatbestands fällt (*Grünwald*, Festschr. H. Mayer, S. 281 ff.; *Naucke*, Betrug, S. 106, 214 unter Hinweis auf die Gesetzesmaterialien).

> **Merke:** Der Prüfung einer Täuschung durch Unterlassen muß stets die Überlegung vorausgehen, ob das Verhalten nicht bereits eine Täuschung durch schlüssiges Verhalten enthält (vgl. *Rn. 18*).

31 Denn liegt eine konkludente Täuschung vor, erübrigt sich die Feststellung einer Garantenpflicht zum Tätigwerden (Schönke/Schröder-*Cramer*, § 263 Rn. 18). Da die Grenze zwischen Täuschung durch Unterlassen und konkludentes Tun fließend ist, kann die Abgrenzung problematisch sein (LK-*Lackner*, § 263 Rn. 54).

Beispiel: A tauscht Ende 1966 bei einer ländlichen Sparkassenfiliale, bei der er kein Konto unterhält, jugoslawische Dinar-Scheine um, die zwar noch gültiges Zahlungsmittel, am 1. Januar 1966 aber im Verhältnis 1:100 abgewertet worden sind. A, der die Scheine kommentarlos vorlegt, nimmt – zutreffend – an, daß die Abwertung dem Sparkassenangestellten unbekannt geblieben ist. A erhält folglich gegenüber dem gültigen Kurs das Hundertfache ausgezahlt (OLG Hamm, MDR 1968, 778).

Eine Täuschungshandlung durch konkludentes Tun liegt vor, sofern nach allgemeiner Verkehrsauffassung in der Vorlage eines Geldscheins zugleich die Erklärung liegt, daß es sich um einen gültigen Geldschein handelt und dieser den aus der Beschriftung ersichtlichen Wert hat (OLG Hamm, MDR 1968, 778). Ist dies nicht der Fall, hat A es im Beispiel *Rn. 31* unterlassen, einen Irrtum des Sparkassenangestellten aufzuklären (OLG Frankfurt a. M., NJW 1971, 527). Dann allerdings scheidet ein strafbarer Betrug wegen fehlender Garantenstellung des A aus. **32**

Es wird also deutlich, daß die Einordnung der Begehungsweise nicht selten über die Strafbarkeit des Täters entscheiden wird, nämlich dann, wenn ihn keine Garantenpflicht trifft. **33**

Vertiefungshinweis: Eine kritische Analyse der einschlägigen Rechtsprechung und Literatur findet sich bei *Maaß*, GA 1984, 264 ff.

> **Merke:** Eine Täuschung durch Unterlassen setzt dreierlei voraus, nämlich daß der Täter die ihm mögliche Aufklärung eines anderen über eine Tatsache unterläßt, eine Garantenpflicht zur Aufklärung besteht und das Unterlassen der Verwirklichung des Betrugstatbestands durch ein Tun entspricht (§ 13).

Die Aufklärung eines anderen über eine Tatsache unterläßt derjenige, der der Entstehung oder Verstärkung einer Fehlvorstellung eines Dritten nicht entgegenwirkt. Da die Täuschung auch die Unterhaltung eines Irrtums bezwecken kann, genügt es, daß der Täter eine bereits vorhandene, von der Wirklichkeit abweichende Vorstellung eines anderen nicht beseitigt (BGHSt 6, 198 f.; SK-*Samson/Günther*, § 263 Rn. 40). **34**

Hinzutreten muß eine Garantenpflicht zur Aufklärung, die sich grundsätzlich nach den allgemeinen, bei unechten Unterlassungsdelikten geltenden Regeln bestimmt (LK-*Lackner*, § 263 Rn. 56, 59). Beim Betrug relevant sind insbesondere Garantenpflichten aus Gesetz, Vertrag, Treu und Glauben, außervertraglichen besonderen Vertrauensverhältnissen und pflichtwidrigem vorausgegangenem Tun (Ingerenz). **35**

Als gesetzliche Aufklärungspflichten kommen etwa die Auskunftspflicht des Beauftragten oder Gesellschafters (§§ 666, 713 BGB), die Anzeigepflichten eines Versicherungsnehmers (§§ 16 I, 27 II VVG) oder eines Empfängers von Sozialleistungen (§ 60 I Nr. 2 SGB I) in Betracht. Ob auch die Wahrheitspflicht des Zeugen (§§ 392 ZPO, 57, 66 c StPO) und der Partei im Zivilprozeß (§ 138 I ZPO) eine Pflicht zur Offenbarung begründen, ist umstritten (bejahend OLG Zweibrücken, NJW 1983, 694; ablehnend Schönke/Schröder-*Cramer*, § 263 Rn. 21). Für jeden Einzelfall sind das Bestehen, die Reichweite und der Inhalt einer gesetzlichen Anzeige-, Mitteilungs- und Offenbarungspflicht gesondert zu entscheiden. **36**

37 Eine Aufklärungspflicht kann aber auch vertraglich vereinbart sein, freilich muß ein besonderes Vertrauensverhältnis hinzukommen (a. A. LK-*Lackner*, § 263 Rn. 62). Dieses besteht etwa beim Zusammenwirken zum Erreichen eines gemeinsamen Ziels oder wenn jene zum Vertragsinhalt gemachte Pflicht gerade den Schutz des Vermögens des Partners bezweckt (BGHSt 39, 392 [399] – „*Fehlbuchungsfall*"). Ein Verzicht auf dieses Erfordernis führt zu einer Kriminalisierung bloßer Vertragsverstöße (Schönke/Schröder-*Cramer*, § 263 Rn. 22). Kaufverträge begründen grundsätzlich keine Aufklärungspflichten. Eine Ausnahme gilt jedoch dann, wenn der eine Vertragsteil sich besonders beraten läßt, sich also dem Sachverstand des anderen anvertraut. Daher hat beim Kauf eines Gebrauchtwagens der Händler z. B. ungefragt zu offenbaren, daß es sich um ein Unfallfahrzeug handelt (BayObLG, NJW 1994, 1078 f.).

38 Jedenfalls nach h. M. kann auch außerhalb von Vertragsverhältnissen eine Aufklärungspflicht ihren Entstehungsgrund ganz ausnahmsweise im Grundsatz von Treu und Glauben finden (*Lackner/Kühl*, § 263 Rn. 10; *Hauf*, MDR 1995, 21 [22]; gänzlich ablehnend *Otto*, BT, S. 216; *Rengier*, JuS 1989, 802 [807]), nämlich nur, wenn ein besonderes Vertrauensverhältnis oder eine auf gegenseitigem Vertrauen beruhende Verbindung besteht (BGHSt 39, 392 [400 ff.] – „*Fehlbuchungsfall*" m. Anm. *Naucke*, NJW 1994, 2809 ff.; BGH, StV 1988, 386 f.; SK-*Samson/Günther*, § 263 Rn. 47; weiter noch BGHSt 6, 198 f.).

> **Merke:** Eine Aufklärungspflicht aus Treu und Glauben kommt ausnahmsweise nur dann in Betracht, wenn ein besonderes Vertrauensverhältnis oder eine auf gegenseitigem Vertrauen beruhende Verbindung besteht.

39 Schließlich kann im Einklang mit der allgemeinen Unterlassensdogmatik eine Garantenstellung aus pflichtwidrigem vorausgegangenem Tun entstehen (OLG Köln, NJW 1980, 2366 f.; Schönke/Schröder-*Cramer*, § 263 Rn. 20).

40 Ferner muß die Täuschung durch Unterlassen der Verwirklichung des Tatbestands durch ein Tun entsprechen (§ 13 I, sog. Entsprechensklausel). Daraus folgt, daß dem Unterlassen die Qualität einer Täuschung zukommen muß. Die im Tatbestand beschriebenen Modalitäten der Unrechtsverwirklichung müssen demzufolge im Unterlassen ihre Entsprechung finden (LK-*Lackner*, § 263 Rn. 68).

41 Schließlich muß – wie bei jedem unechten Unterlassensdelikt – die Zumutbarkeit der Erfolgsabwendung zu bejahen sein. Das ist dann nicht gegeben, wenn im Einzelfall wegen einer erheblichen Gefährdung eigener billigenswerter Interessen des Täters die Erfüllung der Garantenpflicht nicht verlangt werden kann. In der Regel genügt es daher nicht, wenn die Aufklärung den Täter zu einer Offenbarung einer Straftat oder eines Disziplinarvergehens zwingt (so aber *Wessels*, JZ 1965, 631 [635 Fn. 42]). Unzumutbar ist die Aufklärung aber dann, wenn der durch das Unterlassensdelikt verursachte Vermögensschaden lediglich eine Vertiefung des bereits durch die Vortat angerichteten Schadens ist (*Krey*, BT-2, Rn. 349 Fn. 34).

§ 11. Betrug 119

Detailstruktur der Täuschung über Tatsachen:

Gegenstand der Täuschung	Tatsachen (*Rn. 9 ff.*)	
Verhaltensform	aktives Tun	ausdrücklich (*Rn. 19 f.*)
		konkludent (*Rn. 21 ff.*)
	Unterlassen (*Rn. 29 ff.*)	

2. Irrtum

Durch die Täuschung über Tatsachen muß bei dem Getäuschten ein Irrtum erregt 42 oder unterhalten werden. Zwischen der Täuschung und dem Irrtum ist folglich Kausalität erforderlich. Irrtum ist nach h. M. jeder Widerspruch zwischen Vorstellung und Wirklichkeit (SK-*Samson/Günther*, § 263 Rn. 49; *Tröndle*, § 263 Rn. 18). Daraus folgt zunächst, daß der Irrtum sich auf eine Tatsache beziehen muß.

a) Inhalt des Irrtums

Die h. M. fordert die Vorstellung einer der Wirklichkeit widersprechenden Tatsache. 43 Das bloße Fehlen der Vorstellung einer wahren Tatsache (ignorantia facti) ist danach kein Irrtum (SK-*Samson/Günther*, § 263 Rn. 50; *Krey*, BT-2, Rn. 379). Die Gegenmeinung will jedoch auch die Unkenntnis von Tatsachen in den Irrtumsbegriff einbeziehen (Schönke/Schröder-*Cramer*, § 263 Rn. 36).

Ein Irrtum liegt auch dann vor, wenn der Getäuschte vom Fehlen eines Umstands nur 44 eine vage Vorstellung hat. Denn es ist nicht erforderlich, daß der Getäuschte sich die einzelnen Umstände (etwa Verkehrssicherheit, Zahlungsfähigkeit) konkret vorstellt (Schönke/Schröder-*Cramer*, § 263 Rn. 39). Zum Vorstellungsbild gehört auch das „ständige Begleitwissen", das dem Getäuschten ein Vorstellungsbild vermittelt (LK-*Lackner*, § 263 Rn. 77).

Problematisch ist es, ob hierfür auch die allgemeine Vorstellung, „alles sei in Ord- 45 nung", ausreicht. Die h. M. nimmt einen Irrtum nur dann an, wenn sich diese allgemeine Vorstellung auf eine bestimmte Tatsache, z. B. auf eine Kontrolle stützt (*Krey*, BT-2, Rn. 383; *Wessels*, BT-2, Rn. 493).

Beispiel: A reist mit der Bahn von Frankfurt a. M. nach Berlin. Er löst jedoch keinen Fahrschein, da ihm das Beförderungsentgelt unangemessen hoch erscheint. Um nicht aufzufallen, nimmt er im Speisewagen Platz und eine Mahlzeit ein. Der Kontrolleur geht mehrmals durch den Speisewagen, kontrolliert jedoch die Fahrscheine nicht, da er meint, es sei „alles in Ordnung". – Mangels Kontrolle irrt der Kontrolleur nicht.

> **Merke:** Irrtum ist jeder Widerspruch zwischen Vorstellung und Wirklichkeit. Erforderlich ist die Vorstellung einer der Wirklichkeit widersprechenden Tatsache. Das Fehlen der Vorstellung einer wahren Tatsache (ignorantia facti) ist kein Irrtum.

b) Intensität der Fehlvorstellung

46 Ein Irrtum i. S. des § 263 I liegt jedenfalls dann vor, wenn der Getäuschte von der Wahrheit der behaupteten Tatsache überzeugt ist. Nach h. M. liegt ein Irrtum auch bei Zweifeln des Getäuschten an der Wahrheit der behaupteten Tatsache vor (BGH, JR 1987, 427; LG Mannheim, NJW 1993, 1488; Schönke/Schröder-*Cramer*, § 263 Rn. 40; *Maurach/Schroeder/Maiwald*, BT-1, § 41 Rn. 61). Entscheidend ist es allein, ob er sich trotz bestehenden Zweifels zu einer Vermögensverfügung motivieren läßt.

47 Eine relevante Fehlvorstellung fehlt hingegen, wenn dem Getäuschten die Wahrheit der behaupteten Tatsache gleichgültig ist (BGH, NStZ 1990, 388 f.; AG Berlin-Tiergarten, NJW 1989, 846). Determinieren bestimmte Gegebenheiten das Ergebnis der Prüfung, können auch nur diese irrtumsrelevant sein.

Beispiel: A liefert der Mülldeponie der Gemeinde Abfall an und täuscht hierbei über seine Zahlungswilligkeit oder -fähigkeit. Aufgrund der konkreten Ausgestaltung des öffentlich-rechtlichen Benutzungsverhältnisses ist die Gemeinde zur Abnahme des angelieferten Abfalls verpflichtet, so daß der Vertreter der Mülldeponie sich über die Zahlungswilligkeit und -fähigkeit keine Gedanken macht (BGH, NStZ 1990, 388 f.).

> **Merke:** Ein Irrtum liegt nicht nur dann vor, wenn der Getäuschte von der Wahrheit der behaupteten Tatsache überzeugt ist, sondern auch dann, wenn er an deren Wahrheit zweifelt. Entscheidend ist es allein, daß der Getäuschte sich trotz der bestehenden Zweifel zu einer Vermögensverfügung motivieren läßt.

c) Kausalität zwischen Täuschung und Irrtum

48 Den Irrtum muß der Täter durch die Täuschung über Tatsachen verursacht haben. Für die Verursachung genügt Kausalität i. S. der Äquivalenztheorie (*Tröndle*, § 263 Rn. 19). Die Täuschung braucht nicht die alleinige Ursache des Irrtums zu sein; ausreichend ist vielmehr Mitursächlichkeit (LK-*Lackner*, § 263 Rn. 91). Mithin schließen besondere Leichtgläubigkeit, Erkennbarkeit der Täuschung oder eine sonst mitwirkende Fahrlässigkeit des Getäuschten die Ursächlichkeit des Irrtums nicht aus (OLG Hamburg, NJW 1956, 392). Solche Umstände können sich allerdings strafmildernd auswirken (OLG Köln, JZ 1968, 340).

49 Ein Irrtum wird erregt, wenn der Täter die Fehlvorstellung beim Getäuschten hervorruft, d. h. neu begründet (*Tröndle*, § 263 Rn. 18 a). Unterhalten wird ein Irrtum, wenn der Täter eine von ihm nicht herbeigeführte Fehlvorstellung des Opfers aufrechterhält, also sie vergrößert oder wenigstens verlängert (*Tröndle*, § 263 Rn. 18 b). Das Bestärken einer Fehlvorstellung ist nur dann relevant, wenn die letzten Zweifel des Getäuschten beseitigt werden, nicht aber, wenn ein bestehender Irrtum lediglich nochmals bestätigt wird (BGH, JZ 1988, 101 [102]; BGHR, StGB, § 263 Abs. 1 Irrtum 6; Schönke/Schröder-*Cramer*, § 263 Rn. 46)

§ 11. Betrug

Detailstruktur des Irrtums:

	Irrtum
Inhalt der Fehlvorstellung	Positive Vorstellung einer der Wirklichkeit widersprechenden Tatsache; nicht ausreichend ist Fehlen der Vorstellung einer wahren Tatsache (ignorantia facti; str.; *Rn. 43 ff.*)
Intensität der Fehlvorstellung	Getäuschter braucht von der Wahrheit der behaupteten Tatsache nicht überzeugt zu sein; bloße Zweifel an der Wahrheit genügen nicht, solange der Getäuschte die behauptete Tatsache für möglicherweise wahr hält (str.; *Rn. 46 f.*)
Kausalität zwischen Täuschungshandlung und Irrtum	Hervorrufen der Fehlvorstellung beim Getäuschten (erregen; *Rn. 49*) oder Aufrechterhalten einer vom Täuschenden nicht herbeigeführten Fehlvorstellung (unterhalten; *Rn. 49*)

3. Vermögensverfügung

Aufgrund des vom Täter erregten oder unterhaltenen Irrtums muß der Getäuschte zu einer Vermögensverfügung veranlaßt werden. Dieses im Wortlaut des Gesetzes nicht enthaltene Tatbestandsmerkmal ist nach allgemeiner Meinung erforderlich, um die Verbindung zwischen einem Irrtum als innerem Ereignis und einem Schaden als Ereignis in der Außenwelt herzustellen (vgl. schon RGSt 47, 151 [152 f.]). Da dieses zusätzliche Merkmal den Tatbestand einschränkt, liegt kein Verstoß gegen Art. 103 II GG vor (*Haft*, BT, S. 208). 50

> **Merke:** Unter einer Vermögensverfügung versteht die h. M. jedes Handeln, Dulden oder Unterlassen des Getäuschten, das unmittelbar – ohne zusätzliches eigenmächtiges Täterverhalten – vermögensmindernd wirkt (BGHSt 31, 178 [179] – „*Maklerfall*"; *Tröndle*, § 263 Rn. 24).

a) Überblick

Trotz dieser von der h. M. grundsätzlich getragenen Definition des Verfügungsbegriffs besteht hinsichtlich seiner Einzelmerkmale keine Einigkeit. Jedenfalls die zu einer Vermögensmehrung führenden Verhaltensweisen sind für § 263 I nicht von Belang. Es ist zudem nicht erforderlich, daß das Verfügungsverhalten den Anforderungen an eine Verfügung oder Willenserklärung i. S. des Zivilrechts genügt. Vielmehr reicht jede tatsächliche Einwirkung auf das Vermögen aus (*Tröndle*, § 263 Rn. 24), auch die eines Geschäftsunfähigen (RGSt 64, 226 [228]). 51

> **Merke:** Die besondere Bedeutung des Tatbestandsmerkmals der Vermögensverfügung liegt in seiner Funktion, den Betrug (Selbstschädigungsdelikt) vom Diebstahl (Fremdschädigungsdelikt) abzugrenzen, da die §§ 263 I, 242 I im Verhältnis tatbestandlicher Exklusivität stehen (vgl. *§ 1 Rn. 60 f.*).

Vertiefungshinweis: Die Abgrenzung von Diebstahl und Betrug ist nicht nur ein „dogmatisches Glasperlenspiel". Vielmehr ist die Frage, ob der Täter eine Sache durch Wegnahme (§ 242 I) oder durch Vermögensverfügung (§ 263 I) erlangt, für eine Reihe von Fragen von entscheidender Bedeutung:
- ❏ Nur im Fall der Wegnahme ist die bloße Gebrauchsanmaßung (furtum usus) grds. straflos (vgl. *§ 1 Rn. 78*).
- ❏ Nur im Fall der Wegnahme kommt ggf. § 252 zur Anwendung (vgl. *§ 7 Rn. 3*).
- ❏ Versicherungsschutz auf Seiten des Verletzten besteht regelmäßig nur beim Diebstahl (vgl. zum ganzen *Hillenkamp*, JuS 1997, 217 [218]).

b) Verfügungsverhalten

52 Das Verhalten des Verfügenden besteht nach der Definition der h. M. (vgl. *Rn. 51*) in einem Handeln, Dulden oder Unterlassen. Da jedoch zwischen dem Dulden und Unterlassen keine Unterschiede bestehen, ist richtigerweise nur zwischen Handeln und Unterlassen zu differenzieren (vgl. *Rn. 55*; SK-*Samson/Günther*, § 263 Rn. 72; a. A. Schönke/Schröder-*Cramer*, § 263 Rn. 57 f.).

53 Als positives Tun kommt neben rechtlich erheblichem Verhalten (Abschluß von Verträgen) auch rein tatsächliches Verhalten (z. B. die Aufgabe des Besitzes an einer Mietwohnung; AG Kenzingen, NStZ 1992, 440 f.) in Betracht.

54 Eine Verfügung durch Unterlassen liegt hingegen vor, wenn der aufgrund einer Täuschung Irrende in der Lage gewesen wäre, eine das Vermögen mehrende oder jedenfalls bewahrende Handlung vorzunehmen, dies aber nicht tut (SK-*Samson/Günther*, § 263 Rn. 74). Das ist z. B. der Fall, wenn der Getäuschte ein bestehendes Recht nicht ausübt oder einen bestehenden Anspruch nicht durchsetzt (BGH, NStZ 1994, 189; BGH, wistra 1994, 24).

Beispiele: A betankt sein Fahrzeug an einer Selbstbedienungstankstelle. Im Verkaufsraum ergreift er zwei Büchsen Bier, die er wortlos an der Kasse vorlegt. Auf die Frage des Kassierers B „Ist das alles?" nickt A zustimmend mit dem Kopf.
Der Jurastudent C entlohnt seinen Repetitor D mit Falschgeld, was dieser nicht bemerkt.

55 Soweit das Dulden von der h. M. als selbständiges Verfügungsverhalten qualifiziert wird, werden ihm Fälle zugeordnet, in denen der Irrende eine Vermögensminderung nicht verhindert, obwohl ihm dies möglich war. Auch in diesen Konstellationen unterläßt der Irrende also im Grunde ein Verhalten, nämlich ein Einschreiten gegen die Wegnahme der Sache.

Beispiel: A veranlaßt den Wärter einer Sammelgarage durch Täuschung über seine Berechtigung, ihn mit einem eingestellten Fahrzeug wegfahren zu lassen (BGHSt 18, 221 ff. – „*Sammelgaragenfall*").

56 Freilich genügt nicht jedes vermögensminderndes Verhalten dem Begriff der Verfügung. Da es sich beim Betrug um ein Vermögensverschiebungsdelikt handelt, muß das Verfügungsverhalten überhaupt geeignet sein, einen Vermögenswert zu übertragen (Schönke/Schröder-*Cramer*, § 263 Rn. 59).

Beispiel: A täuscht B über die Echtheit eines B gehörenden Gemäldes. B, der sein Gemälde nun für wertlos hält, ist so enttäuscht, daß er es umgehend vernichtet. – Eine Vermögensverfügung scheidet aus.

c) Verfügungserfolg

Aufgrund des Verfügungsverhaltens muß ein bestimmter Erfolg eintreten, nämlich eine Minderung des Vermögens (SK-*Samson/Günther*, § 263 Rn. 77). Diesbezüglich wird häufig formuliert, die Verfügung müsse unmittelbar einen Vermögens*schaden* bewirken (so etwa *Krey*, BT-2, Rn. 385). Dies verleitet zur unzutreffenden Annahme, daß der Verfügungserfolg mit dem Vermögensschaden identisch ist. Der Eintritt eines Vermögensschadens ist jedoch ein gegenüber der Vermögensverfügung selbständiges Tatbestandsmerkmal. 57

> **Beachte:** Für den Verfügungserfolg kommt es allein darauf an, daß die Verfügung eine Vermögensminderung bewirkt. Hingegen meint das Tatbestandsmerkmal des Vermögens*schadens* den rechnerischen Unterschied zwischen dem betroffenen Vermögen vor und nach der Verfügung (vgl. *Rn. 118*).

Entgegen der bisher üblichen Zuordnung ist der Streit um den zutreffenden strafrechtlichen Vermögensbegriff richtigerweise schon beim Merkmal der Vermögensverfügung relevant. Denn der Verfügungserfolg besteht in einer Minderung des Vermögens. Damit ist es für den Verfügungserfolg entscheidend, welcher Vermögensbegriff dem Tatbestand des § 263 I zugrunde zu legen ist (SK-*Samson/Günther*, § 263 Rn. 78). 58

> **Beachte:** Der Streit um den zutreffenden strafrechtlichen Vermögensbegriff ist schon für das Merkmal der Vermögensverfügung relevant.

Beispielsfall 5: Die gekaufte Dissertation

Strafverteidiger A hofft, höhere Honorare vereinbaren zu können, wenn er Fachkenntnisse mit einem akademischen Grad nach außen dokumentieren kann. Wegen seiner hohen Arbeitsbelastung will er sich nicht den Mühen eines Promotionsverfahrens unterziehen. Er beauftragt daher den Promotionsberater B, ihm eine rechtswissenschaftliche Dissertation anzufertigen. Als B das fertige Werk vorlegt, entlohnt A ihn – wie von Anfang an geplant – mit Falschgeld. 59
Hat sich A wegen Betrugs (§ 263 I) strafbar gemacht?

Lösung:

A täuscht B durch schlüssiges Verhalten über die Tatsache, B mit einem gültigen Zahlungsmittel zu entlohnen. Aufgrund dieser Täuschung erleidet B einen Irrtum. Dieser Irrtum müßte B zu einer Vermögensverfügung veranlaßt haben. Vermögensverfügung ist jedes Handeln oder Unterlassen des Getäuschten, das unmittelbar vermögensmindernd wirkt. 60

61 Hierfür kommt zum einen in Betracht, daß B seine Dienstleistung erbracht hat, zum anderen es unterlassen hat, die Bezahlung mit echtem Geld einzufordern. Hierin könnte eine Vermögensverfügung liegen. Fraglich ist es, ob es sich hierbei um Positionen handelt, die zum strafrechtlich geschützten Vermögen gehören. Der Vermögensbegriff des Betrugstatbestands ist umstritten:

62 (1) Der sog. **juristische Vermögensbegriff** zeichnet sich durch eine enge Anbindung an das Zivilrecht aus. Auch wenn dieser Vermögensbegriff heute nicht mehr vertreten wird, erleichtert seine Kenntnis das Verständnis der heute vertretenen Vermögensbegriffe.

63 Der juristische Vermögensbegriff rechnet alle subjektiven Rechte einer Person zum strafrechtlich relevanten Vermögen. Dieses ist danach die Summe der Vermögensrechte und -pflichten und zwar ohne Rücksicht auf ihren wirtschaftlichen Wert. Eine Vermögensminderung ist der Verlust von entsprechenden Rechten bzw. die Belastung mit entsprechenden Pflichten. Die bedeutsamsten Konsequenzen dieses Vermögensbegriffs sind einerseits, daß es auf den wirtschaftlichen Wert eines Vermögensrechts oder einer Vermögenspflicht nicht ankommt. Andererseits bedingt der Schutz von ausschließlich subjektiven Rechten aber den Ausschluß solcher wirtschaftlich wertvollen Positionen, die kein solches Recht darstellen.

64 (2) Dem juristischen Vermögensbegriff steht der **wirtschaftliche Vermögensbegriff** gegenüber. Dieser wird von der ständigen Rechtsprechung (BGHSt 2, 364 [365]; BGHSt 8, 254 [256]) und von Teilen des Schrifttums (*Tröndle*, § 263 Rn. 27; *Krey*, BT-2, Rn. 433) vertreten. Danach umfaßt das strafrechtlich relevante Vermögen die Gesamtheit der einer Person zustehenden Güter, unabhängig davon, ob sie ihr rechtens zustehen oder rechtlich anerkannt sind. Vom Betrugstatbestand sind danach alle wirtschaftlich wertvollen Positionen geschützt (vgl. BGHSt 8, 254 [256]; BGHSt 16, 220 [221] – „Zellwollhosenfall"; *Tröndle*, § 263 Rn. 27).

65 Wichtigste Konsequenz dieses Vermögensbegriffs ist es, daß auch vermögenswerte Positionen, die jemand aufgrund von unsittlichen, gesetzwidrigen oder gar strafbaren Handlungen erlangt hat, grundsätzlich zum schutzwürdigen Vermögen gehören. Nichtige Forderungen sind dann Vermögensbestandteil, wenn sie aufgrund „geschäftlicher, verwandtschaftlicher, freundschaftlicher, sonstiger gesellschaftlicher oder anderer Beziehungen" des Schuldners praktisch durchsetzbar erscheinen (BGHSt 2, 364 [369]; OLG Köln, NJW 1972, 1823 [1824]). Entscheidend ist also nicht der rechtliche Bestand der Forderung, sondern allein ihre faktische Realisierbarkeit. Hingegen sind die subjektiven Rechte ohne wirtschaftlichen Wert nicht erfaßt.

Argumente:

66 ❏ Der materielle Kern des Rechtsguts Vermögen wurzelt im wirtschaftlichen Bereich: Vermögen ist die wirtschaftliche Macht, die Summe aller geldwerten Güter einer Person.

67 ❏ Nur der wirtschaftliche Vermögensbegriff kann gewährleisten, daß es kein strafrechtlich ungeschütztes Vermögen gibt. Andernfalls würde man z. B. die im Ver-

hältnis von Rechtsbrechern untereinander durch Täuschung, Drohung oder Gewalt veranlaßte Vermögensschädigung sanktionslos lassen (*Krey*, BT-2, Rn. 434).

❏ Der juristische Vermögensbegriff ist einerseits zu eng, weil er die schutzwürdigen Positionen auf Rechte oder Pflichten reduziert, andererseits zu weit, weil er auch die wirtschaftlich wertlosen Rechte und Pflichten dem strafrechtlichen Vermögensschutz unterstellt (*Krey*, BT-2, Rn. 427). 68

Da die Arbeitsleistung im Geschäftsleben üblicherweise nur gegen Entgelt erbracht wird, liegt im Beispielsfall eine vermögensmindernde Handlung vor. Ob sie verbotenen oder unsittlichen Zwecken dient, ist unerheblich. 69

Auch das Unterlassen der Geltendmachung der Honorarforderung, also einer vermögensmehrenden Handlung kann unbeschadet der Nichtigkeit der Forderung grundsätzlich eine Vermögensverfügung darstellen. Es ist allein ihre faktische Realisierbarkeit entscheidend. Auch wenn der Sachverhalt dazu nichts enthält, liegt es nahe, daß B mit der Drohung, den Vorgang öffentlich zu machen, den A zur Begleichung seiner Forderung veranlassen kann. 70

(3) Der sog. **juristisch-ökonomische Vermögensbegriff**, der vielfach im Schrifttum vertreten wird (etwa von SK-*Samson/Günther*, § 263 Rn. 109 ff.; *Wessels*, BT-2, Rn. 517 f.), nimmt eine vermittelnde Position zwischen den beiden gegensätzlichen Vermögensbegriffen ein. Danach bezeichnet der Begriff Vermögen die Summe der wirtschaftlichen Güter einer Person, soweit sie ihr unter dem Schutz der Rechtsordnung (*Welzel*, Strafrecht, S. 373) oder wenigstens ohne deren Mißbilligung (LK-*Lackner*, § 263 Rn. 132; *Gallas*, Festschr. Eb. Schmidt, S. 401 [409]) zustehen. Die letztgenannte Auffassung differenziert innerhalb nichtiger Forderungen nach dem Nichtigkeitsgrund: Beruht die Nichtigkeit etwa auf einem Verstoß gegen die §§ 134, 138 BGB, soll der Strafrechtsschutz versagt werden, nicht jedoch, wenn die Forderung nur wegen Verstoßes gegen eine Formvorschrift (z. B. § 313 S. 1 BGB) nichtig ist (LK-*Lackner*, § 263 Rn. 132). 71

Im Unterschied zum rein juristischen Vermögensbegriff werden aber nur die wirtschaftlich wertvollen Vermögenspositionen erfaßt; subjektive Rechte also nur dann, wenn ihnen ein wirtschaftlicher Wert zukommt. Vom rein wirtschaftlichen unterscheidet sich der juristisch-ökonomische Vermögensbegriff dadurch, daß nicht jede wirtschaftlich wertvolle Position ohne Berücksichtigung ihrer rechtlichen Wertung zum geschützten Vermögen zählt. 72

Argument:

Das Strafrecht kann seinen Vermögensbegriff nicht völlig unabhängig von den (außerstraf-) rechtlichen Normen bilden, die über die Zuordnung der Güter zu einer Person entscheiden. Das Strafrecht darf daher keine Güter in den Vermögensschutz einbeziehen, zu der die Person zwar eine faktisch realisierbare, nicht aber eine rechtlich anerkannte oder jedenfalls nicht mißbilligte Beziehung hat (Schönke/Schröder-*Cramer*, § 263 Rn. 80, 83; SK-*Samson/Günther*, § 263 Rn. 111). 73

Im Beispielsfall liegt nach dieser Auffassung keine vermögenswerte Ausnutzung der 74

Arbeitskraft vor, weil diese zu sittenwidrigen Zwecken eingesetzt wird (vgl. OLG Koblenz, NJW 1996, 665; OLG Stuttgart, NJW 1996, 665 f.). Folglich handelt es sich nicht um eine Vermögensverfügung. Ebenfalls scheidet das Unterlassen der Geltendmachung der Honorarforderung wegen der Nichtigkeit gemäß § 138 I BGB aus.

Stellungnahme:

75 Auch wenn für den juristisch-ökonomischen Vermögensbegriff die Übereinstimmung mit dem Zivilrecht zu sprechen scheint, führt er zu unerträglichen Widersprüchen im Strafrecht. Denn unstreitig begeht einen Diebstahl (§ 242 I), wer einem Dieb die gestohlene Sache oder einer Prostituierten den Lohn entwendet. Setzt der Täter dabei Raubmittel ein, begeht er einen Raub (§ 249 I). Warum die Übereinstimmung mit dem Zivilrecht den Wertungswiderspruch im Strafrecht gebieten soll, insoweit keinen Schutz gegen Angriffe in Form des Betrugs zu gewähren, ist nicht einsichtig. Ebenso ist unklar, warum die Strafrechtsordnung im Verhältnis von Rechtsbrechern untereinander nicht gelten soll (*Krey*, BT-2, Rn. 433 ff.).

Ergebnis:

76 B hat durch seine Arbeitsleistung eine sein Vermögen mindernde Handlung vorgenommen. Ferner liegt ein Vermögensschaden des B vor, da die Minderung seines Vermögens nicht durch ein gleichwertiges Äquivalent (vgl. *Rn. 122*) ausgeglichen wird. Zudem handelt A vorsätzlich und erstrebt eine Bereicherung, die dem Schaden des B stoffgleich ist. Der Betrugstatbestand ist damit erfüllt. Somit hat sich A wegen Betrugs (§ 263 I) strafbar gemacht.

Abwandlung:

77 B fordert und erhält einen Teil der vereinbarten Summe (echtes Geld) von A im voraus, obwohl er nicht bereit ist, eine Dissertation für A anzufertigen.
Hat sich B wegen Betrugs (§ 263 I) strafbar gemacht?

Lösung:

78 B täuscht A über die innere Tatsache, erfüllungsbereit zu sein. Aufgrund dieser Täuschung erliegt A einem Irrtum. Dieser Irrtum müßte A zu einer Vermögensverfügung veranlaßt haben. Vermögensverfügung ist jedes Handeln oder Unterlassen des Getäuschten, das unmittelbar vermögensmindernd wirkt.

79 Eine entsprechende Verfügung könnte hier in der Zahlung eines Teils des vereinbarten Honorars liegen. Fraglich ist es aber, ob der Verlust des Geldes als Vermögensminderung zu bewerten ist. Das ist dann der Fall, wenn die von der Verfügung betroffene Position strafrechtlich geschützt ist.

80 Nach dem juristisch-ökonomischen Vermögensbegriff scheidet ein schutzwürdiger Einsatz von Vermögenswerten aus, wenn im konkreten Einzelfall die Vermögensposition zu rechts- oder sittenwidrigen Zwecken verwendet wird (so etwa Schönke/Schröder-*Cramer*, § 263 Rn. 150; SK-*Samson/Günther*, § 263 Rn. 149). A ver-

fügt über sein Vermögen, um einen von der Rechtsordnung mißbilligten Zweck zu verfolgen. Eine Vermögensverfügung scheidet damit aus.

Hingegen liegt nach dem – vorzugswürdigen (vgl. *Rn. 75*) – wirtschaftlichen Vermögensbegriff eine Vermögensverfügung vor, da es kein strafrechtlich ungeschütztes Vermögen gibt. 81

Aufgrund dieser Vermögensverfügung erleidet A auch einen Vermögensschaden, da er für den Verlust des gezahlten Betrags keinen Ausgleich erhält. Daß A gemäß § 138 I BGB keinen Anspruch auf die Gegenleistung hat, ist irrelevant. Zudem handelt B vorsätzlich und erstrebt eine rechtswidrige Bereicherung, die dem Schaden des A entspricht. Der Betrugstatbestand ist damit erfüllt. 82

Ergebnis:

B hat sich auch in der Abwandlung wegen Betrugs (§ 263 I) strafbar gemacht. 83

(4) Obgleich die Rechtsprechung sich mehrfach ausdrücklich zum wirtschaftlichen Vermögensbegriff bekannt hat (RGSt 44, 230 ff.; BGHSt 2, 364 [365 ff.]), finden sich in einigen Entscheidungen Abweichungen. Dabei läßt sich eine Hinwendung zum juristisch-ökonomischen Vermögensbegriff erkennen: 84

❏ Die Rechtsprechung versagt zunächst der „Arbeitskraft" und dem Lohnanspruch einer Prostituierten die Vermögensqualität (BGHSt 4, 373): „Zwar kann auch die Möglichkeit, die eigene Arbeitskraft zur Erbringung von Dienstleistungen einzusetzen, zum Vermögen i. S. des § 263 StGB gehören, wenn solche Leistungen üblicherweise nur gegen Entgelt erbracht werden. Das gilt aber nicht für Leistungen, die verbotenen oder unsittlichen Zwecken dienen. Das Strafrecht würde sich in Widerspruch zu der übrigen Rechtsordnung setzen, wenn es im Rahmen des Betrugstatbestands nichtigen Ansprüchen Schutz gewährt, die aus verbotenen oder unsittlichen Rechtsgeschäften hergeleitet werden" (BGH, NStZ 1987, 407; vgl. auch BGH, JR 1988, 125 f. m. Anm. *Tenckhoff*). Hingegen soll dem Rückforderungsanspruch des „Freiers" aus § 812 I BGB trotz des § 817 BGB strafrechtlicher Vermögensschutz nach § 263 gewährt werden (OLG Hamburg, NJW 1966, 1525; vgl. auch OLG Saarbrücken, NJW 1976, 65 ff.). 85

❏ Diese Grundsätze wendet die Rechtsprechung auch auf den sog. Telefonsex an (OLG Hamm, NStZ 1990, 342 f.). 86

❏ Eine weitere Durchbrechung betrifft aus Beweisgründen schwer durchsetzbare Forderungen: Verschafft der Täter sich durch Täuschung vom Vertragspartner Quittungen für tatsächlich erbrachte Leistungen, um seine Gegenforderung gerichtlich durchsetzen zu können, tritt keine Vermögensminderung ein. Der Gesamtwert eines Vermögens wird nicht dadurch vermindert, daß sein Inhaber zur Erfüllung einer fälligen Verbindlichkeit veranlaßt wird (BGHSt 20, 136 [137]). 87

Zahlt der Eigentümer dem Täter für die Rückgabe seiner Sache – ohne sein Eigentum daran zu erkennen, einen unter deren Wert liegenden Betrag – ist für die 88

Berechnung des Werts der Vermögensminderung nicht nur der gezahlte Betrag maßgeblich. Auch die Ansprüche des Eigentümers aus den §§ 861, 985 BGB müssen Berücksichtigung finden (BGHSt 26, 346 ff.; a. A. OLG Hamburg, MDR 1974, 330).

89 ❑ Schließlich hat der BGH auch der Arbeitsleistung eines Maklers den strafrechtlichen Schutz versagt. Erbringt der Makler seine Arbeitsleistung einem zahlungsunfähigen Kunden, liegt keine Vermögensminderung vor, weil der Kunde in seiner Entscheidung über den Abschluß des Immobiliengeschäfts völlig frei und der Anspruch des Maklers von diesem Abschluß abhängig ist (§ 652 I 1 BGB; BGHSt 31, 178 ff. – „*Maklerfall*" m. Anm. *Bloy*, JR 1984, 123).

Strafrechtliche Vermögensbegriffe:

Vermögensbegriff	Wirtschaftlicher Vermögensbegriff	Juristisch-ökonomischer Vermögensbegriff
Aussage	Vermögen ist die Gesamtheit der einer Person zustehenden Güter, unabhängig davon, ob sie ihr rechtens zustehen oder rechtlich anerkannt sind (*Rn. 64 ff.*)	Vermögen ist die Summe aller wirtschaftlichen Güter einer Person, soweit sie ihr unter dem Schutz der Rechtsordnung oder wenigstens ohne deren Mißbilligung zustehen (*Rn. 71 ff.*)
Konsequenzen	Geschützt sind alle wirtschaftlich wertvollen Positionen (*Rn. 65*)	Geschützt sind nur solche wirtschaftlich wertvollen Positionen, die unter normativen Gesichtspunkten schutzwürdig sind (*Rn. 72*)

90 (5) Die Verfügung über eine Vermögensposition muß die **Minderung** des geschützten Vermögens zur Folge haben (= Verfügungserfolg). Umstritten ist es hingegen, ob bereits das Eingehen einer Verbindlichkeit eine Vermögensminderung bedingt.

91 Nach h. M. folgt aus der gebotenen wirtschaftlichen Betrachtung, daß eine Vermögensminderung nicht erst im tatsächlichen Verlust eines Vermögenswerts („reale" Minderung), sondern bereits in der Gefahr des Verlusts einer Vermögensposition liegt (BGHSt 21, 112 [113] – „*Autovermietungsfall*"; BGH, JZ 1988, 419 f.; LK-*Lackner*, § 263 Rn. 223; *Tröndle*, § 263 Rn. 31; a. A. *Otto*, BT, S. 227). Das Verpflichtungsgeschäft selbst begründet schon Anwartschaften und Verbindlichkeiten, die unmittelbar und schon vor der Vornahme des Verfügungsgeschäfts das Vermögen mehren oder mindern.

92 Freilich soll nicht jede Vermögensgefährdung eine Vermögensminderung darstellen. Um die Betrugsstrafbarkeit nicht uferlos auszuweiten, wird eine konkrete Vermögensgefährdung gefordert (BGH, wistra 1995, 223; *Tröndle*, § 263 Rn. 31).

§ 11. Betrug

(6) Das Verfügungsverhalten muß nicht nur ursächlich i. S. der Äquivalenztheorie 93
für die Vermögensminderung sein, sondern nach h. M. muß die **Verursachung** darüber hinaus **unmittelbar** sein (BGHSt 14, 170 [171]; *Krey*, BT-2, Rn. 385 f.). Daran fehlt es, wenn zwischen Verfügungsverhalten des Getäuschten und der Vermögensminderung noch weitere Handlungen, insbesondere des Täters erforderlich sind (*Krey*, BT-2, Rn. 386). Es reicht nicht aus, wenn der Getäuschte dem Täter bloß die Möglichkeit gibt, durch eine weitere eigene (deliktische) Handlung den Schaden herbeizuführen (*Tröndle*, § 263 Rn. 24).

Dementsprechend unterfällt die „listige Sachentziehung" nur dann § 263 I, wenn der 94
Getäuschte eine Vermögensverfügung vornimmt. Seine Handlung muß also unmittelbar, d. h. ohne weitere Zwischenhandlung des Täters den Gewahrsamsverlust bewirken (BGH, MDR 1968, 772; OLG Köln, MDR 1973, 866 f.).

Beispiel: A täuscht dem Fahrradhändler B Kaufinteresse vor. B überläßt A daraufhin ein Fahrrad für eine mehrstündige Probefahrt. A kehrt mit dem Fahrrad – wie beabsichtigt – nicht zurück, um es künftig gebrauchen zu können. – B hat täuschungsbedingt durch die Aushändigung des Fahrrads – mithin unmittelbar – an B den Gewahrsam übertragen, also eine Vermögensverfügung vorgenommen.

Die bloße Gewahrsamslockerung reicht dagegen zur Vermögensminderung nicht aus 95
(OLG Köln, MDR 1973, 866 f.; *Wessels*, BT- 2, Rn. 593).

Beispiel: A spricht im Hauseingang die Rentnerin B an und schlägt ihr vor, deren Einkaufstaschen die Treppen hinaufzutragen. Als B – wie erwartet – seinen Vorschlag annimmt, eilt er die Treppe hinauf, stellt die Tasche vor der Wohnungstür ab und nimmt die Geldbörse heraus. Danach verläßt er das Gebäude.

Auch die Konstellation der sog. „Wechselgeldfalle" (vgl. § 1 Rn. 44; *Hauf*, JA 1995, 96
458 [460]; vgl. auch *Fahl*, JA 1996, 40 [49 f.]) ist nach dem Kriterium der Unmittelbarkeit zu entscheiden. Nach h. M. liegt hinsichtlich des Wechselgeldes nicht nur eine Gewahrsamslockerung, sondern eine Gewahrsamsübertragung auf den Täter vor. Denn durch das Zuschieben des Wechselgeldes gelangt dieses in den Zugriffsbereich des Täters, der Getäuschte gibt dadurch seinen Gewahrsam auf. Darin liegt eine Vermögensminderung. Hinsichtlich des tätereigenen Geldscheins scheidet regelmäßig ein Diebstahl (§ 242 I) aus, da es an einer Übereignung (§ 929 S. 1 BGB) fehlt, der Geldschein also keine fremde Sache ist (OLG Celle, NJW 1959, 1981; vgl. auch BayObLG, JR 1992, 519 m. Anm. *Graul*; *Krey*, BT-2, Rn. 401).

Schließlich ermöglicht das Kriterium der Unmittelbarkeit auch eine sachgerechte 97
Abgrenzung zwischen Diebstahl und Betrug für die Fälle einer irrtumsbedingt geleisteten Blanko-Unterschrift. Die Unterschrift unter eine Blanko-Urkunde stellt nur dann eine Vermögensminderung dar, wenn diese Unterschriftsleistung sich selbst unmittelbar mindernd auswirkt. Hat der Getäuschte hingegen – was regelmäßig der Fall ist – lediglich die Möglichkeit zu einer Vermögensminderung durch eine weitere deliktische Handlung des Täters geschaffen, scheidet eine Vermögensverfügung aus (BGHSt 22, 88 f.; OLG Celle, NJW 1975, 2218 f.; SK-*Samson/Günther*, § 263 Rn. 82; *Otto*, BT, S. 220 f.).

Beispiel: A ist als Provisionsvertreter für Haushaltsgeräte tätig. Als seine Geschäfte schlecht gehen, bittet er B, auf einem Formular zu bestätigen, daß er ihn aufgesucht habe. Durch geschickte Anordnung mehrerer Formulare kann B nicht erkennen, daß er in Wahrheit ein Bestellformular blanko unterschreibt, das A später ausfüllt.

d) Subjektive Beziehung des Verfügenden zu seinem Verhalten

98 Nicht einheitlich wird die Frage beantwortet, welche innere Einstellung der Irrende zu seinem Verhalten aufweisen muß, damit dieses dem Begriff der Vermögensverfügung i. S. des § 263 I unterfällt.

99 **(1)** Nach h. M. erfordert eine Vermögensverfügung grundsätzlich kein **Verfügungsbewußtsein**. Nicht notwendig ist also die Vorstellung des Getäuschten, daß sein Verhalten eine vermögensmindernde Wirkung hat (BGHSt 14, 170 [172]; *Tröndle*, § 263 Rn. 24; a. A. *Otto*, BT, S. 218 f.; *Ranft*, Jura 1992, 66 [68 ff.]). Mithin stellt die unwissentliche Unterlassung der Geltendmachung eines Anspruchs eine Vermögensverfügung dar (Schönke/Schröder-*Cramer*, § 263 Rn. 60).

Beispiel: A pachtet von B eine Kiesgrube. Der Pachtzins wird nach der monatlichen Kiesausbeute berechnet. A gibt jedoch jeweils die Menge zu niedrig an (RG, HRR 1939, Nr. 1383). – Nach h. M. liegt in dem Nichteinfordern des vereinbarten Pachtzinses eine Vermögensverfügung.

100 Ausnahmsweise kommt es nach der h. M. für die Abgrenzung von Betrug („Sachbetrug") und Diebstahl („Trickdiebstahl") doch auf das Kriterium des Verfügungsbewußtseins an: Nur die bewußte Übertragung von Gewahrsam oder die bewußte Mitwirkung an der Gewahrsamsverschiebung ist eine „Verfügung" i. S. des § 263 I (*Krey*, BT-2, Rn. 386; *Otto*, JZ 1993, 652 [655]). Fehlt das Verfügungsbewußtsein, liegt eine Wegnahme i. S. des § 242 I vor. Das Verfügungsbewußtsein hat damit die Funktion, die Exklusivität der Tatbestände (vgl. *Rn. 51*) zu sichern.

101 Die Rechtsprechung ist mit dieser Frage in Fällen befaßt, in denen die Waren an der Kasse eines Selbstbedienungsgeschäfts vorbeigeschmuggelt wurden oder werden sollten (BGHSt 41, 198 ff. – *„Einkaufswagenfall"* m. Bespr. *Hillenkamp*, JuS 1997, 217 ff.; OLG Düsseldorf, NJW 1993, 1407 f.; OLG Zweibrücken, NStZ 1995, 448 f.) Der BGH verlangt einen auf bestimmte Waren konkretisierten Verfügungswillen des Kassierers. An diesem fehlt es, wenn der Täter die Waren in seinem Einkaufswagen verbirgt und die Kasse nach Vorlage anderer Waren ohne Bezahlung der versteckten Waren passiert. Es kommt daher nur versuchter oder vollendeter Diebstahl in Betracht (vgl. *§ 1 Rn. 48 f.*; BGHSt 41, 198 ff. – *„Einkaufswagenfall"*).

Beispiel: A kauft in einem Selbstbedienungsmarkt Lebensmittel ein. Eine Packung Räucherlachs legt A unter einen Kasten Mineralwasser. An der Kasse legt er die Waren auf das Band. Das Mineralwasser und den unter der Kiste versteckten Räucherlachs läßt er im Wagen. Wie erwartet, bemerkt und berechnet der Kassierer B den Räucherlachs nicht.

102 Hingegen liegt eine unbewußte Vermögensverfügung des Kassierers vor, wenn der Täter die Ware in falscher Verpackung oder mit manipulierter Preisauszeichnung vorlegt und der Kassierer im Irrtum über den Inhalt dem Täter die Ware nach Zahlung des zu niedrigen Kaufpreises aushändigt. In diesen Fällen überträgt der Irrende

selbst unmittelbar Gewahrsam und nimmt eine Vermögensverfügung vor (OLG Düsseldorf, NJW 1988, 922 ff.).

(2) Streng von dem Erfordernis eines Verfügungsbewußtseins ist die Frage zu trennen, ob für die Fälle des Sachbetrugs eine, wenn auch irrtumsbedingte, **freiwillige** (zwangsfreie) **Disposition** vorausgesetzt ist. Nach h. M., die eine solche für erforderlich hält, scheidet eine Verfügung dann aus, wenn der Getäuschte den Gewahrsamswechsel lediglich unter Zwang bewußt geschehen läßt oder daran mitwirkt (BGHSt 18, 221 [223] – „*Sammelgaragenfall*"; BGH, NJW 1952, 796; *Krey*, BT-2, Rn. 403 ff.; *Wessels*, BT-2, Rn. 599). Wird der Getäuschte von der Vorstellung bestimmt, er müsse die Wegnahme dulden, weil ein Widerspruch oder ein Widerstand zwecklos ist, fehlt es an einem freien, nur durch die Täuschung beeinflußten Willensentschluß (BGH, NJW 1952, 796). 103

Beispiel: A erfährt, daß B einen Computer erworben hat. A sucht B auf, weist sich mit einer gefälschten Dienstmarke als Kriminalbeamter aus und erklärt, den Computer beschlagnahmen zu müssen, da er gestohlen sei. B glaubt irrig, sich der Beschlagnahme beugen zu müssen. – B gibt unter einem vorgetäuschten Zwang den Computer heraus, trifft folglich keine Vermögensverfügung.

Aus dem Erfordernis der Freiwilligkeit der Vermögensverfügung folgt, daß maßgeblich für die Abgrenzung zwischen Diebstahl (Wegnahme) und Betrug (Vermögensverfügung) nicht das äußere Erscheinungsbild der Tat, sondern die innere Willensrichtung des Getäuschten ist (BGHSt 18, 221 [223] – „*Sammelgaragenfall*"; *Krey*, BT-2, Rn. 403 f.). Entscheidend ist es also, ob der Irrende duldet, daß der Täuschende die Sache entwendet oder – wenn auch irrtumsbedingt – mit dem Gewahrsamswechsel einverstanden ist (vgl. § 1 Rn. 68). 104

(3) Ebenfalls von eigenständiger Bedeutung ist die Frage, ob von § 263 I auch die Fälle der **bewußten Selbstschädigung** erfaßt sind. Nach überwiegender Auffassung unterfallen dem Tatbestand nur die Fälle der unbewußten Selbstschädigung, also solche, bei denen dem Verfügenden die vermögensmindernde Wirkung seines Verhaltens verborgen bleibt, nicht hingegen Fälle der zwar irrtumsbedingten, aber bewußten Selbstschädigung (OLG Düsseldorf, NJW 1988, 922 [923]; *Krey*, BT-2, Rn. 468 f.; a. A. *Wessels*, BT-2, Rn. 507 ff.; *Hilgendorf*, JuS 1994, 466 [469]). 105

Eine betrugsrelevante Vermögensminderung liegt nicht vor, wenn lediglich die bloße Dispositionsfreiheit oder ein bloßes persönliches (Affektions-) Interesse betroffen sind (a. A. BayObLG, NJW 1952, 798). 106

Beispiel: A sammelt Spenden für die AIDS-Hilfe. Um von B eine hohe Spende zu erhalten, täuscht er diesem vor, sein Nachbar C habe 10,- DM gespendet. B, der hinter C nicht zurückstehen will, spendet ebenfalls 10,- DM.

Anders als hier wird diese Einschränkung des Betrugstatbestands zum Teil als Schadensproblem begriffen und dort erörtert, und zwar in der Rechtsprechung unter dem Begriff Zweckverfehlung (vgl. etwa BGH, NJW 1995, 539; vgl. auch *Krey*, BT-2, Rn. 468 ff.). 107

e) Person des Verfügenden – „Dreiecksbetrug"

108 Neben den Anforderungen an das Verfügungsverhalten einer Person ist bei dem Tatbestandsmerkmal der Vermögensverfügung weiterhin problematisch, welche Person eine entsprechende Verfügung vornehmen kann. Da § 263 I zwar notwendig die Identität von Irrendem und Verfügendem, nicht aber die Identität von Verfügendem und Inhaber des beeinträchtigten Vermögens (Geschädigtem) voraussetzt (RGSt 73, 382 [384]; *Lackner/Kühl*, § 263 Rn. 28; *Krey*, BT-2, Rn. 410), kann ein Betrug in der Weise begangen werden, daß der vom Täter Getäuschte über das Vermögen eines Dritten verfügt.

Struktur des Betrugs im Zwei- und Dreipersonenverhältnis:

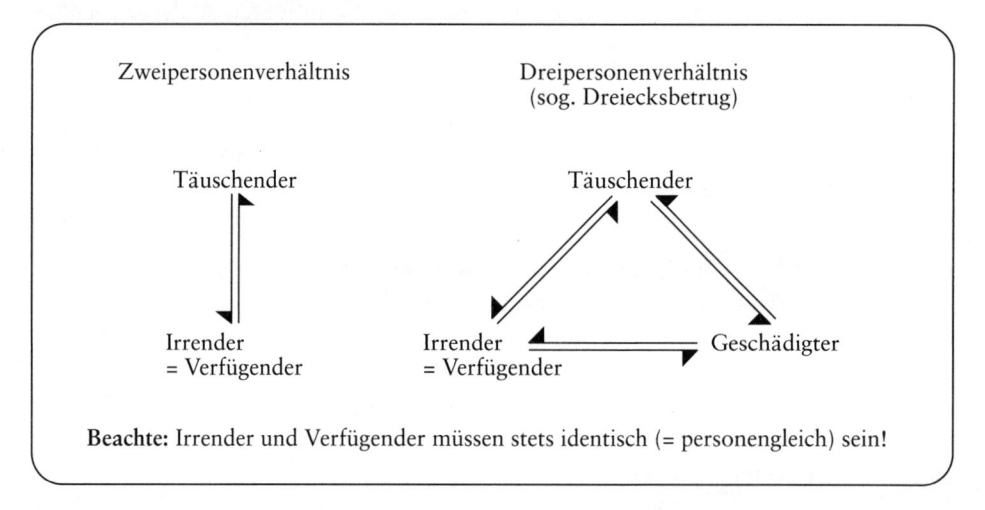

```
   Zweipersonenverhältnis           Dreipersonenverhältnis
                                    (sog. Dreiecksbetrug)

        Täuschender                     Täuschender
           ↕                            ↗         ↘
                                       ↙           ↘
        Irrender                    Irrender  ⇄  Geschädigter
      = Verfügender               = Verfügender
```

Beachte: Irrender und Verfügender müssen stets identisch (= personengleich) sein!

109 **(1)** Die Konstellation des Dreiecksbetrugs wird überwiegend für einen **auf Sachen bezogenen Betrug** (sog. Sachbetrug) diskutiert. Auch hierbei geht es um die Abgrenzung zwischen den sich gegenseitig ausschließenden Tatbeständen des Diebstahls (§ 242 I) und des Betrugs (§ 263 I): Ein gegenüber dem Vermögensinhaber vollzogener Gewahrsamsbruch wird strafrechtlich ausgeschlossen, wenn das Verhalten des Verfügenden dem Vermögensinhaber wegen einer besonderen Beziehung des Verfügenden zum betroffenen Vermögen zuzurechnen ist, der Gewahrsamswechsel also nicht gegen den Willen des Gewahrsamsinhabers vollzogen wird.

110 Das ist insbesondere nach der Rechtsprechung bereits dann der Fall, wenn der Getäuschte die tatsächliche Verfügungsgewalt über die Sache hat (sog. Nähetheorie; BGHSt 18, 221 [223 f.] – *„Sammelgaragenfall"*; BayObLG, GA 1964, 82 [83]; OLG Celle, NJW 1994, 142 [143]; *Tröndle*, § 263 Rn. 24). Tendenziell wird insoweit Gewahrsam, jedenfalls untergeordneter Mitgewahrsam des Verfügenden gefordert (BGHSt 18, 221 [223 f.] – *„Sammelgaragenfall"*; BayObLG, GA 1964, 82 [83 f.]).

111 Demgegenüber verlangt die h. L. zusätzlich, daß der getäuschte Dritte schon vor der Verfügung im Lager des Geschädigten stand und deshalb zur Verfügung imstande

§ 11. Betrug

war (sog. Lagertheorie; *Lackner/Kühl*, § 263 Rn. 28, 30; Schönke/Schröder-*Cramer*, § 263 Rn. 66). Das ist der Fall, wenn der Verfügende zum Vermögen des Geschädigten eine engere Beziehung aufweist als ein beliebiger Dritter (*Maurach/Schroeder/Maiwald*, BT-1, § 41 Rn. 80; *Wessels*, BT-2, Rn. 606).

Demgegenüber stellt eine andere Ansicht nicht auf die faktische Möglichkeit, sondern allein auf die rechtliche Befugnis zur Verfügung über die fremde Sache ab (sog. Befugnistheorie; SK-*Samson/Günther*, § 263 Rn. 94 f.; *Krey*, BT-2, Rn. 413, 417; *Otto*, BT, S. 221). Der Befugnistheorie ist zuzugeben, daß sie wegen der Verwendung rechtlicher Kriterien überzeugend erklären kann, warum die Verfügung eines Dritten dem Vermögensinhaber zugerechnet wird (so SK-*Samson/Günther*, § 263 Rn. 94). Sie ist aber mit dem – vorzugswürdigen (vgl. *Rn. 75*) – wirtschaftlichen Vermögensbegriff unvereinbar. 112

Beispiele: A ist mit B befreundet, die einen Pkw besitzt, der in einer Sammelgarage untergestellt ist. In dieser Garage ist für jeden dort abgestellten Wagen ein zweiter Schlüssel beim Pförtner C hinterlegt. Mit dem ausdrücklichen Einverständnis der B hat A den Pkw mehrmals aus der Garage geholt. Nachdem die Beziehung von A und B gescheitert ist, begibt A sich ohne Wissen der B in die Garage, um sich den Pkw zuzueignen. A bittet C unter Täuschung über das vorliegende Einverständnis der B um den Zweitschlüssel. A bekommt den Schlüssel ausgehändigt und verläßt mit dem Pkw die Garage (BGHSt 18, 221 ff. – „Sammelgaragenfall").
Die Vermögensverfügung des C ist nach allen Auffassungen der B zuzurechnen, und zwar auch nach der Befugnistheorie, weil die Grundsätze der Anscheinsvollmacht Anwendung finden.

Bei der Untervermieterin F des Studenten E erscheint D, der sich – wahrheitswidrig – als Bote des E ausgibt, und bittet F, ihm den Laptop des E auszuhändigen. E benötige diesen dringend in der Universität. Die arglose F gibt D den Laptop.
Jedenfalls nach der Befugnistheorie liegt keine dem E zurechenbare Vermögensverfügung vor. Soweit neben der rein faktischen Verfügungsmöglichkeit von einem Teil der h. M. gefordert wird, daß der Getäuschte vor seiner Verfügung eine besondere Beziehung zum betroffenen Vermögen aufweisen muß, scheidet eine zurechenbare Verfügung ebenfalls aus.

Vertiefungshinweis: Erst in jüngster Zeit wird in Rechtsprechung und Schrifttum intensiver erörtert, ob und unter welchen Voraussetzungen ein Dreiecksbetrug in bezug auf Forderungen und Rechte möglich ist, wenn ein Nichtinhaber auf diese für ihn fremde Rechtsposition einwirkt (vgl. hierzu OLG Celle, NJW 1994, 142 m. Bespr. *Linnemann*, wistra 1994, 167).

(2) Da der Verfügende und der Geschädigte nicht personengleich sein müssen, ergibt sich bei vermögensrechtlichen Streitigkeiten auch die Möglichkeit des **Prozeßbetrugs** (Schönke/Schröder-*Cramer*, § 263 Rn. 69). Dieser liegt vor, wenn ein Richter (oder ein Rechtspfleger; OLG Düsseldorf, NJW 1994, 3366 f.) durch Täuschung über Tatsachen zu einer das Vermögen der gegnerischen Partei schädigenden Entscheidung veranlaßt wird (OLG Zweibrücken, NJW 1983, 694). 113

Vertiefungshinweis: Zum Irrtum des Richters im Falle des non liquet vgl. etwa *Krey*, BT-2, Rn. 421; *Fahl*, Jura 1996, 74 (75).

Das Urteil in einer vermögensrechtlichen Streitigkeit wirkt nicht erst mit Eintritt der Rechtskraft vermögensmindernd, sondern schon aufgrund der Erklärung seiner vorläufigen Vollstreckbarkeit (§ 708 ff. ZPO). Dabei ist es unschädlich, daß die Vermö- 114 gensminderung kraft eines Hoheitsakts erfolgt (BGHSt 14, 170 [172]). Die für die Zurechnung der Vermögensverfügung erforderliche Beziehung zum geschädigten Vermögen beruht auf der hoheitlichen Funktion des Richters, kraft Amts zur Streitentscheidung berufen zu sein (Schönke/Schröder-*Cramer*, § 263 Rn. 68; *Krey*, BT-2, Rn. 419; krit. *Fahl*, Jura 1996, 74 [77 f.]). Das Phänomen, daß die Verfügung des Richters unabhängig davon, ob der Kläger oder der Beklagte den Prozeß verliert, stets dem Unterliegenden zugerechnet wird, läßt sich mit der bildhaften Vorstellung erklären, daß der Richter stets im Lager der Partei steht, die im Recht ist.

Beispiel: A klagt gegen B auf Rückzahlung eines Darlehens. Die Fälligkeit des Rückzahlungsanspruchs substantiiert A wahrheitswidrig damit, daß er die Kündigung des Darlehens behauptet. Auf das Bestreiten des B hin, tritt A Beweis durch Vorlage eines Empfangsbekenntnisses des B an. A hat diese Urkunde gefälscht. Richter C, dem dies verborgen bleibt, verurteilt B zur Rückzahlung der Darlehenssumme und erklärt das Urteil für vorläufig vollstreckbar.

Vertiefungshinweis: Kontrovers wird die Frage diskutiert, ob auch bei einer Entscheidung im Versäumnis- oder Mahnverfahren ein Prozeßbetrug erfolgen kann. Mit der h. L. ist dies abzulehnen. In beiden Fällen beruht die Entscheidung nicht auf einem irgendwie gearteten Vorstellungsbild über Tatsachen (Irrtum). Im Versäumnisverfahren kommt es gemäß § 331 I 1 ZPO allein auf das Ausbleiben der Partei an; nach §§ 688 ff. ZPO n. F. ist im Mahnverfahren keine Schlüssigkeitsprüfung erforderlich. Soweit das Mahnverfahren automatisiert ist (§§ 689 I 2, 703 b, 703 c ZPO), scheidet ein Betrug von vornherein aus (vgl. hierzu Schönke/Schröder-*Cramer*, § 263 Rn. 52; *Fahl*, Jura 1996, 74 [75]; a. A. BGHSt 24, 257 [260 f.]; OLG Düsseldorf, NStZ 1991, 586; *Krey*, BT-2, Rn. 422 f.).

Das gilt auch, wenn der Angeklagte durch Täuschung die Verurteilung zu einer Geldstrafe abwendet (oder abwenden will). Die Geldstrafe gehört nicht zum strafrechtlich geschützten Vermögen des Staats, zudem greift das Selbstbegünstigungsprivileg des Täters ein (OLG Karlsruhe, NStZ 1990, 282 f; OLG Stuttgart, MDR 1981, 422; *Geppert*, Jura 1980, 204 [208 f.]).

f) Kausalität von Irrtum und Vermögensverfügung

115 Weiter muß auch ein Kausalzusammenhang zwischen Irrtum und Vermögensverfügung bestehen (Schönke/Schröder-*Cramer*, § 263 Rn. 77). Das ist nicht der Fall, wenn der Irrende die Vermögensverfügung auch ohne seinen Irrtum vorgenommen hätte.

Beispiele: Bettler A täuscht ein Gebrechen vor. B, der die Täuschung nicht erkennt, gibt dem lästigen Bettler, nur um ihn loszuwerden, ein Almosen (Schönke/Schröder-*Cramer*, § 263 Rn. 77).
C täuscht anläßlich der Notfallaufnahme in ein Krankenhaus über das Bestehen einer Krankenversicherung. Das Krankenhaus ist jedoch ohnehin verpflichtet, Notfallpatienten aufzunehmen (OLG Düsseldorf, NJW 1987, 3145 f.).

116 Ebenso ist der Kausalzusammenhang zwischen Irrtum und Vermögensverfügung beim Zusammentreffen mehrerer Motive („Motivbündel") problematisch, wenn nur eines der Motive durch die Täuschung geschaffen ist, die anderen aber für die Verfügung ausreichen. Da nicht gefordert ist, daß der Getäuschte allein aufgrund des erregten Irrtums zur Verfügung veranlaßt wird, ist es nach h. M. entscheidend, daß

§ 11. Betrug

das durch die Täuschung geschaffene Motiv mitbestimmend gewesen ist (BGHSt 13, 13 [14]; KG, JR 1964, 350; *Krey*, BT-2, Rn. 424).

Beispiel: Rechtsreferendar A nimmt bei B ein Darlehen auf und täuscht diesen darüber, daß er aufgrund des Eingangs einer größeren Summe das Darlehen demnächst zurückzahlen kann. B hätte auch ohne diese Erklärung einem Beamten ein Darlehen gewährt (BGHSt 13, 13 ff.).

Detailstruktur der Vermögensverfügung:

	Vermögensverfügung
Verfügungsverhalten	Handeln oder Unterlassen (*Rn. 52 ff.*)
Verfügungserfolg	Unmittelbare (*Rn. 93 ff.*) Minderung (*Rn. 90 ff.*) strafrechtlich geschützten Vermögens (*Rn. 62 ff.*)
Subjektive Einstellung des Verfügenden	Grds. kein Verfügungsbewußtsein (*Rn. 99 ff.*), hingegen Freiwilligkeit (*Rn. 103 f.*) und unbewußte Selbstschädigung (*Rn. 105 ff.*) vorausgesetzt
Person des Verfügenden	Vermögensinhaber oder diesem zurechenbarer Dritter (*Rn. 108 ff.*)

4. Vermögensschaden

Die Vermögensverfügung muß unmittelbar zu einem Vermögensschaden führen (*Tröndle*, § 263 Rn. 26). Erst mit dem Eintritt dieses Erfolgs ist der Betrug vollendet. 117

Der Vermögensschaden wird durch einen Vergleich der Vermögensstände unmittelbar vor und unmittelbar nach der maßgeblichen Vermögensverfügung ermittelt (= „Saldierung"; BGHSt 30, 388 [389]; OLG Düsseldorf, NJW 1994, 3366 [3367]; *Tröndle*, § 263 Rn. 30). 118

Merke: Ein Vermögensschaden liegt vor, wenn die aufgrund der Vermögensverfügung eingetretene Minderung des Vermögens nicht durch einen unmittelbar mit ihr verbundenen Vermögenszuwachs vollständig ausgeglichen wird (BGHSt 3, 99 [102]; 34, 199 [203] – „*Schlankheitspillenfall*").

a) Einseitige, unentgeltliche Hingabe von Vermögenswerten

Besteht die Vermögensverfügung (= Vermögensminderung; vgl. *Rn. 90 ff.*) in einer einseitigen, unentgeltlichen Hingabe von Vermögenswerten, liegt der Schaden regelmäßig schon im Verlust des entsprechenden Vermögenswerts selbst. 119

Erschleicht der Täter durch Täuschung eine öffentliche Leistung (etwa Sozialhilfe oder Subventionen [soweit nicht § 264 einschlägig ist]), ohne daß die Anspruchsvoraussetzungen vorliegen, tritt ein Vermögensschaden ein (Schönke/Schröder-*Cramer*, § 263 Rn. 104 f.). Entsprechendes gilt, wenn von einem Unternehmen Werbegeschenke für neue Kunden gewährt werden und sich eine zum festen Kundenstamm gehörende Person als Erstkunde ausgibt (BayObLG, NJW 1994, 208 m. Bespr. *Hilgendorf*, JuS 1994, 466). Allerdings kann in diesen Fällen ein Schaden unter dem Gesichtspunkt der bewußten Selbstschädigung (vgl. *Rn. 105 ff.*) ausscheiden, wenn das Unternehmen 120 eine nur höchst ungewisse Chance wahrnimmt, den Erstbesteller mittels einer Zugabe zu weiteren Käufen zu veranlassen (vgl. BayObLG, NJW 1994, 208).

121 Hingegen stellt sich beim sog. Spendenbetrug grundsätzlich nicht die Frage eines Vermögensschadens, da das Opfer insoweit bewußt, wenn auch irrtumsbedingt, ein Vermögensopfer erbringt, also bereits keine Vermögensverfügung trifft (vgl. *Rn. 105*; im Ergebnis ebenso BGH, NJW 1995, 539).

Vertiefungshinweis: Ausnahmsweise kann in diesen Fällen dann ein Schaden vorliegen, wenn eine unbewußte Selbstschädigung darin liegt, daß die Vermögensverschiebung mit der Verfehlung ihres Zwecks in ihrem sozialen Sinn entwertet wird (BGH, NJW 1995, 539 f.; Schönke/Schröder-*Cramer*, § 263 Rn. 102) oder dazu führt, daß die Vermögensminderung bei individueller Betrachtung für den Getäuschten eine untragbare Belastung darstellt (vgl. *Rn. 133 ff.*).

b) Leistung und Gegenleistung

122 Stehen sich dagegen Leistung und Gegenleistung gegenüber, ist zur Ermittlung des Schadens festzustellen, ob die in der Vermögensverfügung begründete Vermögensminderung durch eine Gegenleistung ausgeglichen ist. Wenn Leistung und Gegenleistung sich entsprechen (= „Kompensation"), also der erlangte Gegenwert die durch die Verfügung eingetretene Vermögensminderung zumindest vollständig ausgleicht, liegt kein Schaden vor (BGHSt 34, 199 [202 f.] – „*Schlankheitspillenfall*"; *Tröndle*, § 263 Rn. 30; *Wessels*, BT-2, Rn. 521).

> **Merke:** Maßgeblich für die Schadensfeststellung ist nach ganz h. M. ein objektiv-individueller Schadensbegriff (Schönke/Schröder-*Cramer*, § 263 Rn. 108; *Maurach/Schroeder/Maiwald*, BT-1, § 41 Rn. 113).

123 In Übereinstimmung mit dem hier vertretenen wirtschaftlichen Vermögensbegriff (vgl. *Rn. 62 ff.*) geht der objektiv-individuelle Schadensbegriff von einer rein wirtschaftlichen Betrachtungsweise aus (objektive Komponente) und ergänzt diese durch die Berücksichtigung der wirtschaftlichen Bedürfnisse des einzelnen (individuelle Komponente).

124 (1) Leistung und Gegenleistung sind danach zunächst nach ihrem **objektiven Verkehrswert** zu vergleichen. Maßgeblich ist insoweit nicht die persönliche Einschätzung des Getäuschten, sondern die eines sachkundigen, objektiven Beobachters (BGHSt 16, 321 [326] – „*Melkmaschinenfall*"; BayObLG, NJW 1987, 2452), die sich an den Marktverhältnissen auszurichten hat (OLG Hamm, NStZ 1992, 593). Ergibt sich eine Wertdifferenz zum Nachteil des von der irrtumsbedingten Vermögensverfügung betroffenen Vermögens, liegt ein Vermögensschaden vor. Das ist jedenfalls dann der Fall, wenn gegen die Zahlung des vereinbarten Kaufpreises eine nur minderwertige Ware geliefert wird. Dabei kann sich die Minderwertigkeit auch aus der mangelnden rechtlichen Qualität der erlangten Sache ergeben (BGH, StV 1996, 73 ff. m. Anm. *Samson*, StV 1996, 93 f.; Schönke/Schröder-*Cramer*, § 263 Rn. 110).

Beispiel: Gebrauchtwagenhändler A täuscht seinen Kunden B darüber, daß es sich bei dem verkauften Fahrzeug um einen Unfallwagen handelt, der verkehrsunsicher ist. B zahlt aufgrund der Täuschung einen Kaufpreis, der dem Verkehrswert eines unfallfreien Gebrauchtfahrzeugs entspricht.

Ein Schaden kann auch bei der Lieferung einer von der vertraglich vorausgesetzten zwar abweichenden, aber gleichwertigen Ware vorliegen, wenn die Verkehrskreise einer Ware bestimmter Herkunft oder aus bestimmten Stoffen einen höheren Wert zuerkennen (BGHSt 8, 46 [49]; BGHSt 16, 220 ff. – „Zellwollhosenfall"). Zu weit geht die Rechtsprechung, die sogar dann einen Schaden annimmt, wenn die tatsächlich gelieferte Ware besser und teurer ist als die vertraglich vereinbarte (BGHSt 12, 347 [352 f.]). 125

Beispiel: Textilhändler A preist rein wollene Gabardinehosen zum Verkauf an. In Wirklichkeit übergibt er seinen Kunden Hosen, die aus reiner Zellwolle bestehen. – Selbst wenn die Hosen ihren Preis wert sind, liegt ein Vermögensschaden vor (BGHSt 16, 220 ff. – „Zellwollhosenfall").

In Rechtsprechung und Schrifttum ist es umstritten, ob der gutgläubige Erwerb einer Sache vom Nichtberechtigten einen Vermögensschaden begründet. Während von der Rechtsprechung ein Vermögensschaden bejaht wird (BGHSt 3, 370 [372]; BGHSt 15, 83 [86 f.] – „*Mopedfall*"; OLG Köln, MDR 1966, 253 f.), soll nach der h. L. ein Vermögensschaden allenfalls dann vorliegen, wenn die Sache wegen des gutgläubigen Erwerbs einen merkantilen Minderwert aufweist (*Krey*, BT-2, Rn. 476 [479]). 126

Beispiel: A leiht sich von B ein Fahrrad. Als er sich entschließt, dieses zu behalten, verändert er die Rahmennummer und streicht es in einer anderen Farbe an. Nach einigen Wochen verkauft er es an den gutgläubigen C.

Das RG begründet den Eintritt eines Vermögensschadens damit, daß der gutgläubig erworbenen Sache ein „sittlicher Makel" anhaftet (RGSt 73, 61 [63 f.]). Der BGH läßt dahinstehen, ob die These des RG zutrifft (BGHSt 15, 83 [87] – „*Mopedfall*") und stellt demgegenüber auf die dem gutgläubigen Erwerber drohenden Gefahren ab. Für den Erwerber besteht ein erhöhtes Prozeßrisiko, wenn der frühere Eigentümer gegen den gutgläubigen Erwerber gerichtlich vorgeht. Zudem ist der Erwerber der Gefahr ausgesetzt, als Hehler bezichtigt zu werden oder kann Schwierigkeiten mit den Aufsichtsbehörden oder Organen seines Handelsstands bekommen bzw. sonst an Ansehen verlieren (BGHSt 15, 83 [86 f.] – „*Mopedfall*"). Schließlich weist die Sache einen merkantilen Minderwert auf, wenn der gutgläubige Erwerb einer gewinnbringenden Weiterveräußerung durch den Erwerber entgegensteht, weil sich die Sache wegen ihrer Herkunft als faktisch unverkäuflich erweist. Für den Eintritt eines Vermögensschadens sind die Umstände des Einzelfalls maßgeblich (BGHSt 15, 83 [86 f.] – „*Mopedfall*"). 127

Die Rechtsprechung stößt zu Recht im Schrifttum auf Kritik. Das Argument des Prozeßrisikos ist verfehlt, da nicht der Erwerber die Beweislast für seine Gutgläubigkeit, sondern der frühere Eigentümer die Beweislast für die Bösgläubigkeit des Erwerbers trägt (LK-*Lackner*, § 263 Rn. 201). Bei der gebotenen wirtschaftlichen Betrachtung sind die Kriterien des sittlichen Makels, der Gefahr der Bezichtigung der Hehlerei oder behördlicher Maßnahmen nicht geeignet, einen Vermögensschaden zu begründen (LK-*Lackner*, § 263 Rn. 201; Schönke/Schröder-*Cramer*, § 263 Rn. 128

111). Allerdings liegt in Übereinstimmung mit der Rechtsprechung ein Vermögensschaden dann vor, wenn sich die Sache wegen ihrer Herkunft als faktisch unverkäuflich erweist (*Tröndle*, § 263 Rn. 27 a; *Krey*, BT-2, Rn. 479).

129 Erschleicht der Gläubiger einer Forderung unter Täuschung über seine Rückzahlungsabsicht ein Darlehen vom Schuldner, um durch Aufrechnung (§ 387 BGB) seine Forderung zu tilgen, scheidet ein Vermögensschaden aus. Denn der getäuschte Schuldner muß als Gläubiger der Darlehensforderung nach §§ 387 ff. BGB hinnehmen, daß die Forderung durch Zahlung oder Aufrechnung erfüllt wird. Das Gesetz bewertet damit Zahlung und Aufrechnung gleich, es sei denn, die Aufrechnung ist aus rechtlichen Gründen unzulässig (BGH, NJW 1953, 1479 f.).

130 Auch hinsichtlich der Höhe des Entgelts ist nach objektiv-wirtschaftlichen Gesichtspunkten zu prüfen, ob das Entgelt einen vollwertigen Ausgleich darstellt. So wird z. B. im Falle einer Fahrzeuganmietung der übliche Mietzins lediglich die regelmäßig mit einem entsprechenden Geschäft einhergehenden Risiken abdecken. Täuscht der Mieter des Fahrzeugs darüber, daß er im Besitz einer Fahrerlaubnis ist oder das Fahrzeug zu einem Autorennen einsetzen will, ist der übliche Mietzins kein vollständiger Ausgleich des zusätzlichen Risikos (BGHSt 21, 108 [112] – *„Autovermietungsfall"*).

131 In die Schadensberechnung dürfen solche Aufwendungen nicht einbezogen werden, die das Opfer erst aus Anlaß des Betrugs tätigt (z. B. Kosten für die Begutachtung des erworbenen Gegenstands, Prozeßkostenvorschüsse). Ebenfalls außer Betracht bleiben spätere Wertminderungen oder -erhöhungen (Schönke/Schröder-*Cramer*, § 263 Rn. 141), denn die Vermögensverfügung muß unmittelbar kausal für den Vermögensschaden sein (vgl. *Rn. 117*; SK-*Samson/Günther*, § 263 Rn. 137).

132 Auch dürfen für die Saldierung solche Positionen nicht berücksichtigt werden, die den Schadensausgleich erst ermöglichen (Schönke/Schröder-*Cramer*, § 263 Rn. 120; *Wessels*, BT-2, Rn. 528 f.). Dies ist evident bei Schadensersatzansprüchen aus den §§ 823 II BGB i. V. m. 263 I und § 826 BGB sowie bei Bereicherungsansprüchen aus den §§ 812 ff. BGB, die jeweils einen Schaden voraussetzen und daher für seine Berechnung ohne Belang sind (BGH, MDR/D 1970, 13). Das gleiche gilt für Gewährleistungs- und Anfechtungsrechte, etwa aus den §§ 119, 123 BGB (BGHSt 21, 384 [386] – *„Provisionsvertreterfall"*; BGHSt 23, 300 [302] – *„Abonnementfall"*; BGH, NJW 1985, 1563 [1564]), denn die Ausübung entsprechender Rechte führt lediglich zu einer nachträglichen und damit strafrechtlich irrelevanten Beseitigung eines bereits eingetretenen Schadens (*Krey*, BT-2, Rn. 449).

Vertiefungshinweis: Zur Frage, ob ein Unternehmerpfandrecht (§ 647 BGB) für die Schadensfeststellung relevant ist, vgl. BayObLG, JZ 1974, 189 f. m. Anm. *Lenckner*, JR 1974, 337; *Krey*, BT-2, Rn. 466 f.

133 (2) Nach dem ganz herrschenden objektiv-individuellen Schadensbegriff (vgl. *Rn. 122*) kommt es bei der Frage der Gleichwertigkeit der Leistungen nicht nur auf deren objektiven Vermögenswert an, sondern ist vielmehr auch eine individualisierende Betrachtung erforderlich. Eine Sache, die den vom Getäuschten entrichteten Preis

wert ist, kann gleichwohl gerade für diesen eine nicht gleichwertige Leistung darstellen (**persönlicher Schadenseinschlag**).

> **Beachte:** Nur dann, wenn sich keine Differenz zwischen den wirtschaftlichen Werten von Leistung und Gegenleistung feststellen läßt, wird die individuelle Komponente des Schadensbegriffs relevant.

Für den Eintritt eines persönlichen Schadenseinschlags hat die h. M. verschiedene Fallgruppen herausgebildet: **134**

❑ Eine Wertminderung der Gegenleistung ist jedenfalls dann anzunehmen, wenn sie nach den besonderen individuellen Bedürfnissen des Getäuschten oder nach dem vertraglich vorausgesetzten Zweck aus der Sicht eines objektiven Beobachters für den Erwerber unbrauchbar oder jedenfalls weniger brauchbar ist (BGHSt 16, 321 [326] – „*Melkmaschinenfall*"; BGHSt 22, 88 [89]; OLG Köln, NJW 1976, 1222; *Wessels*, BT-2, Rn. 531). **135**

Beispiele: A veranlaßt durch Täuschung den Arbeiter B zum Kauf wissenschaftlicher Zeitschriften und Bücher. – Diese sind zwar als solche ihren Preis wert, übersteigen aber das Verständnis des B (BGH, MDR/D 1972, 571).
C verkauft dem im gesamten Bundesgebiet tätigen Vertreter D einen Pkw unter Täuschung über dessen Laufleistung und Unfallfreiheit zu einem dem Wert des Fahrzeugs angemessenen Preis. – Wegen der bei diesem Fahrzeug erhöhten Pannenanfälligkeit ist der Pkw für D weniger brauchbar (OLG Düsseldorf, JZ 1996, 913 [914] m. Anm. *Schneider*).

❑ Unter dem Gesichtspunkt des persönlichen Schadenseinschlags liegt ein Vermögensschaden auch bei einer für den Verletzten gleichwertigen Gegenleistung vor, wenn eine übermäßige Einschränkung seiner wirtschaftlichen Bewegungsfreiheit eintritt. Das ist zum einen der Fall, wenn der Getäuschte zur Erfüllung seiner vertraglichen Verpflichtung gezwungen ist, „vermögensschädigende" Maßnahmen zu ergreifen, z. B. die Aufnahme eines hochverzinslichen Darlehens (BGHSt 16, 321 [328] – „*Melkmaschinenfall*"), zum anderen, wenn der Getäuschte infolge der eingegangenen Verpflichtung nicht mehr über die Mittel verfügt, „die zur ordnungsgemäßen Erfüllung seiner Verbindlichkeiten oder sonst für eine, seinen persönlichen Verhältnissen angemessene Wirtschafts- oder Lebensführung unerläßlich sind" (BGHSt 16, 321 [328] – „*Melkmaschinenfall*"; vgl. auch *Tröndle*, § 263 Rn. 35). Zum Teil wird weitergehend vertreten, daß jede Beeinträchtigung der wirtschaftlichen Bewegungsfreiheit als solche einen Vermögensschaden begründet, sofern sich „die Vermögensverfügung nach den ökonomischen Verhältnissen des Verletzten als eine wirtschaftlich sinn- und zweckwidrige Maßnahme darstellt" (*Krey*, BT-2, Rn. 464 m. Nachw.). **136**

Beispiel: A verkauft dem Landwirt B eine Melkmaschine zum normalen Listenpreis. A täuscht B vor, die Maschine sei anläßlich einer Werbeaktion im Preis erheblich herabgesetzt. Bei Kenntnis der wahren Sachlage hätte B die Melkmaschine nicht erworben, da sein Betrieb derzeit keinen Gewinn abwirft. B muß daher ein kurzfristiges und hochverzinsliches

Darlehen aufnehmen bzw. ist andernfalls zu einer ordnungsgemäßen Erfüllung bestehender Verbindlichkeiten nicht mehr in der Lage.

137 (3) Im Rahmen von Vertragsverhältnissen, bei denen sich Leistung und Gegenleistung gegenüberstehen, ist zwischen **Eingehungsbetrug** und **Erfüllungsbetrug** zu differenzieren. Diese Unterscheidung folgt daraus, daß der vertraglich vereinbarte Austausch von Vermögenswerten auf rechtlich verschiedenen und häufig auch zeitlich getrennten Ereignissen beruht. Da bereits bei der Belastung des Vermögens mit einer Verbindlichkeit eine Vermögensminderung i. S. eines Verfügungserfolgs in Betracht kommt, kann ein Schaden schon im Zeitpunkt des Vertragsschlusses eintreten (vgl. *Rn. 91 f.*).

138 Ein sog. Erfüllungsbetrug liegt vor, wenn der Täter sein Opfer erst nach dem Vertragsschluß täuscht und dadurch den Getäuschten veranlaßt, eine vermögensmindernde Handlung vorzunehmen. Maßgeblicher Zeitpunkt für die Schadensberechnung ist dann der des Leistungsaustauschs. Ein Vermögensschaden liegt vor, wenn der Verletzte infolge der Täuschung eine im Verhältnis zu seinem Anspruch minderwertige Leistung annimmt (OLG Stuttgart, MDR 1982, 71; *Tröndle*, § 263 Rn. 33) oder selbst mehr leistet, als er rechtlich zu leisten verpflichtet ist (Schönke/Schröder-*Cramer*, § 263 Rn. 138). Für die Berechnung des Schadens gelten die oben (vgl. *Rn. 124 ff.*) dargestellten Grundsätze.

Beispiel: A und B schließen einen Kaufvertrag über einen fabrikneuen Pkw. Vor Auslieferung des Fahrzeugs entschließt sich A, B ein Fahrzeug zu übergeben, das schon mehr als ein Jahr auf seinem Betriebsgelände steht. B, der dies nicht bemerkt, zahlt den vereinbarten Kaufpreis.

140 Ein Erfüllungsbetrug liegt aber auch dann vor, wenn die Täuschung bereits anläßlich des Verpflichtungsgeschäfts erfolgt und bis zur Erfüllung fortwirkt, d. h. einen Vermögensschaden erst im Stadium der Erfüllung begründet (BGHSt 32, 211 ff. – „*Fassadenbaufall*"; *Lackner/Kühl*, § 263 Rn. 53; Schönke/Schröder-*Cramer*, § 263 Rn. 137; a. A. *Otto*, JZ 1993, 652 [657]).

141 Hingegen liegt nur ein sog. Eingehungsbetrug vor, wenn der Täter bereits beim Vertragsabschluß täuscht. Der maßgebliche Zeitpunkt der Schadensberechnung ist hier der Abschluß des Verpflichtungsgeschäfts, da bereits die Belastung des Vermögens mit einer Verbindlichkeit eine vermögensmindernde konkrete Vermögensgefährdung darstellt (vgl. *Rn. 91 ff.*). Ein Vermögensschaden liegt dann vor, wenn ein Wertvergleich der eingegangenen Verpflichtungen eine Differenz zu Lasten des von der Verfügung betroffenen Vermögens ergibt (BGHSt 16, 220 [221] – „*Zellwollhosenfall*"; *Tröndle*, § 263 Rn. 31). Der Betrug ist in diesem Fall schon mit Vertragsschluß vollendet (*Ranft*, JR 1994, 523 f.).

Beispiel: A und B schließen einen Kaufvertrag über einen fabrikneuen Pkw. A täuscht B darüber, daß der Pkw, der Gegenstand des Vertrags ist, bereits mehr als ein Jahr auf seinem Betriebsgelände steht. Zur Vertragserfüllung kommt es nicht mehr.

§ 11. Betrug

> **Beachte:** Kommt es im Anschluß an einen Eingehungsbetrug zum tatsächlichen Leistungsaustausch oder zumindest zu einer Leistung des Getäuschten, ist die Schadensberechnung auf dieser späteren Grundlage vorzunehmen.

Eines Rückgriffs auf den „Eingehungsschaden" bedarf es dann nicht. Der Eingehungsschaden ist gegenüber dem Erfüllungsschaden subsidiär (OLG Hamm, GA 1957, 121 ff.; *Müller-Christmann*, JuS 1988, 108 [112] m. Nachw.). 142

Regelmäßig gelten auch beim Eingehungsbetrug für die Schadensberechnung die oben (vgl. *Rn. 124 ff.*) beschriebenen Grundsätze. Im Gegensatz zum Erfüllungsbetrug ist es umstritten, ob Anfechtungs-, Wandlungs-, Minderungs- oder Rücktrittsrechte den Eintritt eines Schadens ausschließen. Entgegen der wohl h. M. (BGHSt 23, 300 – „*Abonnementfall*"; *Tröndle*, § 263 Rn. 32; *Krey*, BT-2, Rn. 449) kann nur dann von einer konkreten Gefahr, die zu einer realen Vermögensminderung führt, keine Rede sein, wenn entsprechende Rechte ohne weiteres (d. h. ohne Beweisschwierigkeiten oder relevantes Prozeßrisiko) durchsetzbar sind (BGHSt 34, 199 [202] – „*Schlankheitspillenfall*"; SK-*Samson/Günther*, § 263 Rn. 167 c). Wenn der von der Vermögensverfügung betroffene Vermögensinhaber in anderer Weise gegen einen Schadenseintritt bei der Vertragserfüllung abgesichert ist (z. B. Vereinbarung der Leistung „Zug um Zug"), tritt jedenfalls mit dem Verpflichtungsgeschäft noch kein Vermögensschaden ein (BGH, StV 1992, 117; SK-*Samson/Günther*, § 263 Rn. 167 c). 143

Ein Eingehungsbetrug (*Krey*, BT-2, Rn. 480) kommt in Betracht, wenn ein Arbeitnehmer anläßlich des Abschlusses des Arbeitsvertrags über seine Qualifikation täuscht (sog. Anstellungsbetrug). Bei der zur Schadensermittlung erforderlichen Saldierung ist grundsätzlich allein der Wert der Arbeitsleistung zu berücksichtigen. Ein Vermögensschaden scheidet dann aus, wenn der Arbeiter oder Angestellte trotz fehlender fachlicher Fähigkeiten oder Kenntnisse die Leistungen erbringen kann, die von ihm erwartet werden (BGHSt 17, 254 ff.; BGH, NJW 1978, 2042 f.; AG Berlin-Tiergarten, NStZ 1994, 243 f.; *Krey*, BT-2, Rn. 483). 144

Ausnahmsweise tritt trotz einwandfreier Arbeitsleistungen ein Nachteil zu Lasten des Vermögens des Arbeitgebers ein, wenn der Täuschende mit Rücksicht auf eine besondere Vertrauensposition entsprechend hoch entlohnt wird, aber er die für diese Position erforderliche Zuverlässigkeit nicht besitzt (RGSt 73, 268 ff.; BGH, NJW 1978, 2042 [2043]; Schönke/Schröder-*Cramer*, § 263 Rn. 154). Es gilt das gleiche, wenn die Arbeitsleistung nach der Verkehrsanschauung nicht nur nach ihrem Effekt, sondern auch im Hinblick auf eine besondere Ausbildung bemessen wird (BGHSt 17, 254 ff.). 145

Nach der Rechtsprechung ergibt sich ein Mißverhältnis von Leistung und Gegenleistung auch bereits aus der Gefährdung, die dadurch entsteht, daß ein wegen eines Eigentums- oder Vermögensdelikts vorbestrafter Arbeitnehmer eine Position erlangt, die ihm den Zugriff auf das Vermögen des Arbeitgebers ermöglicht (BGHSt 17, 254 [258 f.]; BGH, NJW 1978, 2042 f.). Dem kann nicht gefolgt werden, denn es liegt schon keine Vermögensverfügung vor, da das Verfügungsverhalten nicht unmittelbar 146 (vgl. *Rn. 93*) vermögensmindernd wirkt (Schönke/Schröder-*Cramer*, § 263 Rn. 154). Insoweit wird nur die Möglichkeit eröffnet, einen Schaden durch weiteres deliktisches Verhalten herbeizuführen.

Hinweis: Eine Garantenpflicht zur Aufklärung besteht nicht, soweit zugunsten des Täuschenden die §§ 51 I, 53 I BZRG eingreifen oder es an einem besonderen Vertrauensverhältnis fehlt (vgl. *Rn. 37 f.*; so auch *Krey*, BT-2, Rn. 484 ff.).

> **Beachte:** Die Rechtsprechung differenziert für die Ermittlung eines Schadens zwischen der Begründung eines privatrechtlichen Arbeitsverhältnisses und der Ernennung als Beamter. Die für Beamte aufgestellten Grundsätze gelten nicht für Arbeiter und Angestellte im öffentlichen Dienst (BGHSt 17, 254 [257]).

147 Erlangt der Täter durch eine Täuschung eine Beamtenstellung, ist nicht nur der Wert der erbrachten Arbeitsleistung mit der gewährten Besoldung zu saldieren. Zu berücksichtigen ist es auch, ob der Täter für den entsprechenden Dienstposten als würdig erscheint (BGH, GA 1956, 121 [122]) und ob er die laufbahnrechtlichen Voraussetzungen erfüllt, insbesondere die erforderliche Vorbildung besitzt (BGHSt 5, 358 ff.). Diese Grundsätze gelten nach der Rechtsprechung, weil beamtenrechtlich die Besoldung dem Beamten nicht als Entgelt für seine Leistung gewährt wird, sondern unabhängig von dieser aufgrund der Fürsorgepflicht als Unterhaltsleistung (BGHSt 5, 358 [360 f.]; Schönke/Schröder-*Cramer*, § 263 Rn. 156). Das LG Berlin hat diese Grundsätze neuerdings in Frage gestellt, da die besondere Behandlung des Anstellungsbetrugs hinsichtlich des Erschleichens einer Beamtenstellung nicht mehr zeitgemäß ist (LG Berlin, Urteil vom 21. April 1997 – 574 – 117/96 -).

Detailstruktur des Vermögensschadens:

	Vermögensschaden (h. M.: objektiv-individueller Schadensbegriff)
Objektive Komponente	Maßgeblich ist der aus Sicht eines sachkundigen, objektiven Betrachters zu bestimmende Verkehrswert (*Rn. 124*). Problemfälle: ❏ Gutgläubiger Erwerb vom Nichtberechtigten (*Rn. 126 ff.*) ❏ Erschleichen einer Aufrechnungslage (*Rn. 129*) ❏ Angemessenheit des Entgelts (*Rn. 130*)
Subjektive Komponente	Trotz objektiver Gleichwertigkeit von Leistung und Gegenleistung liegt ein Vermögensschaden vor, wenn die Leistung für den konkret Getäuschten aufgrund seiner besonderen individuellen Bedürfnisse oder nach dem vertraglich vorausgesetzten Zweck nicht gleichwertig ist (*Rn. 133 ff.*). Problemfall: ❏ Schaden bei übermäßiger Einschränkung der wirtschaftlichen Bewegungsfreiheit des Verletzten (*Rn. 136*)

§ 11. Betrug   143

II. Subjektiver Tatbestand

1. Vorsatz

Der Täter muß hinsichtlich aller Merkmale des objektiven Tatbestands vorsätzlich 148
handeln; ausreichend ist insoweit bedingter Vorsatz (*Tröndle*, § 263 Rn. 40 a. E.).
Der Täter muß es also zumindest für möglich halten, daß er täuscht, sein Opfer
deshalb irrt und aufgrund dessen eine Vermögensverfügung trifft, die einen Vermögensschaden zur Folge hat (OLG Stuttgart, MDR 1978, 336).

2. Absicht der rechtswidrigen Bereicherung

Der Täter muß darüber hinaus in der Absicht handeln, sich oder einem anderen einen 149
Vermögensvorteil zu verschaffen. Absicht bedeutet den auf Erlangung eines Vorteils
gerichteten Willen (dolus directus 1. Grades; Schönke/Schröder-*Cramer*, § 263 Rn.
176). Nicht erforderlich ist es, daß der erstrebte Vorteil auch tatsächlich eintritt. Der
Betrug ist auch vollendet, wenn ein Vermögensschaden vorliegt, aber die erstrebte
Bereicherung fehlschlägt (SK-*Samson/Günther*, § 263 Rn. 186).

a) Absicht

Freilich braucht der erstrebte Vermögensvorteil weder der einzige noch der in erster 150
Linie verfolgte Zweck zu sein (BGHSt 16, 1 [6 f.] – „*Ausbildungsfall*"; *Tröndle*,
§ 263 Rn. 41). Es reicht aus, wenn der Täter den Vermögensvorteil als einen von
mehreren Zwecken verfolgt. Dabei ist es unerheblich, ob jener Vorteil das Endziel
oder bloß ein notwendiges Zwischenziel des Täters ist (Schönke/Schröder-*Cramer*,
§ 263 Rn. 176).

Nicht ausreichend ist es hingegen, wenn der Eintritt des Vermögensvorteils für den 151
Täter nur eine Nebenfolge darstellt, auf die es dem Täter nicht ankommt, auch wenn
er deren Eintritt für sicher hält (BGH, NStZ 1989, 22). Das gilt selbst dann, wenn
die Nebenfolge dem Täter nicht unerwünscht ist (*Krey*, BT-2, Rn. 494; eingehend
Rengier, JZ 1990, 321 ff.; a. A. OLG Köln, NJW 1987, 2095 f.).

Beispiel: A will seiner Freundin B, die ihn verlassen hat, Unannehmlichkeiten bereiten. Er
bestellt in der Druckerei des C unter dem Namen der B Verlobungskarten und läßt diese an die
Adresse der B liefern (*Tröndle*, § 263 Rn. 42 a. E.; a. A. BayObLG, JZ 1972, 25 f. m. Anm.
Schröder; *Krey*, BT-2, Rn. 497; vgl. auch KG, NJW 1957, 882 f. – „*Dienstreisefall*").

b) Vermögensvorteil

Ein Vermögensvorteil ist jede günstigere Gestaltung der Vermögenslage des Täters 152
oder eines Dritten im Vergleich zur Vermögenslage vor der Tat (RGSt 50, 277 [279];
Schönke/Schröder-*Cramer*, § 263 Rn. 167). Dieser kann daher nicht nur in der Erhöhung des Vermögens, sondern auch in der Abwehr von Vermögensnachteilen liegen (Schönke/Schröder-*Cramer*, § 263 Rn. 167).

c) Stoffgleichheit

Nach h. M. muß zwischen dem Vermögensschaden und dem erstrebten Vermögens- 153
vorteil Stoffgleichheit bestehen. Der Täter muß den Vermögensvorteil unmittelbar
aus dem Vermögen des Geschädigten in der Weise anstreben, daß der Vorteil die

Kehrseite des Schadens ist (BGHSt 6, 115 ff.; BGH, NJW 1961, 684 [685]; *Tröndle*, § 263 Rn. 39). Ausreichend ist es hierfür, daß Vermögensschaden und -vorteil auf der gleichen Verfügung beruhen (BGHSt 34, 379 [391]; *Tröndle*, § 263 Rn. 7).

Beispielsfall 6: Detektivfall

154 A ist als Detektiv bei der Kaufhaus-GmbH (K-GmbH) angestellt. Er erhält neben einem monatlichen Grundgehalt einen Anteil in Höhe der Hälfte der „Bearbeitungsgebühr", die die von ihm ertappten Ladendiebe zu entrichten haben (sog. Fangprämie). Um sein Einkommen aufzubessern, steckt A der Kundin B – von dieser unbemerkt – einen kleinen Parfumflacon in die Handtasche. Als B das Kaufhaus verlassen will, hält A sie auf und ruft die Polizei. Den Polizeibeamten wie auch später dem zuständigen Mitarbeiter des Unternehmens erklärt A, er habe B beim Diebstahl beobachtet. Als die Beamten in der Handtasche der B tatsächlich den Parfumflacon finden, hält B es für möglich, diesen versehentlich eingesteckt zu haben und überweist schuldbewußt der K-GmbH die geforderte Bearbeitungsgebühr.
Hat sich A wegen Betrugs (§ 263 I) strafbar gemacht?

Lösung:

155 (1) A könnte einen eigennützigen Betrug (§ 263 I) zum Nachteil der K-GmbH begangen haben. A spiegelt dem zuständigen Mitarbeiter des Unternehmens vor, er habe eine echte Ladendiebin ertappt. Dieser irrt und verschafft dem A zu Lasten der K-GmbH, für die er nach allen Theorien (vgl. *Rn. 110 ff.*) zu handeln befugt ist, das Erfolgshonorar in Höhe der „Fangprämie".

156 Der subjektive Tatbestand des § 263 I erfordert zunächst Vorsatz bezüglich der Merkmale des objektiven Tatbestands. Es ist insoweit zweifelhaft, ob A die K-GmbH schädigen will. Zwar weiß A, daß der K-GmbH die Bearbeitungsgebühr nicht zusteht. Voraussetzung für die Fangprämie ist es aber, daß die K-GmbH die Bearbeitungsgebühr erhält und nicht zurückgewähren muß. A ist fest bei der K-GmbH angestellt. Sein Ziel kann also nur sein, die K-GmbH um ungerechtfertigte Bearbeitungsgebühren zu bereichern, um so ein sicheres Erfolgshonorar zu erhalten. Es fehlt ihm also der Vorsatz, der K-GmbH einen Schaden zuzufügen. Auch nimmt A einen entsprechenden Schaden nicht in Kauf, d. h. er handelt auch ohne bedingten Vorsatz (vgl. zur parallelen Fallgestaltung bei den sog. *Provisionsvertreterfällen* OLG Köln, NJW 1960, 209 [210]).

157 A hat sich mithin nicht eines eigennützigen Betrugs zum Nachteil der K-GmbH strafbar gemacht.

Vertiefungshinweis: Ein Schädigungsvorsatz kommt jedoch dann in Betracht, wenn der Täter damit rechnet, daß ein entsprechendes Rechtsgeschäft vom Getäuschten angefochten wird (BGHSt 21, 384 ff. – „*Provisionsvertreterfall*").

158 (2) A könnte sich jedoch eines eigennützigen Betrugs (§ 263 I) zum Nachteil der B strafbar gemacht haben. Durch seine Manipulation täuscht A auch B, die schließlich selbst glaubt, daß der Parfumflacon infolge eigener Unachtsamkeit in ihre Tasche

§ 11. Betrug   145

geraten ist. B erliegt damit einem Irrtum und erkennt nicht, daß sie Opfer einer
Manipulation des A ist. Die Vermögensverfügung der B (Zahlung der Bearbeitungsgebühr) beruht auf der Manipulation des A und hat auch einen Vermögensschaden
zur Folge, da B die Bearbeitungsgebühr nicht schuldet.

A handelt hinsichtlich der Merkmale des objektiven Tatbestands vorsätzlich. Er er- 159
strebt auch einen rechtswidrigen Vermögensvorteil, der die Zahlung der Bearbeitungsgebühr durch B an die K-GmbH zur Voraussetzung hat. Allerdings erhält er das
Erfolgshonorar aus dem Vermögen der K-GmbH. Es ist zwar davon abhängig, daß
B die Bearbeitungsgebühr zahlt, jedoch ist das erstrebte Honorar nicht unmittelbar
ein Teil der Bearbeitungsgebühr. Vermögensschaden und Vermögensvorteil beruhen
also nicht auf der gleichen Vermögensverfügung; Stoffgleichheit liegt folglich nicht
vor (vgl. im Ergebnis BGHSt 21, 384 f. – *„Provisionsvertreterfall"*; BGH, NJW
1961, 684; a. A. BGHSt 34, 379 [391]; OLG Köln, NJW 1960, 209).

A hat sich damit nicht des Betrugs (§ 263 I) zum Nachteil der B schuldig gemacht.   160

(3) A könnte sich jedoch eines fremdnützigen Betrugs zum Vorteil der K-GmbH und 161
zum Nachteil der B strafbar gemacht haben. A hat den objektiven Tatbestand verwirklicht (vgl. *Rn. 155*).

Auch handelte er insoweit vorsätzlich. A beabsichtigte, der K-GmbH einen rechts- 162
widrigen Gewinn zu Lasten der B zu verschaffen. Fraglich ist es, ob der von A
zugunsten der K-GmbH erstrebte Vorteil stoffgleich mit dem Vermögensschaden der
B ist. Obwohl es A letztendlich um das Honorar geht, das er von der K-GmbH erhält,
ist beachtlich, daß dieses Honorar davon abhängig ist, daß die K-GmbH die Bearbeitungsgebühr erhält. Mithin zielt die Absicht des A darauf, diese der K-GmbH zu
verschaffen. Dieser Vermögensvorteil ist durch die gleiche Vermögensverfügung bedingt wie der Vermögensschaden der B, Stoffgleichheit ist also gegeben. Ein fremd-
nütziger Betrug zum Vorteil der K-GmbH und zum Nachteil der B ist mithin zu
bejahen.

Aufbauhinweis: Der Beispielsfall zeigt, daß im Rahmen der Prüfung des Betrugstatbestands für
eine Tathandlung mehrere Personen relevant werden können. Es ist daher notwendig, bereits im
Obersatz zu bezeichnen, zu wessen Nachteil und zu wessen Vorteil ein Betrug in Betracht
kommt (vgl. *Haft*, BT, S. 203).

d) Rechtswidrigkeit

Der erstrebte Vermögensvorteil muß schließlich rechtswidrig sein. Die Rechtswidrig- 163
keit des erstrebten Vermögensvorteils ist ein Tatbestandsmerkmal und von der Widerrechtlichkeit der Tat zu unterscheiden (*Krey*, BT-2, Rn. 498).

Der Tatbestand des § 263 I ist daher nur dann erfüllt, wenn der Täter oder der von 164
ihm begünstigte Dritte keinen fälligen und einredefreien Anspruch auf den Vermögensvorteil hat (BGHSt 19, 206 [215]; BGH, NStZ 1990, 388 f.; BayObLG, StV
1995, 303 f.; *Tröndle*, § 263 Rn. 43). Daß der Täter einen ihm zustehenden Vermö-

gensvorteil durch Täuschung erstrebt, macht diesen nicht rechtswidrig (Schönke/Schröder-*Cramer*, § 263 Rn. 173).

165 Da sich die Rechtswidrigkeit des erstrebten Vermögensvorteils nach der objektiven Rechtslage bestimmt, ist diesbezüglich Vorsatz erforderlich (SK-*Samson/Günther*, § 263 Rn. 192). Der Irrtum über das Bestehen eines Anspruchs auf den erstrebten Vermögensvorteil stellt daher einen vorsatzausschließenden Tatbestandsirrtum dar (BayObLG, StV 1990, 165).

III. Besonders schwerer Fall (§ 263 III)

166 Nach § 263 III reicht in besonders schweren Fällen der Strafrahmen von einem bis zu zehn Jahren Freiheitsstrafe. Regelbeispiele für besonders schwere Fälle wie etwa § 243 I 2 enthält § 263 III nicht. Entscheidend für das Vorliegen eines besonders schweren Falls ist das Gesamtbild der Tat einschließlich aller subjektiven Momente und der Täterpersönlichkeit (BGH, wistra 1995, 312; BGH, StV 1996, 34).

Das Sechste Gesetz zur Reform des Strafrechts regelt den besonders schweren Fall wie folgt:

„(3) In besonders schweren Fällen ist die Strafe Freiheitsstrafe von sechs Monaten bis zu zehn Jahren. Ein besonders schwerer Fall liegt in der Regel vor, wenn der Täter

1. gewerbsmäßig oder als Mitglied einer Bande handelt, die sich zur fortgesetzten Begehung von Urkundenfälschung oder Betrug verbunden hat,
2. einen Vermögensverlust großen Ausmaßes herbeiführt oder in der Absicht handelt, durch die fortgesetzte Begehung von Betrug eine große Zahl von Menschen in die Gefahr des Verlustes von Vermögenswerten zu bringen,
3. eine andere Person in wirtschaftliche Not bringt,
4. seine Befugnisse oder seine Stellung als Amtsträger mißbraucht oder
5. einen Versicherungsfall vortäuscht, nachdem er oder ein anderer zu diesem Zweck eine Sache von bedeutendem Wert in Brand gesetzt oder durch eine Brandlegung ganz oder teilweise zerstört oder ein Schiff zum Sinken oder Stranden gebracht hat."

Mit der Neufassung des § 263 III verfolgt der Gesetzgeber das Ziel, dem Tatrichter durch Regelbeispiele nähere Anhaltspunkte für die Anwendung dieser Strafzumessungsvorschrift zu geben (BT-Drucks. 13/8587, S. 42). Zwar ist anzuerkennen, daß damit wegen der „maßstabbildenden Bedeutung" (BGHSt 28, 313 [320]) der Regelbeispiele für die Strafzumessung gegenüber dem bisherigen sog. unbenannten besonders schweren Fall in § 263 III ein Mehr an Rechtssicherheit i. S. einer voraussehbaren Strafdrohung geschaffen wird. Freilich verbleibt auch bei benannten Regelbeispielen dem Tatrichter eine Art "Erfindungsrecht" für weitere unbenannte schwere Fälle, so daß auch bei dieser Regelungstechnik Bedenken im Hinblick auf den nulla-poena-sine-lege-Satz (Art. 103 II GG) bestehen.

§ 11. Betrug

Die einzelnen Regelbeispiele formulieren tat- oder täterbezogene Umstände, die entweder auch in anderen Strafzumessungsvorschriften enthalten sind oder nach Rechtsprechung oder Literatur bereits bislang als besonders schwere Fälle gewertet werden können:

- § 263 III Nr. 1 entspricht § 243 I 2 Nr. 3 (vgl. *§ 1 Rn. 153*) bzw. § 244 I Nr. 3 (vgl. *§ 2 Rn. 14 ff.*).
- § 263 III Nr. 2 knüpft die Indizwirkung an eine besondere Höhe des durch die Tat verursachten Schadens (BGH, NJW 1991, 2574 [2575]: 630.000,- DM) bzw. einen von ihr beeinträchtigten größeren Personenkreis (vgl. Schönke/Schröder-*Cramer*, § 263 Rn. 188) an.
- § 263 III Nr. 3 findet eine Entsprechung u. a. in § 283 a S. 2 Nr. 2 und § 302 a II 2 Nr. 2. Der Betrug bringt nicht schon dann einen anderen in wirtschaftliche Not, wenn die Vermögenssituation des Geschädigten sich als Folge der Tat verschärft. Vielmehr ist vorausgesetzt, daß der Betrogene in eine Mangellage gerät, in der entweder im geschäftlichen Bereich seine Daseinsgrundlage gefährdet oder im persönlichen Bereich der notwendige Lebensunterhalt ohne die Hilfe Dritter nicht mehr gewährleistet ist (vgl. Schönke/Schröder-*Stree*, § 302 a Rn. 44).
- § 263 III Nr. 4 ist einschlägig, wenn ein Amtsträger (vgl. § 11 I Nr. 2) die Tat in einem sachlichen oder jedenfalls in einem inneren Zusammenhang mit der Dienstausübung begeht.
- Schließlich hat nach § 263 III Nr. 5 nunmehr die Tathandlung des Versicherungsbetrugs (§ 265; vgl. hierzu *Otto*, Jura 1989, 24 [28]) Indizwirkung. Im Unterschied zu § 265 ist für die Brandalternative eine Sache von bedeutendem Wert vorausgesetzt und muß der Täter über den Versicherungsfall i. S. des § 263 I bereits getäuscht oder dieses jedenfalls versucht haben.

Zudem wird durch das 6. StrRG § 263 V eingefügt, der entsprechend den §§ 244 a (schwerer Bandendiebstahl, vgl. *§ 2 Rn. 20*) und 260 a (gewerbsmäßige Bandenhehlerei, vgl. *§ 19 Rn. 85*) den Betrug als Verbrechen qualifiziert, wenn der Täter die Tat gewerbsmäßig als Miglied einer Bande begeht, die sich zur fortgesetzten Begehung von Straftaten nach den §§ 263 bis 264 oder §§ 267 bis 269 verbunden hat.

C. Täterschaft und Teilnahme, Versuch, Konkurrenzen sowie Verfolgbarkeit

Bezüglich Täterschaft und Teilnahme bestehen keine Besonderheiten, so daß die §§ 25 ff. uneingeschränkt Anwendung finden. Mittäterschaft setzt keine Mitwirkung im Ausführungsstadium voraus; Mittäter kann auch sein, wer bei der Vorbereitung eine bestimmende oder entscheidende Rolle spielt (BGH, wistra 1992, 181 ff.; OLG Celle, NJW 1994, 142 [143]).

167

168 Ein strafbarer Versuch (§§ 263 II, 22) liegt vor, sobald mit einer auf die Täuschung abzielenden Handlung begonnen wird (BGH, NStZ 1997, 31 f.; *Tröndle*, § 263 Rn. 44). Erforderlich ist es freilich, daß die Handlung auf die Herbeiführung einer irrtumsbedingten Vermögensverfügung gerichtet ist (BGHSt 37, 294 ff.). Soll durch die Täuschung über Tatsachen lediglich erst das Vertrauen des Opfers erschlichen werden, liegt noch keine Täuschungshandlung i. S. von § 263 I vor (OLG Karlsruhe, NJW 1982, 59 f.; vgl. auch BGHSt 31, 178 [181 ff.] m. Bespr. *Maaß*, JuS 1984, 25 [28]).

Vertiefungshinweis: Zur Strafbarkeit des Versuchs bei nur vermeintlicher Mittäterschaft vgl. BGHSt 40, 299 ff. – „*Münzhändlerfall*" m. Bespr. *Roßmüller/Rohrer*, MDR 1996, 986 ff.

169 Tateinheit ist möglich mit Vortäuschen einer Staftat (§ 145 d) und falscher Verdächtigung (§ 164; Schönke/Schröder-*Cramer*, § 263 Rn. 181). Ein Sicherungsbetrug liegt vor, wenn die Täuschung zur Verdeckung einer Vortat (z. B. §§ 242 I, 246 I) erfolgt, und ist mitbestrafte Nachtat unter der Voraussetzung, daß keine neue selbständige Vermögensschädigung dadurch eintritt (BGH, NStZ 1993, 591; *Tröndle*, § 263 Rn. 51; *Otto*, JZ 1993, 652 [662]). Hat der Täter an der Sache durch Betrug Eigenbesitz begründet, kann er dies nicht erneut tun und damit den Tatbestand der Unterschlagung (§ 246 I) nicht erfüllen. Hat der Täter sogar Eigentum erlangt, ist die Sache nicht fremd (vgl. § 3 Rn. 4 f., 21 f.; BGHSt – GS – 14, 38 ff. – „*Inkassofall*"; a. A. Schönke/Schröder-*Cramer*, § 263 Rn. 185).

Der durch das Sechste Gesetz zur Reform des Strafrechts neu gefaßte Versicherungsmißbrauch (§ 265) ist ausdrücklich subsidiär gegenüber dem Betrug (§ 263).

170 Der § 263 IV macht aufgrund des Verweises auf die §§ 247, 248 a für den Fall des Haus- oder Familienbetrugs bzw. des Bagatellbetrugs die Strafverfolgung von den dort genannten Voraussetzungen abhängig (vgl. § 21 Rn. 11, 16).

Kontrollfragen und Aufbau

I. Kontrollfragen

1. Wie definiert man den Gegenstand der Täuschungshandlung?
   (*Rn. 9 f.*)

2. Welche Formen der Täuschungshandlung gibt es? Was ist insoweit für den Prüfungsaufbau zu beachten?
   (*Rn. 18*)

3. Kommt überhaupt und ggf. unter welchen Voraussetzungen ein Betrug durch Unterlassen in Betracht?
   (*Rn. 29 ff.*)

4. Welchen Inhalt und Intensitätsgrad muß die Fehlvorstellung des Getäuschten aufweisen?
   (Rn. 46 f.)
5. Wie definiert man das Merkmal „Vermögensverfügung"? Welche herausragende Funktion kommt diesem Merkmal zu?
   (Rn. 50 f.)
6. Welche Vermögensbegriffe werden vertreten? Wie lautet deren jeweilige Aussage und welche Konsequenzen ergeben sich daraus?
   (Rn. 64 ff.)
7. Wie ist das systematische Verhältnis von Diebstahl (§ 242) und Betrug (§ 263)?
   (Rn. 51)
8. Unter welchen Voraussetzungen kann in den Fällen des „Dreiecksbetrugs" dem Inhaber des betroffenen Vermögens die Verfügung des Getäuschten zu Lasten seines Vermögens zugerechnet werden?
   (Rn. 109 ff.)
9. Nach welchem Prinzip wird der Vermögensschaden i. S. des § 263 I ermittelt?
   (Rn. 118)
10. Unter welchen Voraussetzungen kann trotz objektiver Gleichwertigkeit von Leistung und Gegenleistung ein Vermögensschaden vorliegen?
    (Rn. 133 ff.)
11. Aus welchem Grund ist eine Unterscheidung von Eingehungs- und Erfüllungsbetrug möglich und erforderlich?
    (Rn. 137)
12. Wann liegt bei § 263 I ein unmittelbares Ansetzen zur Tatbestandsverwirklichung vor und wann ist die Tat vollendet?
    (Rn. 117, 168)
13. Erstrebt der Täter auch dann einen Vermögensvorteil, wenn er weiß, daß der Vorteil sicher eintritt, ihm dies aber unerwünscht ist?
    (Rn. 151)
14. Unter welchen Voraussetzungen erweist sich die erstrebte Bereicherung als rechtswidrig und wie ist ein diesbezüglicher Irrtum des Täters zu behandeln?
    (Rn. 163 ff.)
15. Was bedeutet Stoffgleichheit?
    (Rn. 153)

II. Aufbauschema

1. Tatbestand
   a) Objektiver Tatbestand
      (1) Täuschung über Tatsachen
      (2) Irrtum
      (3) Vermögensverfügung
      (4) Vermögensschaden
      (5) Durchlaufender Ursachenzusammenhang
   b) Subjektiver Tatbestand
      (1) Vorsatz
      (2) Absicht, sich oder einen anderen zu bereichern
         – Stoffgleichheit zwischen Vermögensvorteil und Schaden
         – Rechtswidrigkeit des erstrebten Vermögensvorteils und diesbezüglicher Vorsatz
2. Rechtswidrigkeit
3. Schuld
4. Besondere Strafverfolgungsvoraussetzungen (§ 263 IV; vgl. *§ 21 Rn. 1 ff.*)

§ 12. Erschleichen von Leistungen (§ 265 a)

Aufsätze: *Hauf,* Schwarzfahren im modernen Massenverkehr – strafbar nach § 265 a StGB?, DRiZ 1995, 15; *Schall,* Der Schwarzfahrer auf dem Prüfstand des § 265 a StGB, JR 1992, 1
Übungsfalliteratur: *Solbach,* Klausur Strafrecht: Eine Schwarzfahrt mit Folgen, JA 1995, 139; *Tag,* Der praktische Fall – Strafrecht: Die Sorgen des Studenten S, JuS 1996, 904

A. Grundlagen

Beim § 265 a handelt es sich nach einhelliger Ansicht um ein Vermögensdelikt. Daraus folgt, daß die Inanspruchnahme unentgeltlicher Leistungen die Vorschrift mangels eines Angriffs auf das geschützte Rechtsgut nicht erfüllen kann (*Otto,* BT, S. 242; *Maurach/Schroeder/Maiwald,* BT-1, § 41 Rn. 207). Das Erschleichen von Leistungen ist betrugsähnlich konzipiert und soll als Auffangtatbestand bestimmte Fallgestaltungen erfassen, die z. B. wegen Fehlens eines zu täuschenden Gegenüber nach § 263 nicht bestraft werden können (*Lackner/Kühl,* § 265 a Rn. 1; SK-*Günther,* § 265 a Rn. 2). 1

B. Tatbestand

I. Objektiver Tatbestand

Der Täter muß eine von vier im Tatbestand des § 265 a I genannten Leistungen erschleichen. 2

1. Leistung

Gegenstand des Erschleichens kann stets nur eine entgeltliche Leistung sein, und zwar die eines Automaten oder eines öffentlichen Zwecken dienenden Fernmeldenetzes. Sie kann aber auch im Zutritt zu einer Veranstaltung bzw. Einrichtung sowie in der Beförderung durch ein Verkehrsmittel bestehen. 3

a) § 265 a findet nach h. M. lediglich auf Leistungsautomaten Anwendung, nicht dagegen auf Warenautomaten, deren einzige „Leistung" in der Abgabe von Sachen – etwa Zigaretten oder Getränken – besteht (Schönke/Schröder-*Lenckner,* § 265 a Rn. 4; a. A. *Tröndle,* § 265 a Rn. 1 a; differenzierend SK-*Günther,* § 265 a Rn. 9 ff.; *Otto,* BT, S. 242). 4

Beispiele: Musikboxen, Spielautomaten, Waagen, Fernrohre und Filmautomaten (LK-*Lackner,* § 265 a Rn. 2), nicht aber eine Parkuhr, weil diese die Benutzung einer Parkfläche nicht ermöglicht, sondern durch deren Bedienung das Parken nur gestattet wird (BayObLG, JR 1991, 433 [434]).

5   Der Streit ist jedoch nicht sehr relevant. Denn werden Warenautomaten entleert, kommt regelmäßig § 242 in Betracht, so daß ohnehin die Subsidiaritätsklausel einer Bestrafung nach § 265 a entgegenstehen würde (BGH, MDR 1952, 563; vgl. *Rn. 27 und § 4 Rn. 16*).

6   b) Die Leistung eines öffentlichen Zwecken dienenden Fernmeldenetzes besteht in der Ermöglichung der Nachrichtenübermittlung durch technische Kommunikationssysteme. Der Begriff des Fernmeldenetzes ist weit auszulegen, da der Gesetzgeber damit alle modernen – auch zukünftige – Datenübertragungssysteme erfassen wollte. Daher ist § 265 a neben Telefon- und Telexnetzen insbesondere auch auf das Breitbandkabelnetz und drahtlose Verbindungen anwendbar (*Lackner/Kühl*, § 265 a Rn. 3; Schönke/Schröder-*Lenckner*, § 265 a Rn. 5; *Krause/Wuermeling*, NStZ 1990, 526 [527 f.]). Die Nutzung des Telefonnetzes zur Erzeugung störender, aber kostenloser Klingelzeichen genügt allerdings nicht (*Tröndle*, § 265 a Rn. 1 b).

7   c) Unter Veranstaltungen sind z. B. Sport-, Theater-, Kino- und Konzertdarbietungen zu verstehen (SK-*Günther*, § 265 a Rn. 15). Einrichtungen sind der Allgemeinheit zugängliche Gebäude bzw. Stätten, etwa Museen, Zoos, Bibliotheken und Schwimmbäder (BGHSt 31, 1). Nach dem Zweck der Vorschrift muß das an sich zu zahlende Entgelt gerade die wirtschaftliche Gegenleistung für den Besuch der Veranstaltung oder Einrichtung sein und nicht nur zur Begrenzung des Zutritts dienen (*Lackner/Kühl*, § 265 a Rn. 5). Eine derartige Kommerzialisierung ist zwar bei einer mit einer Parkuhr versehenen öffentlichen Parkfläche zu bejahen. Diese ist aber deshalb keine Einrichtung, weil es – im Unterschied zu einem Parkhaus – an der für ein Eintreten erforderlichen Abgegrenztheit fehlt (BayObLG, JR 1991, 433 [434]; *Tag*, JuS 1996, 904 [908]).

8   d) Die Beförderung durch ein Verkehrsmittel kann in jeder Transportleistung bestehen. Insoweit ist es unerheblich, ob Personen oder Sachen befördert werden und ob dies durch ein öffentliches oder privates Verkehrsmittel geschieht (LK-*Lackner*, § 265 a Rn. 4).

2. Tathandlung

9   Die Tathandlung bezeichnet das Gesetz als Erschleichen. Sie ist bereits mit dem Beginn der Leistung vollendet, beendet jedoch erst mit deren Abschluß. § 265 a ist infolgedessen ein Dauerdelikt (Schönke/Schröder-*Lenckner*, § 265 a Rn. 13).

10 Unstreitig ist, daß dafür die unbefugte Inanspruchnahme einer der Leistungen für sich allein nicht ausreicht, insbesondere dann nicht, wenn der Täter demonstrativ offen vorgeht (BayObLG, NJW 1969, 1042). Ebenso besteht Einigkeit darüber, daß es der Täuschung eines anderen nicht bedarf, da dann bereits der Anwendungsbereich des § 263 eröffnet ist (*Lackner/Kühl*, § 265 a Rn. 6; LK-*Lackner*, § 265 a Rn. 6; vgl. *§ 11 Rn. 2 ff.*). Über die Frage, was über die Nutzung der Leistung hinaus als zweite – gewissermaßen unrechtsbegründende – Komponente des Erschleichens

§ 12. Erschleichen von Leistungen   153

zu verlangen ist, wird vor allem im Zusammenhang mit der sog. Beförderungserschleichung heftig diskutiert.

Beispielsfall 7: Fahrt zum Nulltarif

A ist knapp bei Kasse. Er entschließt sich daher, in Zukunft die öffentlichen Verkehrsmittel „zum Nulltarif" zu benutzen. Schon am nächsten Tag betritt er den U-Bahnhof, ohne an dem am Eingang aufgestellten Automaten einen Fahrschein zu lösen. Zugangs- oder sonstige Kontrollen irgendwelcher Art erfolgen nicht. A fährt im Anschluß mit der U-Bahn an sein mehrere Stationen entferntes Ziel.
Strafbarkeit des A?

Lösung:

A hat die Beförderung durch ein Verkehrsmittel in Anspruch genommen. Entscheidend ist somit, ob er diese Leistung i. S. des § 265 a erschlichen hat.

> **Merke:** Nach h. M. erschleicht, wer zur Erlangung der Leistung entweder Kontrollmaßnahmen umgeht bzw. ausschaltet oder sich mit dem Anschein der Ordnungsmäßigkeit umgibt (*Krey*, BT-2, Rn. 512 a; *Wessels*, BT-2, Rn. 637).

Kontrollmaßnahmen können beispielsweise dadurch umgangen werden, daß der Täter sich durch Überklettern eines Zaunes oder durch einen unbewachten Nebeneingang Zugang zu einer Veranstaltung verschafft oder sich während der Kontrollen des Zugschaffners auf der Toilette einschließt (Schönke/Schröder-*Lenckner*, § 265 a Rn. 11; *Schall*, JR 1992, 1 [2]).

Derartige Kontrollen wurden im Beispielsfall nicht durchgeführt, so daß es darauf ankommt, ob A sich mit dem Anschein der Ordnungsmäßigkeit umgeben hat.

a) Die h. M. bejaht dies für ein „Schwarzfahren" wie das des A, weil ein derartiges Verhalten in geradezu typischer Weise den Anschein der Ordnungsmäßigkeit hervorruft (*Tröndle*, § 265 a Rn. 3).

Argumente:

❏ Diesen Anschein erweckt nämlich ein Täter, der das Verkehrsmittel völlig unauffällig und damit wie Fahrgäste mit Tickets nutzt (OLG Hamburg, NStZ 1988, 221 [222]; OLG Hamburg, NStZ 1991, 587 [588]; OLG Düsseldorf, NStZ 1992, 84).

❏ Diese Interpretation steht im Einklang mit dem Wortsinn des Merkmals Erschleichen (OLG Hamburg, NStZ 1991, 587 [588]; OLG Düsseldorf, NStZ 1992, 84, *Otto*, BT, S. 243).

❏ Sie führt zudem – in Übereinstimmung mit der Entstehungsgeschichte des § 265 a – zu dem kriminalpolitisch vernünftigen Ergebnis, ein in seiner Gesamtheit erhebliche Schäden verursachendes Verhalten strafrechtlich zu erfassen

(OLG Hamburg, NStZ 1988, 221 [222]; OLG Hamburg, NStZ 1991, 587 [588]; OLG Düsseldorf, NStZ 1992, 84; noch weitergehend *Hauf*, DRiZ 1995, 15 [18 f.]).

19 b) Dieser Auffassung widersprechen Teile der Rechtsprechung und der Literatur vehement.

Argumente:

20 ❑ Die von der h. M. befürwortete Einbeziehung des ohne weiteres erfolgenden „Schwarzfahrens" überschreitet die Wortlautgrenze und verstößt somit gegen das Bestimmtheitsgebot des Art. 103 II GG (AG Hamburg, NStZ 1988, 221; *Alwart*, NStZ 1991, 588 [589]; *Schall*, JR 1992, 1 [2 f.]).

21 ❑ Aus der systematischen Stellung des § 265 a und seiner Ergänzungsfunktion zu § 263 folgt, daß nur derjenige erschleicht, der sich die angestrebte Leistung auf betrugsähnliche Weise verschafft. Erst durch diese zusätzliche Komponente erreicht die Nutzung der Leistung den für eine Strafbarkeit erforderlichen Unwertgehalt (AG Hamburg, NStZ 1988, 221 m. zust. Anm. *Albrecht*; Schönke/Schröder-*Lenckner*, § 265 a Rn. 11; *Alwart*, JZ 1986, 563 [566, 569]; *Schall*, JR 1992, 1 [3 f.]).

22 c) **Stellungnahme:** Die im Vordringen befindliche Mindermeinung hat die besseren Argumente für sich. Es bereitet zu großes sprachliches Unbehagen, ein äußerlich völlig unauffälliges und offenes Verhalten als Erschleichen zu bezeichnen. Der systematische Gesichtspunkt erlangt im übrigen durch einen Vergleich mit der in bezug auf Automaten bzw. Fernmeldenetze vertretenen Ansicht zusätzliches Gewicht. Denn dort verlangt die h. M. selbst täuschungsähnliche Manipulationen bzw. ein Umgehen von Abrechnungseinrichtungen (BGH, MDR/H 1985, 795; *Lackner/Kühl*, § 265 a Rn. 6 a; Schönke/Schröder-*Lenckner*, § 265 a Rn. 9 f.; SK-*Günther*, § 265 a Rn. 18; weiterführend *Schall*, JR 1992, 1 [4 f.]).

23 **Ergebnis:** Entgegen der h. M. hat A die Beförderung durch ein Verkehrsmittel nicht i. S. des § 265 a I erschlichen. Auch ein Hausfriedensbruch (§ 123) ist abzulehnen, da A sich äußerlich im Rahmen der generellen Eintrittserlaubnis des U-Bahn-Betreibers gehalten hat und somit nicht eingedrungen ist (AG Hamburg, NStZ 1988, 221 m. zust. Anm. *Albrecht*).

II. Subjektiver Tatbestand

24 Insoweit bedarf es zumindest des bedingten Vorsatzes. Darüber hinaus muß der Täter in der Absicht handeln, das Entgelt nicht zu entrichten, d. h. ihm muß es – wie bei der Bereicherungsabsicht des § 263 (vgl. *§ 11 Rn. 149*) – gerade darauf ankommen (BGHSt 16, 1 [6 f.]; SK-*Günther*, § 265 a Rn. 20). Diese Voraussetzung ist nicht erfüllt, wenn ein Fahrgast zwar eine gültige Tages-, Monats- oder Umweltkarte erworben hat, diese aber nicht bei sich führt (BayObLG, NJW 1986, 1504; *Lackner/Kühl*, § 265 a Rn. 7).

C. Täterschaft und Teilnahme, Versuch, Konkurrenzen sowie Verfolgbarkeit

Bezüglich Täterschaft und Teilnahme bestehen keine Besonderheiten, so daß die §§ 25 ff. ohne Einschränkung anzuwenden sind. Teilnahme ist bis zur Beendigung des Dauerdelikts möglich (vgl. *Rn. 9*). 25

Dessen Versuch ist nach § 265 a II strafbar. Er kommt insbesondere in Betracht, wenn der Täter eine unentgeltliche Leistung unzutreffend für entgeltlich hält (LK-*Lackner*, § 265 a Rn. 10). 26

Gemäß § 265 a I tritt ein Erschleichen von Leistungen auf der Konkurrenzebene hinter mit schwererer Strafe bedrohten Vorschriften als subsidiär zurück. Wie bei § 248 b handelt es sich nach – allerdings abzulehnender (vgl. *§ 4 Rn. 16*) – h. M. jedoch um eine relative Subsidiarität, d. h. nur Delikte mit gleicher oder wenigstens ähnlicher Schutzrichtung haben Vorrang, namentlich § 263 (*Lackner/ Kühl*, § 265 a Rn. 8; *Otto*, BT, S. 244). Dies gilt selbst bei bloßer Teilnahme am Betrug oder wenn dieser nur versucht wurde (LK-*Lackner*, § 265 a Rn. 13; *Solbach*, JA 1995, 139 [142]). Tateinheit ist dagegen z. B. mit Hausfriedensbruch und Urkundenfälschung möglich (§§ 123, 267; Schönke/Schröder-*Lenckner*, § 265 a Rn. 14). 27

§ 265 a III erklärt die §§ 247 und 248 a für entsprechend anwendbar (vgl. *§ 1 Rn. 191* und *§ 21 Rn. 11, 16*). 28

Kontrollfragen und Aufbau

I. Kontrollfragen

1. Welche Automaten werden von § 265 a erfaßt?
   (*Rn. 4*)

2. Was ist für ein Erschleichen erforderlich?
   (*Rn. 10 ff.*)

3. Wie ist die Subsidiaritätsklausel des § 265 a I zu verstehen?
   (*Rn. 27*)

II. Aufbauschema

1. Tatbestand
   a) Objektiver Tatbestand
      (1) Leistung eines Automaten oder eines öffentlichen Zwecken dienenden Fernmeldenetzes oder die Beförderung durch ein Verkehrsmittel oder den Zutritt zu einer Veranstaltung oder einer Einrichtung
      (2) Erschleichen
   b) Subjektiver Tatbestand
      (1) Vorsatz
      (2) Absicht, das Entgelt nicht zu entrichten
2. Rechtswidrigkeit
3. Schuld
4. Besondere Strafverfolgungsvoraussetzungen (§ 265 a III; vgl. *§ 21 Rn. 1 ff.*)
5. Subsidiaritätsklausel (§ 265 a I letzter Hs.)

6. Teil. Erpressung, erpresserischer Menschenraub, Geiselnahme und räuberischer Angriff auf Kraftfahrer

Die Erpressungstatbestände sind zusammen mit dem Raub im 20. Abschnitt des StGB geregelt. Die Erpresssung (§ 253 I) ist der Grundtatbestand, die räuberische Erpressung (§ 255) ein demgegenüber durch die gesteigerte Intensität der Nötigungsmittel qualifiziertes Delikt.

Eine Sonderstellung nehmen die Tatbestände des erpresserischen Menschenraubs (§ 239 a I) und der Geiselnahme (§ 239 b I) ein, die neben dem Element der Erpressung zudem das des Sichbemächtigens bzw. Entführens von Menschen enthalten. Der räuberische Angriff auf Kraftfahrer (§ 316 a I) stellt einen eigenständigen Sonderfall der räuberischen Erpressung (§ 255), des Raubs (§ 249 I) und zugleich des räuberischen Diebstahls (§ 252) dar.

Systematik der Erpressungs- und erpressungsähnlichen Delikte:

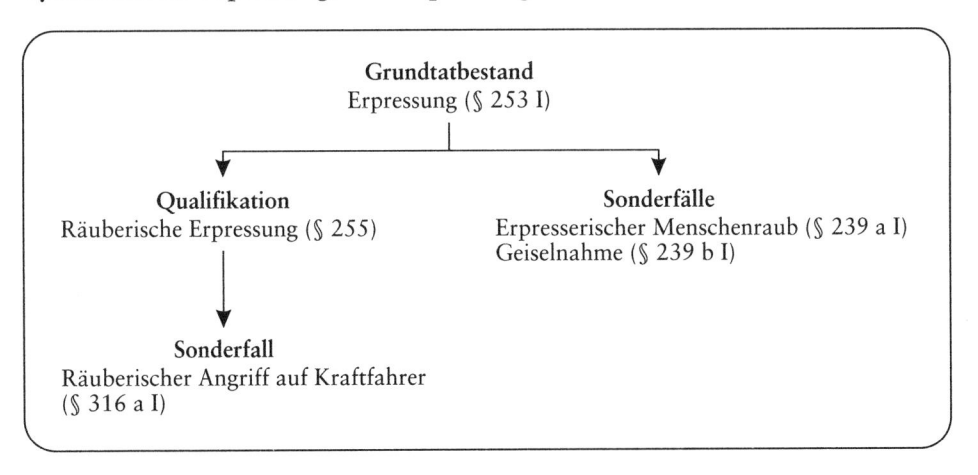

```
                    Grundtatbestand
                   Erpressung (§ 253 I)
                          │
         ┌────────────────┼────────────────┐
         ▼                                 ▼
    Qualifikation                     Sonderfälle
Räuberische Erpressung (§ 255)   Erpresserischer Menschenraub (§ 239 a I)
         │                         Geiselnahme (§ 239 b I)
         ▼
     Sonderfall
Räuberischer Angriff auf Kraftfahrer
       (§ 316 a I)
```

§ 13. Erpressung und räuberische Erpressung (§§ 253, 255)

Literatur:

Leitentscheidungen: BGHSt 7, 252 – „*Geldbörsenfall*"; BGHSt 16, 316 – „*Kindesmordfall*"; BGHSt 23, 294 – „*Trittbrettfahrerfall*"; BGHSt 32, 88 – „*Hotelgastfall*"; BGHSt 41, 123 – „*Sylviafall*"; BGHSt 41, 368 – „*Dagobertfall*"

Aufsätze: *Biletzki*, Die Abgrenzung von Raub und Erpressung, Jura 1995, 635; *Geilen*, Raub und Erpressung, Jura 1980, 43; *Geppert/Kupitza*, Zur Abgrenzung von Raub (§ 249) und räuberischer Erpressung (§§ 253 und 255 StGB), Jura 1985, 276; *Krack*, Die Voraussetzungen der Dreieckserpressung – BGH NJW 1995, 2799, JuS 1996, 493; *Rengier*, Die „harmonische" Abgrenzung des Raubes von der Erpressung, JuS 1981, 654; *Rengier*, „Dreieckserpressung" gleich „Dreiecksbetrug", JZ 1985, 566; *Schünemann*, Raub und Erpressung – Teil 3, JA 1980, 486; *Seelmann*, Grundfälle zu den Straftaten gegen das Vermögen als Ganzes, JuS 1982, 914

Übungsfalliteratur: *Haurand*, Klausur Strafrecht: „Die Goldgrube", JA 1996, 466; *Hellmann*, Der praktische Fall – Strafrecht: Überfall am Geldautomaten, JuS 1996, 522; *Hillenkamp*, Der praktische Fall – Strafrecht: Dresdner Rotlichtmilieu, JuS 1994, 769; *O. Hohmann*, Der praktische Fall – Strafrecht: Ein Banküberfall mit Hindernissen, JuS 1994, 860; *Kraß*, Der praktische Fall – Strafrechtsklausur: Der gemeinsame Überfall, JuS 1990, 489; *Sternberg-Lieben*, Der praktische Fall – Strafrecht: Ein nervöser Bankräuber, JuS 1996, 136

A. Grundlagen

1 Der Tatbestand der Erpressung (§ 253 I) setzt sich aus Elementen von Nötigung (§ 240 I) und Betrug (§ 263 I) zusammen. Im Unterschied zu § 263 I (vgl. *§ 11 Rn. 50*) muß der Täter hier die Vermögensverschiebung durch Nötigung statt durch Täuschung bewirken (*Otto*, BT, S. 249). Die Erpressung ist als räuberische Erpressung (§ 255) qualifiziert, wenn der Täter die Nötigungsmittel des Raubs (§ 249 I) einsetzt. Geschützte Rechtsgüter sind in erster Linie das Vermögen, daneben die Freiheit zur Willensbetätigung und -entschließung (*Lackner/Kühl*, § 253 Rn. 1; *Otto*, BT, S. 249).

B. Tatbestände

2 Erpressung bzw. räuberische Erpressung liegen vor, wenn der Täter einen anderen mit Gewalt oder durch Drohung zu einer Handlung, Duldung oder Unterlassung nötigt und dadurch in Bereicherungsabsicht dem Genötigten oder einem anderen einen Nachteil zufügt. Umstritten ist es, ob das dem Opfer abgenötigte Verhalten eine Vermögensverfügung (vgl. *§ 11 Rn. 50 ff.*) sein muß. Bedeutung hat dieser Streit vor

allem bei der Wegnahme von Sachen zum Zweck des nur vorübergehenden Gebrauchs und bei der Pfandkehr (§ 289; vgl. § 8).

Beispielsfall 8: Die Radtour

A ist vom neuen Fahrrad des B so begeistert, daß er dieses am Wochenende für eine Radtour nutzen möchte. Als B die entsprechende Bitte des A ablehnt, ergreift A den B an seiner Kleidung, zieht ihn vom Rad und fährt mit diesem davon. Am Ende seiner Radtour gibt A das Fahrrad – wie von vornherein geplant – an B zurück.
Strafbarkeit des A?

Lösung:

A könnte sich wegen Raubs (§ 249 I) strafbar gemacht haben. Er hat eine fremde bewegliche Sache (Fahrrad) mittels willensbrechender Gewalt gegen eine Person (vis absoluta) weggenommen. Auch handelte A vorsätzlich, jedoch fehlte es an der darüber hinaus erforderlichen Zueignungsabsicht. Er wollte sich das Rad nur zur vorübergehenden Nutzung verschaffen; das Element der dauernden Enteignung lag nicht vor (vgl. *§ 1 Rn. 78*). A hat sich mithin nicht wegen Raubs (§ 249 I) strafbar gemacht.

A könnte sich jedoch einer räuberischen Erpressung (§ 255) schuldig gemacht haben. Er hat gegenüber B Gewalt angewendet. Hierdurch hat A auf den ersten Blick die Duldung der Wegnahme durch B erzwungen.

Wegen der parallelen Struktur von (räuberischer) Erpressung (§§ 253 I, 255) und Betrug (§ 263 I) fordert jedoch die h. L. (Schönke/Schröder-*Eser*, § 253 Rn. 8; *Tröndle*, § 253 Rn. 11; *Maurach/Schroeder/Maiwald*, BT-1, § 42 Rn. 37; *Rengier*, JuS 1981, 654 [659]), daß das dem Opfer abgenötigte Verhalten eine Vermögensverfügung ist, also ein willentliches, nicht notwendig freiwilliges Verhalten, durch das der Genötigte unmittelbar auf sein Vermögen einwirkt (vgl. *Rn. 26 ff., § 11 Rn. 50 ff.*). Daher scheiden die §§ 253, 255 aus, wenn ein Verhalten des Opfers – wie im Beispielsfall – mit willensbrechender Gewalt erzwungen wird, da dann von einer willentlichen Verfügung gerade keine Rede sein kann.

Argumente:

❏ Ein Verzicht auf das Erfordernis der Vermögensverfügung macht die Erpressung zum umfassenden qualifizierten Vermögensdelikt. Unbefugter Gebrauch eines Fahrzeugs (§ 248 b), Pfandkehr (§ 289), selbst die grundsätzlich straflose Gebrauchsanmaßung (vgl. *§ 1 Rn. 78*) werden beim Einsatz von Gewalt oder Drohung zur Erpressung und beim Einsatz der qualifizierten Nötigungsmittel zur räuberischen Erpressung. Damit wird die vom Gesetzgeber beabsichtigte Privilegierung des Täters, der Sachen ohne Zueignungsabsicht wegnimmt, unterlaufen (Schönke/Schröder-*Eser*, § 253 Rn. 8 a; *Krey*, BT-2, Rn. 304; *Otto*, BT, S. 250).

❏ Ohne das Verfügungserfordernis wird der Diebstahl mit einfachen Nötigungsmitteln als Erpressung (§ 253 I) erfaßt (so *Schünemann*, JA 1980, 486 [490]). Das Gesetz sieht aber für die Kombination von Diebstahl und Nötigung ein gegenüber § 242 erhöhtes Strafmaß erst beim Einsatz der intensiveren Nötigungsmittel des Raubs vor. Mit dem Verzicht auf eine Vermögensverfügung wird diese Wertung umgangen und ein dem System des Eigentumsschutzes fremder „kleiner Raub" (SK-*Samson*, vor § 249 Rn. 19) geschaffen.

9 ❑ Nur wenn die §§ 253, 255 das ungeschriebene Tatbestandsmerkmal einer Vermögensverfügung erfordern, erweist sich die (räuberische) Erpressung als ein eigenständiger Deliktstyp, der sich klar von den Eigentumsdelikten unterscheidet. Bei Betrug und Erpressung erfolgt die Schädigung unmittelbar durch ein vermögensminderndes willentliches Verhalten (Vermögensverfügung) des Getäuschten bzw. Genötigten, während bei Diebstahl und Raub der Täter den Schaden unmittelbar selbst durch die Wegnahme herbeiführt (vgl. *Rn. 27 ff.*; SK-*Samson*, vor § 249 Rn. 17 ff.; *Krey*, BT-2, Rn. 305; *Wessels*, BT-2, Rn. 671).

10 Hingegen ist nach der Rechtsprechung und einem Teil des Schrifttums eine Vermögensverfügung nicht erforderlich. Vielmehr ist jedes vermögensmindernde Verhalten des Genötigten tatbestandsmäßig (BGHSt 7, 252 [254] – „*Geldbörsenfall*"; BGHSt 32, 88 [90] – „*Hotelgastfall*"; *Geilen*, Jura 1980, 43 [51 f.]; *Schünemann*, JA 1980, 486 [487 f.]). Danach erfaßt § 255 auch ein – wie im Beispielsfall – mit willensbrechender Gewalt erzwungenes Dulden der Wegnahme.

Argumente:

11 ❑ Soweit es um die Nötigungshandlung geht, stimmt der Wortlaut des § 253 wörtlich mit § 240 überein. § 253 erfaßt daher wie § 240 neben vis compulsiva auch vis absoluta, so daß es auf ein willentliches Verhalten des Opfers nicht ankommt (LK-*Herdegen*, § 249 Rn. 24).

12 ❑ Nur die Einbeziehung von vis absoluta in den Gewaltbegriff der §§ 253, 255 gewährleistet eine lückenlose Erfassung aller in Bereicherungsabsicht herbeigeführten Vermögensschädigungen (LK-*Herdegen*, § 249 Rn. 24; *Geilen*, Jura 1980, 43 [51]).

13 ❑ Der erpressungsspezifische Verfügungsbegriff der h. L. (vgl. *Rn. 27 ff.*) ist zu vage, um als Tatbestandsmerkmal die Abgrenzung von Raub (§ 249) und räuberischer Erpressung (§ 255) leisten zu können (*Geilen*, Jura 1980, 43 [52]).

Stellungnahme:

14 Allein die Ansicht der h. L. entspricht der Gesetzessystematik des 20. Abschnitts. Andernfalls erweist sich § 249 als praktisch überflüssig. Denn nach Auffassung der Rechtsprechung umfaßt der Tatbestand des § 255 den des § 249 I, da eine erzwungene Wegnahme zugleich die Nötigung ihrer Duldung enthält. § 249 I kommt danach nur ganz ausnahmsweise eine eigenständige Bedeutung zu, wenn der Täter zu den Nötigungsmitteln des Raubs greift, um vom Opfer die Herausgabe von völlig wertlosen Sachen oder Liebhaberstücken unter voller Werterstattung zu erzwingen (*Schünemann*, JA 1980, 486 [488]).

§ 13. Erpressung, räuberische Erpressung

Die Unterscheidung von Wegnahme und Herausgabe hat nach der Rechtsprechung nur Bedeutung für das Konkurrenzverhältnis der Vorschriften (vgl. *Rn. 43)*. Eine eigenständige Bedeutung kommt danach § 255 nur in den Fällen zu, in denen der Täter ohne Zueignungsabsicht handelt (*Wessels*, BT-2, Rn. 670). 15

Die Auffassung der h. L. ermöglicht eine saubere und einheitliche Abgrenzung von Eigentums- und Vermögensdelikten. Wie bei Diebstahl und Betrug (vgl. *§ 11 Rn. 100 ff.*) ist zwischen Wegnahme und Vermögensverfügung nach der inneren Willensrichtung des Opfers zu differenzieren (vgl. *Rn. 28*). 16

Ergebnis:

A ist keiner räuberischen Erpressung (§ 255) schuldig. Jedoch hat er tateinheitlich eine Nötigung zur Duldung der Wegnahme des Fahrrads begangen und ein Fahrzeug unbefugt gebraucht (§§ 240, 248 b, 52). 17

Grundstruktur der Erpressungstatbestände:

Tatbestand (§ 253 bzw. § 255)				
Objektiver Tatbestand			Subjektiver Tatbestand	
Gewalt oder Drohung (*Rn. 18 ff., 39*)	Vermögensverfügung (*Rn. 26 ff.*)	Vermögensnachteil (*Rn. 33*)	Vorsatz (*Rn. 34*)	Bereicherungsabsicht (*Rn. 35 ff.*)
Zwischen den Merkmalen muß ein durchlaufender Ursachenzusammenhang bestehen.				– Rechtswidrigkeit der erstrebten Bereicherung – Stoffgleichheit zwischen Schaden und erstrebter Bereicherung

I. Erpressung (§ 253 I)

1. Objektiver Tatbestand

a) Die Tathandlung des § 253 I ist das Nötigen mit Gewalt oder durch Drohung mit einem empfindlichen Übel. Sie entspricht weitgehend der Tathandlung des § 240 I (*Lackner/Kühl*, § 253 Rn. 2). 18

(1) Der Begriff der Gewalt ist in § 253 I allerdings notwendig enger als in § 240 I. Denn nach zutreffender Ansicht erfordert der Erpressungstatbestand eine Vermögensverfügung, so daß nur Gewalt in Form von vis compulsiva in Betracht kommt (vgl. *Rn. 14 ff.*). 19

> **Merke:** Gewalt ist der durch die Entfaltung von – nicht notwendig erheblicher – Körperkraft auf einen anderen ausgeübte unmittelbar oder mittelbar körperlich wirkende Zwang, der nach Vorstellung des Täters dazu geeignet ist, geleisteten oder erwarteten Widerstand zu überwinden oder auszuschließen (BGHSt 41, 182 [185 f.]; BGH, NJW 1995, 2862; *Tröndle*, § 240 Rn. 5 ff.; *Wessels*, BT-1, Rn. 368).

20 Eine Einwirkung auf Sachen, die eine nur psychische Zwangswirkung verursacht, z. B. die bloße Entziehung oder Unbrauchbarmachung eines Fahrzeugs, genügt diesem Gewaltbegriff nicht (vgl. BVerfGE 92, 1 [16 ff.]; *Lackner/Kühl*, § 240 Rn. 11; Schönke/Schröder-*Eser*, § 240 Rn. 8). Hat diese jedoch eine körperliche Zwangswirkung zur Folge, liegt Gewalt vor. Damit setzt der Tatbestand der Erpressung (§ 253 I) letztlich wie der der räuberischen Erpressung (§ 255) Gewalt gegen eine Person (vgl. *§ 5 Rn. 39*) voraus. Wendet der Erpresser Gewalt als Nötigungsmittel an, ist daher neben § 253 I stets auch § 255 erfüllt, der als speziellere Vorschrift die einfache Erpressung verdrängt (vgl. *Rn. 42*). § 253 I hat m. a. W. in der Gewaltalternative keinen eigenständigen Anwendungsbereich.

21 (2) Wie § 240 I stellt auch § 253 I der Gewalt als Nötigungsmittel die Drohung mit einem empfindlichen Übel gleich. Drohung ist das Inaussichtstellen eines Übels, dessen Eintritt der Drohende als von seinem Willen abhängig darstellt (BGHSt 16, 386 [387]; *Tröndle*, § 240 Rn. 15). Es kommt nicht darauf an, ob der Täter die Drohung wahr machen will oder kann (BGHSt 23, 294 [295] – „*Trittbrettfahrerfall*"). Maßgeblich ist es allein, daß die Drohung objektiv ernstlich erscheint und vom Bedrohten ernstgenommen werden soll (*Wessels*, BT-1, Rn. 389).

22 Eine Drohung mit einem empfindlichen Übel liegt auch dann vor, wenn der Täter ankündigt, ein Dritter werde das in Aussicht gestellte Übel verwirklichen, und beim Opfer die Vorstellung erweckt, er könne den Dritten in dieser Richtung beeinflussen und wolle dies auch (BGHSt 7, 197 [198]). Erweckt der Täter jedoch beim Bedrohten den Eindruck, er wolle – im Interesse des Bedrohten – die Herbeiführung des Übels verhindern, liegt keine Drohung vor (BGH, NStZ 1996, 435).

Beispiel: A täuscht der Prostituierten B vor, sie werde von Zuhältern bedroht, bleibe aber unbehelligt, wenn er die von ihr geforderten Geldbeträge an die Zuhälter weiterleitet (BGH, NStZ 1996, 435).

23 Mit einem empfindlichen Übel wird gedroht, wenn die in Aussicht gestellte negative Folge geeignet ist, einen besonnenen Menschen in der konkreten Situation zu dem erstrebten Verhalten zu bestimmen (BGH, NStZ 1982, 287; *Lackner/Kühl*, § 240 Rn. 13).

> **Beachte:** Nach neuerer Rechtsprechung soll dagegen ein empfindliches Übel dann entfallen, wenn gerade von diesem Bedrohten in seiner Lage erwartet werden kann, daß er der Drohung „in besonnener Selbstbehauptung standhält" (BGHSt 31, 195 [201] – „*Kaufhausdetektivfall*"; BGHSt 32, 165 [174]).

24 (3) Gewalt und das angedrohte Übel können sich auch gegen Dritte richten, wenn der zur Vermögensverfügung Genötigte die Bedrohung eines Dritten selbst als eigenes Übel empfindet (BGHSt 16, 316 [318] – „*Kindesmordfall*"; BGH, NJW 1994, 1166; *Krey*, BT-2, Rn. 308).

Beispiel: A betritt den Schalterraum einer Sparkassenfiliale und bedroht die Kundin B mit einer Schußwaffe. Er kündigt dem in seinem schußsicheren Kassenraum ungefährdeten Kassierer C an, B zu töten, falls C ihm nicht das verlangte Geld herausgibt. – C empfindet die Bedrohung der B als eigenes Übel, da ihr Wohlergehen von seinem Verhalten abhängt.

(4) Beide Handlungsmodalitäten können auch durch Unterlassen verwirklicht werden, wenn der Täter eine Garantenstellung (§ 13) innehat (BGHSt 27, 10 [12 f.]; *Maurach/Schroeder/Maiwald*, BT-1, § 42 Rn. 21). 25

Beispiel: A sieht tatenlos zu, wie der in seiner Wohnung anwesende Besucher B den ebenfalls anwesenden Gast C mit Gewalt zwingt, das Kennwort seines Sparbuchs preiszugeben (BGHSt 27, 10 ff.).

Vertiefungshinweis: Streng hiervon sind die Fälle der Drohung mit einer Unterlassung zu unterscheiden. Diesbezüglich ist umstritten, ob nur solche Drohungen tatbestandsmäßig sind, die die Nichtvornahme einer rechtlich gebotenen Handlung ankündigen, oder ob eine solche Einschränkung nicht erforderlich ist (vgl. BGH, GA 1960, 277 [278]; BGH, NStZ 1982, 287 einerseits; BGHSt 31, 195 ff. – „*Kaufhausdetektivfall*"; *Tröndle*, § 240 Rn. 18 andererseits).

b) Durch Gewalt oder Drohung muß der Genötigte zu einer Handlung, Duldung oder Unterlassung genötigt werden, die die Voraussetzungen einer **Vermögensverfügung** erfüllt. 26

(1) Wegen der gegenüber § 263 I andersartigen Willensbeeinflussung, sind die dort geltenden Grundsätze (vgl. *§ 11 Rn. 50 ff.*) hier zu modifizieren: 27

❏ Das Kriterium der Freiwilligkeit ist bei einer Verfügung unter Zwang nicht geeignet, diese von der Wegnahme abzugrenzen (*Maurach/Schroeder/Maiwald*, BT-1, § 42 Rn. 39; *Biletzki*, Jura 1995, 635 [636]; *Rengier*, JuS 1981, 654 [655]). Vielmehr kommt es auf die subjektive Einstellung des Genötigten zur Vermögensverschiebung an. Keine Vermögensverfügung, sondern eine Wegnahme liegt vor, wenn es in der konkreten Zwangslage nach der Vorstellung des Genötigten für ihn gleichgültig ist, wie er sich verhält, der Tatgegenstand also unabhängig von seiner Mitwirkung dem Täter preisgegeben ist. Glaubt der Genötigte hingegen, daß der Gewahrsamswechsel von seiner Mitwirkung abhängig ist, stellt diese eine Vermögensverfügung dar (*Lackner/Kühl*, § 255 Rn. 2; *Krey*, BT-2, Rn. 300, 305; *Maurach/Schroeder/Maiwald*, BT-1, § 42 Rn. 39). 28

Beispiele: A fordert von B mit vorgehaltener Waffe „Geld oder Leben". – Aus der Sicht des B ist der Verlust des Geldes von seinem Willen unabhängig: Entweder verliert er nur sein Geld oder aber Geld und Leben. Im Beispiel *Rn. 24* ist dagegen der Verlust des Geldes trotz der vergleichbaren Bedrohung der B von einer Mitwirkung des C abhängig.

Vertiefungshinweis: Hingegen ist nach der Rechtsprechung, die eine Vermögensverfügung nicht für erforderlich hält, das äußere Erscheinungsbild der Tat für das Vorliegen einer Wegnahme oder Herausgabe in den Fällen maßgeblich, in denen sich der Täter mit Raubmitteln in Zueignungsabsicht den Gewahrsam an fremden beweglichen Sachen verschafft (BGHSt 7, 252 [254] – „*Geldbörsenfall*"; BGHSt 37, 256 [257]).

❏ Aus der Sicht des Bedrohten muß die Vermögensminderung von seiner eigenen Mitwirkung abhängig sein. Dafür genügen auch Verhaltensweisen, die für die Vermögensminderung zwar notwendige Voraussetzungen sind, diese aber nur 29 mittelbar herbeiführen (*Lackner/Kühl*, § 253 Rn. 3; SK-*Samson*, § 253 Rn. 8; *Otto*, BT, S. 250; a. A. *Wessels*, BT-2, Rn. 689).

Beispiel: A nötigt B durch Drohung, die Zahlenkombination seines Wandtresors preiszugeben, mit deren Hilfe A sodann die dort verwahrten Wertsachen entwendet. – B verfügt über sein Vermögen.

30 (2) Genötigter und Verfügender müssen identisch sein, nicht aber Verfügender und Vermögensinhaber. Damit ist eine **Dreieckserpressung** möglich. Wie beim Dreiecksbetrug (vgl. *§ 11 Rn. 108 ff.*) stellt sich auch hier die Frage, unter welchen Voraussetzungen das Verhalten des Verfügenden dem Vermögensinhaber zuzurechnen ist.

31 Auf der Grundlage der unzutreffenden Auffassung, daß die Erpressung *keine* Vermögensverfügung voraussetzt, verlangt die Rechtsprechung für die Dreieckserpressung ein Näheverhältnis. Dieses setzt weder eine rechtliche Verfügungsmacht noch eine tatsächliche Herrschaftsgewalt des Genötigten über fremde Vermögensbestände i. S. einer Gewahrsamsdienerschaft voraus (BGHSt 41, 123 [125 f.] – „*Sylviafall*"). Die zutreffende h. L., die für die Erpressung eine Vermögensverfügung fordert, will dem Vermögensinhaber das Verhalten des Genötigten zurechnen, wenn eine objektive Sonderbeziehung des Genötigten zum betroffenen Vermögen besteht. Hierfür kommt es ebenfalls auf eine rechtliche Befugnis nicht an. Ausreichend ist es, daß eine engere Beziehung des Genötigten zum geminderten Vermögen besteht als die eines beliebigen Dritten (*Krack*, JuS 1996, 493 [495 f.]; *Otto*, JZ 1995, 1020 [1022 f.]; *Rengier*, JZ 1985, 565 [566]).

32 (3) Zwischen der Nötigungshandlung und der Vermögensverfügung ist Kausalität erforderlich. Hieran fehlt es, wenn das Tatopfer auch ohne Nötigung durch den Täter von vornherein bereit ist, entsprechend über sein Vermögen zu verfügen (BGHR, StGB, § 255 Kausalität 1). Hingegen wird Kausalität nicht dadurch in Frage gestellt, daß die Vermögensverfügung allein deshalb erfolgt, um den Täter zu überführen (BGHSt 41, 368 [371] – „*Dagobertfall*"; BGH, NJW 1997, 265 [266 f.]).

33 c) Durch die Vermögensverfügung muß ein Nachteil für das Vermögen des Genötigten oder eines Dritten (vgl. *Rn. 30 f.*) verursacht werden. Das ist der Fall, wenn die Vermögenslage des Betroffenen nach der Verfügung ungünstiger ist als vorher. Insoweit gilt das zum Vermögensschaden bei § 263 I Ausgeführte (vgl. *§ 11 Rn. 117 ff.*).

2. Subjektiver Tatbestand

34 a) Der subjektive Tatbestand erfordert Vorsatz. Der zumindest bedingte Vorsatz muß sich darauf erstrecken, einen anderen mit Gewalt oder Drohung zu einer Vermögensverfügung zu nötigen, die sich vermögensschädigend auswirkt (*Lackner/Kühl*, § 253 Rn. 7).

35 b) Hinzu kommen muß die Absicht, sich oder einen Dritten zu Unrecht zu bereichern. Sie ist identisch mit der beim Betrug vorausgesetzten Absicht, sich oder einem Dritten einen rechtswidrigen Vermögensvorteil zu verschaffen (vgl. *§ 11 Rn. 149 ff.*; BGH, NJW 1988, 2623; BGH, StV 1996, 33; *Otto*, BT, S. 250). Daher muß auch hier die erstrebte Bereicherung (vgl. BGHSt 14, 386 [388 f.]) rechtswidrig (vgl. *§ 11*

§ 13. Erpressung, räuberische Erpressung 165

Rn. 163 ff.; BGHSt 17, 87 ff.; BGHSt 20, 136 ff.; BGH, StV 1994, 128) und mit dem eingetretenen Vermögensnachteil stoffgleich (vgl. *§ 11 Rn. 153 ff.*; BGH, MDR/H 1980, 106) sein.

Vertiefungshinweis: Zu Konkretisierungen der einzelnen Merkmale der Bereicherungsabsicht i. S. des § 253, nämlich zur Beschränkung des Absichtsbegriffs auf zielgerichtetes Wollen vgl. BGH, NStZ 1989, 22; BGH, NJW 1993, 1484 f.; BGH, NStZ 1996, 39.

3. Rechtswidrigkeit (§ 253 II)

Das allgemeine Verbrechensmerkmal der Rechtswidrigkeit der Tat bestimmt sich nach der Zweck-Mittel-Relation des § 253 II. Verwerflichkeit meint hier wie bei der Nötigung (§ 240 II) einen erhöhten Grad der sozialethischen Mißbilligung der für den erstrebten Zweck angewendeten Mittel (BGHSt 17, 328 [331 f.]; OLG Köln, NJW 1986, 2443 f.). Aufgrund der insoweit geforderten umfassenden Abwägung unter Berücksichtigung sämtlicher Umstände des Einzelfalls (BVerfG, NJW 1992, 2689 [2690]) müssen auch der verfolgte Zweck und der Zusammenhang von Zweck und Mittel in die Würdigung einfließen (BVerfGE 73, 206 [245 ff.]). 36

Daraus folgt, daß die Unrechtmäßigkeit der Bereicherung regelmäßig für die Gesamtbewertung der Tat als verwerflich erheblich ist (*Schünemann*, JA 1980, 486 [489]). Deshalb bedingen häufig auch angedrohte Nachteile, deren Zufügung für sich betrachtet rechtmäßig wäre, wegen des mit der Androhung verfolgten Zwecks die sozialethische Mißbilligung der Tat (*Lackner/Kühl*, § 253 Rn. 10). 37

Beispiele: A droht dem bekannten Politiker B mit einer entehrenden, an sich nicht verbotenen Veröffentlichung (sog. Chantage), um Schweigegeld zu erpressen. – Auch wenn der Inhalt der Veröffentlichung wahr ist, ist die Tat verwerflich (RGSt 64, 379 [381 f.]; *H. E. Müller*, NStZ 1993, 366 ff.).

C kündigt D die gerichtliche Geltendmachung des vereinbarten Entgelts für ein Telefongespräch mit sexuell stimulierendem Inhalt (sog. Telefonsex) an. – Keine Verwerflichkeit gegeben, da die Zahlungsaufforderung nicht mit einer empfindlichen Bloßstellung des Gemahnten aufgrund sonstiger Begleitumstände verbunden ist.

Aufbauhinweis: § 253 II ist im Rahmen der Rechtswidrigkeitsprüfung erst heranzuziehen, wenn allgemeine Rechtfertigungsgründe fehlen (*Tröndle*, § 253 Rn. 7).

4. Besonders schwerer Fall (§ 253 IV)

§ 253 IV stellt für besonders schwere Fälle einen höheren Strafrahmen zur Verfügung und nennt als Regelbeispiele Gewerbsmäßigkeit (vgl. *§ 1 Rn. 153*) sowie bandenmäßige Begehung (vgl. *§ 2 Rn. 14 ff.*). Die Regelbeispiele sind abschließend, aber wie die des § 243 I 2 nicht zwingend (vgl. *§ 1 Rn. 125 f.*). 38

II. Räuberische Erpressung (§ 255)

Der Tatbestand des § 255 erfordert neben dem Vorliegen der Tatbestandsmerkmale des § 253 I (vgl. *Rn. 18 ff.*), daß der Täter als Nötigungsmittel Gewalt gegen eine Person (vgl. *§ 5 Rn. 4 ff.*) oder eine Drohung mit gegenwärtiger Gefahr für Leib oder Leben (vgl. *§ 5 Rn. 10 f.*) einsetzt. Der Täter ist als räuberischer Erpresser gleich 39 einem Räuber zu bestrafen (§ 255). Diese Formulierung verweist nicht nur auf den Strafrahmen des § 249 I, sondern auch auf dessen Qualifikationen (§§ 250, 251; vgl. BGHSt 27, 10 [11]; BGH, NJW 1994, 1166 [1167]).

C. Täterschaft und Teilnahme, Versuch sowie Konkurrenzen

40 In bezug auf Täterschaft und Teilnahme bestehen keine Besonderheiten, so daß die §§ 25 ff. ohne jede Einschränkung anwendbar sind. Handelt ein Tatbeteiligter ohne Bereicherungsabsicht, scheidet zwar Mittäterschaft zur Erpressung (§§ 253, 255, 25 II), nicht aber zur Nötigung aus (§§ 240, 25 II; RGSt 54, 152 [153]).

41 Versucht ist die (räuberische) Erpressung (§§ 253 III, 22 bzw. §§ 255, 22), wenn der Täter zur Nötigungshandlung, also zur Anwendung von Gewalt oder Drohung unmittelbar ansetzt (*Lackner/Kühl*, § 253 Rn. 11). Die Tat ist auch dann nur versucht, wenn die Überwachung der Übergabe der geforderten Sachen durch Polizeibeamte die Entstehung eines Vermögensschadens verhindert. Vollendung tritt hingegen ein, wenn der Täter auch nur einen Teil der geforderten Summe erhält (BGHSt 41, 368 [371 f.] – „*Dagobertfall*").

42 Aufgrund von Spezialität verdrängt die Erpressung (§ 253) die Nötigung (§ 240) und die Bedrohung (§ 241). Die räuberische Erpressung (§ 255) verdrängt als lex specialis die „einfache" Erpressung (§ 253).

43 Zwischen Raub (§ 249) und Erpressung (§§ 253, 255) besteht Exklusivität, da die von letzterer vorausgesetzte Vermögensverfügung eine Wegnahme ausschließt (vgl. *Rn. 16*; *Lackner/Kühl*, § 255 Rn. 2; a. A. BGHSt 7, 252 [254] – „*Geldbörsenfall*"; BGH, NStZ 1981, 301: Spezialität des § 249). Gleiches gilt im Verhältnis zum Diebstahl (§ 242) und räuberischen Diebstahl (§ 252; vgl. *Lackner/Kühl*, § 255 Rn. 3).

44 Umstritten ist es, ob zwischen Erpressung (§ 253) und Betrug (§ 263) Tateinheit (§ 52) möglich ist, wenn Drohung und Täuschung in der Weise zusammentreffen, daß die Täuschung des Opfers nur Mittel der Drohung ist oder diese bloß als gefährlicher erscheinen lassen soll.

Beispiele: A bedroht eine Kundin einer Sparkassenfiliale mit einer Spielzeugpistole, um vom Kassierer B, der sich im schußsicheren Kassenraum aufhält, die Herausgabe von Geld zu erzwingen.
C hat aus der Zeitung erfahren, daß die Tochter des D entführt wurde. Er ruft bei D an, gibt sich als Entführer der Tochter aus und fordert ein Lösegeld.

45 Während von der Rechtsprechung und einem Teil des Schrifttums bereits der Tatbestand des Betrugs (§ 263 I) verneint wird (sog. Tatbestandslösung; BGHSt 23, 294 [296] – „*Trittbrettfahrerfall*"; BGH, NStZ 1985, 408; *Seelmann*, JuS 1982, 914 [915]), konsumiert nach zutreffender anderer Auffassung (sog. Konkurrenzlösung; Schönke/Schröder-*Eser*, § 253 Rn. 37; *Krey*, BT-2, Rn. 315 ff.; *Wessels*, BT-2, Rn. 682) die Erpressung (§ 253) den Betrug (§ 263). Die zutreffende Annahme von Gesetzeseinheit wird der Tatsache gerecht, daß alle Merkmale des § 263 vorliegen. Ein

Verstärken der Drohung durch die Täuschung ändert nichts daran, daß die Vermögensverfügung durch den Irrtum mitbedingt ist.

Kontrollfragen und Aufbau

I. Kontrollfragen

1. Enthalten die Tatbestände der Erpressung (§ 253 I) und der räuberischen Erpressung (§ 255) das ungeschriebene Tatbestandsmerkmal einer Vermögensverfügung?
   (Rn. 2 ff.)

2. Wie unterscheidet sich der Begriff der Vermögensverfügung i. S. der §§ 253 I, 255 von dem i. S. des § 263 I?
   (Rn. 27 ff.)

3. In welchem systematischen Verhältnis stehen Raub (§ 249) und räuberische Erpressung (§ 255)?
   (Rn. 43)

4. Nach welchem Kriterium grenzt die h. L. zwischen § 249 I und § 255 ab?
   (Rn. 28)

5. Ist die Dreieckserpressung nach den Grundsätzen des Dreiecksbetrugs zu behandeln?
   (Rn. 30 f.)

II. Aufbauschema

1. Tatbestand
   a) Objektiver Tatbestand
      (1) – Bei § 253 I Gewalt oder Drohung mit empfindlichem Übel
          – Bei § 255 Gewalt gegen eine Person oder Drohung mit gegenwärtiger Gefahr für Leib oder Leben
      (2) Vermögensverfügung
      (3) Vermögensnachteil
      (4) Durchlaufender Ursachenzusammenhang
   b) Subjektiver Tatbestand
      (1) Vorsatz
      (2) Absicht, sich oder einen Dritten zu Unrecht zu bereichern
2. Rechtswidrigkeit einschließlich § 253 II
3. Schuld

§ 14. Erpresserischer Menschenraub und Geiselnahme (§§ 239 a, 239 b)

Leitentscheidungen: BGHSt 26, 70 – „*Geiselnahmefall*"; BGHSt 39, 36 – „*Tiefgaragenfall*"; BGHSt 40, 90 – „*Elbbrückenfall*"; BGHSt – GS – 40, 350 – „*Getreidefeldfall*"

Aufsätze: *Fahl*, Zur Problematik der §§ 239 a, b StGB bei der Anwendung auf „Zwei-Personen-Verhältnisse", Jura 1996, 456; *Heinrich*, Zur Notwendigkeit der Einschränkung des Tatbestands der Geiselnahme, NStZ 1997, 365; *Müller-Dietz*, Der Tatbestand der Geiselnahme in der Diskussion – BGH, NJW 1995, 471, JuS 1996, 110; *Renzikowski*, Erpresserischer Menschenraub und Geiselnahme im System des Besonderen Teils des Strafgesetzbuches, JZ 1994, 492

Übungsfalliteratur: *Amelung/Cirener/Gruner*, Der praktische Fall – Strafrecht: Ein Schutzgeldkassierer unter Waschzwang, JuS 1995, 48; *Hellmann*, Der praktische Fall – Strafrecht: Überfall am Geldautomaten, JuS 1996, 522

A. Grundlagen

1 Die Vorschriften der §§ 239 a, 239 b sind gleich strukturiert. Beide setzen jeweils das Sichbemächtigen oder Entführen von Menschen in der Absicht voraus, auf das Entführungsopfer selbst oder auf andere Zwang durch Drohung auszuüben. Die Vorschriften unterscheiden sich darin, daß in § 239 a der Angriff auf die Freiheit der Geisel mit dem Ziel einer Erpressung ausgenutzt wird, während § 239 b weitergehend jede Nötigung durch eine qualifizierte Drohung erfaßt (*Renzikowski*, JZ 1994, 492 [494]). Geschützte Rechtsgüter sind die Freiheit des zu Erpressenden sowie die Freiheit und psycho-physische Unversehrtheit des Genötigten, bei § 239 a daneben das Vermögen (BGH, GA 1975, 53; *Tröndle*, § 239 a Rn. 4).

B. Tatbestände

2 Die §§ 239 a, 239 b enthalten jeweils zwei Tatbestände. Die Entführungstatbestände (1. Alternative) setzen ein Entführen oder Sichbemächtigen in der Absicht der Erpressung bzw. Nötigung voraus. Die Ausnutzungstatbestände (2. Alternative) greifen hilfsweise ein, wenn das Entführen oder Sichbemächtigen zunächst ohne entsprechende Absicht erfolgt ist, der Täter die von ihm geschaffene Lage aber später tatsächlich durch eine versuchte oder vollendete Erpressung bzw. Nötigung ausnutzt (*Maurach/Schroeder/Maiwald*, BT-2, § 15 Rn. 20).

I. Erpresserischer Menschenraub (§ 239 a I)

1. Entführungstatbestand (§ 239 a I 1. Alt.)

a) Objektiver Tatbestand

(1) Als Tathandlung verlangt § 239 a I 1. Alt., daß sich der Täter eines anderen bemächtigt. 3

> **Merke:** Das Sichbemächtigen bedeutet entweder die Begründung physischer Verfügungsgewalt über den Körper eines anderen oder die Intensivierung einer schon bestehenden Verfügungsgewalt derart, daß die bisherige Geborgenheit des Opfers zugunsten der Herrschaftsmacht des Täters erheblich vermindert wird (BGHSt 26, 70 [72]; BGH, MDR/H 1978, 987; *Krey*, BT-2, Rn. 324).

Beispiele: A hält B mit einer Schußwaffe in Schach (BGH, NStZ 1986, 166). C hält D in seiner Wohnung fest, indem er ihn einschließt oder die Bewegungsmöglichkeiten des D dadurch einschränkt, daß er ihn an sich zieht und ein Messer gegen ihn richtet (BGHSt 26, 70 [72]).

Für ein Sichbemächtigen ist es unerheblich, ob das Opfer seine Lage erkennt (BGH, GA 1975, 53; BGH, NStZ 1985, 455), so daß auch Säuglinge Opfer sein können (BGHSt 26, 70 [72]). 4

Entführen ist die Herbeiführung einer Ortsveränderung mit der Absicht, ein Sichbemächtigen zu erreichen (Schönke/Schröder-*Eser*, § 239 a Rn. 6). 5

(2) Die Tat kann sich gegen jeden Menschen richten. Daher kommt § 239 a selbst bei Entführung des eigenen Kindes in Betracht (BGHSt 26, 70 [72]; BGH, GA 1975, 53), z. B. aus Anlaß von Unterhalts- oder Sorgerechtsstreitigkeiten. Da nicht notwendig ein Handeln gegen den Willen des Opfers vorausgesetzt ist (Schönke/Schröder-*Eser*, § 239 a Rn. 9; *Krey*, BT-2, Rn. 325), scheidet § 239 a I nicht deshalb aus, weil sich das Opfer als sog. Ersatzgeisel „freiwillig" in die Gewalt des Täters begibt (BGHSt 26, 70 [72]). Hingegen liegt der Tatbestand bei einer Kollusion zwischen Täter und „Geisel" nicht vor, nämlich wenn diese mit dem Täterverhalten einschließlich der geplanten Erpressung einverstanden ist (*Lackner/Kühl*, § 239 a Rn. 3). 6

b) Subjektiver Tatbestand

(1) Der subjektive Tatbestand erfordert zunächst zumindest bedingten Vorsatz bezüglich aller Merkmale des objektiven Tatbestands (*Tröndle*, § 239 a Rn. 6). Darüber hinaus muß der Täter schon beim Entführen oder Sichbemächtigen die Absicht haben, entweder die Sorge des Opfers um sein Wohl oder die Sorge eines Dritten um das Wohl des Opfers zu einer Erpressung auszunutzen (BGH, StV 1987, 483; BGH, NStZ 1993, 39). 7

❑ Als problematisch erweist sich die im Jahre 1989 erfolgte Erweiterung des Tatbestands auf Konstellationen, in denen die Geisel zugleich die erpreßte Person ist (sog. **Zweipersonenverhältnisse**; zur Normgenese vgl. *Müller-Dietz*, JuS 1996, 110 [111 f.]). Denn zumindest nach dem Wortlaut der Norm hat diese Ausdehnung zur 8

Konsequenz, daß ein großer Teil typischer räuberischer Erpressungen (§ 255) zugleich § 239 a I verwirklicht, weil sich der Täter des Opfers in der Regel bemächtigt, in dem er es durch körperliche Kraft oder durch Bedrohung mit einer Waffe in seine physische Gewalt bringt (vgl. *Rn. 3*). Dementsprechend hat die Rechtsprechung zunächst Tateinheit zwischen §§ 253, 255 und § 239 a angenommen (so noch BGH, NStZ 1993, 39).

9 Damit aber wird die gegenüber §§ 253, 255 deutlich höhere Mindeststrafe des § 239 a maßgeblich (§ 52 II), d. h. die Tatbestände des Kernstrafrechts werden gleichsam in die zweite Reihe gedrängt (BGHSt 39, 36 [41]). Der BGH fordert daher inzwischen eine einschränkende Auslegung der Strafvorschrift für Zweipersonenverhältnisse (zur Entwicklung der Rechtsprechung vgl. *Fahl*, Jura 1996, 456 [457 f.]; *Heinrich*, NStZ 1997, 365 [366 f.]). Der Große Senat des BGH hat die insoweit zunächst unterschiedlichen Kriterien einer über das Gewaltverhältnis hinausgehenden „Außenwirkung" (BGHSt 39, 36 [40]; BGH, StV 1993, 522 [523]) und einer besonderen Zwangslage, die aus der Sicht des Opfers in dem unmittelbar bevorstehenden Eintritt des angedrohten Übels begründet ist (BGHSt 40, 90 [93]; BGH, NStZ 1994, 128 [130]), verworfen.

Merke: Er fordert statt dessen, daß der Täter die durch das Sichbemächtigen oder das Entführen geschaffene Zwangslage des Opfers zur Erpressung (§ 239 a) oder (zur weiteren) Nötigung (§ 239 b) ausnutzt, wobei die auszunutzende Opferlage eine gewisse Stabilisierung voraussetzt (BGHSt – GS – 40, 350 [359]: sog. funktionaler und zeitlicher Zusammenhang).

10 Eine derart stabilisierte Lage ist bei der Entführung des Opfers regelmäßig gegeben, da es in seinen Schutz- und Verteidigungsmöglichkeiten eingeschränkt und deshalb dem ungehemmten Einfluß des Täters ausgesetzt ist. Hingegen fehlt es beim Sichbemächtigen vielfach an einer entsprechenden Lage (BGHSt 24, 90 [93]; BGHSt – GS – 40, 350 [359]). Der Bemächtigungslage kommt insbesondere dann keine eigenständige Bedeutung zu, wenn die Drohung zugleich dazu dient, sich des Opfers zu bemächtigen und es in unmittelbaren Zusammenhang zu einer weitergehenden Handlung oder Duldung zu nötigen (BGH, NStZ 1996, 277 [278]; BGH, StV 1996, 266).

Beispiel: A bedroht B mit einer Schußwaffe, um ihn im unmittelbaren Zusammenhang zu zwingen, telefonisch eine Banküberweisung zu seinen Gunsten zu veranlassen. – Die erforderliche stabile Lage als Basis weiterer Nötigungen fehlt.

11 Erforderlich ist es zudem, daß die Leistung, die vom Opfer erpreßt werden soll, zu einem Zeitpunkt erfolgen soll, in dem die Bemächtigungslage noch besteht (BGH, NStZ 1996, 277 [278]; BGH, StV 1997, 302), und der Täter das in Erpressungsabsicht angedrohte Übel jederzeit realisieren kann. Soll hingegen entsprechend der Absicht des Täters die Leistung erst erfolgen, wenn die Bemächtigungslage bereits ihr Ende gefunden hat, fehlt es an dieser Voraussetzung und auch an der erforderlichen Absicht des „Ausnutzens" i. S. des § 239 a I (BGH, NStZ 1996, 277 [278]; BGH, StV 1997, 302 [303]).

§ 14. Erpresserischer Menschenraub, Geiselnahme   171

Beispiel: B fordert von A 12.500,- DM. Als A nicht bereit ist, diese zu zahlen, erscheint B in der Wohnung des A, bedroht ihn mit vorgehaltener Waffe und führt eine Scheinexekution durch. Dabei fordert B den A auf, seine Schulden in drei Tagen zu begleichen.

Jedoch genügt es, daß die vom Täter hauptsächlich erstrebte Leistung des Opfers erst   12
nach Beendigung der Bemächtigungslage erfolgen soll, wenn bereits während der Zwangslage eine Handlung abgenötigt wird, die aus Sicht des Täters gegenüber dem Endzweck selbständige Bedeutung hat (BGH, StV 1997, 304 f.).

Beispiel: B fordert im Beispiel *Rn. 11* die sofortige Übergabe des Geldes. Hierzu ist A nicht imstande, verspricht jedoch, innerhalb der nächsten Tage zu zahlen. B hat die Vorstellung, A werde sich als Angehöriger einer alten Adelsfamilie und Beamter an sein Ehrenwort halten, und verlangt daher von seinem Opfer während der Bemächtigungslage keine weiteren Handlungen.

❏ Die Sorge um das Wohl erfordert die Befürchtung, das Opfer könne beim Fortbe-   13
stehen der vom Täter geschaffenen Lage körperliche oder seelische Unbill erleiden; die Besorgnis einer unmittelbaren Gefahr für Leib oder Leben ist nicht erforderlich (BGHSt 25, 35 [36]; *Lackner/Kühl*, § 239 a Rn. 5).

❏ Die Verweisung auf § 253 erfaßt auch – erst recht – die räuberische Erpressung   14
(§ 255; *Krey*, BT-2, Rn. 327), deren Tatbestandsmerkmale der Täter nach seiner Vorstellung verwirklichen wollen muß. Auf die Verwerflichkeitsklausel des § 253 II kommt es nicht an, da die in § 239 a beschriebene Zweck-Mittel-Relation stets verwerflich ist (Schönke/Schröder-*Eser*, § 239 a Rn. 11).

2. Ausnutzungstatbestand (§ 239 a I 2. Alt.)

Der Ausnutzungstatbestand setzt voraus, daß der Täter eine der Tathandlungen der   15
1. Alternative ohne die dort erforderliche Absicht selbst begangen hat und die so geschaffene Lage dann durch eine vollendete oder wenigstens versuchte Erpressung ausnutzt (*Lackner/Kühl*, § 239 a Rn. 7). Der subjektive Tatbestand erfordert daher keine Absicht. Nutzt der Täter nur die von einem anderen geschaffene Lage aus, ist der Tatbestand nicht erfüllt. In Betracht kommen dann lediglich die §§ 253, 255 (BGHSt 23, 294 [295]).

3. Erfolgsqualifikation, minder schwerer Fall und tätige Reue (§ 239 a II, III, IV)

§ 239 a III enthält eine Erfolgsqualifikation, die in ihrer Struktur dem Raub mit   16
Todesfolge (§ 251; vgl. *§ 6 Rn. 34 ff.*) entspricht. Erforderlich ist es, daß der Tod des Opfers durch die Tathandlung des § 239 a I 1. Alt. oder das Aufrechterhalten der absichtslos geschaffenen Lage (§ 239 a I 2. Alt.) verursacht wird (Schönke/Schröder-*Eser*, § 239 a Rn. 29 f.). Nach der Rechtsprechung erfaßt § 239 a III auch vorsätzliche Todesverursachungen (BGH, NStZ 1994, 481 [482]), obgleich der insoweit eindeutige Wortlaut den Tatbestand auf ausschließlich leichtfertige Todesverursachung beschränkt (zur parallelen Problematik bei § 251 vgl. *§ 6 Rn. 37 ff.*).

In minder schweren Fällen des erpresserischen Menschenraubs ist die Mindestfrei-   17
heitsstrafe auf ein Jahr herabgesetzt (§ 239 a II).

Nach § 239 a IV erfordert tätige Reue nach vollendeter Tat im Gegensatz zu anderen   18
Vorschriften (z. B. §§ 98 II, 264 IV, 311 e, 316 a II) keine Freiwilligkeit, verweist aber

wegen der fakultativen Strafmilderung nicht auf den Maßstab des § 49 II, sondern den insoweit strengeren des § 49 I. Der Täter kann in den Genuß der Strafmilderung gelangen, wenn er das Opfer in seinen Lebenskreis zurückgelangen läßt. Dazu muß das Opfer nach der Entlassung aus der Gewalt des Täters die Möglichkeit realisiert haben, seinen Aufenthaltsort frei zu bestimmen und zu erreichen (*Lackner/Kühl*, § 239 a Rn. 10; Schönke/Schröder-*Eser*, § 239 a Rn. 36 f.; a. A. *Tröndle*, § 239 a Rn. 12: Entlassung in den Wohn- oder Aufenthaltsort). Strafmilderung ist ferner möglich, wenn der Täter auf die erstrebte Leistung verzichtet, d. h. seine Bemühungen um ihre Erlangung aufgibt oder bereits Erlangtes zurückgibt (*Tröndle*, § 239 a Rn. 12).

II. Geiselnahme (§ 239 b I 1. Alt. und 2. Alt.)

19 Die Tatbestände der Geiselnahme (§ 239 b I) entsprechen in ihrem Aufbau weitgehend denen des erpresserischen Menschenraubs (§ 239 a I; vgl. *Rn. 3 ff.*). Auch hier ist die Zweipersonenkonstellation problematisch (vgl. *Rn. 8 ff.*). Der Unterschied zu § 239 a I liegt darin, daß die Absicht des Täters nicht auf die Begehung einer Erpressung gerichtet sein muß, sondern eine sonstige Nötigung ausreicht. Dafür muß aber als Nötigungsmittel eine qualifizierte Drohung, nämlich mit dem Tod oder einer schweren Körperverletzung (§ 224) des Opfers oder mit dessen Freiheitsberaubung von über einer Woche Dauer, beabsichtigt sein.

20 Hinsichtlich des minder schweren Falls, der Erfolgsqualifikation und der tätigen Reue erklärt § 239 b II den § 239 a II bis IV für entsprechend anwendbar (vgl. *Rn. 16 ff.*).

C. Täterschaft und Teilnahme, Versuch sowie Konkurrenzen

21 In bezug auf Täterschaft und Teilnahme bestehen keine Besonderheiten, so daß die §§ 25 ff. Anwendung finden. Der Versuch der §§ 239 a, 239 b ist stets strafbar (§ 23 I). Das unmittelbare Ansetzen zur Tatbestandsverwirklichung beginnt bei den Entführungstatbeständen (§§ 239 a I 1. Alt., 239 b I 1. Alt.) mit dem Anfang des Entführens bzw. des Sichbemächtigens, bei den Ausnutzungstatbeständen (§§ 239 a I 2. Alt., 239 b I 2. Alt.) mit dem unmittelbaren Ansetzen zur Erpressung bzw. zur sonstigen Nötigung (BGH, NStZ 1997, 83; *Tröndle*, § 239 a Rn. 10).

22 Handelt der Täter in Erpressungsabsicht, ist die Geiselnahme (§ 239 b) gegenüber dem erpresserischen Menschenraub (§ 239 a) subsidiär (BGHSt 25, 386 [387]; BGHSt 26, 24 [28 f.]). Zwischen erpresserischem Menschenraub (§ 239 a) und Erpressung bzw. räuberischer Erpressung (§§ 253, 255) kommt jedenfalls in der Dreipersonenkonstellation Tateinheit in Betracht (§ 52; BGH, NStZ 1986, 166; BGH, NStZ 1987, 222 [223]; a. A. *Tröndle*, § 239 a Rn. 13: Subsidiarität der §§ 253, 255). Gleiches gilt für die Zweipersonenkonstellation, es sei denn, daß § 239 a I 1. Alt. nicht bereits tatbestandlich ausgeschlossen ist (vgl. *Rn. 9 ff.*). Gegenüber Freiheits-

beraubung (§ 239) und Nötigung (§ 240) sind erpresserischer Menschenraub (§ 239 a) und Geiselnahme (§ 239 b) spezieller (Schönke/Schröder-*Eser*, § 239 a Rn. 45). Mit den Körperverletzungsdelikten (§§ 223 ff.) kommt wiederum Tateinheit in Betracht (§ 52; *Tröndle*, § 239 b Rn. 7).

Kontrollfragen und Aufbau

I. Kontrollfragen

1. Welche Tatbestandsalternativen enthält § 239 a I und welche Voraussetzungen haben diese?
   (*Rn. 3 ff.*)
2. Warum bedürfen die §§ 239 a I, 239 b I bei sog. Zweipersonenkonstellationen einer einschränkenden Auslegung?
   (*Rn. 8 f.*)
3. Nach welchen Kriterien ist bei sog. Zweipersonenkonstellationen der Tatbestand einschränkend auszulegen?
   (*Rn. 9 ff.*)

II. Aufbauschemata

1. § 239 a I 1. Alt. bzw. § 239 b I 1. Alt.
   a) Tatbestand
      (1) Objektiver Tatbestand
         – Sich eines anderen Bemächtigen oder
         – Entführen eines anderen
      (2) Subjektiver Tatbestand
         – Vorsatz
         – Absicht, die Sorge um das Wohl des Opfers
            ❏ Bei § 239 a I 1. Alt. zu einer Erpressung auszunutzen
            ❏ Bei § 239 b I 1. Alt. zu einer Nötigung auszunutzen
   b) Rechtswidrigkeit
   c) Schuld
   d) Tätige Reue (§ 239 a IV [i. V. mit § 239 b II])

2. § 239 a I 2. Alt. bzw. § 239 b I 2. Alt.

a) Tatbestand

(1) Objektiver Tatbestand

– Vom Täter selbst ohne Absicht i. S. der 1. Alternative geschaffene Entführungs- oder Bemächtigungslage

– Ausnutzen der Lage

❑ Bei § 239 a I 2. Alt. zur Erpressung

❑ Bei § 239 b I 2. Alt. zur Nötigung durch Drohung mit dem Tod, einer schweren Körperverletzung (§ 224) des Opfers oder mit dessen Freiheitsentziehung von über einer Woche Dauer

(2) Subjektiver Tatbestand

– Vorsatz

b) Rechtswidrigkeit

c) Schuld

d) Tätige Reue (§ 239 a IV [i. V. mit § 239 b II])

§ 15. Räuberischer Angriff auf Kraftfahrer (§ 316 a)

Leitentscheidungen: BGHSt 5, 280 – *„Bauerngehöftfall"*; BGHSt 18, 170 – *„Prostituiertenfall"*; BGHSt 33, 378 – *„Schrebergartenfall"*; BGHSt 38, 196 – *„Kurzfristiger-Halt-Fall"*; BGHSt 39, 249 – *„Mofafahrerfall"*

Aufsätze: *Geppert*, Räuberischer Angriff auf Kraftfahrer, Jura 1995, 310; *Roßmüller/Rohrer*, Der räuberische Angriff auf Kraftfahrer, NZV 1995, 253.

Übungsfalliteratur: *Meyer-Goßner*, Der praktische Fall – Strafrechtsklausur: Ein folgenschwerer Barbesuch, JuS 1990, 833; *Tag*, Der praktische Fall – Strafrecht: Die Sorgen des Studenten S, JuS 1996, 904

A. Grundlagen

Der räuberische Angriff auf Kraftfahrer (§ 316 a) stellt einen Sonderfall des Raubs 1 (§ 249), der räuberischen Erpressung (§ 255) und zugleich des räuberischen Diebstahls (§ 252) dar. § 316 a verlagert den durch diese Vorschriften gewährleisteten Strafrechtsschutz vor, sofern der Täter zu ihrer Begehung die besonderen Verhältnisse des Straßenverkehrs ausnutzt (*Maurach/Schroeder/Maiwald*, BT-1, § 35 Rn. 46; *Otto*, BT, S. 195). Die von der Vorschrift geschützten Rechtsgüter sind daher primär Eigentum und Vermögen, sekundär auch die Funktionsfähigkeit des Straßenverkehrs und das Vertrauen der Bevölkerung in dessen Sicherheit (*Lackner/Kühl*, § 316 a Rn. 1; SK-*Horn*, § 316 a Rn. 2; a. A. BGHSt 39, 249 [250] – *„Mofafahrerfall"*; *Geppert*, Jura 1995, 310 [311 f.]: ausschließlich Funktionsfähigkeit des Straßenverkehrs).

B. Tatbestand

I. Objektiver Tatbestand

Der objektive Tatbestand erfordert das Unternehmen eines Angriffs auf Leib, Leben 2 oder Entschlußfreiheit des Führers eines Kraftfahrzeugs oder eines Mitfahrers unter Ausnutzung der besonderen Verhältnisse des Straßenverkehrs.

1. Angriff

Angriff ist jede unmittelbar auf eine Verletzung der durch § 316 a geschützten 3 Rechtsgüter gerichtete Handlung (Schönke/Schröder-*Cramer*, § 316 a Rn. 3). Unerheblich ist es, ob der Angriff innerhalb oder außerhalb des Fahrzeugs erfolgt (BGHSt 15, 322 [324]).

> **Merke:** Das Unternehmen eines Angriffs ist sowohl sein Versuch als auch seine Vollendung (§ 11 I Nr. 6), auf ein Gelingen des Angriffs kommt es also nicht an.

Das Sechste Gesetz zur Reform des Strafrechts ändert § 316 a I dahingehend, daß nunmehr nicht schon das Unternehmen eines Angriffs, sondern erst dessen Verübung unter Strafe gestellt ist. Damit ist die Gleichstellung von Versuch und Vollendung aufgegeben. Dem liegt die Erwägung zugrunde, daß bereits durch das Merkmal des „Angriffs" die Strafbarkeit schon so weit in den Bereich der Vorbereitungshandlungen des Raubs, des Diebstahls und der Erpressung vorverlegt wird, daß die volle Strafe für den Versuch unter Umständen auch Taten trifft, bei denen die Mindestfreiheitsstrafe von fünf Jahren unangemessen ist (BT-Drucks. 13/8587, S. 51).

2. Ziel des Angriffs

4   Ziel des Angriffs können Leib, Leben oder die Entschlußfreiheit eines anderen sein.

5   a) Ein Angriff auf Leib oder Leben setzt eine unmittelbar auf den Körper zielende Einwirkung voraus, bei der die Gefahr einer nicht ganz unerheblichen Verletzung besteht (BGHR, StGB, § 316 a Abs. 1, Angriff 1). Dies ist regelmäßig schon beim Unternehmen einer Körperverletzung gegeben. Ein Angriff auf die Entschlußfreiheit liegt bei sämtlichen Formen der Nötigung vor, soweit diese nicht mittels Gewalt gegen Leib oder Leben begangen werden (BGHR, StGB, § 316 a Abs. 1, Angriff 1). Daneben kommen auch Täuschung und List in Betracht (Schönke/Schröder-*Cramer*, § 316 a Rn. 4; *Geppert*, Jura 1995, 310 [312]; *Roßmüller/Rohrer*, NZV 1995, 253 [263 f.]).

Beispiele: A täuscht eine Polizeikontrolle vor, um B zum Anhalten zu bewegen. C und D laufen auf der Fahrbahn einer Bundesstraße, um Kraftfahrer zum Anhalten zu veranlassen (BGH, GA 1965, 150).

6   b) Der Angriff muß sich gegen den Führer eines Kraftfahrzeugs oder gegen einen Mitfahrer richten. Der Begriff des Kraftfahrzeugs entspricht der Definition des § 1 II StVG. Damit genügt auch der Angriff auf Führer eines Mofas dem Tatbestand (BGHSt 39, 249 [250 f.] – „*Mofafahrerfall*"; *Geppert*, Jura 1995, 310 [312]; a. A. *Große*, NStZ 1993, 525 [526]).

7   Führer eines Kraftfahrzeugs ist nicht nur derjenige, der im Augenblick des Angriffs mit dessen Inbewegungsetzen oder -halten beschäftigt ist, sondern auch der, der Verkehrsvorgänge wie das Halten an einer roten Ampel bewältigen muß (BGHSt 25, 315 [317]; BGH, NJW 1969, 1679). Ein Kraftfahrzeug führt hingegen nicht, wer noch nicht in dieses eingestiegen ist (bzw. es noch nicht bestiegen), freiwillig verlassen oder seine Fahrt beendet hat. Mitfahrer ist jeder Insasse bzw. Sozius des Kraftfahrzeugs (BGHSt 13, 27 [31]).

8   c) Einen entsprechenden Angriff kann sowohl ein von außen auf den Führer eines Kraftfahrzeugs einwirkender Dritter als auch ein Mitfahrer ausführen (BGHSt 25, 315 [317]; *Tröndle*, § 316 a Rn. 2). Nach h. M. kann sogar der Fahrer selbst Täter

sein (BGHSt 15, 322 ff.; BGH, NJW 1971, 765 f.; *Wessels*, BT-2, Rn. 373; a. A. *Beyer*, NJW 1971, 872 [873]).

3. Ausnutzung der besonderen Verhältnisse des Straßenverkehrs

Der Täter muß unter Ausnutzung der besonderen Verhältnisse des Straßenverkehrs handeln, d. h. die Tat muß in enger Beziehung zur Benutzung des Kraftfahrzeugs als Verkehrsmittel stehen. Das ist der Fall, wenn der Täter sich für sein Vorhaben die typischen Situationen und Gefahrenlagen des Kraftfahrzeugverkehrs zunutze macht (BGHSt 18, 170 [171] – „*Prostituiertenfall*"; BGHSt 38, 196 [197] – „*Kurzfristiger-Halt-Fall*"; *Wessels*, BT-2, Rn. 374). 9

a) Eine derartige, dem Kraftfahrzeugverkehr eigentümliche Gefahrenlage ergibt sich z. B. aus der Beanspruchung des Fahrers durch die Lenkung des Kraftfahrzeugs und für alle Insassen aus der Verringerung möglicher Gegenwehr oder Flucht infolge der Enge des Fahrgastraums (BGHSt 5, 280 [281] – „*Bauerngehöftfall*"), nach h. M. daneben auch die durch die Bewegung des Kraftfahrzeugs herbeigeführten Isolierung, welche die Nichterreichbarkeit fremder Hilfe zur Folge hat (*Lackner/Kühl*, § 316 a Rn. 3; *Otto*, BT, S. 196; a. A. *H.-L. Günther*, JZ 1987, 369 [374]). Hingegen fehlt es an der entsprechenden Ausnutzung der Verkehrslage, wenn das Opfer in einer Garage oder Gaststätte (BGHSt 5, 280 [282] – „*Bauerngehöftfall*"; BGH, VRS 37, 203) oder während einer nicht verkehrsbedingten Fahrtunterbrechung auf einem Parkplatz (BGH, GA 1979, 466; BGH, NStZ 1994, 340 [341]) überfallen wird. 10

b) Ein Ausnutzen der Gefahrenlage kann während der Fahrt und im verkehrsbedingt vorübergehend haltenden Fahrzeug (BGHSt 38, 196 [197] – „*Kurzfristiger-Halt-Fall*") erfolgen. Problematisch ist es, ob ein Ausnutzen der Verkehrsverhältnisse auch dann vorliegt, wenn der Angriff zwar gegen das fahrende Opfer (Fahrer oder Mitfahrer) ausgeführt wird, der Überfall aber erst an einem vom Kraftfahrzeug weit entfernten Ort, lange nach dem Aussteigen erfolgen soll. 11

Beispiel: A erreicht durch List, daß der Taxifahrer B ihn nach Mitternacht in ein einsames Gewerbegebiet fährt. Unter dem Vorwand, seine Geldbörse liege im Büro, erreicht A, daß B ihn auf ein menschenleeres Grundstück begleitet. Dort schlägt er B in räuberischer Absicht nieder.

Obgleich der Wortlaut entsprechende Konstellationen erfaßt, schränkt die Rechtsprechung im Hinblick auf die hohe Mindeststrafe zu Recht den Tatbestand dahingehend ein, daß der Überfall in einer engen räumlichen und zeitlichen Beziehung zur Benutzung eines Verkehrsmittels stehen muß (BGHSt 19, 191 [192]; BGH, NStZ 1994, 340 [341]). Der BGH zieht eine räumliche Grenze bei einer Entfernung von 100 Metern zum Fahrzeug (BGHSt 5, 280 [282] – „*Bauerngehöftfall*"; BGHSt 33, 378 [380] – „*Schrebergartenfall*"). Der erforderliche Zusammenhang fehlt auch, wenn der Überfall erst mit langem zeitlichen Abstand zum Anhalten des Fahrzeugs erfolgt (BGH, NStZ 1996, 435 [436]). 12

Beispiel: A will eine Prostituierte berauben. Er fährt mit ihr zu einem einsamen Parkplatz, wo es zunächst zu sexuellen Handlungen kommt. Erst nach deren Abschluß begeht A den beabsichtigten Raub (BGH, NStZ 1996, 435 f.).

II. Subjektiver Tatbestand

1. Vorsatz

13 Der subjektive Tatbestand erfordert zunächst zumindest bedingten Vorsatz hinsichtlich der objektiven Tatbestandsmerkmale bzw. hinsichtlich der objektiven Handlungen, mit denen er zur Tat ansetzt (vgl. *Rn. 2 ff.*). Der Vorsatz muß hinsichtlich des Angriffs- und Überfallorts hinreichend konkretisiert sein (BGHSt 33, 378 [381] – *„Schrebergartenfall"*; BGH, NStZ 1997, 236 [237]; *Maurach/Schroeder/Maiwald*, BT-1, § 35 Rn. 55). Ausreichend ist es, wenn der Vorsatz erst während der Fahrt gefaßt wird (BGHSt 15, 322 [324]).

2. Absicht

14 Hinzukommen muß die Absicht des Täters, einen Raub (§§ 249, 250), eine räuberische Erpressung (§ 255) oder einen räuberischen Diebstahl (§ 252) zu begehen. Der Täter muß die entsprechende Absicht bereits im Zeitpunkt des Angriffs verfolgen. Diese Voraussetzung ist erfüllt, wenn die Absicht nach Beginn des Angriffs gefaßt wird, auch wenn dieser zunächst anderen Zwecken diente (BGHSt 25, 315 [316]; BGHSt 37, 256 [258]). Hingegen genügt es nicht, wenn der Täter die räuberische Absicht erst nach Beendigung des Angriffs faßt (BGHSt 38, 196 [198] – *„Kurzfristiger-Halt-Fall"*; BGH, NStZ 1989, 119).

Beispiel: A ist aus einer Justizvollzugsanstalt entwichen. Um seinen Verfolgern zu entkommen, geht er auf einen vor einer roten Ampel haltenden Pkw zu, reißt die Fahrertür auf, zieht den Zündschlüssel aus dem Zündschloß und fordert die Fahrerin B mit der Behauptung, er sei Polizeibeamter und benötige den Wagen für eine Verfolgungsfahrt, zum Verlassen des Fahrzeugs auf. Zur Unterstützung seiner Behauptung zeigt er seinen Gefangenenausweis. Als B hierauf nicht sofort eingeht, zieht er sie aus dem Fahrzeug.

Zwar fehlt A im Zeitpunkt des Angriffs auf die Entschlußfreiheit der B die räuberische Absicht; jedoch nutzt A im Augenblick, als er B mit körperlicher Gewalt aus dem Fahrzeug zieht, trotz des bereits abgezogenen Zündschlüssels die besonderen Verhältnisse des Straßenverkehrs aus (BGHSt 38, 196 ff. – *„Kurzfristiger-Halt-Fall"*; a. A. *Geppert*; Jura 1995, 310 [315]).

> **Beachte:** Die Absicht, ein räuberisches Delikt zu begehen, muß sich auf die Verwirklichung aller Merkmale dieses Delikts, also auch auf die dort geforderte Absicht erstrecken (*Geppert*, Jura 1995, 310 [315]).

III. Minder schwerer Fall und tätige Reue (§ 316 a I 2, II)

15 Ein minder schwerer Fall (§ 316 a I 2) liegt vor, wenn das gesamte Tatbild und die Täterpersönlichkeit vom Durchschnitt der gewöhnlich vorkommenden Fälle derart abweichen, daß die Anwendung des Normalstrafrahmens nicht geboten ist.

Das Sechste Gesetz zur Reform des Strafrechts reduziert nunmehr mit § 316 a II den Strafrahmen für minder schwere Fälle auf Freiheitsstrafe von einem Jahr bis zu zehn Jahren, während es mit § 316 a III einen (Erfolgs-) Qualifikationstatbestand schafft,

§ 15. Räuberischer Angriff auf Kraftfahrer 179

der für wenigstens leichtfertige Verursachung des Todes lebenslange Freiheitsstrafe oder Freiheitsstrafe nicht unter zehn Jahren androht.

Tätige Reue kann nach § 316 a II zur Milderung der Strafe (§ 49 II) oder zum Absehen von Strafe führen. Voraussetzung hierfür ist es, daß der Täter freiwillig sein Vorhaben aufgibt und den Erfolg abwendet. Unterbleibt der Erfolg ohne Zutun des Täters, so genügt sein ernsthaftes Bemühen, den Erfolg abzuwenden. Nach h. M. ist hierfür nicht der Erfolg der beabsichtigten Tat (§§ 249, 255 oder 252), sondern bereits der Angriffserfolg, also die tatsächliche Einwirkung auf Leib, Leben oder Entschlußfreiheit maßgeblich (BGHSt 10, 320 [322 f.]; *Lackner/Kühl*, § 316 a Rn. 7; *Tröndle*, § 316 a Rn. 6; a. A. Schönke/Schröder-*Cramer*, § 316 a Rn. 11: Durchführung der geplanten Tat). 16

Das Sechste Gesetz zur Reform des Strafrechts streicht § 316 a II der bislang geltenden Fassung ersatzlos.

Durch die Neuformulierung des § 316 a I (vgl. *Rn. 3 a. E.*) wird die Gleichstellung von Versuch und Vollendung aufgegeben. Für den Versuch gelten damit die allgemeinen Regeln, so daß die Vorschrift des § 24 unmittelbar Anwendung findet. Die überkommene Rücktrittsregelung des § 316 a II ist mithin überflüssig (vgl. *Rn. 18*).

C. Täterschaft und Teilnahme, Versuch sowie Konkurrenzen

In bezug auf Täterschaft und Teilnahme bestehen keine Besonderheiten, so daß die §§ 25 ff. anwendbar sind. Freilich ist zu beachten, daß Täter nur derjenige sein kann, der selbst die geforderte doppelte Absicht (vgl. *Rn. 14*), nämlich die Absicht zur Begehung eines Raubs (§ 249), einer räuberischen Erpressung (§ 255) oder eines räuberischen Diebstahls (§ 252) sowie die von diesen Delikten selbst geforderte Zueignungs-, Bereicherungs- oder Besitzerhaltungsabsicht aufweist. 17

Ein Versuch des § 316 a ist begrifflich nicht möglich, da der Tatbestand als Unternehmensdelikt ausgestaltet ist (vgl. *Rn. 3*). Vollendung tritt daher bereits dann ein, wenn der Täter unmittelbar zur Tatbestandsverwirklichung ansetzt. 18

Erfolgt der Angriff von außerhalb des Fahrzeugs, bestimmt sich der Versuchsbeginn – und damit die Tatvollendung – unproblematisch nach den allgemeinen Regeln (SK-*Horn*, § 316 a Rn. 7). Nimmt der Täter mit Angriffsvorsatz und räuberischer Absicht im Fahrzeug Platz, geriert sich aber als harmloser Fahrgast, liegt nach der Rechtsprechung auch bereits im Einsteigen das unmittelbare Ansetzen (BGHSt 18, 170 [171 f.] – „*Prostituiertenfall*"; BGHSt 33, 378 [381 f.] – „*Schrebergartenfall*"). 19

Beispiel: A faßt den Plan, an einem ortsbekannten Homosexuellentreffpunkt einen „Schwulen" mit Geld und eigenem Wagen zu suchen, um ihn später zu berauben. Mit der Täuschung, sich gemeinsam sexuell betätigen und zu diesem Zweck zu einem einsamen Schrebergarten fahren zu wollen, bringt A den B dazu, mit ihm eine Fahrt im Auto des B anzutreten (BGHSt 33,

378 ff. – „*Schrebergartenfall*"). Unmittelbares Ansetzen zur Tatbestandsverwirklichung und damit Unternehmen eines Angriffs liegen vor.

20 Ein unmittelbares Ansetzen liegt jedoch auch in entsprechenden Situationen erst dann vor, wenn der verbrecherische Wille des Täters durch weitere Handlungen nach außen erkennbar hervortritt. Maßgeblich sind mithin auch hier die allgemeinen Regeln (*Krey*, BT-2, Rn. 226; *Geppert*, Jura 1995, 310 [313]). Anderenfalls wird allein die Absicht des Täters bestraft, was auf ein unzulässiges Gesinnungsstrafrecht hinausläuft (*Geppert*, Jura 1995, 310 [313]).

Beispiel: A ist im Beispiel *Rn. 19* am Fahrziel angekommen und holt zu einem Faustschlag gegen den Kopf des B aus.

21 Zwischen räuberischem Angriff auf Kraftfahrer (§ 316 a) und Mord (§ 211), Totschlag (§ 212) oder gefährlichem Eingriff in den Straßenverkehr (§ 315 b) kommt Tateinheit in Betracht (§ 52; *Tröndle*, § 316 a Rn. 7), ebenfalls mit vollendetem Raub (§ 249), schwerem Raub (§ 250), räuberischem Diebstahl (§ 252) oder vollendeter räuberischer Erpressung (§ 255; BGHSt 14, 387 [391]; BGHSt 25, 224 [229]). Kommt es lediglich zum Versuch der §§ 249, 252 oder 255, wird dieser von § 316 a konsumiert (BGHSt 25, 373 f.), sofern er nicht nach den §§ 250, 251 qualifiziert ist (BGH, MDR/H 1977, 808).

Kontrollfragen und Aufbau

I. Kontrollfragen

1. Wann liegt ein Ausnutzen der besonderen Verhältnisse des Straßenverkehrs vor?
   (*Rn. 9 ff.*)

2. Welche Kriterien charakterisieren eine dem Straßenverkehr typische Gefahrenlage?
   (*Rn. 10 ff.*)

3. Welchen zeitlichen Bezug müssen Angriffsvorsatz und räuberische Absicht des Täters aufweisen?
   (*Rn. 12*)

4. Nach welchen Regeln beurteilt sich ein unmittelbares Ansetzen zur Tat, wenn der Täter mit Angriffsvorsatz und in räuberischer Absicht ein Kraftfahrzeug besteigt, sich hierbei aber als harmloser Fahrgast geriert?
   (*Rn. 19*)

II. Aufbauschema

1. Tatbestand
   a) Objektiver Tatbestand
      (1) Unternehmen eines Angriffs auf Führer eines Kraftfahrzeugs oder Mitfahrer
      (2) Ausnutzung der besonderen Verhältnisse des Straßenverkehrs
   b) Subjektiver Tatbestand
      (1) Vorsatz
      (2) Absicht zur Begehung eines Raubs (§§ 249, 250), eines räuberischen Diebstahls (§ 252) oder einer räuberischen Erpressung (§ 255)
2. Rechtswidrigkeit
3. Schuld
4. Tätige Reue (§ 316 a II)

7. Teil. Untreue und Mißbrauch von Scheck- und Kreditkarten

Neben dem Betrug (vgl. § *11*) stellt die Untreue (§ 266) innerhalb des 22. Abschnitts die wichtigste Strafnorm dar.

Darüber hinaus ist der am 1. August 1986 in Kraft getretene Tatbestand des Mißbrauchs von Scheck- und Kreditkarten (§ 266 b I) von Bedeutung.

§ 16. Untreue (§ 266)

Leitentscheidungen: BGHSt 13, 315 – *„Eisenbahnerfall"*; BGHSt 41, 224 – *„Mietkautionsfall"*
Aufsätze: *Güntge*, Untreueverhalten durch Unterlassen, wistra 1996, 84; *Wittig/Reinhart*, Untreue beim verlängerten Eigentumsvorbehalt, NStZ 1996, 467

A. Grundlagen

Zum Verständnis der Untreue ist es wichtig zu erkennen, daß § 266 I zwischen dem Mißbrauchs- (1. Alt.) und dem Treubruchstatbestand (2. Alt.) unterscheidet. Beide haben zwar einiges gemein (vgl. *Rn. 2 ff.*), differieren aber besonders bei der Tathandlung. Diese ist beim Mißbrauchstatbestand präziser ausgestaltet. Deshalb sollte die Prüfung des § 266 I mit dessen 1. Alternative begonnen werden (*Tröndle*, § 266 Rn. 1 b; *Maurach/Schroeder/Maiwald*, BT-1, § 45 Rn. 11 und 27), und zwar unabhängig davon, daß der Mißbrauchstatbestand nach überwiegender Ansicht gegenüber dem Treubruchstatbestand ohnehin spezieller ist (*Krey*, BT-2, Rn. 542; *Sonnen*, JA 1995, 627; a. A. Schönke/Schröder-*Lenckner*, § 266 Rn. 2). Diesem kommt ggf. im Anschluß eine Auffangfunktion zu (BGH, NJW 1983, 461), um so das Rechtsgut der Untreue, das Vermögen in seiner Gesamtheit, möglichst effektiv zu schützen (BGH, wistra 1994, 95 [96]; *Lackner/Kühl*, § 266 Rn. 1).

1

B. Tatbestände

Grundstruktur der zwei Untreuetatbestände:

Tatbestand			
Objektiver Tatbestand			Subjektiver Tatbestand
Pflichtenstellung (Rn. 3 ff., 13 ff., 24 ff.)	Tathandlung (Rn. 18 ff., 31 ff.)	Taterfolg (Rn. 10 f.)	Vorsatz (Rn. 34)

I. Gemeinsame Voraussetzungen beider Untreuetatbestände

2   Der objektive Tatbestand des § 266 I verlangt in seinem Schlußteil sowohl für den Mißbrauchs- als auch für den Treubruchstatbestand das Bestehen einer sog. Vermögensbetreuungspflicht, die mit dem Handeln des Täters in einem inneren Zusammenhang stehen muß (BGH, NJW 1992, 250 [251]; BGH, NStZ 1994, 35 [36]), sowie das Zufügen eines Nachteils.

1. Vermögensbetreuungspflicht

3   a) Daß die Vermögensbetreuungspflicht nicht nur beim Treubruchs-, sondern auch beim Mißbrauchstatbestand vorliegen muß, ist mittlerweile weitgehend anerkannt (ablehnend *Otto*, BT, S. 255). Denn zwar ist § 266 I 1. Alt. enger als der Treubruchstatbestand, aber immer noch so weit gefaßt, daß es einer effektiven Begrenzung seines Anwendungsbereichs ebenfalls bedarf (BGHSt 24, 386 [387]; OLG Köln, NJW 1988, 3219 [3220]). Die an Umfang und Qualität der Pflicht zu stellenden Anforderungen sind nach überwiegender Auffassung bei beiden Tatbeständen gleich (*Lackner/Kühl*, § 266 Rn. 4; *Tröndle*, § 266 Rn. 14; *Krey*, BT-2, Rn. 542; relativierend *Wessels*, BT-2, Rn. 702; kritisch Schönke/Schröder-*Lenckner*, § 266 Rn. 2).

4   b) Die Voraussetzungen, an die die Annahme einer Vermögensbetreuungspflicht geknüpft wird, sind hoch. Auf diese Weise wird eine wirksame Beschränkung des § 266 I erreicht.

> **Merke:** Bei der Pflicht, fremde Vermögensinteressen wahrzunehmen bzw. zu betreuen, muß es sich gerade um eine Hauptpflicht des Täters handeln, die zudem von einiger Bedeutung sein muß.

5   **(1)** Die auf die Wahrnehmung fremder Vermögensinteressen gerichtete Fürsorgepflicht muß wesentlich und nicht nur beiläufig, sie muß m. a. W. – meist vertragliche – Hauptpflicht des Täters sein (BGH, NStZ 1991, 489; OLG Köln, NJW 1988, 3219 [3220]; *Tröndle*, § 266 Rn. 14).
Beispiel: A verwaltet einen Fahrkartenschalter der Deutschen Bahn AG alleinverantwortlich. Er hat das durch den Verkauf der Tickets eingenommene Geld zu verwahren und erst nach dem Ende der Arbeitszeit an der Sammelkasse abzuliefern (BGHSt 13, 315 [317] – *„Eisenbahnerfall"*).

§ 16. Untreue

Dagegen genügt es nicht, wenn jemand lediglich der Verpflichtung, einen Vertrag zu erfüllen, nicht nachkommt, sofern dieser nicht fremdnützig, sondern dadurch charakterisiert ist, daß gegenläufige Interessen aufeinandertreffen und beide Teile die Beziehung zum anderen primär um des eigenen Vorteils willen eingehen (BGH, GA 1977, 18 [19]; BGH, NStZ 1989, 72 [73]). Die bloße Nichterfüllung einfacher schuldrechtlicher Verpflichtungen liegt unterhalb des Unrechtsminimums der Untreue.

Beispiele: Wer ein Darlehen trotz Fälligkeit nicht zurückzahlt, begeht einen zivilrechtlichen Vertragsbruch, ist aber in der Regel nicht wegen Untreue strafbar (BGH, GA 1977, 18 [19]; BGH, NStZ 1986, 361 [362]). Gleiches gilt für den, der der Pflicht zur Abführung von Provisionen an den Geschäftsherrn (BGH, NStZ 1995, 233 [234]) oder zur Zahlung des Kaufpreises nicht nachkommt (BGHSt 22, 190 [191]), und zwar im zweiten Fall selbst bei Vereinbarung eines verlängerten Eigentumsvorbehalts (*Wittig/Reinhart*, NStZ 1996, 467 [471]). Ebensowenig hat der Kunde eines Giro- oder Scheck- und Kreditkartenvertrags die Vermögensinteressen der Bank wahrzunehmen; vielmehr verhält es sich umgekehrt (BGHSt 24, 386 [387 f.]; BGHSt 33, 244 [250 f.]).

Derartige nicht hinreichende und daher durch § 266 nicht geschützte Verpflichtungen können ausnahmsweise auch im Rahmen einer umfassenden rechtlichen Beziehung, die sich erst insgesamt als Treueverhältnis i. S. der Vorschrift darstellt, bestehen (BGH, NStZ 1988, 217 [218]; BGH, NStZ 1995, 233 [234]).

Beispiel: Vertritt ein Rechtsanwalt einen Mandanten bei einer Erbauseinandersetzung und legt er auftragsgemäß das daraus erlangte Geld gewinnbringend an, so liegt insoweit zwar ein Treueverhältnis i. S. des § 266 vor. Ob die Verpflichtung zur Auskehrung des Geldes an den Mandanten nach Vertragsende aber ebenfalls erfaßt wird, hängt von den konkret getroffenen Vereinbarungen ab (BGH, NStZ 1986, 361 [362]).

(2) Die Vermögensbetreuungspflicht darf nicht nur untergeordnet sein, sondern muß eine gewisse Relevanz haben. Diese ist regelmäßig anzunehmen, wenn der Täter innerhalb eines nicht unbedeutenden Aufgabenbereichs selbständig handelt und einen Ermessens- bzw. Bewegungsspielraum eingeräumt bekommen hat (BGH, NStZ 1983, 455; BGH, NJW 1992, 250 [251]). Ausschlaggebend ist, ob der Verpflichtete genau so vorgehen muß, wie es ihm aufgetragen ist, oder ob er auch anders handeln darf (BGH, NStZ 1982, 201).

Die erforderliche Erheblichkeit fehlt demnach etwa bei rein mechanischen Tätigkeiten und bloßen „Diensten der Handreichung", wie sie üblicherweise von Boten, Kellnern und Lieferanten, denen das Abholen und Ausliefern von Ware im einzelnen vorgegeben ist, erbracht werden (BGHSt 41, 224 [229] – „*Mietkautionsfall*"; BGH, NStZ 1982, 201; *Krey*, BT-2, Rn. 554, 566). Sie ist dagegen zu bejahen für einen an besondere Weisungen oder Beschränkungen nicht gebundenen Rechtsanwalt, der von einem Mandanten mit der Durchsetzung einer Forderung betraut worden ist (BGH, NJW 1983, 461).

> **Beachte:** Der Grad von Selbständigkeit, Bewegungsfreiheit und Verantwortlichkeit des Verpflichteten sowie Dauer, Umfang und Art seiner Tätigkeit sind wesentliche, aber nicht ausschließliche Kriterien für die Beantwortung der Frage, ob eine hinreichend erhebliche Vermögensbetreuungspflicht gegeben ist (BGHSt 13, 315 [317] – „*Eisenbahnerfall*").

2. Nachteilszufügung

10 Durch die Untreuehandlung (vgl. *Rn. 18 ff., 31 ff.*) muß der Täter nach dem Gesetzeswortlaut gerade dem, dessen Vermögensinteressen er zu betreuen hat, einen Nachteil zufügen, und zwar unmittelbar (*Haft*, NJW 1996, 238). Der Begriff des Nachteils deckt sich nach h. M. im wesentlichen mit dem des Vermögensschadens aus § 263 (HansOLG Bremen, NStZ 1989, 228; OLG Karlsruhe, NStZ 1990, 82 [84]; *Lackner/Kühl*, § 266 Rn. 17; Schönke/Schröder-*Lenckner*, § 266 Rn. 39; ebenso BGH, Urteil vom 4. November 1997 – 1 StR 273/97 –, zur Veröffentlichung in BGHSt bestimmt, speziell zur sog. Haushaltsuntreue), so daß auf die dortigen Ausführungen – insbesondere zur Schadensberechnung – verwiesen wird (vgl. *§ 11 Rn. 117 ff., 122 ff.*).

11 Allerdings kann darüber hinaus ein Nachteil i. S. des § 266 unter Umständen auch dann bejaht werden, wenn der Täter pflichtwidrig eine nicht nur vage, sondern aussichtsreiche Chance zur Mehrung des betreuten Vermögens ungenutzt hat verstreichen lassen (BGHSt 20, 143 [145 f.]; SK-*Samson/Günther*, § 266 Rn. 44; *Otto*, BT, S. 259; differenzierend Schönke/Schröder-*Lenckner*, § 266 Rn. 46).

II. Mißbrauchstatbestand (§ 266 I 1. Alt.)

12 Die 1. Alternative des § 266 I sieht als Tathandlung vor, daß der Täter eine ihm eingeräumte Befugnis, über fremdes Vermögen zu verfügen oder einen anderen zu verpflichten, mißbraucht.

1. Verfügungs- oder Verpflichtungsbefugnis

13 a) Eine Verfügungs- oder Verpflichtungsbefugnis erhält der Täter, wenn er in den Stand gesetzt wird, Vermögensrechte eines anderen wirksam zu ändern, zu übertragen oder aufzuheben oder diesen mit Verbindlichkeiten zu belasten (Schönke/Schröder-*Lenckner*, § 266 Rn. 4).

14 b) Diese Befugnis muß gemäß § 266 I durch Gesetz, behördlichen Auftrag oder Rechtsgeschäft eingeräumt worden sein.

15 (1) Eine derartige gesetzliche bzw. behördlich veranlaßte Befugnis besteht beispielsweise für Eltern (§ 1626 I 2 BGB), Testamentsvollstrecker (§ 2205 BGB), Konkursverwalter (§ 6 II KO), Betreuer (§ 1902 BGB; früher: Gebrechlichkeitspfleger, dazu OLG Bremen, NStZ 1989, 228) sowie Richter bzw. Rechtspfleger in Nachlaßsachen

(§ 1960 BGB; BGHSt 35, 224 [226 ff.]; zum Geschäftsführer einer GmbH vgl. LG Bonn, NJW 1981, 469; weitere Beispiele bei *Tröndle*, § 266 Rn. 3).

(2) Rechtsgeschäftlich kann der Täter die Befugnis vor allem durch Erteilung einer Vollmacht (§ 167 BGB; vgl. zum Begriff § 166 II BGB) erhalten. Die Möglichkeiten der Ausgestaltung der insoweit zugrundeliegenden Innenbeziehung sind vielfältig. **16**

Beispiele: Entgeltlicher Geschäftsbesorgungsvertrag (§ 675 BGB; BGH, wistra 1991, 218) und Angestelltenverhältnis (BGH, NStZ 1984, 549; ferner LK-*Hübner*, § 266 Rn. 69; demnächst LK-*Schünemann*, § 266 Rn. 49).

c) Die Verfügungs- bzw. Verpflichtungsmacht muß dem Täter rechtswirksam durch den Inhaber des zu betreuenden Vermögens übertragen worden sein (BGH, wistra 1988, 191; *Tröndle*, § 266 Rn. 5; *Otto*, BT, S. 255 f.). Sie muß zum Zeitpunkt der Handlung auch noch bestehen, so daß namentlich die Ausnutzung des guten Glaubens Dritter, der aus einer einmal vorhandenen, aber inzwischen erloschenen Befugnis erwächst, nicht genügt (*Krey*, BT-2, Rn. 547 f.). An dieser Einschätzung ändert sich nach h. M. auch dann nichts, wenn der Täter eine Vollmachtsurkunde verwendet, die er an sich bereits hätte zurückgeben müssen (LK-*Hübner*, § 266 Rn. 47; a. A. OLG Stuttgart, NStZ 1985, 365 [366]). Besteht die Befugnis nicht oder nicht mehr, kommt daher nur ein tatsächliches Treueverhältnis i. S. der 2. Alternative des § 266 in Betracht (BGH, NStZ 1997, 124 [125]; *Maurach/Schroeder/Maiwald*, BT-1, § 45 Rn. 15). **17**

2. Befugnismißbrauch

a) Ein Mißbrauch der Verfügungs- bzw. Verpflichtungsbefugnis kann – der Struktur des § 266 I 1. Alt. entsprechend – ausschließlich durch ein rechtsgeschäftliches oder hoheitliches Verhalten begangen werden (*Wessels*, BT-2, Rn. 703). Ein rein tatsächliches Einwirken auf das betreute Vermögen ist daher nicht ausreichend, sondern kann allenfalls den Treubruchstatbestand erfüllen (BGHSt 13, 315 [316 f.] – „*Eisenbahnerfall*"; *Lackner/Kühl*, § 266 Rn. 6). **18**

Beispiel: Ein Gerichtsvollzieher hat zwar grundsätzlich gegenüber dem Vollstreckungsschuldner, dem Gläubiger und dem Staat als seinem Dienstherrn Vermögensbetreuungspflichten, handelt aber außerhalb jeder Befugnis i. S. des Mißbrauchstatbestands, wenn er der Amtskasse eigenmächtig Geld für private Zwecke entnimmt (OLG Celle, MDR 1990, 846).

b) Der Täter muß also ein im Außenverhältnis wirksames und für den Inhaber des betreuten Vermögens nachteiliges (vgl. *Rn. 10 f.*) Geschäft tätigen. Mißbräuchlich verhält er sich dadurch aber nur dann, wenn ihm der Befugnisgeber insoweit durch Vorgaben im Innenverhältnis besondere Schranken gezogen hat und er diese mit dem abgeschlossenen Geschäft überschreitet (OLG Köln, NJW 1988, 3219 [3220]; Schönke/Schröder-*Lenckner*, § 266 Rn. 17; *Otto*, BT, S. 256). Fehlen derartige Beschränkungen, kann der Mißbrauchstatbestand nicht vorliegen, weil das rechtliche Können nach außen nicht weiter reicht als das interne Dürfen (BGH, wistra 1988, 191). Daß diese beiden Kategorien nicht deckungsgleich sein dürfen, ist das – ausgesprochen examensrelevante – Charakteristikum der ersten Tatbestandsalternative des § 266 I. **19**

Notwendiges Verhältnis zwischen Innen- und Außenverhältnis:

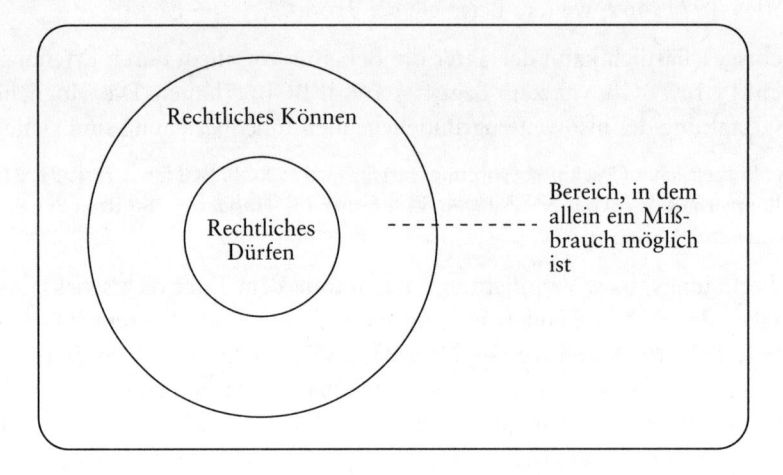

```
    Rechtliches Können
         ┌─────────┐
         │Rechtliches│ ---------- Bereich, in dem
         │  Dürfen  │             allein ein Miß-
         └─────────┘             brauch möglich
                                  ist
```

> **Merke:** Mißbrauch ist jede im Außenverhältnis zwar wirksame, gegenüber dem Befugnisgeber aber bestimmungswidrige Ausübung der eingeräumten Verfügungs- oder Verpflichtungsmacht (OLG Celle, NJW 1994, 142 [143]). Der Täter muß m. a. W. im Rahmen seines rechtlichen Könnens das rechtliche Dürfen überschreiten (*Lackner/Kühl*, § 266 Rn. 6).

20 Das anschaulichste Beispiel gibt die Prokura. Deren ausgesprochen weiter Umfang läßt sich gemäß § 50 I HGB im Verhältnis zu Dritten nicht wirksam beschränken. Schließt der Prokurist ein ihm vom Unternehmer untersagtes Geschäft ab, so ist dies demzufolge rechtlich wirksam. Die ihm eingeräumte Befugnis, den Unternehmer rechtlich zu binden, hat der Prokurist wegen des internen Verbots aber gerade mißbraucht (*Maurach/Schroeder/Maiwald*, BT-1, § 45 Rn. 20; weitere Konstellationen bei Schönke/Schröder-*Lenckner*, § 266 Rn. 18).

21 c) (1) Aus dem Gesagten folgt, daß bereits der Mißbrauchstatbestand nicht erfüllt ist, wenn der Befugnisgeber mit einem Geschäft des Täters einverstanden ist, da dieser dann das rechtliche Dürfen nicht überschreitet (Schönke/Schröder-*Lenckner*, § 266 Rn. 21: tatbestandsausschließendes Einverständnis; abweichend *Wessels*, BT-2, Rn. 708 ff.). Anders kann es nur sein, wenn das Einverständnis selbst gesetzwidrig ist (BGHSt 34, 379 [384 f.]).

22 (2) Dementsprechend handelt es sich in der Regel nicht um einen Mißbrauch, wenn der Täter wirtschaftlich riskante Geschäfte (dazu *Hillenkamp*, NStZ 1981, 161 [162 f.]: z. B. Spekulationsgeschäfte) tätigt, solange und soweit dem Befugnisgeber das Risiko bewußt ist und er es in rechtlich zulässiger Weise billigt (*Lackner/Kühl*, § 266 Rn. 7; SK-*Samson/Günther*, § 266 Rn. 21; *Tröndle*, § 266 Rn. 25).

§ 16. Untreue

III. Treubruchstatbestand (§ 266 I 2. Alt.)

Die 2. Alternative des § 266 verlangt lediglich die Verletzung der Vermögensbetreuungspflicht (vgl. *Rn. 3 ff.*). Die Tathandlung ist damit gegenüber dem Mißbrauchstatbestand deutlich weiter gefaßt. Denn während es dort eines rechtswirksamen Vorgehens des Täters bedarf (vgl. *Rn. 18*), genügt hier auch eine rein tatsächlich verursachte Nachteilszufügung. 23

1. Zugrundeliegendes Treueverhältnis

Die Vermögensbetreuungspflicht muß sich aus einem Treueverhältnis qualifizierter Art ergeben. 24

a) Anders als bei § 266 I 1. Alt, bei dem – schon wegen der Ausgestaltung der Tathandlung – stets rechtliche Beziehungen zwischen Täter und Befugnisgeber erforderlich sind, kann bei der 2. Alternative des § 266 I auch ein nur **faktisches Treueverhältnis** zugrunde liegen (*Lackner/Kühl*, § 266 Rn. 10; *Wessels*, BT-2, Rn. 721). 25

Ob ein solches Verhältnis gegeben ist, ist aufgrund einer Gesamtwürdigung aller Umstände zu prüfen (BGH, NStZ 1997, 124 [125]). Es kann insbesondere bejaht werden, wenn ein ursprünglich bestehendes Rechtsverhältnis zwar beendet ist, aber gewisse Treuepflichten noch nachwirken (*Krey*, BT-2, Rn. 549; vgl. *Rn. 17*). Ebenso kann es sein bei einem – etwa infolge von Geschäftsunfähigkeit oder Formunwirksamkeit – zivilrechtlich nichtigen Geschäft (*Tröndle*, § 266 Rn. 9; *Otto*, BT, S. 258). Gleiches gilt nach h. M. auch dann, wenn sich die Nichtigkeit des Geschäfts aus dessen Sittenwidrigkeit ergibt (BGHSt 8, 254 [256 ff.]; ausführlich LK-*Hübner*, § 266 Rn. 79; demnächst LK-*Schünemann*, § 266 Rn. 65; differenzierend *Lackner/Kühl*, § 266 Rn. 10; a. A. Schönke/Schröder-*Lenckner*, § 266 Rn. 31). 26

Beispiele: Ein Täter verwendet Geld für sich, das er von einem Dritten erhalten hat, um für diesen damit Falschgeld zu kaufen. – Ein Hehler veräußert Diebesgut absprachewidrig nicht für den Vortäter, sondern zum eigenen Vorteil (*Tröndle*, § 266 Rn. 9).

Nicht ausreichend sind dagegen beispielsweise persönlich-moralische „Verpflichtungen", die sich üblicherweise aus Verwandtschaft, Freundschaft oder ähnlichen Beziehungen ergeben (Schönke/Schröder-*Lenckner*, § 266 Rn. 30). 27

b) Das Treueverhältnis kann allerdings auch beim Treubruchstatbestand auf Gesetz bzw. behördlichem Auftrag oder auf einem Rechtsgeschäft beruhen. 28

(1) In die erste Gruppe fallen etwa Notare als unabhängige Träger eines öffentlichen Amts bei der Beurkundung von Grundstückskaufverträgen (BGH, NStZ 1990, 437 [438]), Konkursverwalter hinsichtlich der Konkursmasse (BGH, wistra 1988, 191 [192]), Schuldirektoren als Verwaltungsleiter (BGH, NStZ 1986, 455) sowie Mitglieder von Fraktionen (*Schwarz*, NdsVBl. 1996, 155 [158 f.]). Das Treueverhältnis von Verwaltern in bezug auf gemeinschaftliche Gelder von Wohnungseigentümern ergibt sich aus § 27 I Nr. 4 und IV 1 WEG, das von Wohnungsvermietern für Mieterkautionen aus § 550 b II 1 BGB (BGHSt 41, 224 [226 ff.] – „*Mietkautionsfall*"). 29

30 **(2)** Hat ein Verwalter die Pflichten des Vermieters aus § 550 b II 1 BGB vertraglich übernommen, so folgt seine Treuepflicht hinsichtlich der Kautionen nicht direkt aus der genannten Vorschrift, sondern aus dem mit dem Vermieter abgeschlossenen Rechtsgeschäft (BGHSt 41, 224 [229 f.] – *„Mietkautionsfall"*; weitere Beispiele bei *Tröndle*, § 266 Rn. 11). Im Unterschied dazu reicht allein das Vorhandensein eines Kontokorrentkontos zur Annahme eines Treueverhältnisses des Kunden gegenüber der Bank nicht aus (BGH, NStZ 1984, 118 [119]).

2. Verletzung der Vermögensbetreuungspflicht

31 **a)** Eine Verletzung der aus dem Treueverhältnis erwachsenen Vermögensbetreuungspflicht kann speziell in der Nutzung finanzieller Mittel des Treugebers durch den Täter liegen.

Beispiele: Verwendung der Konkursmasse durch den Konkursverwalter als Sicherheit für eigene Kredite (BGH, wistra 1988, 191 [192]), Abheben von auf einem Anderkonto eingezahltem Fremdgeld durch den Notar zur Erfüllung eigener Verbindlichkeiten (BGH, wistra 1996, 105) sowie zweckwidriger Gebrauch von Fraktionszuschüssen in der Form verdeckter Parteiwerbung (*Schwarz*, NdsVBl. 1996, 155 [159]; zur Liquidation von Unternehmen in den neuen Bundesländern *Reck/Hey*, NStZ 1996, 523 [526 ff.]).

32 In Betracht kommt aber auch uneigennütziges Verhalten, das sich etwa auf die nicht ordnungsgemäße Ausführung einer übertragenen Aufgabe beschränkt (Schönke/Schröder-*Lenckner*, § 266 Rn. 35 a).

Beispiele: Ein Notar kommt seinen Belehrungspflichten bei einem Grundstücksgeschäft nicht nach (BGH, NStZ 1990, 437 [438]).
Wer Geldanlagegeschäfte tätigt, verletzt seine Vermögensbetreuungspflicht, wenn er durch unordentliche Buchführung die bestehenden Ansprüche der Anleger zumindest in erheblicher Weise erschwert (BGH, wistra 1996, 184).

33 **b)** Auch der Tatbestand des § 266 I 2. Alt. liegt bereits nicht vor, wenn der Inhaber des zu betreuenden Vermögens mit dem Vorgehen des Täters einverstanden ist, weil es dann an einer Pflichtverletzung fehlt (*Lackner/Kühl*, § 266 Rn. 20; Schönke/Schröder-*Lenckner*, § 266 Rn. 38; vgl. *Rn. 21*).

Hauptprobleme der objektiven Tatbestände:

Mißbrauchstatbestand (§ 266 I 1. Alt.)	Treubruchstatbestand (§ 266 I 2. Alt.)
Befugnismißbrauch	**Pflichtverletzung**
❑ Verfügungs- oder Verpflichtungsbefugnis rechtlichen Ursprungs (*Rn. 18*) ❑ Mißbrauch nur durch rechtswirksames Handeln (*Rn. 18*) ❑ Mißbrauch nur bei Überschreiten der Innenkompetenz (*Rn. 19*)	❑ Rechtliches oder faktisches Treueverhältnis qualifizierter Art (*Rn. 24*) ❑ Verletzung auch durch rein tatsächliches Handeln (*Rn. 23*)
Vermögensbetreuungspflicht	
❑ Nichtpflichtiger kann nicht Täter sein (*Rn. 36*) ❑ Muß Hauptpflicht und von nicht untergeordneter Bedeutung sein (*Rn. 4*)	
Nachteilszufügung	
❑ Deckt sich weitgehend mit dem Vermögensschaden bei § 263 (*Rn. 10*)	

IV. Subjektiver Tatbestand

Beide Tatbestände müssen mit zumindest bedingtem Vorsatz verwirklicht werden. Dieser muß sich insbesondere auf die Pflichtwidrigkeit und den Vermögensnachteil erstrecken (BGH, NStZ 1990, 437; zu speziellen Problemen im Zusammenhang mit der Veräußerung von Treuhandunternehmen *Reck*, wistra 1996, 127 [130]). Insoweit sind strenge Anforderungen besonders dann zu stellen, wenn der Täter nicht eigensüchtig handelt (BGH, NStZ 1997, 543). Bereicherungsvorsatz oder gar -absicht sind dagegen nicht erforderlich (Schönke/Schröder-*Lenckner*, § 266 Rn. 49).

34

V. Besonders schwerer Fall (§ 266 II)

Für besonders schwere Fälle sieht § 266 II einen deutlich erhöhten Strafrahmen vor. Dieser kommt z. B. bei Verursachung eines außerordentlich hohen Vermögensnachteils in Betracht (BGH, NStZ 1983, 455), ist jedoch nicht anwendbar, wenn der Schaden geringwertig ist (§ 266 III i. V. m. § 243 II; vgl. *§ 1 Rn. 181 ff.*).

Das Sechste Gesetz zur Reform des Strafrechts hat den Absatz 2 neugefaßt. Dieser erklärt nun – neben den §§ 243 II, 247 und 248 a aus dem bisherigen Absatz 3 – auch die Regelbeispiele des neuen § 263 III (vgl. *§ 11 Rn. 166 a. E.*) auf die Untreue für entsprechend anwendbar.

35

C. Täterschaft und Teilnahme, Begehung durch Unterlassen, Versuch, Konkurrenzen sowie Verfolgbarkeit

36 Für Täterschaft und Teilnahme finden grundsätzlich die §§ 25 ff. Anwendung. Es besteht jedoch eine examensrelevante Besonderheit.

> **Merke:** Täter der Untreue kann nur sein, wen die Pflicht zur Betreuung fremden Vermögens selbst trifft. Ein Außenstehender, der sich nach den allgemeinen Vorschriften an sich täterschaftlich verhält, kann dagegen nur als Teilnehmer bestraft werden (*Tröndle*, § 266 Rn. 15).

37 Demnach handelt es sich bei der Pflichtenstellung des § 266 I um ein – strafbegründendes – besonderes persönliches Merkmal. Für einen nichtpflichtigen Tatbeteiligten ist somit die Strafe gemäß § 28 I zu mildern (*Lackner/Kühl*, § 266 Rn. 2; *Otto*, BT, S. 254; a. A. Schönke/Schröder-*Lenckner*, § 266 Rn. 52; vertiefend *Maurach/Schroeder/Maiwald*, BT-1, § 45 Rn. 21; *Roxin*, TuT, S. 352 ff.). Eine zusätzliche Milderung nach § 27 II kommt allerdings nicht in Betracht, wenn ein Beteiligter allein deshalb nur Gehilfe ist, weil ihm die Pflichtenstellung fehlt (BGHSt 26, 53; *Tröndle*, § 266 Rn. 15).

38 Es ist nach h. M. möglich, sich durch ein Unterlassen mißbräuchlich bzw. pflichtwidrig zu verhalten (BGHSt 36, 227 [228]; *Tröndle*, § 266 Rn. 7). Die vom Gesetzgeber zur Beschreibung der Tathandlungen gewählten Begriffe lassen dies – ohne Rückgriff auf § 13 I – zu. Gleichwohl ist die Milderungsmöglichkeit des § 13 II analog anzuwenden (BGHSt 36, 227 [228 f.]; praxisnah *Maurach/Schroeder/Maiwald*, BT-1, § 45 Rn. 22; a. A. *Güntge*, wistra 1996, 84 [89]).

Beispiel: Der Täter läßt eine Forderung des Treugebers bewußt verjähren (*Lackner/Kühl*, § 266 Rn. 6).

39 Der Versuch der Untreue ist nicht strafbar, auch nicht bei Vorliegen eines besonders schweren Falls (§§ 12 III, 23 I).

40 Untreue kann vor allem mit den Eigentums- und (sonstigen) Vermögensdelikten in Tateinheit stehen, z. B. mit Diebstahl (§ 242; LK-*Hübner*, § 266 Rn. 107; demnächst LK-*Schünemann*, § 266 Rn. 167; Schönke/Schröder-*Lenckner*, § 266 Rn. 55) und mit Betrug (§ 263), sofern der Unrechtsgehalt der Täuschung durch die Verletzung der bestehenden Treuepflicht erhöht wird (BGH, wistra 1991, 218 [219]; näher LK-*Hübner*, § 266 Rn. 107; demnächst LK-*Schünemann*, § 266 Rn. 167). Auch mit Urkundenfälschung (§ 267) kommt Tateinheit in Frage (*Lackner/Kühl*, § 266 Rn. 23; *Tröndle*, § 266 Rn. 29; zum Verhältnis zu § 246 vgl. *§ 3 Rn. 32*).

41 § 266 III erklärt die §§ 247 und 248 a für entsprechend anwendbar (BGH, NJW 1992, 250 [251]; vgl. *§ 1 Rn. 191* und *§ 21 Rn. 11, 16*).

Kontrollfragen und Aufbau

I. Kontrollfragen

1. Welche Tatbestände enthält § 266 I und wie unterscheiden sich diese?
   (*Rn. 1*)
2. Welche Kriterien werden bei der Prüfung der Vermögensbetreuungspflicht vor allem verwandt?
   (*Rn. 4 f.*)
3. Was ist für die Mißbrauchshandlung charakteristisch?
   (*Rn. 19*)
4. Woraus kann sich das qualifizierte Treueverhältnis bei § 266 I 2. Alt. ergeben?
   (*Rn. 25 ff.*)
5. Ist Untreue ein sog. Jedermannsdelikt?
   (*Rn. 36*)

II. Aufbauschema

1. Tatbestände
   a) Objektiver Tatbestand
      (1) Pflicht, fremde Vermögensinteressen zu betreuen
      (2) Durch Gesetz, behördlichen Auftrag oder Rechtsgeschäft eingeräumte Befugnis, über fremdes Vermögen zu verfügen oder einen anderen zu verpflichten, mißbrauchen (§ 266 I 1. Alt.) oder kraft Gesetzes, behördlichen Auftrags, Rechtsgeschäfts oder eines Treueverhältnisses obliegende Pflicht, fremde Vermögensinteressen wahrzunehmen, verletzen (§ 266 I 2. Alt.)
      (3) Dem, dessen Vermögensinteressen zu betreuen sind, Nachteil zufügen
   b) Subjektiver Tatbestand
      Vorsatz
2. Rechtswidrigkeit
3. Schuld
4. Besondere Strafverfolgungsvoraussetzungen (§ 266 III; vgl. *§ 21 Rn. 1 ff.*)

§ 17. Mißbrauch von Scheck- und Kreditkarten (§ 266 b)

Leitentscheidung: BGHSt 38, 281 – *„Kundenkartenfall"*

Aufsätze: *Geppert*, Ein heikles Problem zum neuen § 266 b StGB, Jura 1987, 162; *Weber*, Das Zweite Gesetz zur Bekämpfung der Wirtschaftskriminalität (2. WiKG), NStZ 1986, 481

A. Grundlagen

1   Die Vorschrift hat den heftigen Streit über die strafrechtliche Beurteilung der mißbräuchlichen Verwendung von Scheckkarten beendet (dazu BGHSt 24, 386) und die in bezug auf Kreditkarten nach Ansicht vieler bestehende Strafbarkeitslücke geschlossen (BGHSt 33, 244; BGH, NStZ 1987, 120; *Weber*, NStZ 1986, 481 [483 f.]). § 266 b schützt allein das Rechtsgut Vermögen und gewährleistet die Sicherheit und Funktionsfähigkeit des bargeldlosen Zahlungsverkehrs nur mittelbar (SK-*Samson/Günther*, § 266 b Rn. 1; *Krey*, BT-2, Rn. 550 a; *Maurach/Schroeder/Maiwald*, BT-1, § 45 Rn. 67; a. A. BGH, NStZ 1993, 283; *Tröndle*, § 266 b Rn. 2).

B. Tatbestand

I. Objektiver Tatbestand

2   § 266 b I ist im Aufbau an den Mißbrauchstatbestand der Untreue (§ 266 I 1. Alt.) angelehnt.

1. Scheck- oder Kreditkartenüberlassung

3   Der objektive Tatbestand setzt zunächst voraus, daß dem Täter durch die Überlassung einer Scheck- oder Kreditkarte die Möglichkeit eingeräumt wurde, den Aussteller zu einer Zahlung zu veranlassen.

4   a) Im Unterschied zum Mißbrauchstatbestand (vgl. *§ 16 Rn. 17*) ist es dabei jedoch irrelevant, ob das Rechtsverhältnis zwischen Kartenaussteller und -empfänger zivilrechtlich wirksam ist. Es kommt lediglich auf die einverständliche Überlassung einer der genannten Karten an (Schönke/Schröder-*Lenckner*, § 266 b Rn. 3 und 8; *Geppert*, Jura 1987, 162 [164]; *Weber*, NStZ 1986, 481 [484]).

5   (1) Mit einer **Scheckkarte** – z. B. eurocheque-Karte – garantiert das Kreditinstitut, vom Kunden unter Einhaltung der diesbezüglichen Bedingungen (für ec-Karten abgedruckt WM 1995, 636 ff.) auf in Verbindung mit der Karte ausgegebenen Formularen ausgestellte Schecks bis zu einer bestimmten Summe auf jeden Fall einzulösen

(Schönke/Schröder-*Lenckner*, § 266 b Rn. 4; *Tröndle*, § 266 b Rn. 4; Palandt-*Thomas*, Einf v § 765 Rn. 17).

(2) Beim **Kreditkartensystem** – etwa American Express, VISA, Eurocard – sind drei Beteiligte zu unterscheiden. Der Kartenaussteller verpflichtet sich gegenüber seinen Vertragsunternehmen (Hotels, Autovermieter, etc.), deren Forderungen, die aus Warenlieferungen, erbrachten Dienstleistungen o. ä. gegenüber einem Karteninhaber resultieren, zu erfüllen bzw. zu kaufen (BGH, NJW 1990, 2880 [2881]), sofern die Verbindlichkeit unter Verwendung der Kreditkarte eingegangen wurde. Diese verauslagten Beträge rechnet er dann üblicherweise monatlich mit dem Karteninhaber ab („**Drei-Partner-System**", vgl. *Rn. 9*; Schönke/Schröder-*Lenckner*, § 266 b Rn. 5; *Tröndle*, § 266 b Rn. 5; Palandt-*Thomas*, § 675 Rn. 6).

b) Durch die einverständliche Überlassung der Scheck- bzw. Kreditkarte muß dem Täter die Möglichkeit eingeräumt worden sein, den Aussteller zu einer Zahlung zu veranlassen. Daß es dafür einer wirksamen Rechtsbeziehung zwischen Karteninhaber und -aussteller nicht bedarf (vgl. *Rn. 4*), liegt an der Garantiewirkung der Karten. Bei deren Verwendung durch den Inhaber wird der Aussteller im Verhältnis zu Dritten bzw. Vertragsunternehmen zur Einlösung des Schecks bzw. zur Begleichung oder zum Kauf der Forderungen verpflichtet (Schönke/Schröder-*Lenckner*, § 266 b Rn. 3; *Tröndle*, § 266 b Rn. 3 ff.; *Krey*, BT-2, Rn. 550 d).

(1) Zur Zahlung veranlaßt wird der Kartenaussteller unter Berücksichtigung der geschäftlichen Gepflogenheiten nicht nur dann, wenn er tatsächlich Bargeld auszuzahlen hat, sondern auch bei sonstigen – etwa im Verrechnungswege – von ihm zu erbringenden Geldleistungen (*Tröndle*, § 266 b Rn. 3; *Geppert*, Jura 1987, 162 [164]).

(2) An einer derartigen Leistung fehlt es jedoch, wenn Kreditkarten im sog. Zwei-Partner-System verwendet werden. Da die ausgegebene Karte dabei lediglich als Ausweis über die Eröffnung eines mit einem bestimmten Kreditrahmen ausgestatteten Kontos des Kunden beim Aussteller dient, der es dem Kunden ohne erneute Prüfung seiner Kreditwürdigkeit ermöglicht, in allen Filialen des Ausstellers Leistungen ohne Barzahlung zu erhalten, ist insoweit besser von Kundenkarten zu sprechen. Deren Mißbrauch erfüllt den § 266 b I nach ganz h. M. schon deshalb nicht, weil der Aussteller dadurch zwar zu irgendeiner Leistung an den Karteninhaber, nicht aber zu einer Zahlung an Dritte veranlaßt wird (BGHSt 38, 281 [282 ff.] – „*Kundenkartenfall*"; Lackner/Kühl, § 266 b Rn. 4; *Wessels*, BT-2, Rn. 738).

> **Merke:** § 266 b I erfaßt nur „echte" Kreditkarten im „Drei-Partner-System", nicht Kundenkarten im „Zwei-Partner-System".

(3) Ähnlich liegt die Problematik bei kombinierten Karten, die der Inhaber nicht nur als Scheck- bzw. Kreditkarte, sondern auch als Codekarte, d. h. zum Abheben von Bargeld aus einem Geldautomaten verwenden kann. Zwar kommt es mittels des Automaten zu einer Zahlung, aber ebenfalls nur im Zwei-Personen-Verhältnis. Die besondere Garantiefunktion der Karte ist m. a. W. bei einer solchen Vorgehensweise

irrelevant, d. h. es fehlt am spezifischen Unrecht, das § 266 b erfassen soll (BayOLG, NJW 1997, 3039). Bezüglich der mißbräuchlichen Verwendung als Codekarte kommt daher nach überwiegender Ansicht nur § 263 a in Betracht (*Lackner/Kühl*, § 266 b Rn. 3; *Tröndle*, § 266 b Rn. 1; *Otto*, BT, S. 261; differenzierend Schönke/Schröder-*Lenckner*, § 266 b Rn. 8; a. A. *Weber*, NStZ 1986, 481 [484]).

2. Mißbrauch der eingeräumten Möglichkeit

11 Die Tathandlung besteht im Mißbrauch der genannten Möglichkeit (vgl. *Rn. 7*). Nach einhelliger Auffassung ist darunter wie bei der Untreue zu verstehen, daß der Täter nach außen im Rahmen seines rechtlichen Könnens handelt, im Innenverhältnis aber die – durch die Vertragsbedingungen zwischen Kartenaussteller und -inhaber gezogenen – Grenzen seines rechtlichen Dürfens überschreitet (vgl. *§ 16 Rn. 19*; BGH, NStZ 1992, 278 [279]; *Tröndle*, § 266 b Rn. 6).

Beispiele: Ein Scheckkarteninhaber gibt einen Scheck hin, für den sein Konto weder durch ein Guthaben noch aufgrund eines eingeräumten Kredits eine Deckung aufweist (*Lackner/Kühl*, § 266 b Rn. 5). Ein Inhaber einer Kreditkarte kauft unter deren Vorlage Waren oder nimmt Dienstleistungen in Anspruch, obwohl er sein vom Kartenaussteller im Anschluß mit den entsprechenden Forderungen belastetes Konto nicht ausgleichen kann (*Otto*, BT, S. 261; kritisch *Tröndle*, § 266 b Rn. 6).

12 Da es im Außenverhältnis auf das rechtliche Können ankommt, ist ein Mißbrauch i. S. des § 266 b zu verneinen, wenn der Inhaber einer Karte diese unberechtigt an einen Dritten weitergibt (BGH, NStZ 1992, 278; *Maurach/Schroeder/Maiwald*, BT-1, § 45 Rn. 79 a. E.).

3. Vermögensschaden

13 Der Mißbrauch von Scheck- und Kreditkarten ist erst vollendet, wenn durch die Tathandlung der Kartenaussteller geschädigt, d. h. ein Vermögensschaden herbeigeführt worden ist. Unter einem Vermögensschaden ist hier dasselbe zu verstehen wie beim Betrug (vgl. *§ 11 Rn. 117 ff.*; *Lackner/Kühl*, § 266 b Rn. 6; *Geppert*, Jura 1987, 162 [164]).

II. Subjektiver Tatbestand

14 Subjektiv ist ein bedingt vorsätzliches Handeln ausreichend. Der Vorsatz muß sich namentlich auf die Zufügung des Schadens erstrecken und ist diesbezüglich zu verneinen, wenn der Täter nicht nur vage hofft, sondern aufgrund der konkreten Umstände begründet annimmt, auf seinem Konto werde in Kürze die erforderliche Deckung vorhanden sein (*Tröndle*, § 266 b Rn. 8; *Otto*, BT, S. 262). Eine Bereicherungsabsicht ist nicht erforderlich.

C. Täterschaft und Teilnahme, Versuch, Konkurrenzen sowie Verfolgbarkeit

Für Täterschaft und Teilnahme gelten die §§ 25 ff. Bei deren Anwendung ist – ähnlich der Untreue (vgl. *§ 16 Rn. 36*) – zu beachten, daß Täter stets nur der berechtigte Inhaber einer Karte sein kann, also derjenige, dem der Aussteller diese übertragen hat (*Wessels*, BT-2, Rn. 738). 15

> **Merke:** Bei der durch die Übertragung erlangten Vertrauensstellung handelt es sich um ein – strafbegründendes – besonderes persönliches Merkmal i. S. des § 28 I (*Tröndle*, § 266 b Rn. 3; *Weber*, NStZ 1986, 481 [484]; vgl. *§ 16 Rn. 37*).

Gebraucht dagegen ein Nichtberechtigter z. B. eine gestohlene Karte, so macht er sich dadurch regelmäßig des Betrugs schuldig (*Otto*, BT, S. 260; *Wessels*, BT-2, Rn. 738). 16

Der nur versuchte Mißbrauch von Scheck- und Kreditkarten ist nicht strafbar (§§ 12 I, 23 I). 17

Konkurrenzen sind im wesentlichen nur im Verhältnis zu den §§ 263 und 266 denkbar. Sofern diese als zugleich gegeben angesehen werden, geht ihnen der Mißbrauch von Scheck- und Kreditkarten im Hinblick auf den Grund seiner Einfügung in das Gesetz (vgl. *Rn. 1*) und wegen seines niedrigeren Strafrahmens unter dem Gesichtspunkt der Sperrwirkung des milderen Gesetzes jedenfalls als speziellere Norm vor (BGH, NStZ 1987, 120; *Maurach/Schroeder/Maiwald*, BT-1, § 45 Rn. 81; *Geppert*, Jura 1987, 162 [165]). Gegenüber einer betrügerischen Erlangung einer Scheck- bzw. Kreditkarte ist deren folgender Mißbrauch regelmäßig mitbestrafte Nachtat (Schönke/Schröder-*Lenckner*, § 266 b Rn. 14; *Otto*, BT, S. 263; a. A. BGH, NStZ 1993, 283). 18

§ 266 b II erklärt den § 248 a für entsprechend anwendbar (vgl. *§ 1 Rn. 191* und *§ 21 Rn. 16*). 19

Kontrollfragen und Aufbau

I. Kontrollfragen

1. Warum wurde der § 266 b in das Gesetz eingefügt?
   (*Rn. 1*)

2. Wieso unterfällt das bei sog. Kundenkarten bestehende „Zwei-Partner-System" nicht dem § 266 b?
   (*Rn. 9*)

3. In welchem Konkurrenzverhältnis steht § 266 b zu den §§ 263 und 266? (*Rn. 18*)

II. Aufbauschema

1. Tatbestand

   a) Objektiver Tatbestand

   (1) Durch die Überlassung einer Scheck- oder Kredit karte eingeräumte Möglichkeit, den Aussteller zu einer Zahlung zu veranlassen

   (2) Mißbrauchen

   (3) Dadurch den Aussteller schädigen

   b) Subjektiver Tatbestand

   Vorsatz

2. Rechtswidrigkeit
3. Schuld
4. Besondere Strafverfolgungsvoraussetzungen (§ 266 b II; vgl. *§ 21 Rn. 1 ff.*)

8. Teil. Begünstigung und Hehlerei

Begünstigung (§ 257) und Hehlerei (§ 259) ist gemeinsam, daß sie die nachträgliche Unterstützung einer rechtswidrigen Tat i. S. von § 11 I Nr. 5 (sog. Vortat) eines anderen (sog. Vortäter) unter Strafe stellen. Sie unterscheiden sich insofern, als Begünstigung vorliegt, wenn der Täter auf die Sicherung der Position des Vortäters gegen die Wiederherstellung des rechtmäßigen Zustands *in dessen Interesse* hinwirkt, während Hehlerei verlangt, daß der Täter sich oder einem Dritten den aus der Vortat erlangten Vermögensvorteil vom Vortäter verschafft oder diesen beim Absatz unterstützt, um *sich* oder einen *Dritten* zu bereichern.

Systematik von Begünstigung und Hehlerei:

Nachträgliche Unterstützung einer Tat	
Ohne Bereicherungsabsicht	Mit Bereicherungsabsicht
Begünstigung (§ 257)	**Grundtatbestand**
	Hehlerei (§ 259)
	Qualifikationen
	Gewerbsmäßige Hehlerei, Bandenhehlerei (§ 260)
	Gewerbsmäßige Bandenhehlerei (§ 260 a)

§ 18. Begünstigung (§ 257)

Leitentscheidungen: BGHSt 2, 362 – „*Fahrradfall*"; BGHSt 4, 122 – „*Tabakwarenfall*"; BGHSt 4, 221 – „*Betriebsleiterfall*"; BGHSt 24, 166 – „*Spielerfall*"; BGHSt 36, 277 – „*Professorenfall*"; OLG Düsseldorf, NJW 1979, 2320 – „*Goldschmiedfall*"

Aufsätze: *Geppert*, Begünstigung (§ 257 StGB) – Teil 1, Jura 1980, 269; *Geppert*, Begünstigung (§ 257 StGB) – Teil 2, Jura 1980, 327; *Geppert*, Zum Verhältnis von Täterschaft/Teilnahme an der Vortat und anschließender sachlicher Begünstigung, Jura 1994, 441; *Laubenthal*, Zur Abgrenzung zwischen Begünstigung und Beihilfe zur Vortat, Jura 1985, 630; *Seelmann*, Grundfälle zu den Straftaten gegen das Vermögen als Ganzes, JuS 1983, 32; *Stoffers*, Die entgeltliche Rückveräußerung einer gestohlenen Sache an deren Eigentümer durch einen Dritten, Jura 1995, 113

Übungsfalliteratur: *Sternberg-Lieben*, Examensklausur Strafrecht: Der gefälschte Caspar David Friedrich, Jura 1996, 544

A. Grundlagen

1 Der Tatbestand der Begünstigung (§ 257 I) verfolgt einen doppelten Zweck. Geschützt ist zum einen das durch die Vortat verletzte Rechtsgut vor einer Aufrechterhaltung oder Vertiefung der eingetretenen Beeinträchtigung, zum anderen die Rechtspflege bei ihrer Aufgabe, die Wirkungen der Vortat zu beseitigen oder zu mildern (BGHSt 24, 166 [167] – *„Spielerfall"*; BGHSt 36, 277 [280 f.] – *„Professorenfall"*; *Wessels*, BT-2, Rn. 744; *Geppert*, Jura 1980, 269 [270]). Rechtsgut ist damit das Interesse an der Wiederherstellung des gesetzmäßigen Zustands (*Lackner/Kühl*, § 257 Rn. 1; Schönke/Schröder-*Stree*, § 257 Rn. 1; a. A. *Otto*, BT, S. 269: Vermögen).

B. Tatbestand

2 § 257 I ist ein abstraktes Gefährdungsdelikt und setzt daher keine erfolgreiche Hilfeleistung, sondern lediglich ein zur Vorteilssicherung objektiv geeignetes Verhalten voraus (vgl. *Rn. 11 f.*; BGH, GA 1985, 321 [322]; *Otto*, BT, S. 269).

Grundstruktur des Begünstigungstatbestands:

Tatbestand			
Objektiver Tatbestand		Subjektiver Tatbestand	
Tatobjekt: Vorteil aus einer rechtswidrigen Tat (*Rn. 3 ff.*)	Tathandlung: Hilfeleistung zur Vorteilssicherung (*Rn. 11 ff.*)	Vorsatz (*Rn. 16*)	Vorteilssicherungsabsicht (*Rn. 17*)

I. Objektiver Tatbestand

1. Tatobjekt

3 Der objektive Tatbestand der Begünstigung erfordert zunächst, daß ein anderer („Vortäter") eine Tat begangen und daraus Vorteile gezogen hat, die ihm zu entziehen, die Rechtsordnung gebietet.

4 a) Die Vortat muß eine rechtswidrige Tat i. S. von § 11 I Nr. 5 sein. Sie muß also den objektiven und subjektiven Tatbestand eines Strafgesetzes verwirklicht haben und rechtswidrig begangen worden sein. Die Art der Vortat ist ohne Bedeutung (*Krey*, BT-1, Rn. 629; *Geppert*, Jura 1980, 269 [270]; a. A. *Otto*, BT, S. 269: nur Vermögensdelikte). Unerheblich ist es auch, ob die Vortat schuldhaft begangen worden oder verfolgbar ist. Begünstigung ist demnach auch dann noch möglich, wenn die Vortat z. B. verjährt oder bei absoluten Antragsdelikten die Antragsfrist verstrichen ist (Schönke/Schröder-*Stree*, § 257 Rn. 10; *Wessels*, BT-2, Rn. 747).

5 Nach dem Wortlaut des § 257 I („der eine rechtswidrige Tat begangen *hat*") muß die Vortat der Begünstigung zeitlich vorangehen. Das ist allerdings nicht erst dann der

§ 18. Begünstigung   201

Fall, wenn die Vortat beendet ist, sondern bereits bei deren Vollendung (BGHSt 4, 132 [133]; OLG Köln, NJW 1990, 587 [588]; a. A. *Geppert*, Jura 1994, 441 [443]; *Laubenthal*, Jura 1985, 630 [633]). Jedoch kommt im Stadium zwischen Vollendung und Beendigung auch noch Beihilfe zur Vortat in Betracht (vgl. *Rn. 25*).

Beispiel: A entwendet 6 t Schrott von einem Schrottlager des B und schafft ihn mittels einer Handkarre in ein Versteck außerhalb des Lagergeländes. C transportiert – wie zuvor vereinbart – am folgenden Tag mit seinem LKW den Schrott an einen sicheren Ort.

b) Dem Vortäter muß aus der Vortat ein Vorteil zugeflossen sein, der nicht vermögensrechtlicher Art zu sein braucht und keine Bereicherung begründen muß. Es genügen Vorteile jeglicher Art (*Tröndle*, § 257 Rn. 9; *Krey*, BT-1, Rn. 629; a. A. *Otto*, BT, S. 269: nur Vermögensvorteile).   6

Beispiel: A erschleicht durch Bestechung eines Beamten der Baubehörde eine Baugenehmigung.

Freilich muß der Vorteil unmittelbar aus der Vortat erwachsen sein (BGHSt 24, 166 [168] – „*Spielerfall*"; BGH, NJW 1986, 1183 [1185]). Ob diese Voraussetzung gegeben ist, ist keine Frage von Sach- bzw. Substanzidentität (BGH, NStZ 1987, 22; *Krey*, BT-1, Rn. 631 a). Die rechtliche Beurteilung, ob es sich um einen unmittelbaren Vorteil handelt, muß sich vielmehr stets auf den jeweils im konkreten Einzelfall aus der Straftat erlangten Vorteil beziehen (BGHSt 36, 277 [282] – „*Professorenfall*"; *Otto*, BT, S. 271).   7

Danach ist z. B. beim Betrug als Vortat eine wirtschaftliche Betrachtungsweise (vgl. *§ 11 Rn. 64 ff.*) geboten. Bei einer Unterstützung des Vortäters durch Übernahme der Diebesbeute und entgeltliche Weiterveräußerung an den Eigentümer oder einen Dritten (vgl. *Rn. 14*) ist nicht nur auf die Sache selbst und deren Besitz abzustellen. Vorteil ist auch und vor allem die Möglichkeit, wie ein Eigentümer nach Belieben über diese Sache zu verfügen (BGHSt 2, 362 [363 f.] – „*Fahrradfall*"; OLG Düsseldorf, NJW 1979, 2320 f. – „*Goldschmiedfall*"; *Stoffers*, Jura 1995, 113 [123]).   8

Beispiel: A leitet betrügerisch von Kapitalanlegern erlangte Verrechnungsschecks zunächst seinem Bankkonto in Frankfurt a. M. zur Einziehung zu und überweist sodann die gutgeschriebenen Beträge auf sein Konto bei einer Bank in Luxemburg, wo er sie in Industrie- und Bankaktien und ausländischen Staatsanleihen anlegen läßt. Nach einiger Zeit beauftragt er B, die bei der Bank in Luxemburg lagernden Gelder bar bei dieser Bank abzuheben und ihm persönlich zu überbringen.
Die mittels der Verrechnungsschecks erlangten Vermögensvorteile sind unabhängig von der Art und Weise ihrer Verkörperung solange unmittelbar i. S. des § 257 I, wie sie im Vermögen des A verbleiben und dessen alleinigem Zugriff unterliegen (BGHSt 36, 277 ff. – „*Professorenfall*").

Keine unmittelbaren Vorteile der Tat sind hingegen Surrogate der ursprünglich erlangten Beute, die durch weitergehende Manipulationen oder Transaktionen mit mehreren Kettenzwischengliedern gewonnen werden (BGH, NStZ 1987, 22).   9

Beispiel: A überfällt einen Juwelier und schickt das neben Schmuckstücken erbeutete Bargeld an B, der es verwahren soll. Als B erfährt, daß A verhaftet ist, zahlt er das Geld auf sein Postscheckkonto ein. Dann überweist B den Betrag auf sein eigenes Sparkassenkonto und von dort auf sein Bausparkonto. Ein Jahr später läßt er den Betrag auf sein Sparkassenkonto zurücküberweisen und kauft davon Bundesschatzbriefe.

Jedenfalls das durch die Überweisung erlangte Bausparguthaben ist nicht mehr unmittelbarer Tatvorteil i. S. des § 257 I, da die Verkehrsanschauung solche Guthaben wegen ihrer Zweckbindung nicht bargeldgleich oder bargeldähnlich bewertet (BGH, NStZ 1987, 22).

10 An einem zu sichernden Vorteil fehlt es auch, wenn der Täter nicht mehr in dessen Besitz ist (BGHSt 36, 277 [281] – *„Professorenfall"*; BGH, NStZ 1994, 187 [188]) bzw. ihn gar endgültig eingebüßt hat (BGHSt 24, 166 [167 f.] – *„Spielerfall"*; BGH, NJW 1985, 814).

2. Tathandlung

11 a) Die tatbestandsmäßige Handlung besteht darin, dem Vortäter vorteilssichernde Hilfe durch Rat oder Tat zu leisten.

> **Merke:** Nach heute ganz h. M. leistet Hilfe, wer eine Handlung vornimmt, die objektiv geeignet ist, die durch die Vortat erlangten oder entstandenen Vorteile gegen Entziehung zugunsten des Verletzten zu sichern (BGHSt 4, 221 [224] – *„Betriebsleiterfall"*; BGHR, StGB, § 260, gewerbsmäßig Nr. 2; *Otto*, BT, S. 270; *Wessels*, BT-2, Rn. 748).

12 Da allein die tatsächliche Eignung der Handlung zur Besserstellung des Vortäters erforderlich ist, kommt es einerseits nicht darauf an, ob der Erfolg der Vorteilssicherung eintritt (BGH, wistra 1993, 17), und genügt andererseits eine nur in der subjektiven Vorstellung des Täters zur Vorteilssicherung geeignete Handlung nicht (a. A. nur *Seelmann*, JuS 1983, 32 [34]).

13 b) Da es das Ziel der Hilfeleistung sein muß, dem Vortäter die aus der Vortat erlangten Vorteile gegen Entziehung zugunsten des Verletzten zu sichern, sind Handlungen nicht tatbestandsmäßig, die lediglich der Sacherhaltung dienen (Schönke/Schröder-*Stree*, § 257 Rn. 16; *Wessels*, BT-2, Rn. 750).

Beispiele: A birgt die Diebesbeute des B aus einem brennenden Schuppen. C schlägt D, der von E gefälschte Personaldokumente zu entwenden versucht, in die Flucht.

14 Die entgeltliche Rückveräußerung einer gestohlenen Sache an deren Eigentümer schließt den Tatbestand des § 257 I hingegen nicht aus. Es wird zwar ein der Rechtsordnung entsprechender Zustand insoweit wiederhergestellt, als der Eigentümer seinen Besitz zurückerhält, jedoch muß er einen Geldbetrag an den Täter zahlen, obgleich ihm gegen diesen ein zivilrechtlicher Herausgabeanspruch ohne weiteres zusteht (BGHSt 2, 262 [263 f.] – *„Fahrradfall"*; OLG Düsseldorf, NJW 1979, 2320 f. – *„Goldschmiedfall"*; *Stoffers*, Jura 1995, 113 [123 f.]; a. A. Schönke/Schröder-*Stree*, § 257 Rn. 24).

Beispiel: C übernimmt von D ein Gemälde, das dieser dem E gestohlen hat. C bietet das Gemälde dem E zum Rückkauf an, um es für D „zu Geld zu machen". Nachdem das Geschäft abgewickelt ist, übergibt C den Erlös an D.

§ 18. Begünstigung

Die angemaßte eigentümerähnliche Verfügungsgewalt über eine Sache umfaßt auch ihre wirtschaftliche Verwertung, durch die sich D gerade deren wirtschaftlichen Wert verschafft, so daß der erzielte Erlös ein unmittelbarer Tatvorteil i. S. des § 257 I ist.

Hilfe kann durch aktives Tun oder Unterlassen geleistet werden, wenn eine Rechtspflicht zum Handeln i. S. von § 13 besteht (BGH, NStZ 1992, 541; Schönke/Schröder-*Stree*, § 257 Rn. 17; *Wessels*, BT-2, Rn. 751). 15

Beispiel: A und B sind Mitarbeiter der Firma C-GmbH und als Fahrer und Beifahrer eines gepanzerten Spezialfahrzeugs für den Transport von Geld und Wertsachen eingesetzt. Laut ihrem Arbeitsvertrag obliegt ihnen die Verpflichtung, im Rahmen des Zumutbaren bei Überfällen den Verlust des transportierten Guts zu verhindern. Als B einen Teil des Transportguts entwendet und flieht, unternimmt A nichts, obwohl er bewaffnet ist (BGH, NStZ 1992, 540 f.).

II. Subjektiver Tatbestand

1. Vorsatz

Der subjektive Tatbestand erfordert zunächst zumindest bedingten Vorsatz hinsichtlich Vortat und Hilfeleistung (*Lackner/Kühl*, § 257 Rn. 4; *Tröndle*, § 257 Rn. 8). Es reicht daher aus, wenn der Täter es für möglich hält, daß der Vortäter irgendeine rechtswidrige Tat begangen hat, und er auch für diesen Fall Beistand leisten will (BGHSt 4, 221 [223] – „*Betriebsleiterfall*"). Im einzelnen braucht der Täter weder tatsächlich noch rechtlich eine zutreffende Vorstellung von der Vortat zu haben (*Tröndle*, § 257 Rn. 8). 16

2. Vorteilssicherungsabsicht

Hinzukommen muß die Absicht, durch die Hilfeleistung dem Vortäter die Vorteile der Tat zu sichern, d. h. die Wiederherstellung des gesetzmäßigen Zustands zu verhindern oder wenigstens zu erschweren (OLG Düsseldorf, NJW 1979, 2320 [2321] – „*Goldschmiedfall*"). Nach h. M. ist hier unter Absicht der zielgerichtete Wille zu verstehen (dolus directus 1. Grades; BGHSt 4, 107 [108 f.]; *Tröndle*, § 257 Rn. 9; *Krey*, BT-1, Rn. 633; a. A. Schönke/Schröder-*Stree*, § 257 Rn. 22; *Otto*, BT, S. 270: sicheres Wissen). Der vom Begünstiger erstrebte Erfolg muß nicht notwendig Endziel seines Handelns sein, ausreichend ist es, wenn er nur notwendiges Zwischenziel ist (BGH, GA 1985, 321 [322]; BGH, NStZ 1992, 540 [541]). 17

Beispiel: A hat mit Rauschgiftgeschäften 300.000,- DM erwirtschaftet, die er in die Türkei transferieren will. Er beauftragt B, das Geld in die Türkei zu transportieren. Dafür soll er 10.000,- DM erhalten. B führt den Transport durch, wobei sein „einziges" Motiv die hohe Entlohnung ist. – Die Vorteilssicherung (Transport des Geldes) ist notwendiges Zwischenziel, um die Entlohnung zu erhalten (BGH, GA 1985, 321 f.).

C. Täterschaft und Teilnahme, Versuch, Konkurrenzen sowie Verfolgbarkeit

18 Für Täterschaft und Teilnahme gelten grundsätzlich die allgemeinen Regeln der §§ 25 ff., jedoch sind einige Besonderheiten zu beachten.

> ❏ **Merke:** Die bloße **Selbstbegünstigung** wird bereits vom Tatbestand des § 257 I nicht erfaßt, da der Selbstbegünstiger keinem anderen Hilfe leistet, sondern sich selbst die Vorteile der Tat zu sichern versucht (BGHSt 14, 172 [174]; *Wessels*, BT-2, Rn. 759).

19 Die Selbstbegünstigung schließt jedoch nur den Tatbestand des § 257 I aus. Erfüllt die Begünstigungshandlung dagegen den Tatbestand eines anderen Strafgesetzes, z. B. des Meineids (§ 154), der falschen Verdächtigung (§ 164) oder der Urkundenfälschung (§ 267), so ist der Täter insoweit strafbar (BGHSt 15, 53 [54]; *Wessels*, BT- 2, Rn. 759).

20 Davon ist § 257 III 1 zu unterscheiden. Danach ist derjenige straflos, der einem anderen bei dessen Vorteilssicherung Hilfe leistet, wenn er an dessen Vortat beteiligt war. § 257 III 1 ist ein Strafausschließungsgrund, d. h. insbesondere Tatbestandsmäßigkeit und Rechtswidrigkeit der Hilfeleistung bleiben unberührt, so daß strafbare Teilnahme eines Dritten an der Begünstigungshandlung des Vortatteilnehmers möglich ist (Schönke/Schröder-*Stree*, § 257 Rn. 31). Die Regelung beruht auf dem Gedanken der mitbestraften Nachtat (*Lackner/Kühl*, § 257 Rn. 8) und kommt daher nur zur Anwendung, wenn eine strafbare Beteiligung an der Vortat gegeben ist.

21 ❏ Jedoch kommt der Strafausschließungsgrund des § 257 III 1 nicht zur Anwendung, wenn ein an der Vortat Unbeteiligter zur Begünstigung angestiftet wird (§ 257 III 2). Diese Ausnahme von § 257 III 1 ist mit den allgemeinen Teilnahmegrundsätzen nicht vereinbar und daher restriktiv auszulegen (Schönke/Schröder-*Stree*, § 257 Rn. 33; *Geppert*, Jura 1980, 327 [331]).

22 ❏ Eine Teilnahme an der Selbstbegünstigung des Vortäters ist straflos, weil es an der von den §§ 26, 27 vorausgesetzten Haupttat fehlt (vgl. *Rn. 18 f.*). Derartige Unterstützungshandlungen können jedoch als täterschaftliche Begünstigung strafbar sein, wenn sie einen eigenständigen Beitrag zur Vorteilssicherung darstellen (Schönke/Schröder-*Stree*, § 257 Rn. 20).

Beispiel: Gegen A ist ein Zivilprozeß auf Herausgabe einer von ihm gestohlenen Sache anhängig. B schlägt A eine Darstellung vor, nach der der Besitz A zusteht, und bestätigt diese durch eine Zeugenaussage.

23 Versuchte Begünstigung ist nicht strafbar. Tatvollendung tritt jedoch bereits mit dem unmittelbaren Ansetzen zu einer Unterstützungshandlung ein, die objektiv geeignet ist (vgl. *Rn. 11 f.*), dem Vortäter den Vorteil seiner Tat gegen eine Entziehung zugunsten des Verletzten zu sichern (BGH, StV 1994, 185; *Tröndle*, § 257 Rn. 12).

Tateinheit kommt insbesondere in Betracht zwischen der Begünstigung (§ 257) und 24
den Aussagedelikten (§§ 153 ff.), der Strafvereitelung (§§ 258, 258 a), der Hehlerei
(§ 259) oder dem Betrug (§ 263), wenn der Täter sowohl in Vorteilssicherungs- als
auch in Bereicherungsabsicht handelt (Schönke/Schröder-*Stree*, § 257 Rn. 39;
Tröndle, § 257 Rn. 15).

Nach h. M. ist auch noch im Stadium zwischen Vollendung und Beendigung einer 25
Tat Beihilfe möglich (BGHSt 6, 248 [251]; *Wessels*, AT, Rn. 583). Da Begünstigung
(§ 257 I) ebenfalls in diesem Zeitraum möglich ist (vgl. *Rn. 5*), kann an sich ein und
derselbe Gehilfenbeitrag entweder Beihilfe zur Haupttat darstellen oder aber auch,
da der Vortäter eine rechtswidrige Tat begangen *hat*, den Tatbestand des § 257 I
erfüllen. Zur Abgrenzung ist nach h. M. auf die Vorstellung und Willensrichtung des
Täters abzustellen: Will der Helfer noch die Haupttat fördern, ist Beihilfe gegeben.
Kommt es ihm hingegen auf die Vorteilssicherung zugunsten des Vortäters an, liegt
Begünstigung vor (BGHSt 4, 132 [133]; OLG Köln, NJW 1990, 587 [588]; *Wessels*,
BT-2, Rn. 746). Beihilfe und Begünstigung schließen sich demzufolge tatbestandlich
gegenseitig aus.

Vertiefungshinweis: Nach a. A. soll demgegenüber *immer* wegen Beihilfe zu bestrafen sein.
Dieses Ergebnis wird entweder in analoger Anwendung des § 257 III 1 (*Seelmann*, JuS 1983, 32
[33]) oder durch teleologische Tatbestandsreduzierung des § 257 in der Weise erreicht, daß die
Begünstigung stets nur Unterstützungshandlungen nach Beendigung der Vortat erfaßt (*Laubenthal*, Jura 1995, 630 [632]).

Die Strafverfolgung wegen Begünstigung ist gemäß § 257 IV 1 nur auf Antrag, mit 26
Ermächtigung oder auf Strafverlangen möglich, wenn der Begünstiger als Täter oder
Teilnehmer der Vortat nur unter diesen Voraussetzungen verfolgt werden könnte.

Zudem ordnet § 257 IV 2 die entsprechende Geltung des § 248 a (vgl. *§ 21 Rn. 12,* 27
16) an. Damit wird das Antragserfordernis über die Fälle des § 257 IV 1 hinaus auf
alle Begünstigungen erweitert, die der Sicherung geringwertiger Vorteile jeglicher Art
dienen (*Lackner/Kühl*, § 257 Rn. 10; *Wessels*, BT-2, Rn. 762; a. A. *Tröndle*, § 257
Rn. 14 a).

Kontrollfragen und Aufbau

I. Kontrollfragen

1. Welchen Anforderungen muß die von § 257 I vorausgesetzte Tat eines anderen
   genügen?
   (*Rn. 5 f.*)

2. Ist ein Vorteil auch dann unmittelbar aus der Vortat erlangt, wenn keine Sach- bzw.
   Substanzidentität mit der Vortatbeute besteht?
   (*Rn. 7 ff.*)

3. Zu welchem Zeitpunkt ist die Begünstigung vollendet?
   (*Rn. 23*)

4. In welchem Verhältnis stehen Teilnahme an der Vortat und Begünstigung des Vortäters zueinander?
   (*Rn. 20 ff.*)

II. Aufbauschema

1. Tatbestand

   a) Objektiver Tatbestand

   (1) Vorteil aus einer rechtswidrigen Tat

   (2) Hilfeleisten

   b) Subjektiver Tatbestand

   (1) Vorsatz

   (2) Absicht, einem anderen die Vorteile der Tat zu sichern

2. Rechtswidrigkeit

3. Schuld

4. Besondere Strafverfolgungsvoraussetzungen (§ 257 IV; vgl. *§ 21 Rn. 1 ff.*)

§ 19. Hehlerei (§§ 259, 260, 260 a)

Leitentscheidungen: BGHSt 13, 403 – „*Aluhandelfall*"; BGHSt 26, 358 – „*Absatzhilfefall*"; BGHSt 27, 45 – „*Ölgemäldefall*"

Aufsätze: *Geppert*, Zum Verhältnis von Täterschaft/Teilnahme an der Vortat und sich anschließender Hehlerei, Jura 1994, 100; *Roth*, Grundfragen der Hehlereitatbestände, JA 1988, 193; *Rudolphi*, Grundprobleme der Hehlerei, JA 1981, 1; *Seelmann*, Grundfälle zur Hehlerei, JuS 1988, 39; *Stoffers*, Die entgeltliche Rückveräußerung einer gestohlenen Sache an deren Eigentümer, Jura 1995, 113

Übungsfalliteratur: *Freund*, Übungsblätter Klausur Strafrecht: Der Sohn des Weingutsbesitzers, JA 1995, 660; *Küper*, Examensklausur Strafrecht: Der ungetreue Verwalter, Jura 1996, 205.

A. Grundlagen

Der Tatbestand der Hehlerei schützt allein das Rechtsgut Vermögen. Die Hehlerei ist damit im Gegensatz zu den übrigen Delikten des 21. Abschnitts (§§ 257, 258, 258 a, 261) ein Vermögens- und kein Rechtspflegedelikt. Der Zweck des § 259 ist es, die Aufrechterhaltung der durch die Vortat geschaffenen rechtswidrigen Vermögenslage durch einverständliches Zusammenwirken mit dem Vortäter zu verhindern (BGHSt 7, 134 [137]; *Lackner/Kühl*, § 259 Rn. 1).

1

B. Tatbestand

Der objektive Tatbestand des § 259 erfordert das Ankaufen oder das Sich- oder das Einem-Dritten-Verschaffen, alternativ das Absetzen oder das Absetzenhelfen einer Sache, die ein anderer gestohlen oder sonst durch eine gegen fremdes Vermögen gerichtete Tat erlangt hat. Vom subjektiven Tatbestand ist über den Vorsatz hinsichtlich aller Merkmale des objektiven Tatbestands hinaus die Absicht gefordert, sich oder einen Dritten zu bereichern.

2

Grundstruktur des Hehlereitatbestands:

Tatbestand			
Objektiver Tatbestand		Subjektiver Tatbestand	
Tatobjekt (*Rn. 3 ff.*)	Tathandlung (*Rn. 32 ff.*)	Vorsatz (*Rn. 66 f.*)	Bereicherungsabsicht (*Rn. 68 ff.*)

I. Objektiver Tatbestand

1. Tatobjekt

3 a) Tatobjekt der Hehlerei kann nur eine Sache, also ein körperlicher Gegenstand sein. Forderungen, Rechte und wirtschaftliche Werte als solche (vgl. dazu *Heinrich*, JZ 1994, 938 [941]) sind daher keine hehlereitauglichen Gegenstände. Sind Forderungen und Rechte in einem Papier – etwa einem Sparkassenbuch, Schuld- oder Pfandschein – verkörpert, kann dieses als körperlicher Gegenstand Tatobjekt sein (OLG Düsseldorf, NJW 1990, 1493).

> **Beispiel:** A hat betrügerisch (§ 263 I) ein Darlehen bei seiner Bank erschlichen. Er tritt den Anspruch auf Auszahlung der Darlehenssumme an den bösgläubigen B ab, um eine alte Schuld zu begleichen.
> Die abgetretene Forderung ist keine „Sache" i. S. des § 259 I. Erschleicht A hingegen betrügerisch einen Schuldschein von C und übergibt diesen B, so ist der Schuldschein als körperlicher Gegenstand taugliches Tatobjekt der Hehlerei.

4 Im Unterschied zu den Eigentumsdelikten der §§ 242 ff. ist für das Tatbestandsmerkmal „Sache" i. S. des § 259 I unerheblich, ob es sich um eine bewegliche oder eine unbewegliche (RGSt 56, 335 [336]; LK-*Ruß*, § 259 Rn. 2), um eine fremde, eine herrenlose (RGSt 63, 35 [38]) oder eine dem Hehler (RGSt 18, 303 [304]; BGH, wistra 1988, 25) oder dem Vortäter (*Roth*, JA 1988, 193 [197]) gehörende Sache handelt.

> **Beispiele:** Gegenstand einer Hehlerei kann ein Grundstück sein, das A betrügerisch in seinen Besitz gebracht hat, ebenso ein von A gewilderter herrenloser Hirsch (§ 292) oder ein im Eigentum des A stehender, z. B. einem Werkunternehmerpfandrecht unterliegender Pkw, den B zu dessen Gunsten im Wege der Pfandkehr (§ 289) in seinen Besitz gebracht hat.

> **Beachte:** Die Prüfung des § 259 I muß stets mit der Benennung des Tatobjekts beginnen. Die Vortat an erster Stelle zu prüfen, begründet die Gefahr, Probleme der Ersatzhehlerei zu verkennen.

5 b) Die Sache muß „ein anderer *gestohlen* oder sonst durch eine gegen fremdes Vermögen gerichtete rechtswidrige Tat erlangt" haben. Der im Gesetz hervorgehobene Diebstahl ist zwar die häufigste, nicht aber die einzig mögliche Vortat der Hehlerei.

6 (1) Als Vortaten kommen die Eigentums- und Vermögensdelikte i. e. S. (z. B. §§ 242 ff., 249, 253, 263, 266) in Betracht, daneben als Vermögensdelikte i. w. S. alle Taten, die unter Verletzung fremder Vermögensinteressen unmittelbar zu einem deliktischen Sacherwerb führen, beispielsweise § 240 (BGH, MDR/D 1972, 571), § 257 (RGSt 6, 218 [221]) oder § 267 (BGH, NJW 1969, 1260 [1261]; a. A. *Sippel*, NStZ 1985, 348 [349]). Vortat kann auch eine Hehlerei sein (sog. **Kettenhehlerei:** BGHSt 33, 44 [48]; *Roth*, JA 1988, 193 [197]).

7 (2) Die Vortat muß eine „rechtswidrige" Tat i. S. des § 11 I Nr. 5 sein. Sie muß also den objektiven und subjektiven Tatbestand eines Strafgesetzes verwirklicht haben und rechtswidrig begangen worden sein. Es kommt nicht darauf an, ob dem Täter ein persönlicher Schuldvorwurf gemacht werden kann (BGHSt 1, 47 [48 f.]), ob ein persönlicher Strafausschließungsgrund vorliegt oder ein Verfolgungshindernis (z. B. Verjährung: *Lackner/Kühl*, § 259 Rn. 4) besteht.

(3) Die Sache, die Gegenstand der Hehlerei ist, kann nach dem Wortlaut des § 259 I nur eine solche sein, die der Vortäter durch die Vortat bereits erlangt *hat*, d. h. die der Vortäter in seine tatsächliche Sachherrschaft gebracht hat (BGHSt 13, 403 [405] – „*Aluhandelfall*"; BGH, MDR/H 1995, 881). Das wird regelmäßig im Zeitpunkt der Vollendung der Vortat der Fall sein. Im Einzelfall kann der Täter auch bereits im Versuchsstadium die tatsächliche Sachherrschaft erlangen (BGH, StV 1996, 81 f.). Erlangt i. S. des § 259 I ist eine Sache ebenfalls, wenn sie sich im Zeitpunkt der Begehung der Vortat bereits im Alleingewahrsam des Vortäters befunden und dieser durch die Vortat, etwa Unterschlagung (§ 246 I) seinen bisherigen Fremdbesitz in Eigenbesitz umgewandelt hat (Schönke/Schröder-*Stree*, § 259 Rn. 13).

Das Tempus der Gesetzesformulierung (Perfekt) bringt klar zum Ausdruck, daß die Sacherlangung durch den Vortäter der Hehlerei vorausgegangen sein muß. Dies ist nach h. M. jedenfalls im Zeitpunkt der Vollendung der Vortat gegeben (BGH, StV 1989, 435; a. A. *Tröndle*, § 259 Rn. 10: Beendigung erforderlich).

Hingegen ist es umstritten, ob zwischen der Vortat und der nachfolgenden Hehlereihandlung eine zeitliche Zäsur erforderlich ist. Dieser Streit kann namentlich dann lösungsrelevant werden, wenn es sich bei der Vortat um eine Unterschlagung (§ 246 I) oder Untreue (§ 266 I) handelt.

Beispielsfall 9: Schmuckfall

A übergibt B anläßlich eines mehrmonatigen Auslandsaufenthalts verschiedene wertvolle Schmuckstücke zur Verwahrung. Als B sich in C verliebt, möchte er ihr eine Freude bereiten. Er schenkt und übergibt zugleich der bösgläubigen C einen der ihm anvertrauten Ringe.
Strafbarkeit von B und C?

Lösung:

Der Ring ist für B eine fremde bewegliche Sache, die ihm zudem anvertraut war. Durch sein Schenkungsangebot und die Übergabe des Rings hat B seinen Zueignungswillen in objektiv erkennbarer Weise betätigt. B hat sich daher einer veruntreuenden Unterschlagung (§ 246 I 2. Alt.) strafbar gemacht. Für die Strafbarkeit der C wegen Hehlerei (§ 259 I) ist die Auslegung des Merkmals „durch die Tat erlangt *hat*" entscheidend. Denn die Tathandlung war genau in dem Zeitpunkt abgeschlossen, in dem C Besitz am Ring erlangt, mithin sich diesen i. S. des § 259 I verschafft hat.

Nach einer Mindermeinung im Schrifttum handelt es sich auch dann um eine Sache, die der Vortäter aus einer gegen fremdes Vermögen gerichteten rechtswidrigen Tat erlangt hat, wenn der tatsächliche und rechtliche Abschluß der Vortat und die Hehlereihandlung zusammenfallen (*Blei*, II, S. 288; *Otto*, BT, S. 273). Danach handelt es sich bei dem Ring für C um eine Sache, die ein anderer (A) im Zeitpunkt der Hehlereihandlung bereits durch eine rechtswidrige Tat erlangt hat.

Argumente:

14 ❑ Auch bei einem zeitlichen Zusammenfallen von Vollendung der Vortat und Hehlereihandlung stehen sich Vortäter und Hehler als Angehörige „zweier Lager" gegenüber, die normalerweise durch einen Interessengegensatz gekennzeichnet sind (Schönke/Schröder-*Stree*, § 259 Rn. 15).

15 ❑ Es genügt, daß sich die Hehlerei bei wertender Betrachtungsweise als Anschlußtat an die Vortat des Täters darstellt, weil sie gleichsam die Kehrseite der Tat ist, an deren Existenz angeknüpft wird. Insoweit unterscheidet sich die Situation nicht von der der Übereignung, wo Übergabe und Annahme einen einheitlichen Vorgang bilden, obgleich sie rechtlich gesehen zeitlich aufeinander folgen (*Otto*, BT, S. 273).

16 ❑ Die Worte „erlangt hat" beziehen sich nicht auf die Chronologie, sondern auf den sachlichen Vorgang der Vortat, der auch dann gegeben ist, wenn – wie im Beispielsfall – Vortat und Hehlerei zeitlich zusammenfallen (*Haft*, BT, S. 185).

17 ❑ Nur eine Auslegung im bezeichneten Sinn vermeidet unangemessene Strafbarkeitslücken (*Lackner/Kühl*, § 259 Rn. 6).

18 Nach h. M. folgt aus der Formulierung „erlangt hat" notwendig die Auslegung, die das Erfordernis eines zeitlichen Zwischenraums zwischen Vollendung der Vortat und der nachfolgenden Hehlereihandlung zum Ergebnis hat (BGHSt 13, 403 [405] – „*Aluhandelfall*"; BGH, NStZ 1994, 486). Danach scheidet eine Strafbarkeit der C wegen Hehlerei aus, da im Zeitpunkt der Hehlereihandlung A den Ring noch nicht i. S. des § 259 I erlangt hat.

Argumente:

19 ❑ Der eindeutige Wortlaut des § 259 I (*gestohlen*) setzt jedenfalls einen vollendeten Diebstahl voraus. Wenn dieser als Vortat vollendet sein muß, kann bei anderen Vortaten auch nicht auf das Erfordernis der Vollendung verzichtet werden (*Krey*, BT-2, Rn. 583).

20 ❑ Die Gegenmeinung deutet die Perfekt-Formulierung des Gesetzes in eine Präsens-Formulierung um. Bei dieser berichtigenden Auslegung handelt es sich um eine nach Art. 103 II GG unzulässige Analogie (LK-*Ruß*, § 259 Rn. 12; *Geppert*, Jura 1994, 100 [101]).

21 ❑ Normzweck des § 259 I ist es, einer Aufrechterhaltung der rechtswidrigen Besitzlage entgegenzuwirken (vgl. *Rn. 1*). Diese Besitzlage muß notwendigerweise erst entstanden sein, bevor sie aufrechterhalten werden kann (LK-*Ruß*, § 259 Rn. 12).

22 ❑ Die Gegenmeinung verwischt die Grenzen zwischen Hehlerei und Beihilfe zur Vortat und führt auf der Konkurrenzebene zu Tateinheit zwischen beiden Delikten (*Tröndle*, § 259 Rn. 10).

Eine Strafbarkeit der C wegen Hehlerei käme daher nur nach der Mindermeinung in 23
Betracht. Nach zutreffender Auslegung macht sich C im Beispielsfall dagegen nicht
nach § 259 I strafbar. Unerträgliche Strafbarkeitslücken, die zu schließen im übrigen
allein Aufgabe des Gesetzgebers wäre, entstehen dadurch nicht, da regelmäßig eine
Strafbarkeit wegen Teilnahme an der Vortat (§§ 246, 26 oder 27) gegeben ist.

> c) **Merke:** Der objektive Tatbestand der Hehlerei erfordert nach h. M. zudem, 24
> daß die Sache unmittelbar aus der Vortat erlangt ist und die durch die Vortat
> begründete rechtswidrige Vermögenslage im Zeitpunkt der Hehlereihandlung
> noch fortbesteht (BGHSt 9, 134 [139]; *Lackner/Kühl*, § 259 Rn. 7).

Das hat zur Konsequenz, daß das Objekt der Hehlerei mit der aus der Vortat erlang- 25
ten Sache körperlich identisch sein muß. Dieses Erfordernis folgt zum einen aus dem
Wortsinn der Norm, zum anderen aus der Schutzrichtung der Hehlerei, nämlich der
Vermeidung der Aufrechterhaltung der durch die Vortat geschaffenen rechtswidrigen
Vermögenslage. *Gestohlen* sind nur die unmittelbar aus der Vortat erlangten, nicht
aber die mittels der Diebesbeute erworbenen Sachen (*Lackner/Kühl*, § 259 Rn. 8).
Dies muß ebenso für die aus sonstigen Vermögensdelikten erlangten Sachen gelten
(*Krey*, BT-2, Rn. 571).

(1) Nur mittelbar aus der Vortat erlangte Sachen (Ersatzsachen) scheiden daher als 26
Tatobjekt der Hehlerei aus. Man spricht insoweit von strafloser **Ersatzhehlerei**
(BGH, NJW 1969, 1260 [1261]; Schönke/Schröder-*Stree*, § 259 Rn. 14).

Beispiel: A unterschlägt ein von B geliehenes Fachbuch. Dieses tauscht er im Antiquariat des
gutgläubigen C gegen einen Kriminalroman ein, den er seiner bösgläubigen Freundin D
schenkt. – Der Roman ist für D kein taugliches Objekt einer Hehlerei, da er nur mittelbar aus
der Unterschlagung herrührt.

Vertiefungshinweis: Zum Ausfüllen und Einlösen gestohlener Euroscheckformulare vgl. BGH,
NJW 1976, 1950 einerseits und OLG Zweibrücken, OLGSt, StGB, § 257 Nr. 1 andererseits.

Die Mitwirkung beim Erlangen von Ersatzsachen kann sich häufig zugleich als Ab- 27
satz oder Absatzhilfe in bezug auf die Beute der Vortat darstellen. Es darf daher nicht
vorschnell eine straflose Ersatzhehlerei angenommen werden.

(2) Von der Straflosigkeit der Ersatzhehlerei will eine im Schrifttum vertretene Min- 28
dermeinung bei Geld auf der Grundlage des beim Diebstahl entwickelten **Wertsum-**
mengedankens (vgl. *§ 1 Rn. 121*) eine Ausnahme machen. Danach ist bei Geld von
der Sachqualität abzusehen und statt dessen auf die Wertsumme abzustellen. Immer
dann, wenn der Täter gestohlenes Geld wechselt, sei eine „materielle Identität" zwischen dem gestohlenen und dem gewechselten Geld anzunehmen und daher an letzterem Hehlerei möglich (*Blei*, II, S. 283 f.; *Rudolphi*, JA 1981, 1 [4]).

Beispiel: A stiehlt einen 1.000–DM-Schein. Von diesem Geld kauft er eine Halskette im Wert
von 400,- DM. Diese und einen 100–DM-Schein des Wechselgeldes schenkt er seiner zuvor
über die Umstände eingeweihten Freundin B.
Da die Halskette weder gestohlen noch sonst durch eine gegen fremdes Vermögen gerichtete

rechtswidrige Tat unmittelbar erlangt ist, scheidet eine Strafbarkeit der B wegen Hehlerei diesbezüglich aus. Nur nach Auffassung derjenigen, die den Wertsummengedanken auf § 259 übertragen, macht sich C einer Hehlerei an dem 100–DM-Schein strafbar.

29 Dieser Versuch, die nach dem Gesetzeswortlaut straflose Ersatzhehlerei bei Geld mit Hilfe des Wertsummengedankens zu umgehen, verstößt gegen das strafrechtliche Analogieverbot (Art. 103 II GG). Das Gesetz verlangt als Tatobjekt unzweifelhaft eine durch die Vortat spezifizierte Sache (*Krey*, BT-2, Rn. 575).

30 (3) Ersatzsachen können aber dann taugliches Objekt einer Hehlerei sein, wenn deren Erwerb selbst eine gegen fremdes Vermögen gerichtete rechtswidrige Tat darstellt und deshalb auch bezüglich der Ersatzsache eine rechtswidrige Vermögenslage besteht (*Lackner/Kühl*, § 259 Rn. 8).

Beispiel: Hat A – anders als im Beispiel *Rn. 26* – das Fachbuch gestohlen, erfüllt der Tausch den Tatbestand des Betrugs (§ 263 I), da C wegen § 935 I BGB kein Eigentum erwerben kann. Der Roman ist damit aus einer gegen fremdes Vermögen gerichteten rechtswidrigen Tat erlangt. Die Tatsache, daß C dem A den Kriminalroman übereignet hat, berührt die Anwendbarkeit des § 259 I nicht (vgl. *Lackner/Kühl*, § 259 Rn. 7). Denn es handelt sich nicht um einen Eigentumserwerb von Bestand, sondern bloß um einen anfechtbaren Erwerb (§§ 123 I, 142 I BGB). Übergibt A der eingeweihten D den Roman zu deren eigener Verfügungsgewalt, macht sich D wegen Hehlerei strafbar.

31 (4) Schließlich ist eine aus der Vortat erlangte Sache nur solange taugliches Tatobjekt einer Hehlerei, bis die Widerrechtlichkeit der Vermögenslage durch einen Eigentumserwerb von Bestand wegfällt (*Wessels*, BT-2, Rn. 782).

Beispiele: Eine unterschlagene oder gewilderte Sache wird von einem Dritten gutgläubig erworben (§ 932 BGB). – Ein bösgläubiger Dritter kann im Anschluß dann keine Hehlerei mehr begehen.

Das gleiche gilt, wenn der Dieb (oder ein Dritter) eine gestohlene Sache verarbeitet und aufgrund dessen an der neuen Sache gemäß § 950 BGB Eigentum von Bestand erwirbt. – Ein Dritter, der dieses Produkt ankauft, macht sich nicht wegen Hehlerei strafbar.

> **Merke:** Eine unmittelbar aus der Vortat erlangte Sache ist dann nicht mehr taugliches Objekt einer Hehlerei, wenn die Widerrechtlichkeit der Vermögenslage durch einen unanfechtbaren Eigentumserwerb endet.

§ 19. Hehlerei

Detailstruktur und Hauptprobleme des Tatobjekts:

Tatobjekt			
Sache, ...	... die ein anderer ...	... gestohlen oder sonst durch eine gegen fremdes Vermögen gerichtete rechtswidrige Tat ...	... erlangt hat
❏ Körperlicher Gegenstand (*Rn. 3*) ❏ Auch tätereigene, herrenlose und unbewegliche Sachen (*Rn. 4*)	❏ Teilnehmer der Vortat, nicht aber deren Täter und Mittäter können Täter der Hehlerei sein (*Rn. 86 f.*)	❏ Eigentums- und Vermögensdelikte i. w. S. (*Rn. 6*) ❏ Rechtswidrige Tat i. S. des § 11 I Nr. 5 (*Rn. 7*)	❏ Vortat muß vollendet sein (*Rn. 8 ff.*) ❏ Sache muß unmittelbar aus der Vortat erlangt sein (*Rn. 24 ff.*)

2. Tathandlungen

Der Zugang zu § 259 I wird erleichtert, wenn man sich vor Augen hält, daß die unter Strafe gestellten vier Handlungsvarianten grundsätzlich in zwei Gruppen unterteilt werden können. Während das Ankaufen oder sonstige Sichverschaffen (Gruppe 1) regelmäßig im Interesse des die Hehlerei begehenden Täters erfolgt, liegen das Absetzen und das Absetzenhelfen (Gruppe 2) stets primär im Interesse des Vortäters (vgl. *Maurach/Schroeder/Maiwald*, BT-1, § 39 Rn. 25). Alle vier Varianten können bei Bestehen einer entsprechenden Garantenstellung auch durch Unterlassen verwirklicht werden (vgl. LK-*Ruß*, § 259 Rn. 30; Schönke/Schröder-*Stree*, § 259 Rn. 29). 32

a) (1) Unter Sichverschaffen wird allgemein die im Einverständnis mit dem Vorbesitzer erfolgte Begründung tatsächlicher Verfügungsgewalt über die hehlereitaugliche Sache (vgl. *Rn. 3 ff.*) verstanden (*Tröndle*, § 259 Rn. 14). 33

> **Merke:** Der Täter muß danach mit dem Willen Besitz an der Sache begründen, über diese als eigene bzw. zu eigenen Zwecken zu verfügen, d. h. sie ihrem wirtschaftlichen Wert nach zu übernehmen.

Diese Voraussetzung ist beispielsweise nicht erfüllt, wenn der Täter die Sache lediglich deshalb an sich bringt, um sie anschließend zu vernichten oder aber für den Vortäter aufzubewahren. Dies gilt selbst dann, wenn er dafür ein Entgelt bekommt (BGHSt 15, 53 [56]; BGH, NStZ 1995, 544). Es genügen auch nicht das bloße Entleihen der Sache zum vorübergehenden Gebrauch und die Entgegennahme nur zur Ansicht (*Tröndle*, § 259 Rn. 15; *Maurach/Schroeder/Maiwald*, BT-1, § 39 Rn. 28 f.). 34

Die erforderliche Verfügungsgewalt entsteht regelmäßig durch Begründung unmittelbaren Gewahrsams am Hehlereigegenstand. In Einzelfällen sieht die h. M. es als 35 ausreichend an, wenn der Täter mittelbaren Besitz dadurch eingeräumt bekommt, daß er ein Legitimationspapier (z. B. Gepäck- oder Pfandschein) erhält, das ihn berechtigt, von einem Dritten die Herausgabe der bei diesem hinterlegten Sache zu verlangen (BGHSt 27, 160 [163 ff.]). Dagegen fehlt es an einer selbständigen Verfügungsgewalt des Täters, wenn er vom Vortäter nur eine ggf. gemeinsame Verfügung über den Gegenstand zugestanden bekommen hat (BGHSt 35, 172 [175 f.]).

36 Ein Streit besteht darüber, ob das Mitkonsumieren von aus einer Vortat stammenden Nahrungs- bzw. Genußmitteln als Sichverschaffen eingestuft werden kann. Das ist zu verneinen, wenn der Vortäter sich wie ein Gastgeber verhält, weil dieser üblicherweise die eigene Verfügungsgewalt an dem Angebotenen nicht aufgibt (BGHSt 9, 137; *Krey*, BT-2, Rn. 586; a. A. *Maurach/Schroeder/Maiwald*, BT-1, § 39 Rn. 31: „keine krassere Perpetuierung [Aufrechterhaltung] denkbar"). Dies hat auch der Gesetzgeber so gesehen (BT-Dr. 7/550, S. 252). Jedoch kann der Mitverzehrende ausnahmsweise eine eigenständige Herrschaftsgewalt über das Konsumierte erlangen (BGH, NStZ 1992, 36; *Wessels*, BT-2, Rn. 797).

37 Beim Vorbesitzer handelt es sich in der Regel um den Vortäter. Dies muß aber nicht so sein (*Geppert*, Jura 1994, 100). Denn der Annahme dieser Handlungsvariante steht es nicht entgegen, daß die Sache im Anschluß an die Vortat noch „durch mehrere Hände gegangen ist", ehe sie in den Besitz des Täters gelangt (BGHSt 15, 53 [57]). Es ist nach überwiegender Ansicht nicht einmal erforderlich, daß ein Vorbesitzer deren Herkunft aus einer Straftat kennt, vielmehr soll dieser auch gutgläubig sein können. Dies gilt jedoch nur dann, wenn – unter Berücksichtigung der §§ 932, 935 BGB – trotz Beteiligung eines unwissenden Mittlers die unrechtmäßige Vermögenslage noch besteht (vgl. *Rn. 30 f.*; BGHSt 15, 53 [57]; OLG Düsseldorf, JR 1978, 465 f. m. abl. Anm. *Paeffgen*).

Beispiel: Schenkt A einen von ihm gestohlenen Ring seiner ahnungslosen Freundin B und verschenkt diese den Ring an C weiter, der (aus anderer Quelle) von der Herkunft des Schmuckstücks weiß, so erfüllt dieser bei Vorliegen der übrigen Voraussetzungen die Tatmodalität des Sichverschaffens.

> **Beachte**: Heftig umstritten ist das Problem, ob es an einem einverständlich abgeleiteten Erwerb mangelt, wenn der Täter die Übertragung der Verfügungsgewalt über die aus einem Vermögensdelikt herrührende Sache durch Täuschung oder Bedrohung des Vortäters herbeigeführt hat.

Beispiel: A droht dem Vortäter B Schläge an und veranlaßt diesen so, ihm das aus einem Betrug stammende Geld zu übergeben.

38 Die im Vordringen befindliche Auffassung verneint die Frage mit überzeugender Argumentation (BGH, JZ 1996, 1133 m. zust. Anm. *Hruschka*; *Krey*, BT-2, Rn. 587 a; a. A. etwa *Wessels*, BT-2, Rn. 799). Dabei kommt dem Zweck des § 259 zentrale Bedeutung zu. Dieser besteht darin, die Aufrechterhaltung (Perpetuierung) bzw. Vertiefung des durch die Vortat geschaffenen rechtswidrigen Vermögenszu-

stands unter Strafe zu stellen. Der Zusammenhang mit der Vortat wird nach h. M. durch das Zusammenwirken von Vortäter und Hehler begründet (Schönke/Schröder-*Stree*, § 259 Rn. 42).

> **Merke:** Der Zweck des § 259, die Perpetuierung der rechtswidrigen Vermögenslage zu verhindern, ist für alle vier Handlungsmodalitäten relevant und bei deren Prüfung ggf. zu berücksichtigen.

An einem solchen einverständlichen Zusammenwirken fehlt es, wenn der Täter dem Vortäter die Sache wegnimmt oder sonst gegen dessen Willen über sie verfügt. Dann kommt nur ein Diebstahl (§ 242 I) bzw. eine Unterschlagung (§ 246 I) in Betracht. Ist die Wegnahme mit Gewalt oder unter Anwendung qualifizierter Drohungen erfolgt, liegt ein Raub (§ 249 I) vor. In allen genannten Fällen scheidet eine zugleich begangene Hehlerei aus. 39

Es ist kaum nachvollziehbar, dann anders zu entscheiden, wenn der Täter die hehlereitaugliche Sache nicht eigenmächtig an sich bringt, sondern sie sich – durch Drohungen erzwungen – aushändigen läßt. Durch dieses Verhalten kann er – wie auch A im Beispiel *Rn. 37* – sich der (räuberischen) Erpressung (§§ 253, 255) oder Nötigung (§ 240) schuldig machen, nicht aber der Hehlerei. 40

Deren Pönalisierung bezweckt nicht den Schutz des Vortäters, sondern hat ihren Grund darin, daß gerade das Zusammenwirken von Vortäter und Hehler allgemeine Sicherheitsinteressen in Gefahr bringt. Letzterer ist schon durch seine Vermögensdelikte generell fördernde Bereitschaft, bei der Abnahme der Beute mitzuhelfen, gefährlich („Der Hehler ist so schlimm wie der Stehler"). Denn er enthebt den Vortäter der Sorge um die gefahrlose Verwertung der Beute und schafft so einen (zusätzlichen) Anreiz für die Begehung von Vermögensstraftaten. Derartig helfend agiert aber ein Täter nicht, der dem Vortäter dessen Beute durch Drohungen abnötigt. Ironisch formuliert: Die Aussicht, die Beute durch Erpressung oder Nötigung zu verlieren, schafft keinen Anreiz zu Vermögensdelikten ... (BGH, JZ 1996, 1133). 41

Gleiches gilt für die Konstellation, bei der die Beute dem Vortäter durch Täuschung abgenommen wird (*Krey*, BT-2, Rn. 587 a; a. A. *Maurach/Schroeder/Maiwald*, BT-1, § 39 Rn. 24). Da die Überlegungen zu Sinn und Zweck des § 259 insofern ebenfalls passen, kann ein sich auf diese Weise in den Besitz der Sache bringender Täter nur einen Betrug (§ 263 I) begehen, so daß zudem keinerlei Notwendigkeit besteht, darüber hinaus eine Hehlerei zu bejahen. 42

§ 259 I läßt es ausreichen, daß der Täter die Sache einem Dritten verschafft. Durch diese Formulierung wollte der Gesetzgeber verdeutlichen, daß auch die unmittelbare Weiterleitung des Hehlereigegenstands an einen Dritten den Tatbestand erfüllt (BT-Dr. 7/550, S. 252), sofern der Täter dabei nicht untergeordnet – dann kommt nur Beihilfe in Betracht –, sondern selbständig agiert (Schönke/Schröder-*Stree*, § 259 Rn. 27 f.). 43

Beispiel: Hehler ist danach auch ein „Zwischenhändler", der etwa Fernseher an einen Erwerber, der eigene Verfügungsgewalt erhalten soll, verkauft und die von einem Vortäter gestohlenen Geräte von diesem direkt an den Käufer „liefern" läßt (nach *Küper*, Jura 1996, 205 [211]).

44 (2) Das praxisrelevante Ankaufen hebt die gesetzliche Formulierung als „ausgestanzten" Unter- bzw. Beispielsfall des Verschaffens ausdrücklich hervor. Tatbestandliche Besonderheiten folgen daraus nach ganz einhelliger Meinung nicht, d. h. die zum Oberbegriff dargestellten (vgl. *Rn. 33 ff.*) Grundvoraussetzungen müssen auch beim Ankauf gegeben sein. Daraus folgt, daß der bloße Abschluß eines Kaufvertrags über eine hehlereitaugliche Sache nur ein Versuch nach § 259 III sein kann, während es zur Tatvollendung der Begründung der Verfügungsgewalt bedarf (Schönke/Schröder-*Stree*, § 259 Rn. 30).

45 Besondere Schwierigkeiten bereiten die unter dem Stichwort „Rückkauf" diskutierten Fallgestaltungen. Geht z. B. der durch die Vortat Geschädigte auf das Angebot eines vom Vortäter eingeschalteten Vermittlers ein, die Sache zurückzukaufen, so begeht er selbst durch die Abwicklung dieses Geschäfts keine Hehlerei. Denn durch die Transaktion wird die durch die Vortat herbeigeführte rechtswidrige Vermögens- bzw. Besitzlage nicht – wie es beim Tatbestand des § 259 I stets erforderlich ist (vgl. *Rn. 1, 38*) – aufrechterhalten oder gar vertieft, sondern eben gerade beendet (BGH, NStE, StGB, § 259 Nr. 2; *Lackner/Kühl*, § 259 Rn. 7). Ebenso ist zu entscheiden, wenn Käufer der Sache eine Versicherung ist, die den durch die Vortat entstandenen Schaden reguliert hat und auf die infolgedessen die zivilrechtlichen Ansprüche des Geschädigten übergegangen sind (§ 67 I 1 VVG).

46 Zweifel könnte man bei dieser Konstellation dagegen bezüglich des Vermittlers haben, wenn dieser sich etwa zur Durchführung des Rückerwerbs vom Vortäter (gegen, aber auch ohne Entgelt) eigene Verfügungsgewalt über die Sache hat einräumen lassen oder aber wenn er in dessen Interesse tätig wird, so daß ein Verhalten der zweiten Gruppe in Betracht kommt (vgl. *Rn. 50 ff.*). Denn jedenfalls dann, wenn die Rückgabe nicht unter bedingungsloser Anerkennung der Rechtsposition des Geschädigten, sondern erst nach Zahlung einer Gegenleistung erfolgt, läßt sich nicht bestreiten, daß der Vermittler in gewisser Weise die hehlereitaugliche Sache zu seinen oder des Vortäters Gunsten wirtschaftlich verwertet.

47 Im Hinblick darauf wird daher teilweise Hehlerei angenommen (*Wessels*, BT-2, Rn. 793, 809). Die h. M. verneint diese jedoch zutreffend deshalb, weil unmittelbar auf die Sache selbst abzustellen ist. Hinsichtlich dieser wird aber eindeutig die rechtmäßige Besitzlage wiederhergestellt (BGH, NStE, StGB, § 259 Nr. 2; instruktiv *Stoffers*, Jura 1995, 113 ff.). Methodisch handelt es sich bei dieser Betrachtungsweise um eine am geschützten Rechtsgut ausgerichtete teleologische Reduktion des Tatbestands (*Maurach/Schroeder/Maiwald*, BT-1, § 39 Rn. 32). Diese muß konsequenterweise auch dann vorgenommen werden, wenn der Geschädigte „gutgläubig" ist, d. h. die ihm angebotene Sache nicht wiedererkennt.

> **Beachte:** Bei der letztgenannten Fallgestaltung sind allerdings einerseits Betrug (§ 263 I) zum Nachteil des ursprünglich Geschädigten und andererseits versuchte Hehlerei (§§ 259 III, 22) zu erwägen (Schönke/Schröder-*Stree*, § 259 Rn. 33).

Danach kann im Fall des Ankaufs der hehlereitauglichen Sache durch eine Versicherung in Ergänzung des oben Ausgeführten (vgl. *Rn. 45*) auch nichts anderes gelten, wenn diese zwar noch keine Leistungen an den durch die Vortat Geschädigten erbracht und dementsprechend keine eigenständige zivilrechtliche Rechtsposition begründet hat, sofern sie nur die Weiterleitung der Sache an den Versicherungsnehmer anstrebt. 48

Eine ähnliche Problematik entsteht, wenn ein Vortäter entgegen seiner ursprünglichen Planung eine bereits an einen Hehler weitergegebene Sache von diesem zurückkauft. Hier soll nach einer Auffassung eine Hehlerei des Vortäters bereits nach dem Wortlaut des § 259 I selbst ausscheiden, weil der Vortäter nicht „ein anderer" i. S. der Vorschrift sei (so wohl *Maurach/Schroeder/Maiwald*, BT-1, § 39 Rn. 45). Diese Argumentation greift jedoch zu kurz. Denn die im Anschluß an die Vortat an der Sache begangene Hehlerei ist ihrerseits vermögensverletzende und damit taugliche Vortat für eine – zusätzliche – Hehlerei nunmehr des Vortäters (vgl. *Rn. 6*; insofern überzeugend auch *Geppert*, Jura 1994, 100 [103]). Jedoch ist es auch bei dieser Rückerwerbskonstellation richtig, eine strafwürdige Perpetuierung der rechtswidrigen Besitzposition zu verneinen, weil letztlich nur die schon durch die erste Vortat herbeigeführte Lage wiederhergestellt wird (so z. B. *Krey*, BT-2, Rn. 578; a. A. *Geppert*, Jura 1994, 100 [103]). 49

b) (1) Das Merkmal „Absetzen" bedeutet nach allgemeiner Ansicht die im Einverständnis mit dem Vortäter (oder Zwischenhehler) in dessen Interesse, im übrigen aber selbständig vorgenommene wirtschaftliche Verwertung der Sache durch entgeltliche rechtsgeschäftliche Weitergabe an einen gut- oder bösgläubigen Dritten (*Tröndle*, § 259 Rn. 18). Der Täter handelt also gewissermaßen „für fremde Rechnung, aber in eigener Regie" (*Wessels*, BT-2, Rn. 803). 50

Beispiel: A sagt dem Vortäter B zu, die entwendeten Sachen als „Verkaufskommissionär" an Dritte zu veräußern, und bekommt zu diesem Zweck die Schlüssel zum Versteckort ausgehändigt (BGH, NStZ 1983, 455).

(2) Absatzhilfe begeht, wer den Vortäter (oder Zwischenhehler) beim Absetzen unmittelbar unterstützt. Es handelt sich um einen Fall der tatbestandlich verselbständigten Beihilfe (SK-*Samson*, § 259 Rn. 29). 51

Darunter ist jede vorbereitende, ausführende oder sonst helfende Tätigkeit zu verstehen, die jedoch – darin besteht der Unterschied zum dogmatisch gleichgestellten Absetzen – im Verhältnis zum Unterstützten weisungsabhängig und unselbständig erbracht wird (*Wessels*, BT-2, Rn. 803). 52

Beispiele: Dieses Merkmal sollen etwa die Übernahme der Diebesbeute unter der Zusage, sie zum vorgesehenen Umsatzort zu transportieren (BGH, NStZ 1990, 539), die Vermittlung von

Kaufinteressenten (*Lackner/Kühl*, § 259 Rn. 15), das Umschlagen von Motor- und Karosserienummern bei gestohlenen Fahrzeugen, das Fälschen von Fahrzeugpapieren sowie das Umschleifen gestohlener Schmuckstücke erfüllen (BGHSt 26, 358 [362 f.] – „*Absatzhilfefall*").

53 Die Frage, ob es genügt, wenn der Täter dem Vortäter lediglich gestattet, ein gestohlenes Auto für die Dauer der polizeilichen Ermittlungen in seiner Garage unterzustellen, ist dagegen zu verneinen (offengelassen von BGH, JR 1996, 344 m. krit. Anm. *Paeffgen*). Es reicht auch nicht aus, wenn der Täter die Reparatur eines durch eine Vortat erbeuteten Fernsehers übernimmt, der erst im Anschluß veräußert werden soll (BGH, NStZ 1994, 395 f.). Anders soll aber dann zu entscheiden sein, wenn der Verwahrer den Absatz der bei ihm gelagerten Sache bereits versucht hat oder die Lagerung zumindest mit dem Ziel der Durchführung eines bereits feststehenden Absatzplans erfolgt (BGH, JR 1989, 383 m. krit. Anm. *Stree*).

> **Merke:** Absetzen und Absetzenhelfen stellen jeweils eine Unterstützung von Absatzbemühungen des Vortäters dar. Diese Hilfe des Hehlers wird beim Absetzen selbständig, beim Absetzenhelfen dagegen unselbständig erbracht (BGH, JR 1989, 383 f.).

54 (3) Während die dargestellten Grundsätze weitgehend anerkannt sind, kann ihre konkrete Anwendung ausgesprochen problematisch sein. Insbesondere ist es umstritten, ob eine vollendete Tatbegehung durch die Handlungsvarianten der zweiten Gruppe den Erfolg der auf den Absatz der Beute zielenden Bemühungen voraussetzt.

55 Der BGH verneint diese Frage mit folgenden **Argumenten:**

56 ❑ Er betont die Entstehungsgeschichte der Vorschrift, in die die Merkmale „Absetzen" und „Absetzenhelfen" erst durch das EGStGB vom 2. März 1974 eingefügt wurden. Sie traten an die Stelle des „Mitwirkens beim Absatz". Für dessen Vollendung aber war nach damals h. M. eine auf den Absatz zielende Tätigkeit ausreichend, selbst wenn dieser nicht erreicht wurde. An dieser Auslegung wollte der Gesetzgeber nichts ändern. Er wollte lediglich klarstellen, „daß Hehler auch derjenige ist, der die Sache zwar im Einverständnis mit dem Vortäter, aber sonst völlig selbständig auf dessen Rechnung absetzt", und hat deshalb neben der Absatzhilfe das Absetzen gesondert benannt (BT-Dr. 7/550, S. 253).

57 ❑ Der neue Wortlaut steht der historisch geprägten Auslegung jedenfalls nicht entgegen. Dies gilt besonders für das Absetzenhelfen, das zwanglos als Hilfe zu ggf. auch vergeblichen Absatzbemühungen verstanden werden kann.

58 ❑ Zudem sind dem Strafrecht vom Erfolg gelöste Unterstützungstatbestände, wie z. B. bei der Förderung sexueller Handlungen Minderjähriger (§ 180 I Nr. 2) und der Begünstigung (§ 257) nicht fremd (BGHSt 26, 358 [360 ff.] – „*Absatzhilfefall*").

59 ❑ Auch das Absetzen verlangt aber keinen Absatzerfolg. Andernfalls wird der unselbständige Absatzhelfer auch dann wegen vollendeter Hehlerei verurteilt, wenn

der beabsichtigte Absatz scheitert, der selbständig agierende Absetzer dagegen nur wegen Versuchs (BGHSt 27, 45 [51] – „*Ölgemäldefall*").

Dieser Auffassung widerspricht die h. L. vehement. Sie setzt mit der Auslegung methodisch sauber beim Wortlaut an. 60

Argumente:

❑ Bezüglich des Merkmals „Absetzen" überschreitet es dessen möglichen Wortsinn – der die Auslegung eines Gesetzes stets zwingend begrenzt –, wenn man insoweit den bloßen Versuch genügen läßt (*Lackner/Kühl*, § 259 Rn. 13; *Krey*, BT-2, Rn. 591 f., 597 ff.; so auch OLG Köln, NJW 1975, 987 f.). Beispielsweise genügt es für die Vollendung des § 212 I auch nicht, das Töten lediglich zu versuchen. 61

❑ Ein Vergleich mit den Modalitäten der ersten Gruppe stützt diese Ansicht. Dort reicht der bloße Versuch, die eigene Verfügungsgewalt über die Sache zu erlangen, zur Vollendung der Tat ebenfalls nicht. Ein Grund für eine unterschiedliche Interpretation des Absetzens ist nicht ersichtlich. 62

❑ Der Hehlereitatbestand bezweckt insgesamt, die Vertiefung der durch die Vortat geschaffenen rechtswidrigen Vermögenslage durch Weiterschieben der Beute zu verhindern (vgl. *Rn. 1, 38*; SK-*Samson*, § 259 Rn. 26; *Krey*, BT-2, Rn. 594 f.; differenzierend *Wessels*, BT-2, Rn. 808). 63

❑ Da § 259 III den Versuch der Hehlerei ohnehin unter Strafe stellt, bedarf es der weiten Auslegung des BGH nicht. 64

Beispiel: A erwirbt – wie ihm bekannt ist – einen gestohlenen Pkw. Als die Entdeckung droht, gestattet B in Kenntnis der Herkunft des Wagens A mit dem Ziel der Durchführung eines bereits bestehenden Absatzplans, diesen kostenlos in seiner Garage unterzustellen. – Kommt es nicht zu einem Absatzerfolg, macht sich B nur nach Auffassung des BGH einer vollendeten Hehlerei (§ 259 I) schuldig.

Stellungnahme:

Die – vor allem methodisch – besseren Argumente sprechen für die h. L. Folgt man dem aber, so muß eine Bestrafung wegen vollendeter Absatzhilfe ebenfalls voraussetzen, daß der angestrebte Absatz tatsächlich geglückt ist, um den auch vom BGH erkannten Wertungswiderspruch zwischen den beiden Tatvarianten der zweiten Gruppe zu vermeiden (vgl. *Rn. 59*; OLG Köln, NJW 1975, 987 f.; *Lackner/Kühl*, § 259 Rn. 13; SK-*Samson*, § 259 Rn. 31). 65

Vertiefungshinweis: Da das Bemühen um Absatz geeignet sein muß, die rechtswidrige Vermögenssituation aufrechtzuerhalten oder zu vertiefen, liegt auch nach Ansicht des BGH versuchte Hehlerei vor, wenn der Täter ausschließlich mit einem von ihm als solchen nicht erkannten Polizeibeamten verhandelt und diesem das Diebesgut anbietet (BGH, NStZ 1997, 493).

Hauptprobleme der Tathandlungen:

Tathandlung			
Gruppe 1		Gruppe 2	
Sichverschaffen	Ankaufen	Absetzen	Absetzenhelfen
Auch bei Drohung oder Täuschung durch den Hehler? (*Rn. 37 ff.*)	Genügt Rückkauf durch Vortäter, Geschädigten oder Versicherung? (*Rn. 45 ff.*)	Ist zur Vollendung ein Absatzerfolg erforderlich? (*Rn. 54 ff.*)	

II. Subjektiver Tatbestand

1. Vorsatz

66 Subjektiv ist zunächst erforderlich, daß der Täter vorsätzlich handelt. Einhellig wird insoweit das Vorliegen bedingten Vorsatzes als ausreichend angesehen (BGH, NStZ 1983, 264). Der Täter muß somit gewollt eine der Hehlereihandlungen begehen, obwohl er weiß oder es (zumindest) für möglich hält, daß

- der Vortäter die Sache durch eine rechtswidrige Tat erlangt hat, wobei die Vorstellung irgendeiner gegen fremde Vermögensinteressen gerichteten Tat in groben Zügen, also nicht in allen Einzelheiten genügt (BGH, NStZ 1992, 84), und
- eine rechtswidrige Vermögens- bzw. Besitzlage noch besteht, die durch das bewußt einvernehmliche Zusammenwirken mit dem Vortäter aufrechterhalten wird. Bei den Tatvarianten des Absetzens und des Absetzenhelfens muß der Täter zudem (wenigstens) die Möglichkeit erkennen, daß er durch sein Verhalten die Interessen des Vortäters fördert.

67 Erlangt der Täter erst nach der Gewahrsamserlangung an der Sache Kenntnis über deren deliktische Herkunft oder nimmt eine solche zu diesem Zeitpunkt zumindest in Kauf, ist dem Vorsatzerfordernis nur genügt, wenn es dann zu einer Tathandlung i. S. des § 259 I kommt (BGHSt 2, 135 [138]; BGHSt 15, 53 [58]).

2. Bereicherungsabsicht

68 Darüber hinaus muß der Täter nach § 259 I handeln, um sich oder einen Dritten zu bereichern. Verlangt wird demnach Absicht (= dolus directus 1. Grades), d. h. es muß dem Täter – ggf. neben weiteren Zwecken – gerade auf die Bereicherung im Sinne eines erstrebten Ziels ankommen (SK-*Samson*, § 259 Rn. 36). Der Annahme dieser Absicht steht nicht entgegen, daß der Täter bezüglich des objektiven Tatbestands lediglich bedingt vorsätzlich gehandelt hat (vgl. BGHSt 35, 325 [327 f.]; *Tröndle*, § 15 Rn. 6).

69 a) Bereicherungsabsicht ist nur zu bejahen, wenn ein Vermögenszuwachs erzielt werden soll, so daß Vorteile ohne Geld- bzw. Vermögenswert nicht erfaßt werden. Der bloße Besitz einer Sache stellt ebenfalls keine Bereicherung i. S. der Vorschrift

dar, weil andernfalls praktisch jedes Sichverschaffen in der diesbezüglichen Absicht erfolgen würde (*Tröndle*, § 259 Rn. 22). Ein Vermögenszuwachs scheidet im übrigen schon begrifflich aus, wenn der Täter zur Erlangung der aus der Vortat herrührenden Sache eine deren Wert entsprechende Gegenleistung erbringen oder einen Preis bezahlen muß, für den er die Sache auch im regulären Geschäftsverkehr hätte kaufen können (BGH, GA 1969, 62; *Otto*, BT, S. 277). Anders liegt es, wenn er durch Weiterverkauf der erlangten Sache den üblichen Geschäftsgewinn erzielen will (BGH, MDR/H 1981, 267).

Beispiele: Erwirbt A von D Ausweispapiere, die dieser gestohlen hat, weil er (A) meint, diese „immer 'mal gebrauchen zu können", ohne mit der Besitzerlangung irgendeinen auf eine Verbesserung der Vermögenslage hinauslaufenden Zweck zu verfolgen, so handelt er ohne Bereicherungsabsicht, weil es an einer Sache mit offiziellem Handelswert fehlt (BGH, MDR/H 1983, 92; BGH, GA 1986, 559).

Ein derartiger Zweck kann jedoch bejaht werden, wenn der Täter mit Hilfe der Papiere „seine Identität bei Begehung von Straftaten" verschleiern und dadurch wirtschaftliche Vorteile erzielen will (BGH, MDR 1996, 118).

Bereicherungsabsicht ist ebenfalls anzunehmen, wenn ein Täter sich illegal einen Gegenstand, etwa eine Schußwaffe verschafft und dafür keinen oder einen hinter dem Schwarzmarktwert zurückbleibenden Preis bezahlt (BGH, StV 1982, 256).

b) Der Begriff der Bereicherungsabsicht ist mit dem des § 263 I (vgl. *§ 11 Rn.* 70 *149 ff.*) nur insoweit identisch, als der Täter eine günstigere Gestaltung der eigenen oder fremden Vermögensverhältnisse erstreben muß. Im Gegensatz zum Betrugstatbestand muß nach h. M. (BayObLG, NJW 1979, 2219 [2220]; *Lackner/Kühl*, § 259 Rn. 17; *Maurach/Schroeder/Maiwald*, BT-1, § 39 Rn. 40) die Bereicherungsabsicht weder rechtswidrig (a. A. *Arzt/Weber*, LH 4, Rn. 443) noch braucht der erstrebte Vermögensvorteil mit dem Objekt der Hehlerei stoffgleich zu sein (a. A. *Arzt*, NStZ 1981, 10 [13 f.]; *Seelmann*, JuS 1988, 39 [41 f.]).

Umstritten ist, ob für die Drittbereicherungsabsicht i. S. des § 259 I die Absicht 71 genügt, den Vortäter zu bereichern.

Beispielsfall 10: Garagenfall

A erwirbt – wie ihm bekannt ist – einen gestohlenen Pkw. Als die Entdeckung droht, 72 gestattet B dem A, den Wagen kostenlos in seiner Garage unterzustellen. B, der um die Herkunft des Pkw weiß, wird allein in der Absicht tätig, A den Besitz am Pkw zu erhalten, damit A ihn gewinnbringend weiterverkaufen kann.
Strafbarkeit des B?

Lösung:

B könnte sich wegen Hehlerei (§ 259 I) strafbar gemacht haben. Bei dem unterge- 73 stellten Pkw handelt es sich um „eine Sache, die ein anderer durch eine gegen fremdes Vermögen gerichtete Tat" (Vortat), nämlich durch Hehlerei erlangt hat.

74 Problematisch ist es, ob B Absatzhilfe geleistet hat. Nach zutreffender Ansicht fällt das Verhalten des B nicht unter das Merkmal der Absatzhilfe. Eine vollendete Hehlerei scheidet mithin aus (vgl. *Rn.* 65).

75 Der Prüfung bedarf daher, ob B sich einer versuchten Hehlerei (§§ 259 III, 22) strafbar gemacht hat. Der für den subjektiven Versuchstatbestand erforderliche Tatentschluß ist gegeben. Fraglich ist hingegen, ob die Absicht, den Vortäter zu bereichern, der Drittbereicherungsabsicht des § 259 I genügt.

76 (1) Nach Teilen des Schrifttums genügt die Absicht, den Vortäter zu bereichern (Schönke/Schröder-*Stree*, § 259 Rn. 50; so noch BGH, NJW 1979, 2621 [2622]). Die Absicht des B, A einen gewinnbringenden Verkauf des Pkw zu ermöglichen, ist danach ausreichend. B macht sich nach dieser Ansicht der versuchten Hehlerei (§§ 259 III, 22) strafbar.

Argumente:

77 ❏ Der Vortäter kann nicht Täter der Hehlerei sein; er ist daher Dritter. Dem Gesetz ist aber nicht zu entnehmen, daß Dritter nur eine Person sein kann, die außerhalb des tatbestandsmäßigen Geschehens steht (BGH, NJW 1979, 2621 [2622]).

78 ❏ Der Gesetzeszweck spricht für die Einbeziehung des Vortäters. Der Hehler, der dem Vortäter hilft, die Beute vorteilhaft abzusetzen, trägt ebenso zur Aufrechterhaltung der rechtswidrigen Besitzlage durch Weitergabe der Beute bei wie der Hehler, der eine andere Person bereichern will (Schönke/Schröder-*Stree*, § 259 Rn. 50).

79 ❏ Die gegenteilige Auffassung verwischt die Grenze zwischen Begünstigung und Hehlerei (Schönke/Schröder-*Stree*, § 259 Rn. 50).

80 (2) Nach der im Schrifttum überwiegenden und inzwischen auch vom BGH vertretenen Auffassung reicht die Absicht, den Vortäter zu bereichern, als Drittbereicherungsabsicht nicht aus (BGH, NStZ 1995, 595; *Lackner/Kühl*, § 259 Rn. 17; *Maurach/Schroeder/Maiwald*, BT-1, § 39 Rn. 38). Damit scheidet nach dieser Ansicht eine Strafbarkeit des B wegen versuchter Hehlerei aus, da ihm die vom Tatbestand vorausgesetzte Bereicherungsabsicht fehlt.

Argumente:

81 ❏ Während im objektiven Tatbestand des § 259 I der Vortäter als „anderer" bezeichnet ist, gebraucht das Gesetz für denjenigen, dem die Sache verschafft werden kann, den Begriff „Dritter". Aus dieser unterschiedlichen Begrifflichkeit folgt, daß der „Dritte" i. S. des subjektiven Tatbestandsmerkmals der Absicht mit dem „anderen" (= Vortäter) nicht identisch sein kann (BGH, NStZ 1995, 595).

82 ❏ Mit der Ergänzung des subjektiven Tatbestands um die Drittbereicherungsabsicht durch das EGStGB vom 2. März 1974 hat der Gesetzgeber nicht das Ziel verfolgt, auch die Absicht, den Vortäter zu bereichern, unter Strafe zu stellen. Vielmehr war es Ziel, die Strafbarkeit von „Gewerbegehilfen", die Hehlereihandlungen zum Vorteil ihrer Geschäftsherrn vornehmen, auf eine sichere rechtliche Grundlage zu stellen (BGH, NStZ 1995, 595 m. Nachw.).

❑ Nur diese Auslegung des Merkmals der Drittbereicherungsabsicht gewährleistet 83
klare tatbestandliche Konturen der Hehlerei und erlaubt eine trennscharfe Unterscheidung von Vor- und Nachtatbeteiligung (*Geppert*, Jura 1994, 100 [102]).

III. Qualifikationen

1. Gewerbsmäßige Hehlerei, Bandenhehlerei (§ 260)

Der Tatbestand des § 260 I enthält Qualifikationstatbestände zur Hehlerei. § 260 I 84
Nr. 1 normiert die gewerbsmäßige Begehung der Hehlerei (vgl. *§ 1 Rn. 153*; BGH, NStZ 1995, 85). Die Bandenhehlerei nach § 260 I Nr. 2 erfordert, daß der Täter als Mitglied einer Verbindung von mindestens zwei Personen handelt, die sich zur fortgesetzten Begehung von Raub, Diebstahl oder Hehlerei gebildet hat.

2. Gewerbsmäßige Bandenhehlerei (§ 260 a)

Eine weitere Qualifikation des § 259 I ist § 260 a. Gewerbsmäßige Bandenhehlerei 85
verlangt das kumulative Vorliegen der Qualifikationstatbestände des § 260 I Nr. 1 und 2 (*Lackner/Kühl*, § 260 a Rn. 1). Freilich erhöht die Vorschrift lediglich die Mindestfreiheitsstrafe des § 260 auf ein Jahr (Verbrechen, vgl. § 12 I).

C. Täterschaft und Teilnahme, Versuch, Konkurrenzen sowie Verfolgbarkeit

Täter und Mittäter der Vortat können an den aus der Vortat erlangten Sachen keine 86
Hehlerei begehen (BGHSt 7, 134 [137]; *Geppert*, Jura 1994, 100 [104]). Dies folgt für den Alleintäter bereits aus dem eindeutigen Wortlaut des Hehlereitatbestands, aber auch aus dessen Schutzzweck, denn vorausgesetzt ist ein einverständliches Zusammenwirken von Hehler und Vortäter (vgl. *Rn. 33*). Der Mittäter scheidet als Täter der Hehlerei aus, da auch für ihn die i. S. des § 25 II gemeinschaftlich begangene Tat nicht die Tat „eines anderen" ist.

Teilnehmer der Vortat, die im Anschluß an deren Begehung eine Sache aus der Beute 87
an sich bringen, unterfallen hingegen nach h. M. dem Tatbestand des § 259 I. Das gilt selbst dann, wenn die Teilnahme an der Vortat ausschießlich in der Absicht erfolgte, sich an der Beute oder an Teilen hiervon eine eigentümerähnliche Stellung zu verschaffen (BGHSt 33, 50 [52]; BGH, NStZ 1996, 493; *Krey*, BT-2, Rn. 579; a. A. Schönke/Schröder-*Stree*, § 259 Rn. 56 f.).

Beispiel: A und B stehlen gemeinschaftlich mehrere Computer aus dem Lager eines Elektronikgroßhandels. Die Geräte teilen sie unter sich auf. C, der den beiden sein Fahrzeug zum Transport der Beute zur Verfügung gestellt hat, erhält als Gegenleistung einen Computer.

A und B sind wegen gemeinschaftlich begangenen Diebstahls (§§ 242 I, 25 II), nicht aber wegen Hehlerei (§ 259 I) strafbar. Hingegen hat sich C wegen Beihilfe zum Diebstahl (§§ 242 I, 27) und wegen Hehlerei (§ 259 I) strafbar gemacht.

88 Gemäß § 259 III ist die versuchte Hehlerei strafbar, und zwar in allen vier Handlungsvarianten (zu Einzelheiten LK-*Ruß*, § 259 Rn. 40; Schönke/Schröder-*Stree*, § 259 Rn. 51 f.). Es genügt auch ein untauglicher Versuch derart, daß die angekaufte Sache nicht aus einer tauglichen Vortat stammt, der Täter dies aber für möglich gehalten und ggf. billigend in Kauf genommen hat (BGH, NStZ 1992, 84).

89 Das Konkurrenzverhältnis zwischen Teilnahme an der Vortat und Hehlerei ist in der Regel Tatmehrheit, da zwei verschiedene Handlungen vorliegen. Hiernach ist C im Beispiel *Rn. 87* wegen Beihilfe zum Diebstahl (§§ 242 I, 27) und Hehlerei (§ 259 I) in Tatmehrheit (§ 53) strafbar.

90 § 259 II macht unter den Voraussetzungen der §§ 247, 248 a die Strafverfolgung von einem Strafantrag des Verletzten, bei geringem Wert der gehehlten Sache alternativ von dem Bestehen eines besonderen öffentlichen Interesses an der Strafverfolgung abhängig (vgl. *§ 21 Rn. 11, 16*). Entscheidend ist die Geringwertigkeit der gehehlten Sache (*Wessels*, BT-2, Rn. 829; *Stree*, JuS 1976, 137 [144 f.];), nicht aber die der erstrebten Bereicherung (so aber *Lackner/Kühl*, § 259 Rn. 22; *Tröndle*, § 259 Rn. 24).

Kontrollfragen und Aufbau

I. Kontrollfragen

1. Ist zwischen Vortat und Hehlerei eine zeitliche Zäsur erforderlich?
   (*Rn. 10 ff.*)

2. Ist Hehlerei auch an Sachen möglich, die unter Einsatz der durch die Vortat erlangten Beute erworben wurden?
   (*Rn. 24 ff.*)

3. Setzt die Vollendung der Tathandlungen „Absetzen" und „Absetzenhelfen" das Gelingen der Weiterverschiebung der Beute voraus?
   (*Rn. 54 ff.*)

4. Genügt es für die Absicht i. S. des § 259 I, wenn der Täter ausschließlich den Vortäter bereichern will?
   (*Rn. 75 ff.*)

5. Können Mittäter an der Vortat bezüglich der durch diese erlangten Beute Hehler sein?
   (*Rn. 86*)

II. Aufbauschema

1. Tatbestand
    a) Objektiver Tatbestand
        (1) Tatobjekt
            – Sache
            – die ein anderer
            – gestohlen oder sonst durch eine gegen fremdes Vermögen gerichtete rechtswidrige Tat erlangt hat
        (2) Tathandlung
            – Ankaufen oder verschaffen
            – Absetzen oder absetzenhelfen
    b) Subjektiver Tatbestand
        (1) Vorsatz
        (2) Bereicherungsabsicht
2. Rechtswidrigkeit
3. Schuld
4. Strafverfolgungsvoraussetzungen (§ 259 II; vgl. *§ 21 Rn. 1 ff.*)

9. Teil. Unerlaubtes Entfernen vom Unfallort

§ 20. Unerlaubtes Entfernen vom Unfallort (§ 142)

Leitentscheidungen: BGHSt 24, 382 – „*Verfolgungsfahrtsfall*"; BayObLG, NJW 1989, 1685 – „*Trunkenheitsfall*"; OLG Hamm, NJW 1977, 207 – „*Feststellungsfall*"

Aufsätze: *Berz*, „Berechtigtes" und „entschuldigtes" Verlassen der Unfallstelle, Jura 1979, 125; *Geppert*, Unerlaubtes Entfernen vom Unfallort, Jura 1990, 78; *Küper*, Täuschung über Personalien und erschlichener Verzicht auf Anwesenheit bei der Unfallflucht (§ 142 Abs. 1 Nr. 1 StGB), JZ 1990, 510; *Paeffgen*, § 142 StGB – eine lernäische Hydra?, NStZ 1990, 365

Übungsfalliteratur: *Buttel/Rotsch*, Der praktische Fall – Strafrecht: Der ungeschickte Maler, JuS 1996, 327; *Mitsch*, Klausur Strafrecht: Der überfahrene Dackel, JA 1995, 32

A. Grundlagen

Nach einhelliger Ansicht soll § 142 die Feststellungen sichern, die zur Klärung der durch einen Unfall entstandenen zivilrechtlichen Ansprüche erforderlich sind. Er schützt somit allein private Feststellungs- und Beweissicherungsinteressen, nicht dagegen solche öffentlicher Art, etwa an umfassender Strafverfolgung (BGHSt 24, 382 [385] – „*Verfolgungsfahrtsfall*"). Der Sache nach handelt es sich um eine als abstraktes Vermögensgefährdungsdelikt ausgestaltete Vorschrift, deren Eingruppierung in den Abschnitt „Straftaten gegen die öffentliche Ordnung" demzufolge unzutreffend ist (*Lackner/Kühl*, § 142 Rn. 2; *Tröndle*, § 142 Rn. 4; *Geppert*, Jura 1990, 78).

1

B. Tatbestand

2 § 142 enthält insgesamt vier Begehungsvarianten, die sich – ohne jegliche Überschneidung – ergänzen.

Verhältnis der vier Begehungsvarianten zueinander:

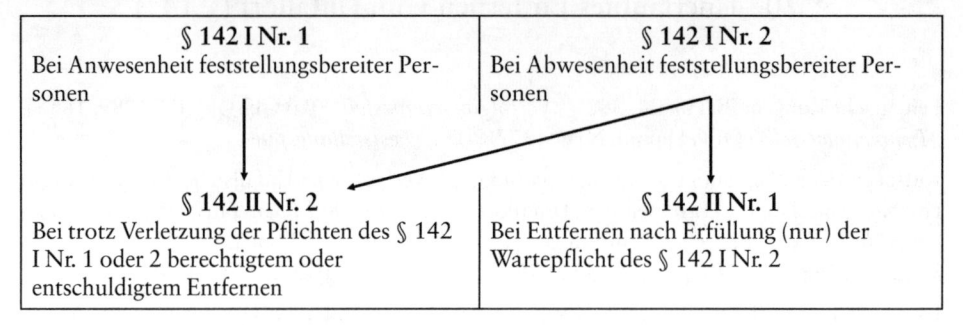

§ 142 I Nr. 1	§ 142 I Nr. 2
Bei Anwesenheit feststellungsbereiter Personen	Bei Abwesenheit feststellungsbereiter Personen
§ 142 II Nr. 2	**§ 142 II Nr. 1**
Bei trotz Verletzung der Pflichten des § 142 I Nr. 1 oder 2 berechtigtem oder entschuldigtem Entfernen	Bei Entfernen nach Erfüllung (nur) der Wartepflicht des § 142 I Nr. 2

3 Die fallbezogene Prüfung hat stets mit einer der beiden Ziffern des Absatzes 1 zu beginnen. Diese unterscheiden sich dadurch, daß § 142 I Nr. 1 die Anwesenheit sog. feststellungsbereiter Personen (vgl. *Rn. 19*) am Unfallort voraussetzt, während bei deren Fehlen nur die Nummer 2 einschlägig sein kann (*Otto*, BT, S. 406 f.; *Geppert*, Jura 1990, 78 [81]).

4 § 142 II knüpft an die tatbestandlichen Erfordernisse des Absatzes 1 an. Seine Anwendbarkeit ist jedoch anerkanntermaßen ausgeschlossen, wenn ein Täter entweder bereits nach § 142 I strafbar ist oder umgekehrt seine Bestrafung deshalb ausscheidet, weil er die ihm in § 142 I Nr. 1 auferlegten Pflichten (vgl. *Rn. 20 ff.*) erfüllt hat. § 142 II greift nur ein, wenn der Täter diesen Pflichten zwar nicht nachgekommen ist, sich aber berechtigt bzw. entschuldigt (Nr. 1) oder erst nach Ablauf der Wartefrist (Nr. 2) vom Unfallort entfernt hat (Schönke/Schröder-*Cramer*, § 142 Rn. 3; *Tröndle*, § 142 Rn. 7; *Geppert*, Jura 1990, 78 [82, 84]).

> **Merke:** § 142 I und § 142 II schließen sich ausnahmslos gegenseitig aus (BayObLG, NJW 1989, 1685 – „*Trunkenheitsfall*"; OLG Köln, DAR 1994, 204). Die jeweils zu prüfende Begehungsvariante ist genau zu bezeichnen, z. B. § 142 I Nr. 1.

I. Objektiver Tatbestand

1. Gemeinsame Voraussetzungen aller Begehungsvarianten

5 a) Für alle vier Varianten des § 142 I und II ist es erforderlich, daß sich ein Unfall i. S. der Norm ereignet hat. Das ist ein plötzlich eintretendes Ereignis im öffentlichen Straßenverkehr, das mit dessen typischen Gefahren in ursächlichem Zusammenhang steht und einen nicht ganz unerheblichen Personen- oder Sachschaden zur Folge hat (BGHSt 24, 382 [383] – „*Verfolgungsfahrtsfall*"; *Tröndle*, § 142 Rn. 9).

(1) Öffentlich sind zunächst die dem Verkehr förmlich gewidmeten Straßen, Wege und Plätze. Es kommt nicht darauf an, ob es sich um sog. fließenden oder ruhenden Verkehr handelt. Darüber hinaus sind alle Flächen öffentlich, deren Benutzung durch einen unbestimmten Kreis von Personen vom Berechtigten vorgesehen ist oder zumindest geduldet wird (Schönke/Schröder-*Cramer*, § 142 Rn. 15; *Geppert*, Jura 1990, 78 [79]). 6

Beispiele: Allgemein zugängliche Parkplätze und -häuser, etwa von Supermärkten, Hotels oder Vereinen, in der Regel aber nur während der üblichen Öffnungs-, Betriebs- bzw. Veranstaltungszeiten (LK-*Rüth*, § 142 Rn. 9; *Krey*, BT-2, Rn. 617 a).

(2) Schäden, die im Zusammenhang mit der Verwendung eines Kraftfahrzeugs verursacht werden, konkretisieren in aller Regel verkehrstypische Gefahren. 7

Es genügt jedoch ebenso, daß ein Schadenseintritt direkte Folge irgendeines anderen Verkehrsvorgangs ist. Ein Unfall gemäß § 142 ist mithin auch dann zu bejahen, wenn das Pferd eines Reiters einem Passanten einen Tritt versetzt (OLG Celle, Nds.Rpfl. 1996, 209), ein von einem Kunden benutzter Einkaufswagen auf dem Parkplatz eines Supermarkts gegen ein dort abgestelltes Auto rollt und dieses beschädigt (OLG Koblenz, MDR 1993, 366) sowie wenn zwei Radfahrer oder zwei Fußgänger zusammenprallen (*Tröndle*, § 142 Rn. 10 a. E.; *Geppert*, Jura 1990, 78 [80]; a. A. Schönke/Schröder-*Cramer*, § 142 Rn. 17: zumindest ein Fahrzeug muß beteiligt sein). 8

❏ Zweifelhaft kann es sein, ob ein Unfallereignis auch auf verkehrstypischen Gefahren beruht, wenn es **vorsätzlich** herbeigeführt wird. Das ist zu verneinen, wenn alle daran Beteiligten dessen Verursachung wollen, beispielsweise um im Anschluß die Versicherung betrügerisch (§ 263) zur Regulierung des – vermeintlichen – Unfallschadens zu veranlassen. Denn bei dieser Konstellation liegen dem Ereignis weder verkehrstypische Risiken zugrunde noch ist es für die Beteiligten „plötzlich". 9

Anders entscheidet die h. M. jedoch zu Recht, wenn nur ein Verkehrsteilnehmer bzgl. der Schadensherbeiführung vorsätzlich gehandelt hat. Zwar ist es richtig, daß dem Unfallbegriff etwas „Ungewolltes" immanent ist (*Hartman-Hilter*, NZV 1995, 340). Dafür genügt es aber, daß der schädigende Vorfall für wenigstens einen Beteiligten unvorhergesehen und unerwünscht eintritt (BGHSt 24, 382 [383] – „*Verfolgungsfahrtsfall*"; Schönke/Schröder-*Cramer*, § 142 Rn. 18; *Tröndle*, § 142 Rn. 12; a. A. SK-*Rudolphi*, § 142 Rn. 15; *Roxin*, NJW 1969, 2038 f.). 10

Allerdings ist immer ein gewisser Verkehrsbezug erforderlich. Daran fehlt es insbesondere, wenn ein Kraftfahrzeug nicht zumindest auch zur Fortbewegung, sondern ausschließlich als Tatwerkzeug eingesetzt wird (BGHSt 24, 382 [384] – „*Verfolgungsfahrtsfall*"; BayObLG, NStZ/J 1985, 540 [541]; *Wessels*, BT-1, Rn. 969; *Buttel/Rotsch*, JuS 1996, 327 [330]). 11

Beispiel: A benutzt sein Auto nur zu dem Zweck, seinen Konkurrenten zu töten oder das Gartentor des mit ihm verfeindeten Nachbarn zu zerstören (BGHSt 24, 382 [384] – „*Verfolgungsfahrtsfall*").

12 ❑ Nicht ausreichend sind auch Schäden, die nur in einem losen Zusammenhang mit dem Straßenverkehr stehen und letztlich auf einem verkehrsfremden Vorgang beruhen.

Beispiel: A will mit seinem Auto eine Tiefgarage verlassen. Als die an der Ausfahrt befindliche Schranke infolge eines Defekts blockiert, bedient A sie per Hand und beschädigt sie dabei (BayObLG, NZV 1992, 326).

13 (3) Vom Unfallbegriff werden schließlich Schäden nicht erfaßt, die völlig unerheblich sind (OLG Düsseldorf, NJW 1989, 2763 [2764]). Das trifft bei Körperverletzungen z. B. auf harmlose Schürfwunden und Kratzer sowie – unter Berücksichtigung der beim § 248 a geltenden Geringwertigkeitsgrenze (vgl. *§ 1 Rn. 181*) – auf Sachschäden unterhalb von 50,- DM zu (ähnlich *Geppert*, Jura 1990, 78 [80]; etwas strenger *Jagusch/Hentschel*, § 142 Rn. 28; wesentlich großzügiger Schönke/Schröder-*Cramer*, § 142 Rn. 9: bis 300,- DM).

14 b) Nur ein Unfallbeteiligter kann sich wegen unerlaubten Entfernens vom Unfallort strafbar machen. Nach der Legaldefinition (§ 142 IV) ist das jeder, dessen Verhalten nach den Umständen zur Verursachung des Unfalls beigetragen haben kann. Daraus folgt, daß es ausreicht, wenn zum Tatzeitpunkt die Möglichkeit bzw. ein nicht ganz unbegründeter Verdacht besteht, jemand habe wenigstens eine Mitursache für den Unfall gesetzt (*Tröndle*, § 142 Rn. 13; *Jagusch/Hentschel*, § 142 Rn. 29). Auf verkehrswidriges Verhalten oder gar Verschulden kommt es insoweit nicht an (*Lackner/ Kühl*, § 142 Rn. 3). Auch ein Beifahrer kann Unfallbeteiligter sein, wenn es aufgrund der konkreten Unfallsituation möglich erscheint, daß er beispielsweise ins Lenkrad gegriffen oder den Fahrer erheblich abgelenkt hat (OLG Karlsruhe, MDR 1980, 160; *Krey*, BT-2, Rn. 622; *Geppert*, Jura 1990, 78 [81]).

> **Merke:** Beteiligter gemäß § 142 IV kann nur sein, wer zum Zeitpunkt des Unfalls am Unfallort (vgl. *Rn. 16*) anwesend ist. Diese Voraussetzung erfüllt z. B. nicht, wer in zweiter Spur parkt und dadurch eine Kollision verursacht, aber noch vor dem Zusammenstoß den Geschehensort verlassen hat und erst im Anschluß daran zurückkehrt (OLG Stuttgart, NStZ 1992, 384).

2. Die zwei Varianten des § 142 I

15 Beide Varianten haben gemeinsam, daß der Täter sich vom Unfallort entfernen muß. Den Tatbestand erfüllt er dadurch aber nur, wenn er bestimmten ihm durch § 142 I auferlegten Pflichten zuvor nicht nachgekommen ist.

16 a) Unfallort ist die Stelle, an der sich der Unfall ereignet hat und die – ggf. – beteiligten Fahrzeuge zum Stehen gekommen sind, samt der unmittelbaren Umgebung (OLG Düsseldorf, JZ 1985, 543 [544]; *Tröndle*, § 142 Rn. 22). Dessen Ausmaß hängt von den Umständen des jeweiligen Einzelfalls ab. Jedenfalls ist der Radius des Unfallorts eher eng als weit zu ziehen (OLG Karlsruhe, NStZ 1988, 409 [410]).

17 b) Als Tathandlung verlangen beide Varianten des § 142 I, daß der Täter sich von dieser Stelle entfernt. Dafür ist es notwendig, daß er den Unfallbereich räumlich

§ 20. Unerlaubtes Entfernen vom Unfallort 231

verläßt. Auch die insoweit erforderliche Distanz läßt sich angesichts der Vielzahl denkbarer Fallgestaltungen nicht in einer exakten Meterangabe bestimmen. Das Sichentfernen ist aber stets vollendet, wenn sich der Täter infolge der Ortsveränderung nicht mehr in einem Bereich aufhält, in dem ein Zusammenhang mit dem Unfall noch ohne weiteres erkennbar ist, d. h. in dem feststellungsbereite Personen ihn vermuten und ggf. durch Befragen ermitteln würden (*Lackner/Kühl*, § 142 Rn. 11; Schönke/Schröder-*Cramer*, § 142 Rn. 43; *Otto*, BT, S. 407).

Um ein Entfernen i. S. der Vorschrift handelt es sich jedoch nur dann, wenn dem Verlassen des Unfallorts ein vom Willen des Täters getragenes Tun zugrunde liegt. Es fehlt deshalb an der Tathandlung, wenn ein am Unfall Beteiligter gegen oder ohne seinen Willen von der Unfallstelle entfernt wird (BayObLG, NJW 1993, 410; *Tröndle*, § 142 Rn. 23 a). **18**

Beispiele: Ein durch den Unfall Verletzter ist bewußtlos und wird in ein Krankenhaus eingeliefert.
Ein Unfallbeteiligter wird von der Polizei vorläufig festgenommen und widerstrebend zum nächsten Revier gebracht (*Geppert*, Jura 1990, 78 [82]).

c) Welche Pflichten ein Beteiligter erfüllen muß, um gemäß § 142 I erlaubt den Unfallort verlassen zu können, hängt davon ab, ob dort feststellungsbereite Personen anwesend sind. Dies können neben anderen Unfallbeteiligten und Geschädigten nicht nur Polizeibeamte sein, sondern auch jeder andere, der an der Unfallstelle gegenwärtig ist, sofern er nur die vorgesehenen Feststellungen zu treffen und an die Berechtigten weiterzugeben willens und in der Lage ist, beispielsweise Passanten oder Nachbarn (OLG Zweibrücken, DAR 1982, 332 [333]; OLG Koblenz, NZV 1996, 324; *Geppert*, Jura 1990, 78 [83]). **19**

(1) Bei Anwesenheit feststellungsbereiter Personen kommt nur § 142 I Nr. 1 in Betracht. Dieser sieht für jeden Unfallbeteiligten eine Anwesenheits- und eine sog. Vorstellungspflicht vor, und zwar mit dem Ziel, die Feststellung seiner Person, seines Fahrzeugs und der Art seiner Beteiligung zu ermöglichen. **20**

❏ Der **Anwesenheitspflicht** kommt ein Unfallbeteiligter schon durch schlichtes Verweilen am Unfallort nach. Es genügt also insoweit ein rein passives Verhalten ohne eigene Aufklärungstätigkeit (OLG Hamm, NJW 1977, 207 – „*Feststellungsfall*": Feststellungsduldungspflicht; OLG Zweibrücken, NJW 1989, 2765). Die genannte Pflicht beginnt mit dem Unfall und dauert der gesetzlichen Konzeption entsprechend an, bis die nötigen Feststellungen getroffen sind. Ist das geschehen oder aber haben alle Berechtigten auf weitere Feststellungen verzichtet, so ist die Anwesenheitspflicht beendet (*Otto*, BT, S. 407; vgl. auch OLG Düsseldorf, NZV 1992, 246). **21**

❏ Ebenso verhält es sich mit der **Vorstellungspflicht**. Diese verlangt von dem (bzw. den) Beteiligten als einziges aktives Tun „die Angabe, daß er an dem Unfall beteiligt ist". Eine weitergehende Mitwirkung ist – im Unterschied zum gemäß § 49 I Nr. 29 StVO lediglich bußgeldbewehrten § 34 I Nr. 5 StVO – nicht vorgeschrieben. Ein Unfallbeteiligter braucht daher weder Erklärungen zum konkreten Unfallgesche- **22** hen abzugeben noch gar sich selbst eines schuldhaften Verhaltens zu bezichtigen (BayObLG, NJW 1993, 410).

23 Gegenüber einem privaten Feststellungsinteressenten muß er nach h. M. folglich auch nicht seine Personalien angeben, Führerschein und Fahrzeugschein vorweisen oder seine Versicherung nennen (*Lackner/Kühl*, § 142 Rn. 18; *Tröndle*, § 142 Rn. 28; *Küper*, JZ 1990, 510; a. A. *Jagusch/Hentschel*, § 142 Rn. 34; *Maurach/Schroeder/Maiwald*, BT-1, § 49 Rn. 36). Allerdings hat er dann länger – ggf. bis zum Eintreffen der Polizei – am Unfallort zu bleiben (*Geppert*, Jura 1990, 78 [83 f.]).

> **Merke:** Die Vorstellungspflicht des § 142 I Nr. 1 erfordert lediglich die Mitteilung, an einem Unfall beteiligt gewesen zu sein. Nach h. M. entfällt sie unter Berücksichtigung ihres Zwecks, wenn alle ursprünglich anwesenden feststellungsbereiten Personen sich vom Unfallort entfernt haben (OLG Frankfurt a. M., NJW 1990, 1189 [1190]).

24 Gegen diese Pflicht verstößt demzufolge auch nicht, wer – nach dem eben Ausgeführten im Rahmen des § 142 I freiwillige – Angaben unzutreffend macht, etwa einen falschen Namen nennt, solange er dadurch nicht die Möglichkeit seiner Unfallbeteiligung selbst wieder zweifelhaft erscheinen läßt (OLG Karlsruhe, MDR 1980, 160). Unter dieser Prämisse handelt nach h. M. ebenfalls nicht pflichtwidrig i. S. der Vorschrift, wer am Unfallort Spuren beseitigt bzw. verwischt (*Wessels*, BT-1, Rn. 970; *Geppert*, Jura 1990, 78 [83]; a. A. *Maurach/Schroeder/Maiwald*, BT-1, § 49 Rn. 38).

> **Beachte:** Hat sich ein Unfallbeteiligter beiden Pflichten entsprechend verhalten oder haben alle Berechtigten auf deren (weitere) Erfüllung durch ihn verzichtet, so darf er sich vom Unfallort entfernen.

25 Da er dem Normappell in vollem Umfang nachgekommen ist, hat er nach vorzugswürdiger Ansicht bereits tatbestandslos gehandelt (*Jagusch/Hentschel*, § 142 Rn. 45; *Tröndle*, § 142 Rn. 17; *Maurach/Schroeder/Maiwald*, BT-1, § 49 Rn. 40; a. A. für den Fall des „Verzichts auf Feststellungen" Schönke/Schröder-*Cramer*, § 142 Rn. 71; SK-*Rudolphi*, § 142 Rn. 20: Rechtfertigung durch Einwilligung).

26 Bestehen die Pflichten dagegen noch, so erfüllt ein Entfernen vom Unfallort den Tatbestand des § 142 I Nr. 1. Dieses kann jedoch durch einen Rechtfertigungsgrund gedeckt sein. In Betracht kommt insoweit vor allem rechtfertigender Notstand gemäß § 34 (*Tröndle*, § 142 Rn. 38). Aber auch die Einwilligung der anderen Berechtigten kann rechtfertigend wirken, wenn z. B. zwar nicht auf weitere Feststellungen verzichtet wird, diese aber vereinbarungsgemäß an einem anderen Ort – etwa in der nächsten Autobahnraststätte oder auf dem nächsten Parkplatz – getroffen werden sollen (OLG Köln, NZV 1989, 197 [198]; *Jagusch/Hentschel*, § 142 Rn. 51; *Maurach/Schroeder/Maiwald*, BT-1, § 49 Rn. 47; instruktiv *Berz*, Jura 1979, 125 [126 Fn. 8]).

(2) Sind keine feststellungsbereiten Personen am Unfallort, so ist § 142 I Nr. 2 zu 27 prüfen. Bei dieser Begehungsvariante entfernt sich ein Unfallbeteiligter i. S. der Vorschrift erlaubt – handelt also tatbestandslos –, wenn er zuvor eine nach den Umständen angemessene Zeit gewartet hat. Welche Wartedauer angemessen ist, läßt sich nicht allgemeingültig sagen. Vielmehr hängt dies unter Beachtung des Maßstabs der Zumutbarkeit für den Unfallbeteiligten von den jeweiligen Umständen des Einzelfalls ab (zur umfangreichen Kasuistik *Jagusch/Hentschel*, § 142 Rn. 41; *Schönke/Schröder-Cramer*, § 142 Rn. 39; *Tröndle*, § 142 Rn. 31; zum Regulativ der Zumutbarkeit *Hartman-Hilter*, NZV 1995, 340 [341]).

Als diesbezüglich relevante Kriterien kommen vor allem die Schwere des Unfalls, 28 speziell Art und Höhe des entstandenen Fremdschadens in Betracht, darüber hinaus die äußeren Verhältnisse wie etwa Lage des Unfallorts, Tageszeit, Witterung und Verkehrsdichte sowie schließlich der Grad des Feststellungsbedürfnisses einerseits und die zur Sicherung der Feststellungen ergriffenen Maßnahmen andererseits (OLG Hamm, NJW 1977, 207 – „*Feststellungsfall*"; OLG Köln, DAR 1994, 204; *Lackner/Kühl*, § 142 Rn. 19; *Geppert*, Jura 1990, 78 [84]).

> **Beachte:** In der Praxis bringen Beteiligte oft Zettel mit ihren Personalien am Auto des Unfallgegners an und verlassen unmittelbar danach den Unfallort. Sie verwirklichen trotz ihres weitere Feststellungen fördernden Verhaltens § 142 I Nr. 2, weil die Wartezeit nach ganz h. M. dadurch in aller Regel nicht entfällt, sondern sich nur verkürzt (OLG Stuttgart, NJW 1981, 1107 [1108]; OLG Koblenz, NZV 1996, 324 [325]; *Krey*, BT-2, Rn. 634).

Da feststellungsbereite Personen nicht anwesend sind, kommt als Rechtfertigungs- 29 grund für ein vor Ablauf der Wartefrist erfolgtes Entfernen vom Unfallort namentlich die mutmaßliche Einwilligung in Frage (BayObLG, JZ 1983, 268; *Maurach/Schroeder/Maiwald*, BT-1, § 49 Rn. 52).

3. Die zwei Varianten des § 142 II

Beide Begehungsvarianten des § 142 II bauen auf dem ersten Absatz auf. Sie erwei- 30 tern dessen Anwendungsbereich, indem sie denjenigen Unfallbeteiligten, der sich aus bestimmten Gründen durch sein Entfernen vom Unfallort trotz unterbliebener Feststellungen nicht nach § 142 I strafbar gemacht hat (vgl. *Rn. 4*), ergänzend verpflichten, die Feststellungen unverzüglich nachträglich zu ermöglichen.

Diese Pflicht wird in § 142 III durch Bezeichnung des mindestens erforderlichen 31 Verhaltens beispielhaft konkretisiert (BGHSt 29, 138 [141]; *Geppert*, Jura 1990, 78 [85]). Danach muß der Beteiligte nicht nur sein Fahrzeug für eine ihm zumutbare Zeit zu unverzüglichen Feststellungen zur Verfügung halten, sondern auch den Berechtigten oder einer nahe gelegenen Polizeidienststelle – im Vergleich zum Absatz 1 weitergehende – Mitteilungen machen.

Daraus läßt sich ableiten, daß er grundsätzlich frei entscheiden kann, auf welchem 32

Weg er die nachträglichen Feststellungen ermöglichen will. Aus dem Zusammenspiel mit § 142 II folgt allerdings, daß der gewählte Weg die Feststellungen unverzüglich möglich machen muß, damit keine Verschlechterung der Beweislage eintritt (BGHSt 29, 138 [141]). Ist dies gewährleistet, genügen bei einem nächtlichen Unfall in der Regel die erforderlichen Mitteilungen in den folgenden Morgenstunden (OLG Köln, DAR 1994, 204). Denn unverzüglich heißt nicht sofort, sondern ohne vorwerfbares Zögern (OLG Hamm, NJW 1977, 207 [208] – *„Feststellungsfall"*; *Lackner/Kühl*, § 142 Rn. 26; *Tröndle*, § 142 Rn. 45 und 47).

33 **a)** Nach § 142 II Nr. 1 entsteht die Pflicht zur nachträglichen Ermöglichung der Feststellungen, wenn der Unfallbeteiligte im Falle der Abwesenheit feststellungsbereiter Personen vor dem Verlassen des Unfallorts angemessen lange gewartet und somit den Tatbestand des § 142 I Nr. 2 nicht verwirklicht hat.

34 **b)** Gleiches gilt nach § 142 II Nr. 2 für Konstellationen, bei denen eine Begehungsvariante des Absatzes 1 zwar tatbestandlich vorliegt, sich der Täter aber berechtigt oder entschuldigt vom Unfallort entfernt hat.

35 Berechtigt ist ein Verlassen der Unfallstelle, wenn es durch einen Rechtfertigungsgrund gedeckt ist, z. B. durch ausdrückliche oder mutmaßliche Einwilligung (vgl. *Rn. 21 f.*; BayObLG, JZ 1983, 268 [269]; OLG Düsseldorf, JZ 1985, 543 [544]; OLG Köln, NZV 1989, 197 [198]; *Tröndle*, § 142 Rn. 37).

> **Beachte:** Eine Einwilligung ist aber als unwirksam anzusehen, wenn sie durch Täuschung erschlichen oder abgenötigt worden ist. Sofern auch ein sonstiger Rechtfertigungsgrund fehlt, bleibt es dann bei einer Strafbarkeit gemäß § 142 I Nr. 1 (OLG Stuttgart, NJW 1982, 2266 [2267]; *Tröndle*, § 142 Rn. 17; einschränkend *Küper*, JZ 1990, 510 [517 ff.]).

36 Den Begriff des entschuldigten Sichentfernens legt die h. M. zu Recht weit aus. Danach ist es unerheblich, ob bei § 142 I ein Entschuldigungsgrund im technischen Sinn eingreift oder ob der Unfallbeteiligte den Unfallort aufgrund eines Schuldausschließungsgrundes „ohne Schuld" verlassen hat. Es kommen daher vor allem die §§ 17 S. 1, 20 und 35 I in Betracht (*Lackner/ Kühl*, § 142 Rn. 24; *Tröndle*, § 142 Rn. 40; *Berz*, Jura 1979, 125 [127]; vgl. aber auch *Paeffgen*, NStZ 1990, 365 [369]).

Beispielsfall 11: Zuviel gezecht

37 A hat in seiner Stammkneipe soviel Alkohol getrunken, daß er – was er für möglich hält – schuldunfähig ist, als er sich mit seinem Auto auf den Heimweg macht. Infolge eines alkoholbedingten Fahrfehlers beschädigt er unterwegs einen schmiedeeisernen Zaun. A bemerkt dies, stellt sein Fahrzeug am Rand der menschenleeren Straße ab und läuft so schnell wie möglich nach Hause. Am nächsten Tag holt er – wieder nüchtern – das Auto an der Unfallstelle ab, kümmert sich aber in keiner Weise um den von ihm angerichteten Schaden in Höhe von 2.000,– DM.
Strafbarkeit des A?

Lösung:

A hat sein Auto bis zum Unfall vorsätzlich im Zustand absoluter Fahruntüchtigkeit im Straßenverkehr geführt (§ 316 I). Aufgrund der Fahruntüchtigkeit hat er eine fremde Sache von bedeutendem Wert nicht nur gefährdet, sondern sogar beschädigt. Da er diesen Schaden nur fahrlässig verursacht hat, ist insoweit eine Gefährdung des Straßenverkehrs gemäß § 315 c I Nr. 1 a, III Nr. 1 gegeben. A darf jedoch wegen dieser rechtswidrigen Taten nicht bestraft werden, denn er hat nach § 20 ohne Schuld gehandelt. Es liegen damit aber die Voraussetzungen einer Strafbarkeit wegen Vollrauschs vor (§ 323 a I). 38

Darüber hinaus hat sich A nach einem Unfall im Straßenverkehr vom Unfallort entfernt. Da feststellungsbereite Personen nicht anwesend waren, hätte er zuvor eine angemessene Zeit warten müssen. Dies hat er nicht getan und somit an sich § 142 I Nr. 2 erfüllt. Nach dem oben Gesagten (vgl. *Rn.* 36) kommt allerdings noch § 142 II Nr. 2 in Betracht. Wäre diese Begehungsvariante gegeben, könnte § 142 I nicht zugleich einschlägig sein, da beide Absätze sich gegenseitig ausschließen (vgl. *Rn.* 4). Deshalb würde dann § 142 I Nr. 2 im konkreten Fall als (weitere) objektive Bedingung der Strafbarkeit i. S. des § 323 a entfallen. 39

Jedoch ist es umstritten, ob ein entschuldigtes Entfernen gemäß § 142 II Nr. 2 auch angenommen werden kann, wenn einem – dafür grundsätzlich genügenden – Schuldausschließungsgrund ein Zustand nur vorübergehender Schuldunfähigkeit, also namentlich eine Alkoholisierung, zugrunde liegt. 40

(1) Eine in Rechtsprechung und Teilen der Lehre vertretene Ansicht verneint dies (*Wessels*, BT-1, Rn. 979; *Otto*, BT, S. 409). 41

Argumente:

❑ Vor der Neufassung des § 142 im Jahre 1975 konnte dessen Verletzung unstreitig eine Rauschtat i. S. des Vollrauschtatbestands sein. Daran wollte der Gesetzgeber mit der Novelle nichts ändern (BayObLG, NJW 1989, 1685 – „*Trunkenheitsfall*"; Schönke/Schröder-*Cramer*, § 142 Rn. 54). 42

❑ Die Strafbarkeit sollte vielmehr erweitert und nicht umgekehrt gerade für Alkoholtäter eingeschränkt werden. Eine solche Einschränkung wäre aber oft die Folge der Erfassung stark alkoholisierter Unfallbeteiligter durch § 142 II Nr. 2. Ihnen wird zwar zunächst eine neue Pflicht auferlegt, nämlich nachträglich die erforderlichen Feststellungen zu ermöglichen. Kommen sie dieser Pflicht nach, ist aber nicht nur eine Bestrafung wegen unerlaubten Entfernens vom Unfallort rechtlich ausgeschlossen, sondern in der Praxis nicht selten auch die alkoholisierte Teilnahme am Straßenverkehr (§§ 315 c, 316, ggf. i. V. m. § 323 a) nicht mehr nachweisbar (BayObLG, NJW 1989, 1685 – „*Trunkenheitsfall*"; SK-*Rudolphi*, § 142 Rn. 39). 43

❑ § 142 II Nr. 2 erweitert den Anwendungsbereich des Absatzes 1. Als ergänzende – und zudem nicht unproblematische – Vorschrift ist sie eng auszulegen (*Krey*, BT-2, Rn. 647). 44

45 **(2)** Die gegenteilige Meinung hält § 142 II Nr. 2 auch auf einen nur vorübergehenden, speziell alkoholbedingten Schuldausschluß für anwendbar (*Jagusch/Hentschel*, § 142 Rn. 52; *Tröndle*, § 142 Rn. 40).

Argumente:

46 ❑ Grundsätzlich ist es allgemein anerkannt, daß gemäß § 20 zur Schuldunfähigkeit führende Zustände ein entschuldigtes Entfernen vom Unfallort begründen können. Es fehlt aber an jeglichem dogmatischen Anhaltspunkt dafür, einzelne dieser Zustände anders zu behandeln (*Berz*, Jura 1979, 125 [127 Fn. 11]).

47 ❑ Durch die zusätzliche Pflicht des § 142 II soll dem durch einen Unfall Geschädigten bestmöglich geholfen werden. Die an eine Verletzung dieser Pflicht geknüpfte Strafdrohung verliert jedoch weitgehend ihren Sinn, wenn ein Täter bereits nach § 323 a i. V. m. § 142 I endgültig strafbar ist (*Maurach/Schroeder/Maiwald*, BT-1, § 49 Rn. 53).

48 **(3) Stellungnahme:** Die zweite Auffassung wird dem Zweck des § 142, die zur Klärung der durch einen Unfall entstandenen zivilrechtlichen Ansprüche erforderlichen Feststellungen zu sichern, besser gerecht. Um das Erreichen dieses regelmäßig zugunsten Privater bestehenden Ziels zu fördern, ist das Risiko des Entstehens sog. Strafbarkeitslücken bzw. -defizite hinnehmbar.

49 **Ergebnis:** A hat sich demnach des unerlaubten Entfernens vom Unfallort in der Begehungsvariante des § 142 II Nr. 2 schuldig gemacht. Dazu steht der Vollrausch (§ 323 a I) im Verhältnis der Tatmehrheit (§ 53; vgl. *Rn. 54*).

II. Subjektiver Tatbestand

50 § 142 erfordert in allen Begehungsvarianten wenigstens bedingt vorsätzliches Verhalten (LK-*Rüth*, § 142 Rn. 82 ff.; Schönke/Schröder-*Cramer*, § 142 Rn. 76 f.; zu relevanten Irrtümern *Geppert*, Jura 1990, 78 [86]). Daran fehlt es etwa, wenn der Täter den Unfall überhaupt nicht bemerkt oder nicht gewollt hat, daß durch das Entfernen von der Unfallstelle alsbaldige Feststellungen vereitelt werden (OLG Zweibrücken, DAR 1982, 332 [333]; OLG Düsseldorf, NZV 1992, 246; OLG Koblenz, NZV 1996, 324 [325]).

Vertiefungshinweis: Umstritten ist die Frage, ob ein Beteiligter, der den Unfall z. B. nicht bemerkt und die Unfallstelle demzufolge ohne Vorsatz – also nicht nur berechtigt oder entschuldigt – verlassen hat, nach § 142 II Nr. 2 zur unverzüglichen nachträglichen Ermöglichung der Feststellungen verpflichtet ist, sofern er noch innerhalb eines zeitlichen und räumlichen Zusammenhangs vom Unfall Kenntnis erlangt (bejahend BGHSt 28, 129 [132 ff.]; *Tröndle*, § 142 Rn. 43; *Wessels*, BT-1, Rn. 977; verneinend wegen des Analogieverbots Schönke/Schröder-*Cramer*, § 142 Rn. 55; *Krey*, BT-2, Rn. 645 f.; *Geppert*, Jura 1990, 78 [84 f.]; differenzierend *Berz*, Jura 1979, 125 [127 f.]; *Mitsch*, JA 1995, 32 [37 f.]: beruht das Fehlen des Vorsatzes auf einem Erlaubnistatbestandsirrtum, greift § 142 II Nr. 2 „erst recht" ein, um eine Schlechterstellung des wirklich Gerechtfertigten zu vermeiden).

C. Täterschaft und Teilnahme, Versuch, Konkurrenzen sowie Entziehung der Fahrerlaubnis

Das unerlaubte Entfernen vom Unfallort ist ein sog. Sonderdelikt, weil Täter – in jeglicher Form – nur ein Unfallbeteiligter i. S. des § 142 IV sein kann (*Tröndle*, § 142 Rn. 13; *Mitsch*, JA 1995, 32 [39]). Andere Personen können nur Teilnehmer sein. Insofern gelten die allgemeinen Grundsätze, so daß bei Bestehen einer Garantenstellung insbesondere auch Beihilfe durch Unterlassen geleistet werden kann (Schönke/Schröder-*Cramer*, § 142 Rn. 82; SK-*Rudolphi*, § 142 Rn. 53). 51

> **Merke:** Die Eigenschaft als Unfallbeteiligter knüpft an die objektive Situation an und ist deshalb nach h. M. kein besonderes persönliches Merkmal gemäß § 28 I (*Lackner/Kühl*, § 142 Rn. 39; *Maurach/Schroeder/Maiwald*, BT-1, § 49 Rn. 65; *Otto*, BT, S. 406; a. A. *Tröndle*, § 142 Rn. 14).

Ein lediglich versuchtes unerlaubtes Entfernen vom Unfallort ist nicht unter Strafe gestellt (§§ 12 I, 23 I). Wer sich dagegen vom Unfallort entfernt und damit die Tat vollendet hat, kann auch durch baldige Ermöglichung der vorgesehenen Feststellungen nicht mehr gemäß § 24 strafbefreiend zurücktreten. Da es an einer planwidrigen Regelungslücke fehlt, scheidet eine analoge Anwendung von Vorschriften, die die sog. tätige Reue betreffen, ebenfalls aus (*Lackner/Kühl*, § 142 Rn. 38; *Tröndle*, § 142 Rn. 53; *Maurach/Schroeder/Maiwald*, BT-1, § 49 Rn. 66; a. A. *Otto*, BT, S. 409). 52

Das Sechste Gesetz zur Reform des Strafrechts hat in § 142 einen neuen Absatz 4 eingefügt, nach dem das Gericht die Strafe gemäß § 49 I mildert oder von Strafe absehen kann, „wenn der Unfallbeteiligte innerhalb von vierundzwanzig Stunden nach einem Unfall außerhalb des fließenden Verkehrs, der ausschließlich nicht bedeutenden Sachschaden zur Folge hat, freiwillig die Feststellungen nachträglich ermöglicht (Absatz 3)". Der bisherige Absatz 4 wird Absatz 5.

Durch die neue Regelung soll Tätern des § 142 I und II eine „goldene Brücke" gebaut werden und damit zugleich dem Anliegen stärkeren Schutzes privatrechtlicher Interessen der Geschädigten besser entsprochen werden (BT-Drucks. 13/8587, S. 57, 80; vgl. *Rn. 1*). Für die Abgrenzung zum bedeutenden Sachschaden kann auf die zu § 69 II Nr. 3 entwickelten Maßstäbe zurückgegriffen werden (vgl. *Rn. 56*).

Bei der Berechnung der 24stündigen Frist wollte der Gesetzgeber an die Deliktsvollendung anknüpfen (BT-Drucks. 13/8587, S. 57), d. h. an das Sichentfernen vom Unfallort. Nach dem Wortlaut des Gesetzes beginnt die Frist allerdings bereits mit dem – ggf. nicht unerheblich zeitlich vorangehenden – Unfall.

Als Delikte, die mit dem Sichentfernen tateinheitlich (§ 52) zusammentreffen können, kommen beispielsweise Mord, Totschlag, Aussetzung und unterlassene Hilfeleistung (§§ 211, 212, 221, 323 c; BGH, NJW 1992, 583 [584]), aber auch Widerstand 53 gegen Vollstreckungsbeamte (§ 113), Körperverletzungsdelikte (§§ 223 ff.), Gefährdung des Straßenverkehrs sowie Trunkenheit im Verkehr (§§ 315 c, 316; *Maurach/ Schroeder/Maiwald*, BT-1, § 49 Rn. 69) in Betracht.

54 Im Unterschied dazu besteht in der Regel Tatmehrheit (§ 53) zu Tatbeständen, die vor dem Unfall verwirklicht wurden oder erst zu ihm geführt haben. Das können etwa fahrlässige Tötung bzw. Körperverletzung (§§ 222, 230) sein, aber auch wiederum Trunkenheitstaten im Straßenverkehr (§§ 315 c, 316; *Otto*, BT, S. 410). Für den bis zum Unfallzeitpunkt reichenden Teil einer Trunkenheitsfahrt bleibt es auch dann bei Realkonkurrenz, wenn die Fahrt – an sich eine Dauerstraftat – im Anschluß fortgesetzt wird. Denn nach h. M. muß der durch § 142 I zum Verbleiben am Unfallort verpflichtete Beteiligte erst einen neuen Tatentschluß fassen, entgegen dieser Verpflichtung weiterzufahren. Der Unfall stellt m. a. W. eine **Zäsur** dar, und zwar unabhängig davon, ob der Täter sein Fahrzeug anhält (BGHSt 21, 203; SK-*Rudolphi*, § 142 Rn. 56; *Brückner*, NZV 1996, 266 [267]).

> **Merke:** Ist im Ergebnis eine Begehungsvariante des § 142 bejaht worden, so ist in der strafrechtlichen Referendarstation wie auch im zweiten Staatsexamen zwingend die Frage der Entziehung der Fahrerlaubnis zu erörtern.

55 Die Entziehung der Fahrerlaubnis, eine Maßregel der Besserung und Sicherung, ist grundsätzlich in § 69 I normiert. Für die danach erforderliche Ungeeignetheit zum Führen von Kraftfahrzeugen hat der Gesetzgeber Regelfälle benannt, zu denen unter bestimmten Voraussetzungen insbesondere das unerlaubte Entfernen vom Unfallort gehört (§ 69 II Nr. 3). Auf die Erörterung dieser Voraussetzungen beschränkt sich zumeist die Prüfung im Examen, weil nähere Angaben zur Persönlichkeit des Täters in Klausur- oder gar mündlichen Aufgaben üblicherweise nicht gemacht werden.

56 Insoweit ist häufig dazu Stellung zu nehmen, ob bei dem Unfall ein bedeutender Schaden an fremden Sachen entstanden ist. Dies ist ab einer Schadenshöhe von etwa 1.800,– bis 2.000,– DM zu bejahen (OLG Naumburg, NJW 1996, 1837; *Maurach/ Schroeder/Maiwald*, BT-1, § 49 Rn. 68). Bei deren Berechnung sind zwar Reparatur- und Abschleppkosten, nicht aber ggf. angefallene Sachverständigen- und Rechtsanwaltsgebühren sowie Mietwagenkosten zu berücksichtigen (LG Hamburg, NStZ 1995, 91; *Tröndle*, § 69 Rn. 13).

57 Darüber hinaus ist ggf. im Zusammenhang mit sonstigen prozessualen Problemen – etwa der Begründung des Anklageadressaten oder der Beantragung eines Haftbefehls – darauf einzugehen, ob die Fahrerlaubnis bereits vorläufig entzogen werden soll. Das ist nach § 111 a StPO der Fall, wenn dringende Gründe für die Anwendung des § 69 sprechen (*Tröndle*, § 69 Rn. 17).

Kontrollfragen und Aufbau

I. Kontrollfragen

1. Wie verhalten sich die vier Begehungsvarianten des § 142 zueinander?
   (Rn. 2 ff.)
2. Kann ein Unfall i. S. des § 142 auch vorsätzlich herbeigeführt werden?
   (Rn. 9 ff.)
3. Was beinhalten die in § 142 I vorgesehenen Anwesenheits-, Vorstellungs- und Wartepflichten?
   (Rn. 21 ff., 27 f.)
4. Hat ein Unfallbeteiligter die freie Wahl, auf welchem Weg er die Feststellungen i. S. des § 142 II nachträglich ermöglicht?
   (Rn. 32)
5. Erfaßt § 142 II Nr. 2 auch Zustände nur vorübergehender Schuldunfähigkeit?
   (Rn. 45 ff.)

II. Aufbauschema

1. Tatbestände

   a) Objektiver Tatbestand

   – Nach einem Unfall im Straßenverkehr
   – Als Unfallbeteiligter (§ 142 IV)
   – Sich vom Unfallort entfernen
   – Bevor er zugunsten der anderen Unfallbeteiligten und der Geschädigten die Feststellung seiner Person, seines Fahrzeugs und der Art seiner Beteiligung durch seine Anwesenheit und durch die Angabe, daß er an dem Unfall beteiligt ist, ermöglicht hat (§ 142 I Nr. 1) oder
   – Bevor er eine nach den Umständen angemessene Zeit gewartet hat, ohne daß jemand bereit war, die Feststellungen zu treffen (§ 142 I Nr. 2) oder
   – Sich nach Ablauf der Wartefrist vom Unfallort entfernen und die Feststellungen nicht unverzüglich nachträglich ermöglichen (§ 142 II Nr. 1) oder
   – Sich berechtigt oder entschuldigt vom Unfallort entfernen und die Feststellungen nicht unverzüglich nachträglich ermöglichen (§ 142 II Nr. 2)

   b) Subjektiver Tatbestand

   Vorsatz

2. Rechtswidrigkeit
3. Schuld

10. Teil. Besondere Strafverfolgungsvoraussetzungen der Eigentums- und Vermögensdelikte

§ 21. Strafantrag und besonderes öffentliches Interesse an der Strafverfolgung

Leitentscheidung: BGHSt 29, 54 – *„Hausgemeinschaftsfall"*
Aufsätze: *Otto*, Die neuere Rechtsprechung zu den Vermögensdelikten – Teil 1, JZ 1985, 21; *Otto*, Strafrechtliche Aspekte des Eigentumsschutzes (I), Jura 1989, 137
Übungsfalliteratur: *Michel*, Aus der Praxis: Der mißglückte Diebstahl, JuS 1992, 513

A. Grundlagen

Die Bedeutung von Strafantrag und besonderem öffentlichen Interesse ist in den beiden Staatsprüfungen unterschiedlich. Im ersten Examen wird insoweit kaum einmal ein Problem bestehen, weil die Klausuraufgaben üblicherweise die Vorgabe enthalten, alle ggf. erforderlichen Strafanträge seien gestellt. Daher genügt es regelmäßig, nach der Bejahung eines entsprechenden Tatbestands in einem abschließenden Satz – falls notwendig: mit kurzer Begründung – diese Erforderlichkeit festzustellen.

> **Merke:** Im zweiten Examen ist zu differenzieren. Handelt es sich um ein absolutes Antragsdelikt (vgl. *Rn. 7 ff.*), bedarf es also zu dessen strafrechtlicher Verfolgung zwingend der Stellung eines Strafantrags, so ist dessen Vorliegen bereits eingangs zu prüfen.

Denn in der zweiten Staatsprüfung soll eine möglichst praxisnahe Leistung erbracht werden. Daraus folgt, daß es auf tatbestandliche Voraussetzungen nicht mehr ankommt, wenn der Beschuldigte wegen eines Delikts aufgrund des Fehlens des Strafantrags ohnehin nicht verfolgt werden darf und das Verfahren insoweit gemäß § 170 II StPO eingestellt werden muß (*Kleinknecht/Meyer-Goßner*, § 170 Rn. 6).

Dagegen hat die entsprechende Prüfung bei einem relativen Antragsdelikt (vgl. *Rn. 13 ff.*), bei dem der fehlende Strafantrag grundsätzlich durch das seitens der Staatsanwaltschaft bejahte besondere öffentliche Interesse an der Strafverfolgung ersetzt werden kann, erst nach Feststellung der materiell-rechtlichen Voraussetzungen der Strafbarkeit zu erfolgen. Denn die Staatsanwaltschaft kann erst dann entscheiden, ob das besondere öffentliche Interesse besteht, wenn das Ausmaß des dem Beschuldigten zuzurechnenden Unrechts bestimmt ist.

B. Besondere Strafverfolgungsvoraussetzungen

4 Nach § 77 I ist grundsätzlich nur der Verletzte zum Stellen des Strafantrags berechtigt. Verletzter i. d. S. ist der Träger des durch die Tat unmittelbar verletzten bzw. gefährdeten Rechtsguts, also derjenige, in dessen Rechtskreis der Täter durch die verbotene Handlung eingegriffen hat (BGHSt 31, 207 [210]) bzw. bei einer nur versuchten Tat eingreifen wollte (Schönke/Schröder-*Eser*, § 248 a Rn. 17; *Michel*, JuS 1992, 513 [514 f.]). Dementsprechend ist beispielsweise beim Diebstahl nach h. M. neben dem Eigentümer auch der Gewahrsamsinhaber antragsberechtigt (vgl. § 1 Rn. 1).

5 Die §§ 77 II und III, 77 a sehen weitere Antragsberechtigte vor. Vorsicht ist besonders bei § 77 II 1 geboten, denn das Antragsrecht geht nur in den Fällen über, die das Gesetz bestimmt, z. B. in den §§ 194 I 5, 232 I 2.

6 Knüpft das Antragserfordernis an bestimmte Gegebenheiten an – etwa verwandtschaftliche Beziehung zwischen Täter und Opfer, Geringwertigkeit des Tatobjekts –, so kommt es allein auf deren tatsächliches Vorliegen an (BGHSt 18, 123 [125 ff.]; vgl. auch BGHSt 23, 281; *Tröndle*, § 247 Rn. 6 und § 248 a Rn. 7).

> **Merke:** Ein diesbezüglicher Irrtum des Täters ist unerheblich, weil für die Annahme von Strafverfolgungsvoraussetzungen stets nur die objektiven Umstände entscheidend sind.

I. Absolute Antragsdelikte

7 Die Verfolgung des unbefugten Gebrauchs eines Fahrzeugs, des Vereitelns der Zwangsvollstreckung sowie der Pfandkehr setzt ohne weiteres ausnahmslos die Stellung eines Strafantrags voraus (§§ 248 b III, 288 II und 289 III).

8 Unter bestimmten Umständen sind auch Diebstahl, Unterschlagung sowie Jagd- und Fischwilderei absolute Antragsdelikte. Für die Feststellung dieser Voraussetzungen kommt es ausschließlich auf die Tatzeit an (BGHSt 29, 54 [55 f.] – „*Hausgemeinschaftsfall*"; OLG Celle, JR 1986, 385; *Otto*, BT, S. 181).

9 § 247 erfaßt alle Diebstahls- und Unterschlagungsformen, d. h. auch besonders schwere Fälle und qualifizierte Tatbestände (§§ 242 bis 246; *Tröndle*, § 247 Rn. 1), sofern sich die Tat gegen einen Angehörigen i. S. des § 11 I Nr. 1, den Vormund (§§ 1773 ff. BGB) oder den Betreuer (§§ 1896 ff. BGB) richtet oder der Täter mit dem Verletzten in häuslicher Gemeinschaft lebt. Letzteres ist bei einer freigewählten Wohn- und Lebensgemeinschaft der Fall, die auf eine gewisse Dauer angelegt und ernstlich von dem Willen getragen ist, die aus der persönlichen Bindung folgenden Verpflichtungen zu übernehmen (BGHSt 29, 54 [56 f.] – „*Hausgemeinschaftsfall*"; *Wessels*, BT-2, Rn. 305; *Otto*, JZ 1985, 21 [26]).

Beispiele: Eine derartige Wohngemeinschaft kann etwa in Internaten, Klöstern, Kommunen und Altersheimen bestehen, wegen der fehlenden Freiwilligkeit nicht dagegen in Kasernen und Justizvollzugsanstalten (*Tröndle*, § 247 Rn. 4).

§ 294 verlangt – nur für Fälle der §§ 292 I, 293 I – einen Strafantrag bei Tatbegehung 10
durch einen Angehörigen gemäß § 11 I Nr. 1 oder durch einen in beschränktem Maße Jagd- oder Fischereiausübungsberechtigten (vgl. *§ 9 Rn. 17*).

Das eben zum Haus- und Familiendiebstahl Gesagte gilt für Hehlerei, Betrug, Com- 11
puterbetrug, Erschleichen von Leistungen und Untreue entsprechend, da bei diesen Delikten auf § 247 verwiesen wird (§§ 259 II, 263 IV, 263 a II, 265 a III, 266 III). Zudem ist § 247 nach h. M. auf die Entziehung elektrischer Energie analog anzuwenden (OLG Düsseldorf, NStE, § 248 c Nr. 1; *Tröndle*, § 248 c Rn. 9), sofern nicht ohnehin § 248 c III 2 eingreift.

Das **Sechste Gesetz zur Reform des Strafrechts** hat in § 248 c einen neuen Absatz 3 eingefügt, nach dem die §§ 247, 248 a nunmehr ausdrücklich entsprechend gelten (vgl. *Rn. 16*). Der bisherige Absatz 3 wird Absatz 4.

Die Begünstigung ist nur auf Antrag verfolgbar, wenn dies bei – gedachter – Bege- 12
hung der Vortat durch den Begünstiger insoweit auch der Fall wäre (§ 257 IV 1).

II. Relative Antragsdelikte

Gemäß § 248 a ist grundsätzlich ein Strafantrag notwendig, wenn sich Diebstahl und 13
Unterschlagung auf geringwertige Sachen beziehen (zur Wertgrenze vgl. *§ 1 Rn. 181*). Gemeint sind hier – wie ein Vergleich mit dem Wortlaut des § 247 ergibt – nur die §§ 242 und 246, bei letzterem auch der Qualifikationstatbestand (*Tröndle*, § 248 a Rn. 3). Erfaßt wird ebenfalls die Konstellation, bei der gerade die Geringwertigkeit der Beute nach § 243 II einen besonders schweren Fall ausschließt (Schönke/Schröder-*Eser*, § 248 a Rn. 4).

Die §§ 303 bis 303 b sind – ohne weitere Voraussetzungen – relative Antragsdelikte 14
(§ 303 c), nicht dagegen die gemeinschädliche Sachbeschädigung (§ 304).

Fehlt ein Strafantrag, so kann die Staatsanwaltschaft nach den §§ 248 a, 303 c statt 15
dessen das besondere öffentliche Interesse an der Strafverfolgung bejahen. Soweit im zweiten Examen ausnahmsweise zu dieser Problematik Stellung genommen werden muß, kommen als Gründe für die Annahme des besonderen öffentlichen Interesses z. B. – vor allem einschlägige – Vorstrafen des Beschuldigten oder auch generalpräventive Erwägungen in Betracht (SK-*Samson*, § 248 a Rn. 28; *Maurach/Schroeder/ Maiwald*, BT-1, § 33 Rn. 136).

§ 248 a wird ausdrücklich für sinngemäß bzw. entsprechend anwendbar erklärt für 16
Begünstigung, Hehlerei, Betrug, Computerbetrug, Erschleichen von Leistungen, Untreue und Mißbrauch von Scheck- und Kreditkarten (§§ 257 IV 2, 259 II, 263 IV, 263 a II, 265 a III, 266 III, 266 b II). Bei § 248 c I gilt § 248 a analog (OLG Düsseldorf, NStE, § 248 c Nr. 1).

Kontrollfragen

1. Inwiefern unterscheiden sich absolute und relative Antragsdelikte?
   (*Rn. 1 ff.*)
2. Wer ist berechtigt, einen Strafantrag zu stellen?
   (*Rn. 4 f.*)
3. Welche Kriterien können für die Frage des besonderen öffentlichen Interesses bedeutsam sein?
   (*Rn. 15*)

Anhang: Klausurfälle

A. Klausurfall (1. Examen): „Unverhoffte Beute"

Die Klausur war im Sommersemester 1997 an der Humboldt-Universität zu Berlin neben anderen als Besprechungsfall Gegenstand der Veranstaltung „Strafrechtliche Klausurenlehre".

A versucht nachts, einen Kiosk aufzubrechen. Er verspricht sich als Beute einen beträchtlichen Geldbetrag, da er weiß, daß der Inhaber des Kiosks die Tageseinnahmen in einer verschlossenen Kassette zurückgelassen hat. Als A ansetzt, mit einem Stemmeisen die Tür des Kiosks aufzuhebeln, bemerkt er einen Streifenwagen der Polizei. A geht davon aus, sein Vorhaben nicht mehr ausführen zu können, und flüchtet.

Nachdem A sich von dem Schrecken erholt hat und glaubt, nunmehr sei „die Luft rein", kehrt er nach etwa 40 Minuten zum Kiosk zurück, öffnet mit dem Brecheisen die Kiosktür und findet die gesuchte Geldkassette. Zu seiner Überraschung sieht er, daß sich im Kiosk auch eine Lieferung einer großen Menge Tabakwaren befindet.

A will diese nicht zurücklassen, kann allein aber nicht den Abtransport bewerkstelligen. Er nimmt daher die Geldkassette an sich und geht zu Fuß zu B. Diesem schildert er wahrheitsgemäß das bisher Vorgefallene und fordert ihn auf, ihm beim Abtransport der Tabakwaren behilflich zu sein. Da B unentschlossen ist, öffnet A die entwendete Kassette mit einem von B bereitgestellten Schraubenzieher und übergibt dem B aus der nun offenen Kassette zwei 100–DM-Scheine für die zu erwartenden „Unannehmlichkeiten". B nimmt diese Scheine sofort an sich und erklärt sich nunmehr bereit, A zu helfen.

A fährt zusammen mit B in dessen Auto zum Kiosk. Während des Herausschaffens und Verladens der Tabakwaren bleibt B im Auto sitzen. Schließlich fahren A und B wieder in die Wohnung des B. Von den Tabakwaren erhält B vereinbarungsgemäß nichts.

Wie haben sich A und B strafbar gemacht?

Etwa erforderliche Strafanträge sind gestellt.

Lösung:

1. Tatkomplex: Verhalten vor der Flucht (Strafbarkeit des A)

§§ 242 II, 22, 243 I 2 Nr. 1
  1. Tatbestand
    a) Subjektiver Tatbestand

      (1) Tatentschluß, eine fremde bewegliche Sache wegzunehmen   (+)
      (2) Absicht rechtswidriger Zueignung   (+)
   b) Objektiver Tatbestand
      Unmittelbares Ansetzen   (+)
2. Rechtswidrigkeit und Schuld   (+)
3. Rücktritt (§ 24 I 1 1. Alt.)
   ❏ A hat die weitere Tatausführung nicht freiwillig aufgegeben.   (-)
4. Regelbeispiel
   Einbrechen (§ 243 I 2 Nr. 1)
   ❏ Insbesondere nach der Rechtsprechung setzt die Indizwirkung des § 243 I 2 keine vollständige Verwirklichung des Regelbeispiels voraus, da kein tiefgreifender Wesensunterschied zwischen Tatbestandsmerkmalen und Regelbeispielen besteht (vgl. *§ 1 Rn. 167 ff.*). Hingegen gibt es nach zutreffender Auffassung der h. L. keinen Versuch eines besonders schweren Falls. Die Rechtsnatur von Regelbeispielen ist denen von Tatbestandsmerkmalen nicht vergleichbar, und ihre Gleichsetzung verstößt gegen Art. 103 II GG. Die Indizwirkung ist von der vollständigen Verwirklichung des Regelbeispiels abhängig (vgl. *§ 1 Rn. 172 ff.*).   (-)

2. Tatkomplex: Das Entwenden der Kassette (Strafbarkeit des A)

I. §§ 242 I, 243 I 2 Nr. 1 und 2
   1. Tatbestand
      a) Objektiver Tatbestand
         (1) Fremde bewegliche Sache   (+)
         (2) Wegnehmen   (+)
      b) Subjektiver Tatbestand
         (1) Vorsatz   (+)
         (2) Absicht rechtswidriger Zueignung   (+)
   2. Rechtswidrigkeit und Schuld   (+)
   3. Regelbeispiele
      a) Einbrechen (§ 243 I 2 Nr. 1)   (+)
      b) Diebstahl von gegen Wegnahme besonders gesicherten Sachen
         (§ 243 I 2 Nr. 2)
         ❏ Erforderlich ist es, daß der Verschluß die Gesamtsache gegen Wegnahme selbst besonders sichert. § 243 I 2 Nr. 2 scheidet aus, wenn der Täter – wie A – ein zwar verschlossenes, jedoch als Ganzes mühelos transportables Behältnis wegnimmt, um sich dieses oder auch nur dessen Inhalt zuzueignen (vgl. *§ 1 Rn. 145*).   (-)

II. § 303 I
   1. Tatbestand
      a) Objektiver Tatbestand
         (1) Fremde Sache   (+)
         (2) Beschädigen   (+)
      b) Subjektiver Tatbestand
         Vorsatz   (+)
   2. Rechtswidrigkeit und Schuld   (+)

3. Besondere Strafverfolgungsvoraussetzungen (Strafantrag; § 303 c) (+)
III. § 123 I
    1. Tatbestand
        a) Objektiver Tatbestand
            (1) Geschäftsraum (+)
            (2) Eindringen (+)
        b) Subjektiver Tatbestand
            Vorsatz (+)
    2. Rechtswidrigkeit und Schuld (+)
    3. Besondere Strafverfolgungsvoraussetzungen (Strafantrag, § 123 II) (+)
IV. Konkurrenzen
    Der Diebstahl im besonders schweren Fall (Einbruchsdiebstahl, §§ 242, 243 I 2 Nr. 1) konsumiert (Gesetzeseinheit) die Sachbeschädigung (§ 303 I) und den Hausfriedensbruch (§ 123 I).

3. Tatkomplex: Das gewaltsame Öffnen der Kassette

I. Strafbarkeit des A

§ 303 I
    1. Tatbestand
        a) Objektiver Tatbestand
            (1) Fremde Sache (+)
            (2) Beschädigen (+)
        b) Subjektiver Tatbestand
            Vorsatz (+)
    2. Rechtswidrigkeit und Schuld (+)
    3. Besondere Strafverfolgungsvoraussetzungen (Strafantrag, § 303 c) (+)

II. Strafbarkeit des B

§§ 303 I, 27 I
    1. Tatbestand
        a) Objektiver Tatbestand
            (1) Haupttat (+)
            (2) Gehilfenbeitrag (+)
        b) Subjektiver Tatbestand
            (1) Vorsatz bzgl. der Vollendung der Haupttat (+)
            (2) Vorsatz bzgl. des Gehilfenbeitrags (+)
    2. Rechtswidrigkeit und Schuld (+)
    3. Besondere Strafverfolgungsvoraussetzungen (Strafantrag, § 303 c) (+)

4. Tatkomplex: Die Übergabe der Geldscheine

I. Strafbarkeit des A

§ 246 I
- Tatbestand
  - Objektiver Tatbestand
    - Fremde bewegliche Sache (+)
    - Manifestation der Zueignung
      - ❏ Aus dem Wortsinn von „Zueignung" folgt, daß es um die Herstellung einer eigentümerähnlichen Herrschaft geht, somit fällt nur die erstmalige Zueignung unter den Tatbestand (vgl. § 3 Rn. 22 f.). (−)

II. Strafbarkeit des B

§ 259 I
1. Tatbestand
   a) Objektiver Tatbestand
      (1) Sache, die ein *anderer* gestohlen hat
      - ❏ Gehilfen der Vortat, die im Anschluß an deren Begehung eine Sache aus der Beute an sich bringen, unterfallen nach h. M. dem Tatbestand des § 259 I (vgl. § 19 Rn. 87). (+)
      (2) Sichverschaffen (+)
   b) Subjektiver Tatbestand
      (1) Vorsatz (+)
      (2) Bereicherungsabsicht (+)
2. Rechtswidrigkeit und Schuld (+)

5. Tatkomplex: Das Entwenden der Tabakwaren

A. Strafbarkeit des A

§§ 242 I, 243 I 2 Nr. 1
1. Tatbestand
   a) Objektiver Tatbestand
      (1) Fremde bewegliche Sache (+)
      (2) Wegnehmen (+)
   b) Subjektiver Tatbestand
      (1) Vorsatz (+)
      (2) Absicht rechtswidriger Zueignung (+)
2. Rechtswidrigkeit und Schuld (+)
3. Regelbeispiel
   Einbrechen (§ 243 I 2 Nr. 1)
   - ❏ A hat lediglich die zuvor geschaffene Lage ausgenutzt, da sein Vorsatz bei Verwirklichung des Regelbeispiels noch nicht auf die Tabakwaren gerichtet war. (−)

B. Strafbarkeit des B

I. §§ 242 I, 27 I
  1. Tatbestand
     a) Objektiver Tatbestand
        (1) Haupttat   (+)
        (2) Gehilfenbeitrag   (+)
     b) Subjektiver Tatbestand
        (1) Vorsatz bzgl. der Vollendung der Haupttat   (+)
        (2) Vorsatz bzgl. des Gehilfenbeitrags   (+)
  2. Rechtswidrigkeit und Schuld   (+)

II. §§ 242 I, 243 I 2 Nr. 1, 27 I
   Tatbestand
     Objektiver Tatbestand
        – Haupttat   (+)
        – Gehilfenbeitrag
          ❏ Entsprechend der inzwischen zu § 25 II h. M. ist auch bei der sukzessiven Beihilfe eine Zurechnung der Erschwerungsgründe ausgeschlossen, die beim Hinzutreten des B bereits abgeschlossen waren.   (-)

III. §§ 123 I, 27 I
  1. Tatbestand
     a) Objektiver Tatbestand
        (1) Haupttat   (+)
        (2) Gehilfenbeitrag   (+)
     b) Subjektiver Tatbestand
        (1) Vorsatz bzgl. der Vollendung der Haupttat   (+)
        (2) Vorsatz bzgl. des Gehilfenbeitrags   (+)
  2. Rechtswidrigkeit und Schuld   (+)
  3. Besondere Strafverfolgungsvoraussetzungen (Strafantrag; § 123 II) (+)

IV. Konkurrenzen
   Die Beihilfe zum Diebstahl (§§ 242 I, 27 I) und die Beihilfe zum Hausfriedensbruch (§§ 123 I, 27 I) stehen im Verhältnis der Tateinheit (§ 52).

Ergebnis und Gesamtkonkurrenzen

A. Strafbarkeit des A

A hat sich im ersten Tatkomplex wegen versuchten Diebstahls (§§ 242 II, 22) strafbar gemacht. Im zweiten Tatkomplex ist A wegen eines Diebstahls im besonders schweren Fall (§§ 242 I, 243 I 2 Nr. 1) strafbar. Die von A im dritten Tatkomplex durch das Öffnen der Kassette verwirklichte Sachbeschädigung (§ 303 I) ist im Verhältnis hierzu eine mitbestrafte Nachtat. Der Diebstahl im besonders schweren Fall (§§ 242 I, 243 I 2 Nr. 1) und der im fünften Tatkomplex verwirklichte einfache Diebstahl (§ 242 I) sind von einem einheitlichen Willen des A getragen und erscheinen aufgrund des engen räumlichen und zeitlichen Zusammenhangs für einen Dritten bei natürlicher Betrachtungsweise objektiv als ein einheitliches zusammengehöriges Tun. Sie bilden daher eine natürliche Handlungseinheit (vgl. BGHSt 4, 219 [220]) und stehen mithin im Verhältnis der Tateinheit (§ 52). Der versuchte Diebstahl (§§ 242 II, 22) steht hierzu im Verhältnis der Tatmehrheit (§ 53).

A ist mithin strafbar gemäß den §§ 242 II, 22; §§ 242 I, 243 I 2 Nr. 1, 242 I, 52; § 53.

B. Strafbarkeit des B

B hat sich im dritten Tatkomplex wegen Beihilfe zur Sachbeschädigung (§§ 303 I, 27 I), im vierten Tatkomplex wegen Hehlerei (§ 259 I) und im fünften Tatkomplex tateinheitlich (§ 52) wegen Beihilfe zum Diebstahl (§§ 242 I, 27 I) und wegen Beihilfe zum Hausfriedensbruch (§§ 123 I, 27 I) strafbar gemacht. Die in den verschiedenen Tatkomplexen verwirklichten Delikte stehen zueinander im Verhältnis der Tatmehrheit (§ 53).

B ist mithin strafbar gemäß den §§ 242 I, 123 I, 27 I, 52; §§ 303 I, 27 I; § 259 I; § 53.

B. Klausurfall (2. Examen): „Kriminalpolizist auf Abwegen"

Das Justizprüfungsamt Berlin hat die nachfolgende Aufgabe im Mai 1995 im Rahmen des zweiten Examens als Klausur im Pflichtfach Strafrechtspflege ausgegeben. Dabei waren der Sachverhalt hinsichtlich des Beschuldigten Zickler zu begutachten und die Entschließung der Staatsanwaltschaft zu entwerfen. Im Ergebnis wurden von 232 Bearbeitungen 6 mit gut (13 bis 15 Punkte), 19 mit vollbefriedigend (10 bis 12 Punkte), 59 mit befriedigend (7 bis 9 Punkte), 89 mit ausreichend (4 bis 6 Punkte) und 59 mit mangelhaft (1 bis 3 Punkte) bewertet.

Die Aufgabe wird im Originaltext wiedergegeben. Für die dafür erteilte Genehmigung danken wir sehr dem Präsidenten des Justizprüfungsamts Berlin, Herrn *Klaus-Peter Jürgens*. Wegen der Thematik dieses Buchs wurden jedoch zwei strafprozessuale Probleme eliminiert und auf den Abdruck eines Musters der zu erstellenden Anklageschrift verzichtet.

Der Polizeipräsident in Berlin   Berlin, den 22. Januar 1995
– Dir 4 VB II –

Strafanzeige

Im Anschluß an einen Notruf über 110 erhielten wir als Besatzung der Funkstreife 47/1 (PHM Rand, PHM Martin) um 11.35 Uhr von der Einsatzzentrale den Auftrag „Raubüberfall" in der Fuststraße 17 in 12459 Berlin, 2. Stock rechts. In der dort gelegenen Wohnung zeigte deren Mieterin, die ukrainische Staatsangehörige
    Natalia N i k a r s c h o v a,
    geb. 27. Mai 1958 in Kiew/Ukraine,
an, überfallen worden zu sein. Frau Nikarschova ist der deutschen Sprache mächtig. Sie erklärte nach erfolgter Rechtsbelehrung:

Vorausschicken muß ich, daß ich mich nur noch bis Ende Januar in Deutschland aufhalten und dann in meine Heimat zurückkehren werde. Ich habe in Berlin im Rahmen eines Stipendiums ein Forschungsvorhaben durchgeführt und kürzlich abgeschlossen. Jetzt bin ich dabei, meine Wohnung aufzulösen. Deshalb hatte ich seit 11.00 Uhr Besuch von meiner Nachmieterin, um über verschiedene Formalitäten zu sprechen. Bei der Nachmieterin handelt es sich um Frau Bettina Kirft.

Gegen 11.15 Uhr klingelte es an der Wohnungstür. Ich ging aus dem Wohnzimmer, wo Frau Kirft und ich Kaffee tranken, in den Flur, um nachzuschauen, wer es ist. Durch den „Spion" sah ich einen mir unbekannten Mann. Deshalb fragte ich, wer er sei und was er wolle. Er antwortete: „Aufmachen, Polizei!". Da mir die Sache komisch vorkam und ich außerdem in dem Gespräch mit Frau Kirft nicht gestört werden wollte, lehnte ich das ab und begab mich wieder ins Wohnzimmer.

Plötzlich hörten wir an der Wohnungstür lauten Krach. Es wurde offensichtlich dagegen getreten. Ich war vor Schreck wie gelähmt. Ein paar Sekunden später brach das Türschloß aus der Verankerung, und der Mann stürmte in die Wohnung. Er lief direkt auf mich zu, riß mich von der Couch und schlug meinen Kopf zweimal gegen den Schrank. Dann legte er den rechten Arm von hinten um meinen Hals und drückte so fest zu, daß ich für einen Moment glaubte, ersticken zu müssen. Dabei forderte er mich auf, ihm sofort das Geld zu geben, das ich bei der Bank abgeholt hätte. Dazu muß ich sagen, daß ich kurz vor dem Eintreffen von Frau Kirft auf der Bank gewesen bin und 6.000,- DM von meinem Konto abgehoben habe. Das Geld wollte ich für verschiedene Einkäufe für meine Wohnung in der Ukraine ausgeben. Das Abheben muß der Mann beobachtet und mich dann verfolgt haben.

Aus Angst habe ich dann dem Mann das Geld gegeben. Ich hatte es zuvor im Wohnzimmerschrank in eine Schublade getan. Auf dem Weg dorthin – es sind ungefähr fünf Meter – hielt mich der Mann weiter im Schwitzkasten und bedrohte mich mit den Worten: „Ich drück dir die Luft ab, wenn du nicht parierst". Das Geld bestand ausschließlich aus Hundertmark-Scheinen. Der Mann hat es sich in die Jackentasche gestopft und ist dann aus der Wohnung gerannt. Ich habe sofort die Polizei alarmiert. Frau Kirft hat sich während des ganzen Geschehens nicht gerührt, soweit ich weiß. Sie ist auch nicht tätlich angegriffen worden.

Es fällt mir schwer, den Mann zu beschreiben, weil alles so schnell ging. Er war m. E. mittelgroß, kräftig, hatte dunkle kurze Haare, einen imposanten Schnauzbart und trug eine schwarze Lederjacke sowie eine schwarze Jeans. Ob es wirklich ein Polizist war, kann ich nicht sagen. Als solcher ausgewiesen hat er sich jedenfalls nicht. Ich habe eine kleine Platzwunde am Hinterkopf erlitten und Kopfschmerzen.

Ich stelle aus allen rechtlichen Gesichtspunkten Strafantrag. Meine neue Anschrift in der Ukraine, unter der ich jederzeit geladen werden kann, hat der Vernehmungsbeamte notiert und zu den Akten genommen. Zudem bin ich bereit, meine Angaben in den nächsten Tagen vor einem Richter zu wiederholen.

Geschlossen:	Selbst gelesen, genehmigt und unterschrieben:
Rand, PHM	Natalia Nikarschova

Der Polizeipräsident in Berlin Berlin, den 22. Januar 1995
– Dir 4 VB II –

Zeugenvernehmung

Noch in der Tatortwohnung wurde die anwesende Verkäuferin
        Bettina K i r f t,
        geb. 4. Oktober 1962 in Berlin,
        wohnhaft ab 1. Februar 1995 in der
        Fuststraße 17 in 12459 Berlin,
als Zeugin gehört. Sie erklärte nach erfolgter Rechtsbelehrung:

Ich habe die Vernehmung der Frau Nikarschova verfolgt und mir eben das Vernehmungsprotokoll durchgelesen. Es hat sich alles so abgespielt, wie es Frau Nikarschova zu Protokoll gegeben hat. Es ist auch richtig, daß ich von dem Mann nicht weiter beachtet wurde. Ich habe mich unter dem Eindruck seines gewalttätigen Auftretens aber ebenfalls bedroht gefühlt und mich deshalb nicht gerührt. Ich glaube, ich würde den Mann wiedererkennen können. Ich habe ihn die ganze Zeit angestarrt und versucht, mir Einzelheiten einzuprägen. Mir fiel auf, daß ihm am linken Zeigefinger die Fingerkuppe fehlte. Außerdem hatte er an der linken Halsseite eine Narbe. Diese war zwar nicht sehr lang, aber ziemlich wulstig und daher gut sichtbar. Trotz des Zwischenfalls werde ich in der übernächsten Woche hier einziehen. Bis dahin wird hoffentlich die Tür repariert sein.

Geschlossen:

Rand, PHM

Selbst gelesen, genehmigt und unterschrieben:

Bettina Kirft

Der Polizeipräsident in Berlin
– Dir 4 VB II –

Berlin, den 22. Januar 1995

Vermerk

Die Tatortbesichtigung ergab, daß der Täter in Höhe des Schlosses mehrmals gegen die Tür getreten haben muß, bis das Schloß wegbrach und Falle und Riegel die Tür freigaben. Die Tür läßt sich zur Zeit nicht ordnungsgemäß schließen. Türsicherung wurde durchgeführt. Der Schaden beträgt schätzungsweise 200,– DM. Beweismittel, die auf den Täter hinweisen könnten, wurden nicht aufgefunden.

Über die Staatsanwaltschaft I bei dem Landgericht Berlin wurde unverzüglich beim Amtsgericht Berlin-Tiergarten die richterliche Vernehmung der Geschädigten Nikarschova veranlaßt. Diese wird voraussichtlich am 26. Januar 1995 erfolgen.

Martin, PHM

Amtsgericht Berlin-Tiergarten
– 353 Gs 73/95 –

Berlin, den 26. Januar 1995

Gegenwärtig: Richter am Amtsgericht Finger
Justizangestellte Theis

Vernehmung der Zeugin Natalia N i k a r s c h o v a,
weitere Personalien bekannt.

Nach erfolgter Rechtsbelehrung machte die Zeugin zunächst ihre Aussage im Zusammenhang. Dabei wurde festgestellt, daß sie sich im wesentlichen mit ihrer Aussage anläßlich ihrer polizeilichen Vernehmung vom 22. Januar 1995 deckt. Diese Aussage wurde der Zeugin daraufhin in vollem Wortlaut vorgelesen.

Die Zeugin erklärte daraufhin: Ich mache diese Aussage zum Gegenstand meiner heutigen richterlichen Vernehmung. Mehr kann ich nicht sagen.

Finger, Richter am Amtsgericht Natalia Nikarschova
Theis, Justizangestellte

Der Polizeipräsident in Berlin Berlin, den 30. Januar 1995
– Dir 4 VB II –

Vermerk

Auf Vorladung erschien heute die Zeugin Bettina K i r f t. Sie nahm Einsicht in die Lichtbildkartei. Trotz längerer Suche konnte die Zeugin keine Person als Tatverdächtigen wiedererkennen. Weitere Ermittlungsanhalte sind zur Zeit nicht ersichtlich.

Heiselt, KHK

Der Polizeipräsident in Berlin Berlin, den 24. Mai 1995
– Dir 4 VB II –

Vermerk

Heute erschien Frau Bettina K i r f t,
 Personalien bereits bekannt.

Sie teilte mit, sie habe am heutigen Vormittag in der Nähe des U-Bahnhofes „Samariterstraße" in Berlin-Friedrichshain den Täter des Überfalls vom 22. Januar 1995 wiedererkannt. Sie sei sich absolut sicher. Der Mann habe insbesondere die von ihr bezeichneten besonderen Merkmale an der linken Hand und der linken Halsseite aufgewiesen. Frau Kirft gab weiter an, sie sei dem Mann gefolgt und habe dabei festgestellt, daß er in eine Wohnung im zweiten Stock in der Weserstraße 18 in 10247 Berlin gegangen sei. An der Wohnung habe sich der Name „Zickler" befunden.

Eine Anfrage beim Landeseinwohneramt ergab, daß unter der Anschrift
 Alexander Udo Z i c k l e r,
 geb. 31. März 1956 in Berlin,
als wohnhaft gemeldet ist. Herr Zickler ist Kriminalkommissar. Eine sofortige Anfrage bei den Kollegen seiner Direktion wurde vorgenommen. Danach war Herr Zickler zum Tatzeitpunkt im Dienst. Nach Mitteilung von KHK Schmidt ließ sich den Tageseintragungen entnehmen, daß KK Zickler am 22. Januar 1995 allein Außenermittlungen vorgenommen hat. KK Zickler weise, so KHK Schmidt, tatsächlich

die von Frau Kirft beschriebenen besonderen Merkmale auf. KHK Schmidt teilte weiter mit, daß bereits vor einer Woche das Versandhaus Bader Anzeige gegen KK Zickler gestellt habe. Dieser Vorgang wird noch heute überbracht werden.

Heiselt, KHK

Versandhaus Bader   Pforzheim, den 16. Mai 1995
                                                           Maximilianstraße 48

An den
Polizeipräsidenten in Berlin

Hiermit erstatten wir Strafanzeige gegen Herrn Alexander Udo Zickler, Weserstraße 18, 10247 Berlin, geb. 31. März 1956 in Berlin, wegen Betruges.

Seit September 1992 führen wir das Kundenkonto 8756–92 auf den Namen Alexander Zickler mit den bezeichneten Geburtsdaten unter der angegebenen Anschrift. Bis Herbst 1994 wurden alle Rechnungen pünktlich beglichen. Die seitdem erfolgten Bestellungen im Wert von 978,- DM wurden dagegen bisher nicht bezahlt. Insoweit liegt Herr Zickler allerdings innerhalb des ihm für eine gewisse Zeit eingeräumten Kreditrahmens in Höhe von 1.000,- DM. Weitere Bestellungen wären wegen Überschreitens der Bonitätsgrenze nicht mehr ausgeführt worden. Darauf wird jeder Kunde auf den Bestellkarten unseres Hauses sowie in den Geschäftsbedingungen, die in den Katalogen abgedruckt sind, hingewiesen.

Dies setzt jedoch voraus, daß die Bestellung eines Kunden mit den bisher in unserem Datenverarbeitungssystem gespeicherten persönlichen Angaben (Vor- und Nachname, Geburtsdatum, Anschrift) vollständig übereinstimmt. Wird eine Kategorie verändert, wird der Besteller als Neukunde eingetragen und so schnell wie möglich beliefert. Daher wurde eine am 13. März 1995 eingegangene Bestellung eines Herrn Udo Zickler, geb. 31. März 1956 in Berlin, zunächst nicht als solche des Beschuldigten erkannt, sondern am 20. März 1995 für das Kundenkonto 6754–95 unter der Anschrift Weserstraße 18 in 10247 Berlin ausgeliefert, nämlich

        1 Lederjacke   318,- DM,
        1 Videorecorder   678,- DM,
        1 Videokamera   999,- DM und
        1 Kaffeemaschine   148,- DM.

Die Bestellung erfolgte auf einer der dafür vorgesehenen Bestellkarten, war ausgefüllt und unterschrieben mit dem Namen Udo Zickler und trug das Datum 11. März 1995.

Erst als trotz dreifacher Mahnung innerhalb der nächsten Wochen keine Bezahlung erfolgte, wurden gezielte Nachforschungen angestellt. Eine Anfrage beim Landeseinwohneramt Berlin ergab die Personenidentität des Udo Zickler mit dem bisherigen Besteller Alexander Zickler. Bei Kenntnis der Personenidentität wäre die Lieferung

vom 20. März 1995 wegen der überschrittenen Bonitätsgrenze nicht erfolgt. Als Zeuge benennen wir unseren Mitarbeiter
>Werner S t e b l e,
>zu laden unter der Firmenanschrift.

Herr Steble hat die persönlichen Daten aus der Bestellung vom 11. März 1995 in unser Datenverarbeitungssystem eingegeben und geprüft, ob der Besteller schon als Kunde erfaßt ist. Da dies wegen des geänderten Vornamens nicht der Fall war, wurde Herr Zickler als „Neukunde" behandelt und die Bestellung wurde sogleich ausgeführt, da Herr Steble natürlich auch davon ausging, daß es sich um einen zahlungswilligen Kunden handelt.

Franzen
Leiter der Rechtsabteilung

Der Polizeipräsident in Berlin　　　　　　　　　　　　　　　Berlin, den 25. Mai 1995
– Dir 4 VB II –

Beschuldigtenvernehmung

Telefonisch vorgeladen erschien heute der Beschuldigte
>Alexander Udo Z i c k l e r,
>geboren am 31. März 1956 in Berlin,
>Kriminalkommissar, geschieden, deutscher
>Staatsangehöriger, wohnhaft Weserstraße 18,
>10247 Berlin,

und erklärte nach erfolgter Belehrung über seine Rechte:

Zu dem Vorfall am 22. Januar 1995 möchte ich mich nicht äußern. Richtig ist, daß ich an dem Tag im Dienst war. Meine Waffe, die mir hier schon abgenommen wurde, trage ich, wenn ich dienstlich unterwegs bin, immer bei mir. Sie ist selbstverständlich geladen. Nur allgemein kann ich sagen, daß mich vor gut einem Jahr meine Frau verlassen hat. Seitdem habe ich kaum noch private Kontakte. Um das auszugleichen, habe ich angefangen, in Spielsalons zu spielen. Das kostet eine Menge Geld, weil man meistens verliert.

Deshalb bin ich seit einigen Monaten knapp bei Kasse. Als meine Bonitätsgrenze beim Versandhaus Bader erreicht war, habe ich daher im Frühjahr d. J. unter meinem zweiten Vornamen Udo eine Bestellung aufgegeben. Die bestellten Waren habe ich auch geliefert bekommen. Ich gebe zu, daß ich die Rechnung noch nicht bezahlt habe. Allerdings verstehe ich nicht, daß das strafbar sein soll. Mehr will ich nicht sagen.

Geschlossen: Selbst gelesen, genehmigt und
                                      unterschrieben:
Heiselt, KHK   Alexander Zickler

Der Polizeipräsident in Berlin   Berlin, den 25. Mai 1995
– Dir 4 VB II –

Vfg.

1. <u>Vermerk</u>:
Dem Beschuldigten Zickler wurde im Anschluß an seine Vernehmung die vorläufige Festnahme erklärt. Er wurde in den Polizeigewahrsam verbracht.

2. U. m. A.   Staatsanwaltschaft
   der Staatsanwaltschaft I bei   Eingang: 26.5.1995
   dem Landgericht Berlin   Aktenz.: 57 Js 976/95
   übersandt
   zur weiteren Veranlassung und Entscheidung.

Heiselt, KHK

Lösung:

A. Überfall am 22. Januar 1995

Eine Würdigung der zur Verfügung stehenden Beweismittel, insbesondere der Aussagen der Zeuginnen Nikarschova und Kirft, ergibt, daß der Beschuldigte Zickler hinreichend verdächtig ist, den Überfall ausgeführt zu haben.

I. §§ 253, 255
    1. Tatbestand
        a) Objektiver Tatbestand
           – Durch Gewalt gegen eine Person   (+)
           – Unter Anwendung von Drohungen mit gegenwärtiger Gefahr
             für Leib oder Leben   (+)
           – Zur Vermögensverfügung nötigen   (+)
           – Dadurch Vermögensnachteil zufügen   (+)
        b) Subjektiver Tatbestand
           – Vorsatz   (+)
           – Bereicherungsabsicht   (+)
    2. Rechtswidrigkeit und Schuld   (+)

II. §§ 255, 249 I, 250 I Nr. 1
   1. Tatbestand
      a) Objektiver Tatbestand
         – Schußwaffe (+)
         – Beisichführen
            ❏ Der Beschuldigte hat die Waffe zum Tatzeitpunkt lediglich aus beruflichen Gründen getragen. Entgegen einer in der Literatur vertretenen Ansicht unterfallen derartige Konstellationen jedoch ebenfalls dem Anwendungsbereich der Vorschrift (vgl. *§ 2 Rn. 11 f.*). (+)
      b) Subjektiver Tatbestand
         – Vorsatz (+)
   2. Rechtswidrigkeit und Schuld (+)

III. § 240 I, II
   1. Tatbestand
      a) Objektiver Tatbestand
         – Mit Gewalt (+)
         – Durch Drohung mit einem empfindlichen Übel (+)
         – Zur Handlung nötigen (+)
      b) Subjektiver Tatbestand
         – Vorsatz (+)
   2. Rechtswidrigkeit
      a) Rechtfertigungsgründe (–)
      b) Zweck-Mittel-Relation verwerflich (+)
   3. Schuld (+)

IV. § 241 I
   1. Tatbestand
      a) Objektiver Tatbestand
         – Bedrohen mit der Begehung eines Verbrechens (+)
      b) Subjektiver Tatbestand
         – Vorsatz (+)
   2. Rechtswidrigkeit und Schuld (+)

V. § 239 a I 1. Alt.
   Tatbestand
   1. Objektiver Tatbestand
      – Sich eines anderen bemächtigen (+)
   2. Subjektiver Tatbestand
      – Vorsatz (+)
      – Um die Sorge des Opfers um sein Wohl zu einer Er pressung auszunutzen
         ❏ Der Beschuldigte hat die Sorge nicht i. S. des § 239 a I ausgenutzt. Denn die Norm ist aufgrund teleologischer Reduktion nicht anwendbar, wenn das bloße Sichbemächtigen – wie hier – unmittelbares Nötigungsmittel einer (räuberischen) Erpressung ist und eine über das hierdurch begründete unmittelbare Gewaltverhält-

nis zwischen Täter und Opfer hinausreichende Außenwirkung nach der Vorstellung des Täters nicht eintreten soll (vgl. § 14 Rn. 9 ff.). (-)

VI. §§ 223, 223 a I
   1. Tatbestand
      a) Objektiver Tatbestand
         – Körperliche Mißhandlung (+)
         – Gesundheitsbeschädigung (+)
         – Mittels eines gefährlichen Werkzeugs
            ❏ Der Schrank war nach h. M. kein Tatmittel i. S. der Norm, da dafür mit ihm auf den Körper des Opfers hätte eingewirkt werden müssen (vgl. *Tröndle*, § 223 a Rn. 2). (-)
         – Mittels einer das Leben gefährdenden Behandlung (+)
      b) Subjektiver Tatbestand
         – Vorsatz (+)
   2. Rechtswidrigkeit und Schuld (+)

VII. § 340 I, II
   Tatbestand
      Objektiver Tatbestand
         – Amtsträger (+)
         – Während der Ausübung seines Dienstes
            ❏ Hierfür bedarf es nach vorzugswürdiger Ansicht nicht nur eines zeitlichen, sondern auch eines sachlichen Zusammenhangs zwischen Diensthandlung und Körperverletzung (vgl. Schönke/Schröder-*Cramer*, § 340 Rn. 3), an dem es fehlt. (-)
         – In Beziehung auf seinen Dienst (-)

VIII. §§ 303 I, 303 c
   1. Tatbestand
      a) Objektiver Tatbestand
         – Eine fremde Sache (+)
         – Beschädigen (+)
      b) Subjektiver Tatbestand
         – Vorsatz (+)
   2. Rechtswidrigkeit und Schuld (+)
   3. Besondere Strafverfolgungsvoraussetzung
      – Strafantrag gemäß § 303 c
         ❏ Zur Stellung des Strafantrags war Frau Nikarschova als Mieterin nach h. M. im Hinblick auf ihr bis Ende Januar 1995 bestehendes Nutzungsinteresse berechtigt (vgl. *Tröndle*, § 303 c Rn. 2). (+)

IX. § 123 I, II
   1. Tatbestand
      a) Objektiver Tatbestand
         – In die Wohnung eines anderen (+)
         – Eindringen (+)

b) Subjektiver Tatbestand
- Vorsatz (+)
2. Rechtswidrigkeit und Schuld (+)
3. Besondere Strafverfolgungsvorausetzung
- Strafantrag gemäß § 123 II (+)

X. § 132 1. und 2. Var.
Tatbestand
Objektiver Tatbestand
- Sich unbefugt mit der Ausübung eines öffentlichen Amtes befassen (-)
- Unbefugt eine Handlung vornehmen, welche nur kraft eines öffentlichen Amtes vorgenommen werden darf (-)
    ❑ Der Beschuldigte hat sich weder als Inhaber eines öffentlichen Amts ausgegeben, das er in Wirklichkeit nicht bekleidet, noch hat er seine Zuständigkeit bei einer Amtshandlung überschritten (vgl. Schönke/Schröder-*Cramer*, § 132 Rn. 5; *Tröndle*, § 132 Rn. 7).

XI. Konkurrenzen
Die §§ 240, 241 treten hinter der schweren räuberischen Erpressung zurück, ebenso § 223 im Verhältnis zu § 223 a. Zwischen den §§ 123, 303 einerseits und zwischen § 123 und den in der Wohnung begangenen Delikten andererseits besteht jeweils Tateinheit (§ 52).

B. Bestellung bei der Fa. Bader

I. § 263 I
1. Tatbestand
    a) Objektiver Tatbestand
    - Täuschen über Tatsachen (+)
    - Irrtum (+)
    - Vermögensverfügung (+)
    - Vermögensschaden (+)
    - Durchlaufender Ursachenzusammenhang (+)
    b) Subjektiver Tatbestand
    - Vorsatz (+)
    - Absicht rechtswidriger und stoffgleicher Bereicherung (+)
2. Rechtswidrigkeit und Schuld (+)

II. § 267 I 1. und 3. Var.
1. Tatbestand
    a) Objektiver Tatbestand
    - Urkunde (+)
    - Unecht
        ❑ Dafür ist eine Identitätstäuschung i. d. S. erforderlich, daß der Anschein erweckt wird, der Aussteller der Urkunde sei eine andere Person als diejenige,

von der sie tatsächlich herrührt. Eine derartige Täuschung bejaht die h. M. für die vorliegende Konstellation trotz der Verwendung eines dem Täter zustehenden Namens (vgl. BGHSt 40, 203 [205 ff.] m. abl. Anm. *Sander/Fey*, JR 1995, 209). (+)
- Herstellen (+)
- Gebrauchen (+)

b) Subjektiver Tatbestand
- Vorsatz (+)
- Zur Täuschung im Rechtsverkehr (+)

2. Rechtswidrigkeit und Schuld (+)

III. Konkurrenzen

Beim Herstellen und Gebrauchen der unechten Urkunde handelt es sich um nur eine Tat. Zwischen dieser und dem Betrug besteht Tateinheit (§ 52).

C. Ergebnis und Gesamtkonkurrenzen

Die Delikte des Handlungsabschnitts A. stehen zu den §§ 263, 267 zum Nachteil der Fa. Bader im Verhältnis der Tatmehrheit (§ 53).

Sachverzeichnis

(Zahlen fett = §; Zahlen mager = Rn.)

Abgrenzung zwischen
- Begünstigung und Beihilfe zur Vortat **18** 25
- Betrug und Diebstahl **1** 60 f., **11** 51, 94 ff., 100 ff.
- Betrug und Erpressung **13** 44 f.
- Diebstahl und Raub **5** 9, 14 ff.
- (räuberischer) Erpressung und Raub **13** 14 ff., 28, 43
- Raub mit Todesfolge und vorsätzlichen Tötungsdelikten **6** 36 ff.

Absatzhilfe **19** 51 ff.
Absetzen **19** 50
Absicht **1** 86, **8** 16
- die Befriedigung des Gläubigers zu vereiteln **8** 8
- der Bereicherung **11** 150 ff., **13** 35, **19** 68 ff.
- der Besitzerhaltung **7** 16 f.
- das Entgelt nicht zu entrichten **12** 24
- ein räuberisches Delikt zu begehen **15** 14
- rechtswidriger Zueignung **1** 71 ff., **5** 20
- der Vorteilssicherung **18** 17

Absichtslos doloses Werkzeug **1** 187
Absolute Fahruntüchtigkeit **20** 38
Absolutes Antragsdelikt **21** 1 f., 7 ff.
Affektionsinteresse **1** 182
Aggregatzustand **1** 9
Analogieverbot **1** 173, 177, **3** 9, **4** 11, **12** 20, **20** 50
Aneignung **1** 72, 86 ff., 108, **3** 11
Aneignungsrecht **1** 113
Angriff
- auf Kraftfahrer **15** 3 ff.
- Unternehmen eines -s **15** 3
- Verüben eines -s **13** 3

Ankaufen **19** 44 ff.
Anspruch auf Übereignung **1** 117 ff.
Anstellungsbetrug **11** 144 ff.
Antragsberechtigung **21** 4 ff.
Anvertrautsein **3** 25 f., 29
Anwesenheitspflicht **20** 21
Ausnutzen der Verhältnisse des Straßenverkehrs **15** 9 ff.
Ausschlußklausel **1** 131, 180 ff.
Automat **12** 3 f.

Bande **2** 15 f.
Bandendiebstahl **2** 1 ff., 15 ff.
Bandenhehlerei **19** 84
Bandenraub **6** 28, 30
Bedeutender Unfallschaden **20** 56
Beförderungserschleichung **12** 10 ff.
Beförderungsmittel **4** 7, **12** 8
Befugnismißbrauch **16** 18 ff.
Befugnistheorie **11** 112
Begründung neuen Gewahrsams **1** 42 ff.
Begünstigung **18** 1 ff.
Behältnis **1** 144 ff.
Beifahrer **20** 14
Beiseiteschaffen **8** 7
Beisichführen **2** 5 ff., **6** 24, 30
Beispielsfall
- zur alkoholbedingten Schuldunfähigkeit bei § 142 II Nr. 2 **20** 37 ff.
- zur Beförderungserschleichung **12** 11 ff.
- zur Drittbereicherung bei der Hehlerei **19** 72 ff.
- zur Scheinwaffe **6** 5 ff.
- zur Stoffgleichheit **11** 154 ff.
- zum Vermögensbegriff **11** 59 ff.
- zur Vermögensverfügung bei der (räuberischen) Erpressung **13** 3 ff.
- zum Versuch eines Regelbeispiels **1** 164 ff.
- zur Vollendung der Vortat bei der Hehlerei **19** 11 ff.
- zur Wegnahme bei der Pfandkehr **8** 10 ff.
- zur Zueignungsabsicht **1** 73 ff.

Benannte Regelbeispiele **1** 132 ff.
Benzin **4** 16
Beobachtete Wegnahme **1** 52 ff.
Berechtigtes Entfernen vom Unfallort **20** 34 f.
Bereicherungsabsicht
- beim Betrug **11** 150 ff., **12** 24
- bei der Erpressung **13** 35
- bei der Hehlerei **19** 68 ff.

Berichtigende Auslegung **3** 8 f.
Berufswaffenträger **2** 11 f.
Beschädigen **9** 7, **10** 4 ff.
- Funktionsbeeinträchtigung **10** 6
- Substanzverletzung **10** 5

Beseitigen von Unfallspuren 20 24
Besitz 1 19, 3 9
Besonderes öffentliches Interesse 1 191, 3 35, 12 28, 16 41, 17 19, 21 1, 3, 15
Besonderes persönliches Merkmal 2 23, 3 29, 9 14, 16 37, 17 15
Besonders schwerer Fall
– des Betrugs 11 66
– des Diebstahls 1 124 ff., 187
– der Erpressung 13 38
– der Fischwilderei 9 13
– der Jagdwilderei 9 11
– der Untreue 16 35
– Versuch 1 163 ff.
Bestimmtheitsgebot 2 9, 3 9, 12 20
Bestimmungsgemäßer Verbrauch 1 90
Betreuer 16 15
Betroffensein 7 7 ff.
Betrug 11 1 ff.
Bewegliche Sache 1 11, 3 5, 8 11
Bewußte Selbstschädigung 11 105 ff.
Bewußtlosigkeit 1 27, 157

Codekarte 17 10
Computerprogramme 1 9

Datenübertragungssysteme 12 6
Dauerdelikt 4 7, 17, 12 9, 20 54
Dereliktion 1 14
Diebesfalle 1 64 ff.
Diebstahl 1 1 ff.
– Abgrenzung zum furtum usus 1 78
– Abgrenzung zum Sachbetrug 1 60 f., 67 f.
Diebstahl mit Waffen 2 1 ff.
Dietrich 1 142
Diskette 1 84, 101
Dreiecksbetrug 11 108 ff.
Dreieckserpressung 13 30 f.
Drei-Partner-System 17 6 f.
Drittzueignung 1 104 ff., 3 11, 5 20, 9 5, 13
Drohen der Zwangsvollstreckung 8 4
Drohung 13 21
– mit einem empfindlichen Übel 13 21 ff.
– mit einer gegenwärtigen Gefahr für Leib oder Leben 5 10 f., 7 15

Eigenbesitz 1 88
Eigentum 1 1, 15, 3 1, 4 2, 9 3
Eigentumsdelikte **Einleitung**, 1 98, 3 23, 32 f., 16 40
Eigentumsvorbehalt 1 13, 3 5, 26, 8 13, 16 6

Einbrechen 1 137 f.
Eindringen 1 140
Eingehungsbetrug 11 141 ff.
Einrichtungen 12 3, 7
Einsteigen 1 138 f.
Einverständnis 1 56 ff., 64 ff., 116, 123, 16 21 f., 33
Einwilligung 1 115 f., 20 26, 35
Elektrische Energie 1 9
Empfindliches Übel 13 23
Enteignung 1 72, 75 ff., 111 f., 3 11
Entfernen vom Unfallort 20 15, 17 f.
Entführen 14 5
Entschuldigtes Entfernen vom Unfallort 20 36 ff.
Entschuldigungsgrund 20 36
Entziehung der Fahrerlaubnis 20 54 ff.
Erfüllungsbetrug 11 138 ff.
Erlangtsein (unmittelbares) 18 7 ff., 19 26 ff.
Erlegen 9 5, 13
Erpresserischer Menschenraub 14 1 ff.
– Ausnutzungstatbestand 14 15
– Entführungstatbestand 14 3 ff.
– Zweipersonenverhältnisse 14 8 ff.
Erpressung 13 1 ff.
– Abgrenzung zum Betrug 13 44 f.
– Abgrenzung zum Raub 13 14 ff., 28, 43
– Erfordernis einer Vermögensverfügung 13 6 ff.
Ersatzhehlerei 19 16 ff.
Erschleichen 12 9 ff.
– von Leistungen 12 1 ff.

Fahrrad 4 5
Fahrzeug 4 4 f.
– als Tatwerkzeug 20 11
Faktisches Treueverhältnis 16 25 ff.
Falscher Schlüssel 1 140 f.
Fangen 9 5, 13
Fehlbuchung 11 28
Fehlgeschlagener Diebstahl 2 9
Fernmeldenetz 12 3, 6
Feststellungsbereite Personen 20 3, 17, 19 f., 39
Feststellungsduldungspflicht 20 21
Fischbestand 9 2
Fischen 9 13
Fischwilderei 9 1 ff., 13
Forderungen 1 4
Fremdbesitz 1 88
Fremde Sache 1 12 ff., 3 5

Sachverzeichnis

Frische Tat **7** 11 ff.
Fundunterschlagung **3** 6, 16
Furtum usus **1** 78, **3** 17, **4** 1
Garantenstellung **20** 51
Garantiefunktion **17** 10
Gaspistole **2** 3
Gattungsschuld **1** 118 f.
Gefährdung des Straßenverkehrs **20** 38, 43
Gefährlicher Raub **6** 25
Geiselnahme **14** 19 f.
Geldautomat **1** 59, 100
Geldschuld **1** 119, 121
Geldstrafe **8** 3
Gemeine Gefahr **1** 160
Gemeinschädliche Sachbeschädigung **10** 18 ff.
Genereller Herrschaftsraum **1** 24, 31
Geringfügigkeit **1** 121, **20** 13
Geringwertigkeit **1** 180 ff., **2** 26, **16** 35, **21** 13
Gesamthandseigentum **1** 13
Gesamtsaldierung **11** 118
Geschäftsräume **1** 136
Gewahrsam **1** 1, 17 ff., **3** 6
– in Arbeits-, Auftrags- und Dienstverhältnissen **1** 33 ff.
– des Kassierers **1** 37 f.
– in Supermärkten etc. **1** 46 ff.
Gewahrsamsbruch **1** 16, 56 ff.
Gewahrsamslockerung **1** 21, 44
Gewahrsamslos **1** 30
Gewahrsamswechsel **1** 42 ff., 57 ff., **3** 6
Gewalt **13** 19 ff.
– gegen eine Person **5** 4 ff., **7** 15
– gegen Sachen **5** 8 ff.
Gewerbsmäßig **1** 153, **9** 12 ff., **11** 166, **19** 84 f.
Gewohnheitsmäßig **9** 12 ff.
Gleichgeordneter Mitgewahrsam **1** 32
Gleichwertigkeit von Leistung und Gegenleistung **11** 122 ff.

Handtaschenraub **5** 9
Hauptpflicht **16** 4 ff.
Haushaltsuntreue **16** 10
Häusliche Gemeinschaft **21** 9
Hehlerei **19** 1 ff.
Herrenlos **1** 12 ff., **9** 3, 9 f.
Herrschaftswille **1** 17, 21, 26
Hilfeleisten **18** 11 ff.
Hilflosigkeit **1** 156 ff.
Hilfsgewahrsam **1** 31

Ignorantia facti **11** 43
Implantate **1** 6
Inganghalten **4** 9 ff.
Ingebrauchnehmen **4** 5 ff.
Inpfandnahme **1** 88
Irrtum **1** 121, **4** 11, 13, **9** 1, **8** ff., **11** 42 ff., **20** 50, **21** 6
– Inhalt der Fehlvorstellung **11** 43 ff.
– Intensität der Fehlvorstellung **11** 46 f.

Jagdausübungsrecht **9** 1
Jagdrecht **9** 1, 3
Jagdwilderei **9** 1 ff.

Kirchendiebstahl **1** 154
Klausurfälle **Anhang**
Konkurrenzlösung **3** 34
Konkursverwalter **16** 15, 29, 31
Kraftfahrzeug **4** 4
Kreditkarten **17** 1, 6
Kundenkarten **17** 9
Kunstdiebstahl **1** 155

Lagertheorie **11** 111
Leichen **1** 7, 15
Leichtfertigkeit **6** 34 ff.
Leistungsautomat **12** 4 f.
Lucrum cum re **1** 99
Lucrum ex negotio cum re **1** 99, 112

Makeltheorie **11** 127
Manifestation des Zueignungswillens **3** 13 ff.
Maßregel der Besserung und Sicherung **20** 55
Mensch **1** 6
Mieter **8** 13
Mietkaution **16** 30
Minder schwerer Fall
– des unbefugten Gebrauchs eines Fahrzeugs **4** 16 f.
– des räuberischen Angriffs auf Kraftfahrer **15** 15
Mißbrauch der Befugnis **16** 18 ff.
– der eingeräumten Möglichkeit **17** 11 f.
– von Scheck- und Kreditkarten **17** 1 ff.
Mißbrauchstatbestand **16** 1, 12 ff., **17** 2, 4
Mitbestrafte Nachtat **1** 189, **3** 22, **17** 18
Miteigentum **1** 13
Mitgewahrsam **1** 32 ff., **3** 29
Mitkonsumieren **19** 36
Mittel (sonstiges) **6** 3 ff.

Mitwirkung eines Bandenmitglieds **2** 17 f., 20
Mutmaßliche Einwilligung **20** 28, 35

Nachstellen **9** 5 f.
Nachteilszufügung **16** 2, 10 f.
Nachträgliche Feststellungen **20** 31 ff., 43, 50
Nähetheorie **11** 110
Nießbrauch **8** 13
Notar **16** 29, 31 f.

Objektive Bedingung der Strafbarkeit **20** 39

Personalienangabe **20** 22 f.
Personalienzettel **20** 28
Persönlicher Schadenseinschlag **11** 133 ff.
Pfandkehr **8** 1, 9 ff.
Pfandrecht **8** 9, 13
Pfändung **8** 4, 6
Prokura **16** 20
Prozeßbetrug **11** 113 f.

Qualifikationslos doloses Werkzeug **8** 18
Qualifiziertes Treueverhältnis **16** 24 ff.

Raub **5** 1 ff.
– mit Todesfolge **6** 34 ff.
– schwerer Raub **6** 1 ff.
Räuberische Erpressung **13** 39
– Abgrenzung zum Betrug **13** 44 f.
– Abgrenzung zum Raub **13** 14 ff., 28, 43
– Erfordernis einer Vermögensverfügung **13** 6 ff.
Räuberischer Angriff auf Kraftfahrer **15** 1 ff.
Räuberischer Diebstahl **7** 1 ff.
Raumgebilde **1** 133 ff.
Räumlicher Einflußbereich des ursprünglichen Gewahrsamsinhabers **1** 46 ff.
Rechtfertigender Notstand **20** 26
Rechtliches Dürfen und Können **16** 19 ff., **17** 11 f.
Rechtsanwalt **16** 7, 9
Rechtswidrige Absicht **8** 16
Rechtswidrigkeit
– der Vermögenslage **19** 24 ff.
– des Vermögensvorteils **11** 53 ff.
– der Zueignung **1** 113 ff., **3** 11
Regelbeispiele **9** 12, **11** 166, **16** 35
Regelbeispielsmethode **1** 124
Relatives Antragsdelikt **21** 3, 13 ff.
Risikogeschäft **16** 22

Rückführungswille **1** 79 ff., **4** 1
Rückveräußerung **18** 14, **19** 45 ff.

Sachbeschädigung **1** 90, **10** 1 ff., 18 ff.
Sache **1** 4 ff., **3** 5, **19** 3
– die dem Jagdrecht unterliegt **9** 4
Sachentziehung **10** 13
Sachwerttheorie **1** 94 ff., 111, **3** 11
SB-Tankstelle **1** 15
Scheckkarte **1** 59, 100, **17** 1, 5
Scheinmittel **6** 4 ff., 30
Scheinwaffe **6** 4 ff.
Schlaf **1** 27
Schuldausschließungsgrund **20** 36, 40
Schußwaffe **2** 2 f., **6** 2
Schußwaffendiebstahl **1** 161, **2** 10
Schutzvorrichtung **1** 148 ff.
„Schwarzfahren" **12** 11 ff.
Schwerer Bandendiebstahl **2** 1, 20 ff.
Sechstes Gesetz zur Reform des Strafrechts **1** 104, 136, 180, **2** 19, 21, **3** 9, 11, 27, 34, **5** 20, **6** 30, 45, 47, 48, **9** 5, 12, 13, **11** 166, 169, **15** 3, 15, 16, **16** 35, **20** 52, **21** 11
Selbstbedienungsladen **1** 47 ff.
Selbstbegünstigung **18** 18 ff.
Sichbemächtigen **14** 3 f.
Sicherungsetikett **1** 50 f., 151
Sicherungsübereignung **3** 5, 26, **8** 13
Sichverschaffen **19** 33 ff.
Sonderdelikt **8** 18, **20** 51
Sparbuch **1** 4, 93, 99
Speditions- und Frachtvertrag **1** 35
Sperrwirkung des milderen Gesetzes **17** 18
Stoffgleichheit **11** 153 ff.
Strafantrag **21** 1 ff.
Strafbarer Eigennutz **vor 8**
Strafzumessungsregel **1** 125 f., 128 f.
Subsidiaritätsklausel **3** 34, **4** 16, **12** 5, 27
Substanztheorie **1** 93 ff.
Supermarkt **1** 46 ff.
Systematik
– der Begehungsvarianten des § 142 **20** 2
– der Diebstahlsdelikte **vor 1**
– von Versuch und Vollendung bei den §§ 242, 243 **1** 179

Tabusphäre **1** 21, 46 f
Tatbestandsausschlußklausel **2** 21
Tatbestandslösung **3** 33 f.
Täterschaft und Teilnahme
– beim (schweren) Bandendiebstahl **2** 17 f., 23

Sachverzeichnis

– bei der Begünstigung 18 18 ff.
– bei der Hehlerei 19 86 f.
– beim Mißbrauch von Scheck- und Kreditkarten 17 15 f.
– bei der Untreue 16 36 f.
Tätige Reue
– beim erpresserischen Menschenraub und Geiselnahme 14 18
– beim räuberischen Angriff auf Kraftfahrer 15 16
– beim unerlaubten Entfernen vom Unfallort 20 52
Tatsachen 11 9 ff.
– Meinungsäußerungen und Werturteile 11 11 ff.
– Sachverständigengutachten und Rechtsauskünfte 11 14
Täuschung 11 15 ff.
– ausdrückliche 11 19 f.
– konkludente 11 21 ff.
– durch Unterlassen 11 29 ff.
Telefon 12 6
Testamentsvollstrecker 16 15
Tiere 1 8, 14, 9 3
Treibstoff 4 16
Treubruchstatbestand 16 1, 23 ff.
Trickdiebstahl 1 44

Überlassung von Scheck- und Kreditkarten 17 4
Umschlossener Raum 1 133 f.
Unbefugter Gebrauch eines Fahrzeugs 1 78, 4 1 ff.
Unbefugter Weitergebrauch 4 8 ff.
Unentgeltliche Weitergabe 1 106 ff.
Unerlaubtes Entfernen vom Unfallort 20 1 ff.
Unfall 20 5 ff.
Unfallbeteiligter 20 14, 51
Unfallort 20 15 f.
Unfallzeitpunkt 20 14
Unglücksfall 1 159
Unmittelbarkeitsbeziehung
– bei der Begünstigung 18 7 ff.
– beim Betrug 11 93 ff.
– bei der Erpressung 13 29
– bei der Hehlerei 19 24 ff.
Unpfändbare Gegenstände 8 5
Unterlassen 16 38, 20 51
Unternehmen eines Angriffs 15 3
Unternehmensdelikt 9 6, 13, 15
Unterschlagung 3 1 ff., 8 21
Untreue 16 1 ff.

Veranstaltungen 12 3, 7
Veräußerung 8 6
Verborgenhalten 1 143
Vereinigungslehre 1 95 ff.
Vereiteln der Zwangsvollstreckung 8 1 ff.
Verfügungsbefugnis 16 13 ff.
Verhältnis zwischen § 142 I und II 20 2 ff., 39
Verjährungsfristen 3 22
Verkehrsfremder Vorgang 20 12
Verkehrsmittel 12 3, 8
Verkehrssicherheit 4 2
Verkehrswert 1 181 ff.
Verletzung der Vermögensbetreuungspflicht 16 31 f.
Verlust von Vermögenswerten 11 166
Vermögen 8 5, 9 1, 17, 16 1, 17 1
Vermögensbegriff 11 61
– juristischer 11 62 f.
– juristisch-ökonomischer 11 71 ff.
– wirtschaftlicher 11 64 ff.
Vermögensbetreuungspflicht 16 2 ff., 36 f.
Vermögensdelikte Einleitung, 1 98, 3 23, 32 f., 9 1, 12 1, 16 1, 40
Vermögensgefährdung 11 91 f.
Vermögensgefährdungsdelikt 20 1
Vermögensminderung 11 90 ff.
Vermögensnachteil 13 33
Vermögensschaden 11 57, 117 ff., 16 10, 17 13
– gutgläubiger Erwerb 11 126 ff.
– Kompensation 11 122
– Persönlicher Schadenseinschlag 11 1 33 ff.
– Saldierung 11 118
Vermögensverfügung 1 60, 62, 11 50 ff., 13 6, 26 ff.
– Freiwilligkeit 11 103 f., 13 28
– Unmittelbarkeit 11 93 ff.
– Verfügungsbewußtsein 11 99 ff.
– Verfügungserfolg 11 57 f.
– Verfügungsverhalten 11 52 ff.
Vermögensverlust 11 166
Vermögensvorteil 11 152 f.
Verpfändung 3 17
Verpflichtungsbefugnis 16 13 ff.
Versicherungsmißbrauch 11 169
Versuchtes Regelbeispiel 1 163 ff.
Verüben eines Angriffs 13 3
Verunstalten 10 9 ff.
Veruntreuende Unterschlagung 3 25 ff.
Verwalter 16 29 f.
Verwerflichkeit 13 36 f.

Vollmacht **16** 16
Vollrausch **20** 38, 42, 47, 49
Vollstreckungsmaßnahmen **8** 4
Vollstreckungstitel **8** 4
Vorläufige Entziehung der Fahrerlaubnis **20** 57
Vorsatz
– bei der Ausschlußklausel **1** 184 f.
– beim Regelbeispiel **1** 162
Vorsätzliche Herbeiführung eines Unfalls **20** 9 ff.
Vorsatzwechsel **1** 185
Vorstellungspflicht **20** 22 ff.
Vortat **7** 3 ff., **18** 4 f., **19** 6 ff.
Vorteil **18** 6 ff.

Waffe **6** 3 ff.
Warenautomat **12** 4 f.
Wartefrist **20** 4, 27 f., 39
Wechselgeldfalle **1** 44, **11** 96
Wegnehmen **1** 16 ff., **4** 6, **8** 14 f.

Werkzeug **1** 187, **4** 6 ff., **8** 18
Wertsummentheorie **1** 121, **19** 28
Wertverlust **1** 81 ff.
Wiederholte Zueignung **3** 21 ff.
Wildbestand **9** 2
Wilde Tiere **9** 3
Wirtschaftliche Not **11** 166
Wohnung **1** 136
Wohnungseigentum **16** 29

Zäsurwirkung des Unfalls **20** 54
Zerstörung einer Sache **1** 89, **8** 7, **9** 7, **10** 12
Zueignung **1** 72, **3** 1, 10 ff., **9** 5, 7
Zueignungsabsicht **1** 71 ff., 186
Zurückbehaltungsrecht **8** 13
Zwangsvollstreckung **8** 3
Zweck-Mittel-Relation **13** 36 f.
Zweckverfehlung **11** 107
Zwei-Partner-System **17** 9